建築計画テキスト

永森一夫 著

井上書院

まえがき

　数年前まで，筆者が時間講師をつとめていた学校の製図室で気がついたことがある。設計製図の課題を与えられた学生たちが，思い思いに製図台に向かって，エスキスを進めたり，資料を見たりしている。数人の指導担当の教官が，彼らの席をまわりながら，質問を受けたり，問題の箇所を指摘するなどの指導を続けている。ふだんは，建築計画の講義を担当していて，もっぱら，黒板とマイクの助けを借りながら，しゃべり続けるのが日常の筆者が，なぜ製図室にいるかといえば，ときどき，複数の先生が担当することになっている設計製図の時間に，教官の一人として加えられることがあって，設計製図のクラスを受け持つ機会があり，すこしばかり，いつもと違う気分を味わうことができるわけである。

　さて，筆者が製図室で気がついたことは，つぎのとおりである。彼等の質問を聞いていると，「えっ，このあいだ計画の講義でやったばかりじゃないの」「計画のノートや教科書はもってきてないの？…」などのやり取りが続くのである。

　設計製図と計画はたしかに違う科目である。しかし両者は切っても切れない関係にあるが，そこに気がついていない学生が少なくないことに気がついたわけである。まして，計画の講義をしている身としてはよそごとですまされない。

　本書は計画の教科書として企画され，いま取り上げたような事情を積極的に変えることができないかと考えて制作されたものである。すなわち建築計画と設計製図の二つの学科を限りなく結びつけることを目指していて，この点で変わり種の新しい試みを盛り込んだ教科書といえるかも知れない。

　一方，本書では，建築を初めて学ぶ人々のための，親切な案内役を務めようというもう一つの意図がある。建築を学ぶ目的は，望ましい建築をつくることにあるはずで，同じ目的のために，さまざまな分野に専門分化した学問や技術が発展を続けて今日に至っている。しかし，油断をすると，望ましい建築という目的の原点を忘れて建築をつくる人が出てきそうな気配も見える。だから，本書では望ましい建築というものを，くどいほどくりかえして取り上げている。

　さらにこの案内役は，本書を読んでいただく皆さんに，建築が好きになってくださるように願って，この役を務めている。皆さんが全員，専門家にならなくてもいいのであって，素人だけれど，建築が好きという沢山の人が育ってくれることは，案内役にとって嬉しい結果といえる。

　なお，ページ数の都合で，3章　施設計画案内の「15老人ホーム」以降はA基本知識，B計画の基本のみの説明とし，C,Dは省略をしたのでご了解をお願いしたい。また本書に引用させていただいた文献，著者名等は本文内および巻末に明記させていただいた。記して厚くお礼を申し上げる。最後に，本書の出版の機会をいただいた井上書院に感謝を申し上げるとともに，本書の企画から出版に至るまで多大のお世話を頂いた同社編集・制作部長の鈴木泰彦さんに心からのお礼を申し上げる。

2004年10月

永森　一夫

目 次

1章　建築計画の意味と目標

1　建築とは何だろう ── 10
- 1.1　家として知られた建築 ── 10
- 1.2　建築という言葉 ── 11
- 1.3　芸術としての建築 ── 11
- 1.4　建築と生活空間 ── 12
- 1.5　建築と社会 ── 12
- 1.6　建築と経済 ── 13
- 1.7　建築と文化 ── 13

2　建築をつくる方法（設計） ── 15
- 2.1　その生産と設計 ── 15
- 2.2　設計という仕事 ── 16
- 2.3　だれのための設計か ── 17
- 2.4　設計の方法 ── 18

3　建築をつくる方法（施工） ── 19
- 3.1　現場で工事が必要な生産行為 ── 19
- 3.2　一品生産による技術上の制約 ── 19
- 3.3　施工者と工事請負の仕組み ── 20
- 3.4　施工のための独特の仕組み ── 20

4　建築をつくる専門家 ── 22
- 4.1　さまざまな段階で活躍する専門家 ── 22
- 4.2　資格が必要になる専門家 ── 22
- 4.3　資格が必要になる背景 ── 23
- 4.4　専門家の養成と資格の取得 ── 24

5　設計が必要になるわけ ── 25
- 5.1　設計の目的 ── 25
- 5.2　建てる前に欲しい情報 ── 25
- 5.3　設計関連の手法と得られる情報 ── 26
- 5.4　契約図書としての設計図 ── 27
- 5.5　工事用図面としての設計図書 ── 28
- 5.6　設計が必要になる背景 ── 28

6　計画が必要になる背景 ── 29
- 6.1　設計に計画が必要になる背景 ── 29
- 6.2　計画ミスとその対策，ミスの対策から質の向上へ ── 31
- 6.3　設計内容に客観性をもたらす計画 ── 31

7　建築計画の意味と目標 ── 32
- 7.1　設計を支援する建築計画 ── 32
- 7.2　設計のなかでの計画の内容 ── 33
- 7.3　建築計画学の領域 ── 34

8　計画の方法 ── 36
- 8.1　計画方法の現在 ── 36
- 8.2　設計条件の設定・分析と計画の方法 ── 36
- 8.3　建築空間の構想・策定と計画の方法 ── 37
- 8.4　建築空間の表現・伝達と計画の方法 ── 38
- 8.5　建築の評価と計画の方法 ── 38

9　計画の成果 ── 39
- 9.1　計画学としての成果 ── 39
- 9.2　設計支援の成果 ── 40
- 9.3　教育への成果 ── 41

2章　設計のための計画手法

1　設計のための計画 ── 44
- 1.1　計画の意味と役割 ── 44
- 1.2　設計の支援材料としての計画 ── 44
- 1.3　建築家の養成と建築計画 ── 45
- 1.4　建築計画の概要 ── 45
- 1.5　設計のなかの計画の役割 ── 47

2　事前調査の手法 ── 49
- 2.1　事前調査手法の確立 ── 49
- 2.2　設計条件確立のための事前調査 ── 50
- 2.3　事前調査の現実 ── 51
- 2.4　同種，同系の建築実例の事前調査 ── 52

3　規模計画と所要室の確認 ── 53
- 3.1　施設の規模と所要室 ── 53
- 3.2　所要室の種類と規模 ── 54
- 3.3　所要室の確認と部門の発見 ── 54
- 3.4　規模計画 ── 56

4　ゾーニング ── 57
- 4.1　ゾーニングの意味 ── 57
- 4.2　ゾーニングの役割 ── 58
- 4.3　段階別のゾーニング ── 58
- 4.4　ゾーニングの利用効果 ── 59

5　動線計画 ── 60
- 5.1　動線計画の意味 ── 60
- 5.2　動線計画の役割 ── 61
- 5.3　動線の種類 ── 61
- 5.4　部分（部門）別動線計画 ── 62
- 5.5　動線計画の決め手 ── 63
- 5.6　動線計画にあたっての注意 ── 63
- 5.7　動線計画の利用効果 ── 64

6　機能図 ── 65
- 6.1　機能図の意味 ── 65
- 6.2　機能図の役割 ── 66
- 6.3　機能図の種類 ── 66
- 6.4　部分（部門）別機能図の利用 ── 67
- 6.5　機能図の決め手 ── 68
- 6.6　機能図の利用効果 ── 68

7　配置計画 ── 70
- 7.1　配置計画の意味 ── 70
- 7.2　配置計画に必要な検討事項 ── 71
- 7.3　敷地利用計画 ── 71
- 7.4　敷地進入路とアクセスの配置 ── 72
- 7.5　敷地内動線計画の検討 ── 73
- 7.6　施設配置計画 ── 73
- 7.7　外構計画 ── 75
- 7.8　成果図面（配置図） ── 75

8　平面計画 ── 77
- 8.1　平面計画の意味 ── 77
- 8.2　平面計画の役割 ── 78
- 8.3　平面計画の手法 ── 79

8.4	平面計画とゾーニング	79
8.5	平面計画と動線計画	80
8.6	平面計画と機能図	81
8.7	部門（部分）別平面計画	82

9 断面計画 ——— 84
- 9.1 断面計画の意味 ——— 84
- 9.2 断面計画の役割 ——— 84
- 9.3 断面計画と断面図 ——— 85
- 9.4 断面計画の手法 ——— 85
- 9.5 断面計画の決め手 ——— 86

10 構造計画 ——— 88
- 10.1 構造方式の概要 ——— 88
- 10.2 構造計画の基本 ——— 89
- 10.3 構造計画の意味と役割 ——— 90
- 10.4 構造計画の手法 ——— 90

11 設備計画 ——— 92
- 11.1 電気設備 ——— 92
- 11.2 給排水衛生設備 ——— 93
- 11.3 空気調和設備 ——— 94
- 11.4 換気設備 ——— 95
- 11.5 機械設備 ——— 95

12 構法，材料計画 ——— 96
- 12.1 構法，材料計画の意味 ——— 96
- 12.2 構法，材料計画の役割 ——— 97
- 12.3 構法，材料計画の範囲の確認 ——— 97
- 12.4 構法，材料計画の設計条件 ——— 97
- 12.5 構法，材料計画と建設コスト ——— 98
- 12.6 構法，材料計画の評価 ——— 98

13 デザイン ——— 100
- 13.1 建築計画とデザイン ——— 100
- 13.2 デザインの意味 ——— 102
- 13.3 建築のデザインの役割 ——— 103
- 13.4 デザインと外観 ——— 103
- 13.5 デザインと形の視覚効果 ——— 103

14 設計製図法 ——— 106
- 14.1 設計製図の意味 ——— 106
- 14.2 設計図書の種類と役割 ——— 107
- 14.3 設計製図関連知識 ——— 108

3章　施設計画案内

施設の全体像 ——— 114
- 1 施設計画あるいは施設計画各論とは ——— 114
- 2 施設の全体像と分類 ——— 114
- 3 各施設に共通の要素 ——— 115
- 4 案内の構成 ——— 117
- 5 案内の趣旨と説明 ——— 118

1 独立住宅 ——— 119
A 基本知識 ——— 119
- 1 住宅の定義 ——— 119
- 2 住宅の種類，分類 ——— 119
- 3 住宅の機能 ——— 119
- 4 住宅の基本条件 ——— 120

B 計画の基本 ——— 120
- 1 住宅の構成要素，部門，所要室 ——— 120
- 2 住宅の規模 ——— 121
- 3 住宅のゾーニング ——— 121
- 4 住宅の動線計画 ——— 121
- 5 住宅の機能構成，機能図 ——— 122

C 計画×設計 ——— 122
- 1 配置計画（敷地利用計画） ——— 122
- 2 平面計画 ——— 123
- 3 断面計画 ——— 126
- 4 構造，構法計画 ——— 126
- 5 設備計画 ——— 126

D この施設のキーワード ——— 127

2 集合住宅 ——— 129
A 基本知識 ——— 129
- 1 集合住宅の定義 ——— 129
- 2 集合住宅の種類，分類 ——— 129
- 3 集合住宅の機能 ——— 131

B 計画の基本 ——— 132
- 1 集合住宅の構成要素，部門，所要室 ——— 132
- 2 集合住宅の規模 ——— 132
- 3 集合住宅のゾーニング ——— 132
- 4 集合住宅の動線計画 ——— 133
- 5 集合住宅の機能構成，機能図 ——— 133

C 計画×設計 ——— 133
- 1 配置計画（敷地利用計画） ——— 133
- 2 平面計画 ——— 134
- 3 断面計画 ——— 136
- 4 構造，構法計画 ——— 136
- 5 設備計画 ——— 137
- 6 各部計画 ——— 138

D この施設のキーワード ——— 139

3 集合住宅地 ——— 141
A 基本知識 ——— 141
- 1 集合住宅地とは ——— 141
- 2 規模等による種類，分類 ——— 141
- 3 集合住宅地の機能 ——— 142

B 計画の基本 ——— 142
- 1 集合住宅地の構成要素 ——— 142
- 2 集合住宅地の規模 ——— 142
- 3 集合住宅地の分析と利用方針の策定 ——— 142
- 4 集合住宅地とゾーニング ——— 143

5	集合住宅地と動線計画	143
C	計画×設計	143
1	配置計画	143
D	この施設のキーワード	144

4 幼稚園（保育所） —— 146
- A 基本知識 —— 146
  - 1 幼稚園の定義，種類，機能 —— 146
- B 計画の基本 —— 147
  - 1 幼稚園（保育所）の構成要素，部門，所要室 —— 147
  - 2 幼稚園（保育所）の規模 —— 147
  - 3 幼稚園（保育所）のゾーニング —— 147
  - 4 幼稚園（保育所）の動線計画 —— 148
  - 5 幼稚園の機能構成 —— 148
- C 計画×設計 —— 148
  - 1 配置計画（敷地利用計画） —— 148
  - 2 平面計画 —— 148
  - 3 断面計画 —— 149
  - 4 構造，構法計画 —— 149
  - 5 設備計画 —— 149
  - 6 各部計画 —— 149
- D この施設のキーワード —— 150

5 学校 —— 152
- A 基本知識 —— 152
  - 1 学校の定義 —— 152
  - 2 学校の種類，分類 —— 152
  - 3 学校の機能 —— 152
  - 4 学校の基本条件 —— 152
- B 計画の基本 —— 154
  - 1 学校の構成要素，部門，所要室 —— 154
  - 2 学校の規模 —— 154
  - 3 学校のゾーニング —— 154
  - 4 学校の動線計画 —— 155
  - 5 学校の機能構成 —— 155
- C 計画×設計 —— 156
  - 1 配置計画（敷地利用計画） —— 156
  - 2 平面計画 —— 156
  - 3 断面計画 —— 158
  - 4 構造，構法計画 —— 158
  - 5 設備計画 —— 159
  - 6 各部計画 —— 159
- D この施設のキーワード —— 159

6 病院（診療所） —— 161
- A 基本知識 —— 161
  - 1 病院・診療所の定義 —— 161
  - 2 病院の種類，分類 —— 161
  - 3 病院の機能 —— 161
  - 4 病院の基本条件 —— 161
- B 計画の基本 —— 162
  - 1 診療所の構成要素，部門，所要室 —— 162
  - 2 病院の構成要素，部門，所要室 —— 163
  - 3 病院の規模 —— 163
  - 4 病院のゾーニング —— 163
  - 5 病院の動線計画 —— 164
  - 6 病院の機能構成，機能図 —— 164
- C 計画×設計 —— 164
  - 1 配置計画（敷地利用計画） —— 164
  - 2 平面計画 —— 165
  - 3 断面計画 —— 167
  - 4 構造，構法計画 —— 167
  - 5 設備計画 —— 167
  - 6 各部計画 —— 168
- D この施設のキーワード —— 168

7 図書館 —— 163
- A 基本知識 —— 163
  - 1 図書館の定義 —— 163
  - 2 図書館の種類，分類 —— 171
  - 3 図書館の機能 —— 171
  - 4 図書館の基本条件 —— 172
- B 計画の基本 —— 172
  - 1 中央図書館の構成要素，部門，所要室 —— 172
  - 2 分館図書館の構成要素，部門，所要室 —— 172
  - 3 図書館の規模 —— 173
  - 4 図書館のゾーニング —— 173
  - 5 図書館の動線計画 —— 173
  - 6 図書館の機能構成，機能図 —— 174
- C 計画×設計 —— 174
  - 1 配置計画（敷地利用計画） —— 174
  - 2 平面計画 —— 174
  - 3 断面計画 —— 176
  - 4 構造，構法計画 —— 176
  - 5 設備計画 —— 177
  - 6 各部計画 —— 177
- D この施設のキーワード —— 178

8 美術館 —— 180
- A 基本知識 —— 180
  - 1 美術館の定義 —— 180
  - 2 美術館の種類，分類 —— 180
  - 3 美術館の機能 —— 181
  - 4 美術館の基本条件 —— 181
- B 計画の基本 —— 182
  - 1 美術館の構成要素，部門，所要室 —— 182
  - 2 美術館の規模 —— 182
  - 3 美術館のゾーニング —— 182
  - 4 美術館の動線計画 —— 183
  - 5 美術館の機能構成，機能図 —— 183
- C 計画×設計 —— 183
  - 1 配置計画（敷地利用計画） —— 183
  - 2 平面計画 —— 184
  - 3 断面計画 —— 187
  - 4 構造，構法計画 —— 187
  - 5 設備計画 —— 188
  - 6 各部計画 —— 188
- D この施設のキーワード —— 188

9 事務所 —— 190
- A 基本知識 —— 190
  - 1 事務所の定義 —— 190
  - 2 事務所の種類，分類 —— 190
  - 3 事務所の機能と設計目標 —— 190
  - 4 事務所の基本条件 —— 191
- B 計画の基本 —— 191
  - 1 事務所の構成要素，部門，所要室 —— 191

2 事務所の規模 —— 191	2 研修所の種類, 分類 —— 217
3 事務所のゾーニング —— 192	3 研修所の機能 —— 218
4 事務所の動線計画 —— 192	4 研修所の基本条件 —— 218
5 事務所の機能構成, 機能図 —— 192	B 計画の基本 —— 218
C 計画×設計 —— 193	1 研修所の構成要素, 部門, 所要室 —— 218
1 配置計画（敷地利用計画）—— 193	2 研修所の規模 —— 219
2 平面計画 —— 193	3 研修所のゾーニング —— 219
3 断面計画 —— 195	4 研修所の動線計画 —— 220
4 外装計画 —— 195	5 研修所の機能構成, 機能図 —— 220
5 構造, 構法計画 —— 196	C 計画×設計 —— 220
6 設備計画 —— 196	1 配置計画（敷地利用計画）—— 220
7 各部計画 —— 196	2 平面計画 —— 221
D この施設のキーワード —— 197	3 断面計画 —— 222
10 百貨店（スーパーマーケット, 商店）—— 199	4 構造, 構法計画 —— 223
A 基本知識 —— 199	5 設備計画 —— 223
1 百貨店ほかの定義 —— 199	6 各部計画 —— 224
2 百貨店ほかの種類, 分類 —— 199	D この施設のキーワード —— 224
3 百貨店ほかの機能 —— 200	13 劇場（映画館ほか）—— 226
4 百貨店ほかの基本条件 —— 200	A 基本知識 —— 226
B 計画の基本 —— 201	1 劇場ほかの定義 —— 226
1 百貨店ほかの構成要素, 部門, 所用室 —— 201	2 劇場ほかの種類, 分類 —— 226
2 百貨店ほかの規模 —— 202	3 劇場ほかの機能 —— 226
3 百貨店ほかのゾーニング —— 202	4 劇場ほかの基本条件 —— 227
4 百貨店ほか動線計画 —— 203	B 計画の基本 —— 227
5 百貨店ほかの機能構成, 機能図 —— 203	1 劇場ほかの構成要素, 部門, 所要室 —— 227
C 計画×設計 —— 203	2 劇場の規模 —— 227
1 配置計画（敷地利用計画）—— 203	3 劇場のゾーニング —— 228
2 平面計画 —— 204	4 劇場の動線計画 —— 228
3 断面計画 —— 204	5 劇場の機能構成, 機能図 —— 229
4 構造, 構法計画 —— 205	C 計画×設計 —— 229
5 設備計画 —— 205	1 配置計画（敷地利用計画）—— 229
6 各部計画 —— 206	2 平面計画 —— 229
D この施設のキーワード —— 206	3 断面計画 —— 232
11 ホテル（旅館）—— 208	4 構造, 構法計画 —— 233
A 基本知識 —— 208	5 設備計画 —— 233
1 ホテル, 旅館の定義 —— 208	6 各部計画 —— 234
2 ホテルの種類, 分類 —— 208	D この施設のキーワード —— 234
3 ホテルの機能 —— 209	14 集会施設（コミュニティセンターほか）—— 236
4 ホテルの基本条件 —— 209	A 基本知識 —— 236
B 計画の基本 —— 209	1 集会施設の定義 —— 236
1 ホテルの構成要素, 部門, 所要室 —— 209	2 集会施設の種類, 分類 —— 236
2 ホテルの規模 —— 210	3 集会施設の機能 —— 237
3 ホテルのゾーニング —— 210	4 集会施設の基本条件 —— 237
4 ホテルの動線計画 —— 211	B 計画の基本 —— 238
5 ホテルの機能構成, 機能図 —— 211	1 集会施設の構成要素, 部門, 所要室 —— 238
C 計画×設計 —— 211	2 集会施設の規模 —— 238
1 配置計画（敷地利用計画）—— 211	3 集会施設のゾーニング —— 238
2 平面計画 —— 212	4 集会施設の動線計画 —— 239
3 断面計画 —— 213	5 集会施設の機能構成, 機能図 —— 239
4 構造, 構法計画 —— 213	C 計画×設計 —— 239
5 設備計画 —— 213	1 配置計画（敷地利用計画）—— 239
6 各部計画 —— 214	2 平面計画 —— 241
D この施設のキーワード —— 214	3 断面計画 —— 242
12 研修所 —— 217	4 構造, 構法計画 —— 242
A 基本知識 —— 217	5 設備計画 —— 242
1 研修所の定義 —— 217	6 各部計画 —— 243

- D この施設のキーワード ―― 243
- 15 老人ホーム ―― 245
  - A 基本知識 ―― 245
    - 1 老人ホームの定義 ―― 245
    - 2 老人ホームの種類，分類 ―― 245
    - 3 老人ホームの機能 ―― 246
    - 4 老人ホームの基本条件 ―― 246
  - B 計画の基本 ―― 246
    - 1 老人ホームの構成要素，部門，所要室 ―― 246
    - 2 老人ホームの規模 ―― 246
    - 3 老人ホームの組織 ―― 247
- 16 体育館 ―― 249
  - A 基本知識 ―― 249
    - 1 体育館の定義 ―― 249
    - 2 体育館の種類，分類 ―― 249
    - 3 体育館の機能 ―― 249
    - 4 体育館の基本条件 ―― 249
  - B 計画の基本 ―― 250
    - 1 体育館の構成要素，部門，所要室 ―― 250
    - 2 体育館の規模 ―― 250
    - 3 体育館の組織 ―― 250
- 17 工場 ―― 252
  - A 基本知識 ―― 252
    - 1 工場の定義 ―― 252
    - 2 工場の種類，分類 ―― 252
    - 3 工場の機能 ―― 252
    - 4 工場の基本条件 ―― 253
  - B 計画の基本 ―― 253
    - 1 工場の構成要素，部門，所要室 ―― 253
    - 2 工場の規模 ―― 253
    - 3 工場の組織，構成 ―― 253
- 18 倉庫 ―― 256
  - A 基本知識 ―― 256
    - 1 倉庫の定義 ―― 256
    - 2 倉庫の種類，分類 ―― 256
    - 3 倉庫の機能 ―― 257
    - 4 倉庫の基本条件 ―― 257
  - B 計画の基本 ―― 257
    - 1 倉庫の構成要素，部門，所要室 ―― 257
    - 2 倉庫の規模 ―― 258
    - 3 倉庫の組織，構成 ―― 258
- 19 車庫および駐車場 ―― 259
  - A 基本知識 ―― 259
    - 1 車庫および駐車場の定義 ―― 259
    - 2 市床および駐市場の稀薮，分顧 ―― 259
    - 3 車庫および駐車場の機能 ―― 259
    - 4 市床および駐車場の基本条件 ―― 259
  - B 計画の基本 ―― 260
    - 1 車庫および駐車場の構成要素，部門，所要室 ―― 260
    - 2 車庫および駐車場の規模 ―― 260
    - 3 車庫および駐車場の組織，構成 ―― 260
- 20 複合施設 ―― 262
  - A 基本知識 ―― 262
    - 1 複合施設の定義 ―― 262
    - 2 複合施設の分類 ―― 262
    - 3 複合施設の機能 ―― 263
    - 4 複合施設の基本条件 ―― 263
  - B 計画の基本 ―― 263
    - 1 複合施設の構成要素，部門，所要室 ―― 263
    - 2 複合施設の規模 ―― 263
    - 3 複合施設の組織，構成 ―― 264

- 索引 ―― 266
- 参考文献 ―― 270

［本文中イラスト　永森一夫］

1章 建築計画の意味と目標

1 建築とは何だろう

要　約

1　**家として知られた建築**　建築というと，いかにも専門用語に聞こえるが，われわれにとって身近かなものである住宅も建築であり，しかも建築のなかでも重要なものの一つとされている。その住宅については，「衣食住」という言葉が知られている。

2　**建築という言葉**　住宅から，「建築」というさらに範囲の広い言葉が使われるようになったのは，時代とともに，住宅以外の建物が多くなり，これを必要とする社会になってきたという事情がある。

3　**芸術としての建築**　建築は芸術の分野の一つとされる一方，その実用的な価値や工業的な製作技術を必要とすることなどを理由に，芸術とは無縁とする意見もある。しかし，形のあるものは視覚芸術の一つという考え方が一般的とされている。

4　**建築と生活空間**　生活空間とは，私たちが日常の生活を営む場所のことで，現代の建築ではあらゆる種類の建物のなかに，生活空間の確保と質の向上が求められている。この生活空間はこれを使う人々の空間へのさまざまな体験材料となっている。

5　**建築と社会**　建築は，国をはじめとするさまざまな行政機関のなかで，市民の生活の安定という目的のための有力な施策を生み出すもので，住宅の安定的な供給などがその例であり，ほかに建築物の安全性などを確保する建築指導の行政分野がある。

6　**建築と経済**　建築関連の就業分野は，各産業のなかでも，その裾野く，世の中の景気の動向にも大きな影響を与えることが知られている。建築投資を景気対策に使うのは，その経済効果が比較的わかりやすいことにもある。

7　**建築と文化**　建築を芸術とみて，建築物を文化遺産とみるか，いくらでも建て替えのきくモノとみるかで町造りの方向は大きく変わってくる。建築を文化とみるか，ただの建物とみるかは後代に歴然とした違いを見せることになる。

1.1 家として知られた建築

　皆さんが使っている部屋や，居間，食堂などからできている住まい，そこから通った幼稚園，小学校，これがみな建築であることはご存じのとおりである。建築を身近な存在と考える人は，たぶん，建築と聞いたときに住宅を思い浮かべるのではないだろうか。確かに，衣食住という言葉があるように，住は，人間の生活を支える基本の三要素の一つという役割を担っている。まさに，身近かで欠かすことのできない建築なのである。一方，建築なんてさっぱりわからないし，縁のない存在と考える人は，住宅以外の建築を頭に浮かべ，また，建築現場をみて，その雰囲気に違和感をもっている人かも知れない。いずれにしても，建築は，人間にかかわりの深い，人工の構築物ということができる。

ところで，建築を学問として，さまざまな分野から研究を続けてきた学術団体があり，日本建築学会として，現在に至っている。実は，この学会の名称は，設立当初からしばらくの間は「造家学会」とよばれていた経緯がある。

1.2 建築という言葉

造家学会から建築学会への名称の変更には，当時の会員の有力者による提案などがその基になったことが知られている。しかし，なぜ，造家ではなくて建築なのだろうか。確かに，明治維新の大変革まで，わが国で，住居と関係のない建物として，何があったかを考えると思い当たるように，これがきわめて少ないのである。たぶん，あげることができる事例は，神社仏閣と城郭などに限られるはずである。その他のものは，居宅兼用という形がほとんどであったと思われる。

そして，明治以降，急速な近代化をはかる必要に迫られた明治政府による官庁建築の整備や，鹿鳴館，築地ホテル館などの洋風建築が実現して，これまで接することのなかった，住居以外の建物が注目されるようになる。造家ではなくて，建築という言葉が必要になる背景といえるかも知れない。

そこで，建築という言葉をもう一度見直してみると，この言葉，英語でアーキテクチャー（Arcitecture）という。このごろは，パソコンの世界でも同じ言葉が用語として使われているが，もともとは建築のことである。そしてこの語源はギリシャ語の，アルキ・テクトーラ（大きな技術）からきている。語感としては，建築よりも橋や凱旋門のような大土木構造物があてはまる感じであり，もともとはそうだったのかも知れない。ちなみに，土木工学は，シビルエンジニアリング（Civil engineering）とよばれている。

1.3 芸術としての建築

建築は芸術であり，とくに，総合的な芸術と位置づけられている。その根拠の一つとして，建築には，視覚芸術とよばれる絵画や彫刻，工芸などの要素のほぼすべてが含まれているから，という考え方がある。一方，絵画や彫刻と違って，建築には，用途，すなわち実用的な使用目的が必ずあるから，建築と絵画が同じ芸術とは考えにくい。そこで，建築には，目で見ることができる芸術としての価値とともに，人間の生活や仕事を支えるという用途としての価値があるという事情が明らかになる。さらに，絵画や彫刻は，見たくない人は見ないですむが，建築は，その前に立つ人，通る人のすべてから，嫌でも見えてしまうという難しい立場の芸術である。

写真1.1 鹿鳴館

写真1.2 築地ホテル館

1.4 建築と生活空間

　私たちが日常の生活を営む場所を生活空間と呼ぶことがあり，この言葉は，建築の設計や計画の分野ではよく使われる。建築は，そのなかに生活空間をもっているが，この生活空間の質を高めることが，建築をつくる際の重要な目標の一つになっている。生活空間といえば，住宅をまず思い出す人が多いかもしれないが，確かに住宅は，建物全体が生活空間で満たされているものである。

　しかし，住宅以外の建築にも，実は生活空間は存在しており，大切な設計目標になっている。たとえば，事務所建築の事務室は，事務という仕事をする人間のための生活空間と考えることができるし，またこのような考え方をもっていないと，人間を大切にすることができる事務室の設計はおぼつかない。人間が使うという共通の目的がある以上は，あらゆる建築は，生活空間から成立っていると考えなければならない。

　ところで，この生活空間は，人間に対して思いがけない働きをしている事実に気がついたことがあるだろうか。これは，建築の空間の働きというよりも，空間に対する人間からの反応と言ったほうがよいのかも知れない。それは，私たち人間は身近かにある空間によって，知らず知らずのうちに一種の学習をしているということなのである。この学習のもっとも初期のころの教材は，住宅という生活空間であることは明らかである。私たちは，この身の回りの生活空間を通して，建築という空間について，さまざまな経験を重ねながら，これを一種の建築・空間への知識として身につけていくことになる。

　同様の，学習のための空間は，保育所，幼稚園，小学校，図書館，市役所というように，その生活と行動範囲が広がるに応じて，増えていく。

1.5 建築と社会

　どんな国家でも，国民の住宅について，その安定的な供給に力を尽くそうと努める。国民生活の安定をはかる基本が住生活だから，これは当然の選択といえる。このことから，建築の分野が，国家の安定を確保するための有力な基盤になっていることがわかる。

　わが国の例をみると，主務官庁である国土交通省（旧建設省）のなかに，住宅局などの主管部局があり，地方自治体のなかにも，同様の主管部局が設けられているのが普通である。これらの行政組織のなかで，中央官庁は主として住宅行政のための法整備や予算措置の策定を担当して，国内で供給される住宅の量と質の確保を維持することに努めている。これに対して，地方自治体の各住宅部局では，さきにあげた住宅行政の実施面を担当しており，具体的にいえば，公営住宅の企画，設計，建設，維持，管理運営などの各業務を実施している。さらに，これらの業務を担当する公社，公団（都市基盤整備公団など）がある。

1.6 建築と経済

建築をつくるには大金が必要である。ただし、大金がかかるが、その代わりに付加価値の高い建築が資産という形で残ることも確かである。建築をつくることは個人住宅という限られた範囲のもの以外は、単なる消費ではなくて、一種の投資に類するものと考えられる。だから、建築をつくる費用について、税務当局は、これを税金を控除してくれる必要経費扱いには決してしてくれない。この考え方は、個人住宅の取得費用についても同じであるが、この部分に限り減税措置をつけ加えて、業務目的の建築費用との差別化をはかっている。

確かに、住宅の取得で得られるものは、それまで支払っていた賃貸住宅の家賃相当分に限られるが、業務用の建築の場合は、たとえば大規模店舗を新築したことによって得られる営業収入というものが対象になるから、その違いは明らかであろう。

このように、建築にかけた大金は、資産形成に役立つと同時に、建築をつくることで生計を立てている人々の貴重な収入のもとにもなっている。とくに、建築関連の分野は、各産業のなかでも、その裾野が広いことでトップの位置にあると言われており、それだけ、建築関連の就業人口が大きいことを示している。

わが国でも、建築投資を景気対策に使う例が多くみられたが、その動機の一つに、建築投資の経済効果が比較的わかりやすいことがあげられる。

1.7 建築と文化

西欧諸国の主要な都市には、必ずといってよいほど、オペラを上演する豪華な劇場がある。歴史や文化の違いがあり、ましてオペラにあたる芸術が、わが国にあったのかを考える必要があるにしても、わが国の現在とくらべて、このような結果をどうみたらよいのであろうか。

まず、これらの文化遺産とみられるオペラ座は、宮廷文化など現代の国家体制以前の時代のものが多く、同様に残されている教会建築にも同じことが言える。

たとえば、パリのオペラ座は、シャルル・ガルニエの設計による約120数年前の建物であるが、現役の建築である。そしてパリには、建ってから間がないもう一つの新オペラ座がバスティーユにある。たまたま、例をオペラ座にとっているが、注

写真1.4 オペラ座

写真1.5 新オペラ座

目したいのは、実はこの二つのオペラ座である。日本の場合を想像してみると、ガルニエのオペラ座を壊して、その跡地に新オペラ座を建てるという場面になりかねない。いま、私たちのまわりの都市に、文化遺産と呼べる建築が少ないのは、この建て直しが進んだ結果といっても過言でないだろう。これには、いろいろな理由があるが、その一つに、わが国では、永年にわたって、社寺や城郭などの限られた建築を除いて、とくに実用的な用途がある建築に対して、これを文化や文化遺産として評価をする習慣が薄かったという事実があげられる。これに加えて、残したいとされる建物が、これに値するほどのつくられ方がされていなかったという背景も考えられる。耐震、耐火などの安全性や耐久性能の問題もあるだろうが、結果として、わが国には、建て直しが当たり前のことになり、スクラップ・アンド・ビルドという現象が進むことになる。言葉どおり、壊してつくり直すということである。一方、オペラ座のあるパリでは、ルーブル宮を永年にわたって維持し続けて、ただの保存ではなくて、現役の施設として大切に使っている。

　建築を本当の文化に値するものにするためには、建築をつくる側に大きな責任があることは確かであるが、これを使う人をはじめ、さまざまな人々によって、建築のことが、もっと広い趣味や常識として知られる必要がある。

写真1.6　ルーブル宮（ルーブル美術館）外観（写真提供　安原治機氏）

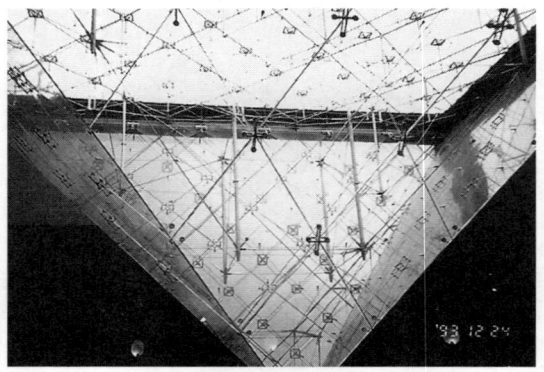

写真1.7　ルーブル美術館内部

2 建築をつくる方法（設計）

要　約

1. **その生産と設計**　建築は，自動車や電化製品と違って，その生産の場所は，建物が建つ固有の敷地の上である．工場生産品との大きな違いといわれるが，一方，生産の前に，あらかじめ設計という工程があることは双方に共通している．

2. **設計という仕事**　設計には①望ましい建築をつくる，②完成見本，③工事請負契約図書としてなどの意味と目的がある．いずれも，事前に相応の調査と分析が必要になるものが多く，建築計画の分野が必要になる根拠もここにある．

3. **だれのための設計か**　建築の設計は，その注文者である建築主の依頼によって行われるが，建築を実際に使う人が建築主と同じとは限らない．設計には，建築主のかげに隠れた施設の利用者の希望もくみ取る努力が必要になる．

4. **設計の方法**　設計方針を決める要素のなかには，与条件と呼ばれる建築主側からの希望内容とか必要条件と名づけたその他の条件があり，この全体の内容を基にして対象建物の設計条件を構築する必要がある．

2.1 その生産と設計

　建築は，その固有の敷地の上に建っているが，これをつくるときも，同じ敷地の上でつくられる．自動車や家庭電器製品などの工場生産品とは，相当に異なる生産の過程をたどるのが建築の特徴といえる．ただ，自動車や家電製品と変わらない工程があって，これが，製作に先立って，あらかじめ設計をするということである．

　設計の非常に素朴なかたちが，大工職人が，手板とよばれる合板に，家屋の柱の配置図を墨つぼを使ってつくっておき，現場で設計図の代わりに使っていた．

　現在では，製本された設計図が現場に常備されており，各職人たちは，図面を確認しながら工事を進めていくのが普通の形である．そして，設計図は現場で使われるほかにも，さまざまな役割を果たしている．

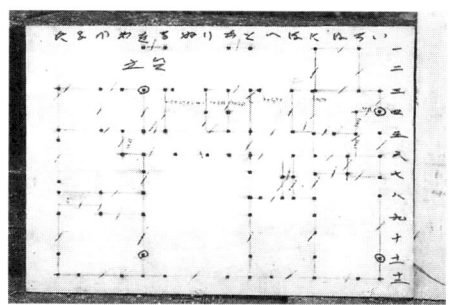
写真1.8　板図

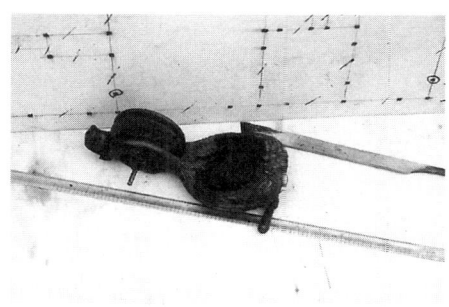
写真1.9　墨つぼ

2.2 設計という仕事

（1）望ましい建築をつくるという目的

　設計という仕事とその目的について説明をしておきたい。

　まず，望まれている建築をつくるという第一の目的がある。ただ，この目的を達成するためだけであれば，必ずしも設計という過程を踏まなくても可能であるかも知れない。工事にいくら時間が掛かってもよく，予算の制限はなく，やり直しも無制限などという条件が許されればの話である。現実には，こんなことはあり得ないので，何もない白紙の状態から始めて，さまざまな設計条件や設計の素材になる事柄を収集して，一つの形を成す建築を創造するために設計という行為をする。そして，これを具体的につくる方法として，図面の作成などの方法を利用する。この設計図という手法は，主として工事の担当者など，建築の関係者に，設計の意図を正確に伝えることができるので，欠かすことのできないものになっている。さらに設計をしている建築家も，自分の考えた設計意図が十分に設計内容に反映されているかをこの設計図で確認することができる。

（2）完成見本という目的

　一品生産的につくられることが多い建築の場合，実物見本を見たくても手に入れることができない。そこで，実際の工事でつくる前に，その建物の全体像をはじめとする各種の情報を明らかにできるものがあるとすれば，それは設計図や関連の資料に限られる。設計という仕事の成果品である設計図や関連の資料は，工事を進める際の指針として使われる前に，この設計を依頼した建築主側が，自分が依頼した設計内容になっているかどうか，建築主側からみて望ましい建築になっているかを確認するための，いわば完成見本の役割を果たすことになる。

（3）工事請負契約図書という目的

　建築を具体化するためには，設計図などをもとに算出された見積金額をもとに，決定された工事請負金額によって，建築工事の請負契約を締結する必要がある。この契約にもとづいて，工事を請け負った施工者は，契約内容とおりの工事を完成させる。この契約の内容を規定している図書の主役は，なんといっても設計図と，これに付随される仕様書である。もしも，これら設計関連図書が不完全なものであれば，契約内容が不備になるから，紛争のもとになるし，契約の事情によっては建築主側が著しく不利な結果に追い込まれることも予想される。このことから設計図書は，工事請負契約を正しく成立させるための有力な契約図書としての役割を果たすことがわかる。

2.3 だれのための設計か

　建築の設計は，その注文者である建築主からの依頼を受けて始めることができる。では，この建築主のために設計をするのかというと，一概にそうとは言えない場合もある。設計の依頼主は建築主であるが，その設計対象になる施設を利用する人は，必ずしも建築主と同一の人とは限らないからである。たとえば，官庁の建築は，庁舎と言われて，内容は事務所建築の一種である。市役所や区役所の設計は，当然，建築主である役所側の担当者と打合せをして進めていく。しかし，この建物は，市

民や区民のためにつくられる建築であるとも言える。建築家は，役所側の意向とともに，この施設の利用者である市民や区民の希望もくみ取って設計に織り込む必要がある。この，いわば建築主のかげに隠れた施設の利用者はどんな建築の場合にもみられる。たとえば，病院の設計をする場合は，建築主である病院経営者と建築家が相談を重ねて設計内容を具体化していく例が多い。しかし，病院という施設を使うのは，院長や事務長だけではない。医師や看護師をはじめとする医療スタッフは多岐にわたり，その専門分化も進んでいて，それぞれが病院という施設に対して望ましいと考える希望条件をもっている。さらに，本当の意味での病院の利用者と考えなければならない患者の存在がある。

既存の病院の増改築の設計では，必要に応じて，これらの施設利用者の希望などを確かめることができるが，新築の病院では，設計を進める段階では，院長しかいない

印紙

工 事 請 負 契 約 書

発注者　○　○　○　○　と

請負者　○○建設株式会社　代表取締役○○○○　とは

（工事名）　（仮称）大崎ハウジング新築　工事

の施工について、つぎの条項と添付の工事請負契約約款、設計図 59 枚、仕様書 ＿＿ 冊とにもとづいて、工事請負契約を結ぶ。

1. 工事場所　東京都○○区○○1丁目1番 1号
2. 工　期　着手　平成 14 年 12 月 2 日
   契約の日から ＿＿ 日以内
   完成　平成 15 年 6 月 15 日
   着手の日から ＿＿ 日以内
3. 引渡の時期　完成の日から 7 日以内
4. 請負代金額　¥
   うち工事価格　¥
   取引に係る消費税及び地方消費税の額 5%　¥
   （注）請負代金額は、工事価格に、取引に係る消費税及び地方消費税の額を加えた額。
5. 請負代金の支払　前払　契約成立後1週間以内　¥
   部分払　1階コンクリート打設時　¥
   上棟時　¥
   内装着工時　¥
   完成引渡の時に　¥
   引渡し1ケ月後（監理者承認後）　¥
6. （1）部分使用の無
   （2）部分引渡の無
7. そ の 他

この契約の証として本書2通を作り、当事者および保証人が記名押印して、当事者がそれぞれ1通を保有する。

平成 14 年 11 月 27 日

発注者　東京都○○区○○1-1-1
○○○○ ㊞

請負者　〒164-0001 東京都○○区○○2-2-2
○○建設株式会社
代表取締役○○○○ ㊞

監理者としての責任を負うためここに記名押印する。

監理者　東京都渋谷区代々木1丁目58番10号
有限会社 永森総合研究所
代表取締役 永森一夫

一級建築士事務所永森一夫建築設計事務所（民間（旧四会）連合協定用紙）

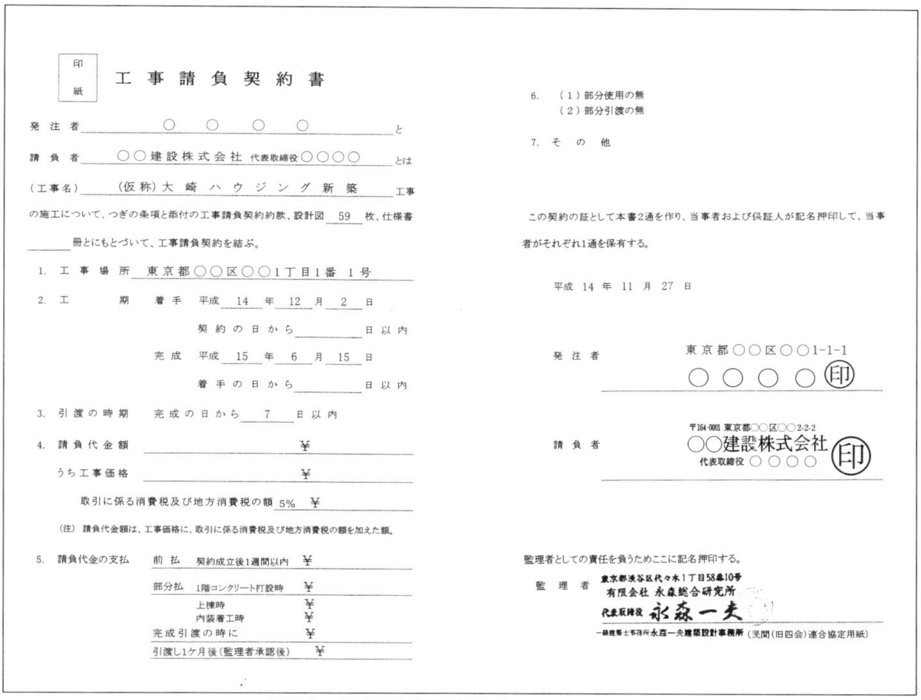

図1.1　工事請負契約書書式

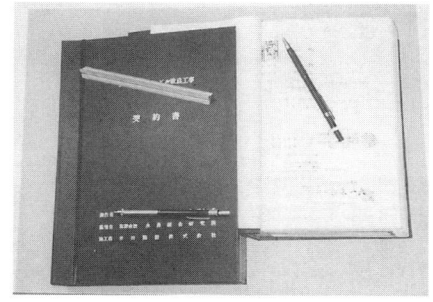

写真1.10　工事請負契約図書

場合が普通である。このような状態のなかで，設計に建築主以外からの設計条件を織り込んでいく必要がある。建築主と建築家が，お互いに，これらの隠れた建築主の希望を取り入れた設計ができるように努める必要があるのは当然であろう。

2.4 設計の方法

設計は，頭のなかの仕事（brain work）が大半であるといわれる。

その頭のなかの発想をスケッチや模型などの手法を使って具体化してみては，考えられた発想の中身を吟味して，あるいは一定のチェックをして決定していく。この段階の設計の方法は，建築家個々の方法があって，それぞれ微妙に異なっている。しかし，いずれの方法にも共通する部分があって，それは，その設計内容や発想の中身にできるだけ客観性を盛り込んで，単なる思いつきや，個人的な好みや工夫のレベルだけで終わらないような強固な根拠を獲得しようと努めていることである。

一方，設計内容を左右する要素には，建築家の専門的な判断だけではどうにもならない要素が介在してくる。いわば，建築家に設計上の指針を与えるもので，そのなかには，建築主側からの希望条件が含まれるのは予測されるであろう。

この建築家が頼りにする指針は，設計条件とよばれているが，これを建築主側からの希望条件と同じものと考える誤りを犯す人が専門家のなかにもいるので，注意をしておきたい。建築主側の希望条件は，与条件とよばれる例が一般化しており，設計条件を構成する有力な要素に違いはない。この与条件をほかの必要と思われる要素とともに検討をして決定を見たものが設計条件とされるわけであり，この一連の検討と決定は，建築家の専門的な判断による。この際，建築主がこの決定に関与していないのかというと，そんなことはないのであって，決定される設計条件は，建築主に対する十分な説明を行ったうえ，その承認を得るのが基本である。実は，この設計条件と与条件の関係をみると，与条件は，建築主の思い込みやこだわりなどが盛り込まれている可能性があり，なかには不適当な項目も混じっているかもしれない。これを建築家というプロの目で見直して，さらに客観性を加えようとするものが設計条件ということになる。そして，この設計条件を構築していく過程で，建築計画の分野で得られた成果が多方面で利用されるようになり，この結果から，建築計画のノウハウが設計をすすめる際の根拠や条件により客観的で，説得力のある裏づけをもたらすものであることが次第に認められるようになって，現在に至っている。

写真1.11　設計は完成見本という目的もある。模型と実物をくらべてみると……

3 建築をつくる方法（施工）

> **要　約**
>
> 1　**現場で工事が必要な生産行為**　建築は，固有の敷地に固定されているとともに，これをつくる段階でも，その主要な生産行為は，この敷地の上で進められるという特徴があり，土木構造物とともに，他にあまり例をみることがない。
>
> 2　**一品生産による技術上の制約**　建築は，固有の敷地で，それ一つしかないという条件で生産される場合が多く，この一品生産という方式をとらざるを得ない事情により，さまざまな制約を受ける結果になり，独特の生産方式がとられている。
>
> 3　**施工者と工事請負の仕組み**　建築の生産を受け持つ工事施工者は，建築主と工事請負契約を結び，工事の完成を請け負うので，請負者ともよばれる。工事の発注方針によって，請負契約の内容も変わってくるが，もっとも一般的なものは，一式請負である。
>
> 4　**施工のための独特の仕組み**　建築の施工は，工種別を主とする多数の専門業者に下請負させる形ですすめられる。元請業者による請負工事は，この独特の下請システムと専門業者の技術レベルに支えられている部分が多い。

3.1 現場で工事が必要な生産行為

建築をつくるには，そのための敷地が必要である。建物の入れ物である敷地という空間を占有するこのような例は，建築がその敷地に固定されている（不動産という言葉がある）ためで，他にあまり例がない。

しかも，建築は，敷地に固定されているとともに，これをつくる段階でも，敷地の上で進められるという特徴がある。ここのところが自動車や航空機などと大きく異なるところであり，規模の違いがあっても，工場内でなく，現場でつくられるところがほかと違う。建築の生産段階は施工（せこう）とよばれているが，その多くの例が，現場施工が中心という特徴があり，この生産方式は，建築の生産そのものにいくつかの特別な事情をもたらすことになった。

3.2 一品生産による技術上の制約

その特別な事情の一つが，一品生産的な工程が強いられることである。この一つの敷地の上に，それ一つしかないという建築をつくるのが一品生産方式といえるが，この一品生産に対して，大量生産という生産方式がある。大量生産は文字通り大量の製品の生産を可能にする方式であるが，一品生産的にものをつくる方式とはなじまない条件が数多く含まれる。建築の世界では，建材や部品の分野では大量生産方式を可能にしたが，建築という完成品をつくるまでには，量産方式だけではどうしても対応できない部分が存在する。現況では，せっかくの量産化で得られるメリットを，一品生産的な施工の条件を解消しきれないために十分に利用できていないと

いう状況にとどまっているのが実情である。一品生産方式による生産方式の遅れというのは，実はこのような事情にある。

どのような遅れがあるかというと，たとえば，工場のような整備が行き届い生産施設が利用できないことからくる技術レベルの遅れがある。制約の多い現場の環境のなかでの品質管理の困難があり，高品質の加工機械や最先端の技術を利用しにくいなどの不利な条件が加わる。また，一品生産的な工事は，繰り返しの生産の機会をつくらないから技術の蓄積をはかることが難しく，その利用の機会も期待できない。結果として，コストの管理が困難になり，コストダウンが難しい。

3.3 施工者と工事請負の仕組み

建築の施工を受け持つ者は，工事施工者とよばれる。建築主との間で，工事請負契約を締結して，その建築工事の完成を請け負うことを業としているもので，小規模な工務店とよばれるものから，スーパーゼネコンとよばれる巨大企業まで，その種類は多岐にわたっている。

ゼネコン（general contractor，総合建設請負業者）の名で知られる建設業者は，建築の施工を請け負う主役である。この工事を請け負う形はいくつかの種類があるが，もっとも一般的な請け負う形式は，一式請負（総合請負）とよばれる方式である。これは，工事の全体を一括して一つの業者が請け負う形式である。何よりも，責任の所在が一つの業者に集中しているところから，建築主や工事監理者からみると，契約相手が判然としているので，お互いの意思の伝達が確実にはかれるうえ，すべての手続きや業務が簡便になるので，わが国では，もっとも多く採用されている。このほかの工事発注方式としては，直営方式，分割請負方式その他がある。

3.4 施工のための独特の仕組み

総合請負の方式で工事を請け負った施工者は，着工の準備をすすめるが，通常のゼネコンの業態では，建築工事に必要となる各種の工事を，直接施工するためのすべての職種を自社の社員や職員として抱えている例はほとんどみられない。

代わりに，必要な種類の工事別に，これを別組織の専門業者に下請負させる形が多い。ゼネコンの現場責任者や技術者は，工事全般の管理を受け持つ形が普通である。この場合，ゼネコンは元請業者とよばれ，各種の専門工事業者は下請業者とよばれ，建築の施工をすすめる独特の仕組みを構成している。この下請システムは建

写真1.12 施工現場

写真1.13 墨出し

築だけでなく土木工事でも昔からみられるものであるが、確かに、20数項目にもなる、建築の施工に必要となる専門工事の技術と人員を、一つの建築業者が社内の組織に取り込むことは現実的でないし、不可能と言えるかも知れない。したがって、建築の施工にとって、この下請システムは、いまのところ必要で欠くことができない仕組みと言わざるを得ない。一方、近年になって下請けに担当させる範囲が広がる傾向があり、これまでは、元請けの技術者が担当するのが当然とされていた施工図の作成や、墨出しなどの重要な業務も外注先がこなすことが多くなった。

> **施工図**（せこうず）：建築の施工段階で、設計図書をもとにして作成する工事用の図面。設計図で省略されていたり、明示されていない部分を細部にわたって図示し、工事に際して不明の部分がないようにする。
> **墨出し**（すみだし）：建築の施工にあたって、平面、断面に必要になる仕上部分の位置などを、現場に墨壺(すみつぼ)による墨で寸法線を引くこと。

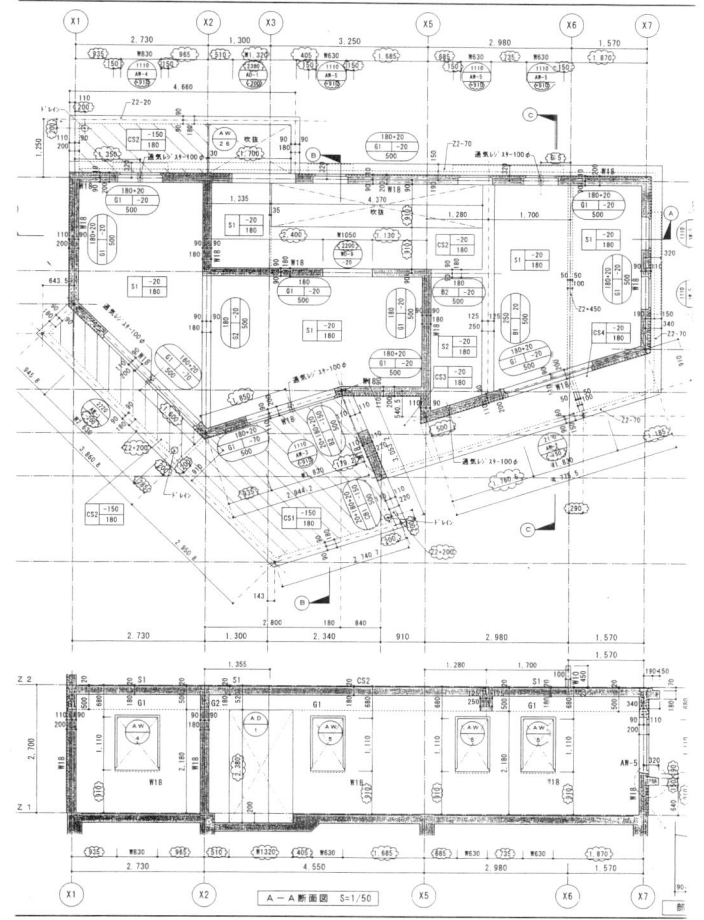

写真1.14　鉄骨原寸検査　　　　　　　　図1.2　施工図（一部分）

4 建築をつくる専門家

> **要　約**
> 1　**さまざまな段階で活躍する専門家**　建築が完成するまでには，企画，設計段階での建築家，施工段階では，各種の職人とよばれる技能工たちが，ほぼすべての工事を手掛け，さらに彼らの管理や資材の供給を含む現場全体の管理を元請会社の技術者が担当する。
> 2　**資格が必要になる専門家**　建築にたずさわる専門家の相当の部分が，建築士のような国家資格が必要とされている。建築士は建築物の設計・工事監理を独占的に遂行することが保障される資格であり，現場管理者にも相応の資格が要求されている。
> 3　**資格が必要になる背景**　建築は，これを使用する一般市民の生命，財産の安全を左右するなど，社会に与える影響は大きいものであり，したがって，その設計，施工の各段階の責任者には，国家資格などをもつ専門家をあてることになっている。
> 4　**専門家の養成と資格の取得**　建築関連の各種の資格を得るには，一定の学歴と実務経験の年数により資格試験の受験資格が与えられる。学歴の不足を実務経験や他の資格の取得などで補うなどのコースもあり，資格の範囲も広がる傾向にある。

4.1 さまざまな段階で活躍する専門家

これまで述べた設計と施工という二つの段階で，それぞれ異なる種類の業務が進められることがわかったが，建築が完成するまでには，その発想，企画の段階から完成に至までに，さまざまな仕事をこなす専門家が存在する。たとえば，企画や設計段階で主要な役割を果たすのは，建築家とよばれる設計の専門家であるし，工事の段階では，総合的な現場での施工管理をすすめる専門の技術者を欠かすことができない。さらに，施工の段階では，これに加えて，大工，とび，土工，左官工，防水工，塗装工などの各種の職人，すなわち技能工がほぼすべての工事を直接手掛けることになる。この場面では，設計者（設計者は工事監理者を兼ねることが多い）も，現場管理技術者も，各職方に必要な指示をするだけで，工事のために自分で手を下すことはないし，できないことのほうが多い。

このような，さまざまな専門家達による一種の協同作業のなかで，はじめて建築工事は進められていくのである。

4.2 資格が必要になる専門家

これらの専門家のなかで，相当の部分が一定の資格をもっていることが法令で要求されており，なかでも国家資格が必要な部分がある。この部分の業務は，無資格者に対して，その就業を禁止しており，逆に言えば，資格者に限り，独占的に業務を遂行できることが保証されている。その代表的な資格が建築士資格である。建築士は，建築士法によれば，その者の責任で設計図書を作成すること（設計）と，そ

の者の責任で工事を設計図書と照合して，設計図書のとおりに実施されているかどうかを確認する（工事監理）の二つの業務を主として遂行する者に必要とされる資格である。建築物の規模，構造種別などによって資格の区分があり，業務範囲について，とくに制限のない資格は一級建築士であり，建築についてほぼオールマイティの資格といわれる。確かに，この資格をもっていれば，建築の設計から施工の各分野で仕事ができる。以下，二級建築士，木造建築士の順で扱う建物の規模，構造の制約が小規模のものに限られるようになる。

　いずれも，所定の国家試験に合格して，所管の官庁に登録をして免許を受ける必要があり，そのうえで免許証を受領して建築士の称号を名乗ることができる。

　一方，建築の工事段階では，施工管理についての専門技術を主とした資格者が建築士とは別に定められており，いずれも「建設業法」で規定されている「主任技術者」および「監理技術者」という資格者である。建設業法では，工事を請け負った建設業者は，その工事現場に施工技術を管理する「主任技術者」を置かなければならないとし，工事の請負金額が一定以上になると，より資格要件の厳しい「監理技術者」を置かなければならないことを決めている。このほか，現場で使われる工作機械類のオペレーターも免許が必要であり，国家資格以外にも多数の資格者が働いている。

4.3 資格が必要になる背景

　建築をつくるすべての段階でさまざまな専門家がかかわっており，彼らの多くには，国家資格をはじめとする確かな裏づけが求められる例が多いが，これはなぜだろうか。まず，これらの資格者が要求される根拠として，その資格によって，多少の違いはあるものの，良質の建築を完成させるという基本的な目標がある。

　確かに，建築をつくるすべての段階でさまざまな専門家が関係をするが，このなかで，工事内容の品質管理を受け持つ専門家は，とくに法令上の責任を負うことが求められる。その裏づけとして，彼らには，国家資格をはじめとする一定の資格の取得が義務づけられている。この背景を考えてみると，まず，建築は，これを使う一般市民の生命，財産を左右するなど，その影響力が大きいものであり，この生産過程で致命的な工事ミスがあれば，建物の破損や崩壊など重大な結果につながりかねない。

　そこで，建築の安全，衛生や防火などの基本的な性能について，建築基準法などの法令で，厳しくこれらの内容を規制して，国民の生命，健康および財産の保護をはかろうとしている。この方向は，世界の国々，とくに先進国では共通のものである。しかし，どんなに優れた法令が整備されていても，この法令を完全に執行できる制度と体制が整備されていないと，その効果を発揮できない面がある。そこで，各行政庁に「建築主事」職（建築確認業務を主とする専門職で，建築士と同じく国家資格）を置いて，工事にかかる前の設計図書の内容について，法令に適合しているかどうかを「確認」する制度をつくった。許可制度とは違うが，建築主事の「確認」が得られなければ，事実上，工事の着手は出できないという体制をつくって法

の執行の確保をはかったわけである。

4.4 専門家の養成と資格の取得

建築の専門家の代表といえる一級建築士の資格を得るには，以下のような学歴と実務経験の年数により，受験資格が与えられる。また，学歴が不足の場合は二級または木造建築士の資格を取得してから一級建築士の受験資格が得られる。

このほか，各種の専門学校にも建築，土木などの学科をもつものがあり，有力な養成機関になっている。また，建築士のほかにも，インテリアコーディネーターの例のような，インテリアの設計やコーディネーションの専門家資格もある。

一方，工事段階では，建築工事に必要な木工事をはじめとする各種の専門工事を担当する大工職やとび，土工などの専門職がある。これらの技能工や技術者の資格については，いずれも統一された基準にもとづくものはまだ完成されていない。

写真1.15　建築士免許証

表1.1

		受験に必要な実務経験年数	
		一級建築士受験資格	二級，木造建築士受験資格
大学（4年制）	建築	2年	0年
	土木	2年	1年
短大（3年制）	建築	3年	0年
	土木	3年	1年
短大（2年制）	建築	4年	0年
	土木	4年	1年
高専（5年制）	建築	4年	0年
	土木	4年	1年
高校（3年制）	建築		3年
	土木		3年
二級建築士取得後		4年	
その他			7年

［建築士法条文］
【一級建築士でなければできない設計又は工事監理】
第3条　次の各号に掲げる建築物（建築基準法第85条第1項又は第2項に規定する応急仮設建築物を除く。以下この章中同様とする。）を新築する場合においては，一級建築士でなければ，その設計又は工事監理をしてはならない。
一　学校，病院，劇場，映画館，観覧場，公会堂，集会場（オーディトリアムを有しないものを除く。）又は百貨店の用途に供する建築物で，延べ面積が500m²をこえるもの
二　木造の建築物又は建築物の部分で，高さが13m又は軒の高さが9mを超えるもの
三　鉄筋コンクリート造，鉄骨造，石造，れん瓦造，コンクリートブロック造若しくは無筋コンクリート造の建築物又は建築物の部分で，延べ面積が300m²，高さが13m又は軒の高さが9mをこえるもの
四　延べ面積が1,000m²をこえ，且つ，階数が2以上の建築物
2　建築物を増築し，改築し，又は建築物の大規模の修繕若しくは大規模の模様替をする場合においては，当該増築，改築，修繕又は模様替に係る部分を新築するものとみなして前項の規定を適用する。

5 設計が必要になるわけ

> **要　約**
>
> 1　**設計の目的**　　設計の本来の目的は，あらゆる面で望ましい建築を実現させることにある。なかでも，建築主に設計を依頼された建築家は，建築主に代わって，彼が望んでいる建築を具体化し，これを実現させる役目を負っている。
>
> 2　**建てる前に欲しい情報**　　一品生産的につくられる建築の場合，量産品のように，建てる前に実物見本で確認をすることができない。そこで，建てる前に必要な情報を提供する役割を果たすのが設計である。
>
> 3　**設計関連の手法と得られる情報**　　得られる情報は，まだ建っていない建築の完成段階とそれ以降の価値に関するものである。そのために設計図，完成予想図，模型，CG，設計説明書など多様な手法が動員される。
>
> 4　**契約図書としての設計図**　　契約図書の大切な部分を構成している設計図は，とくに注文者側からの主張とも言える契約条件を明らかにしている重要な図書であり，後日，契約当事者の間で，紛争のもとにならないような明瞭な内容が求められる。
>
> 5　**工事用図面としての設計図書**　　設計図書は，工事段階では工事を進める際の指示，指図の根拠となり，さらに工事監理者は，この設計図書と現場の施工内容を照合して，図面通りの工事が遂行されているかどうかの確認をすることが義務づけられている。
>
> 6　**設計が必要になる背景**　　設計が必要になる素朴な理由は，工事段階でのミスを未然に防ぐことと言えるかも知れない。設計はさまざまな段階での検討作業による結論の積み重ねといえるので，これを怠ると施工段階で行わざるを得ない。

5.1 設計の目的

　設計の本来の目的は，あらゆる面で望ましい建築を実現させることにある。ただし，望ましい建築の内容は，建築主，建築家，工事施工者など，それぞれの立場によって微妙な違いがあるかも知れない。なかでも，建築主が考える望ましい建築は，最優先で実現されなければならないが，建築家は建築主に代わって，建築主が望んでいる建築を具体化するのが役目である。事情によっては，工事施工者が意見を求められることもあるかも知れない。このような事態のなかで設計が必要になる理由を幅広く考えてみたい。

5.2 建てる前に欲しい情報

　たとえば，自動車などの工場生産による量産品の場合，これを購入しようとするユーザーは，その製品をショールームなどで確認できるし，カタログと突き合わせて綿密に点検もできる。場合によっては，試乗をさせてもらう機会も少なくない。購入する前に相当の情報を得ることができるのが普通である。

これに対して，一品生産的につくられる建築の場合は，いくつかの例外を除くと，建てる前に実物を見たり，そのなかに入って見るなどの点検確認はできないから，建築主が事前に得ることができる情報は限られたものになる。

そこで，設計という手段を使って，建築工事に着手する前に，建てる予定の建築についてのできるだけ具体的な情報を得ることができれば，ショールームの実物には及ばないものの，望ましい建築になるかどうかの点検確認は相当程度まで可能になるはずであろう。工事の前に建物について具体的に説明できる手法はというと，この設計に関連した手段が唯一の方法ということになる。

5.3 設計関連の手法と得られる情報

これまで，工事着手の前に，施設の内容を説明する手法として利用されてきた設計関連の手法にはつぎのようなものがある。

① 設計図：建物の間取りや外観から，各種の設備の内容など，建築予定の建物の全体像を組織的に表現するための各種の図面がある。

② 完成予想図：パース（perspective drawing）透視図法によって書かれた建物の外観（内観）予想図。

③ 模型：一般には，建物の外観の模型がよく使われるが，建物の設計説明としては，もっとも具体的な手段といえる。

④ ＣＧ：コンピュータ・グラフィックス（computer graphics），コンピュータ入力により，2次元あるいは3次元の図形を作成して，建物の完成予想図などに利用する。

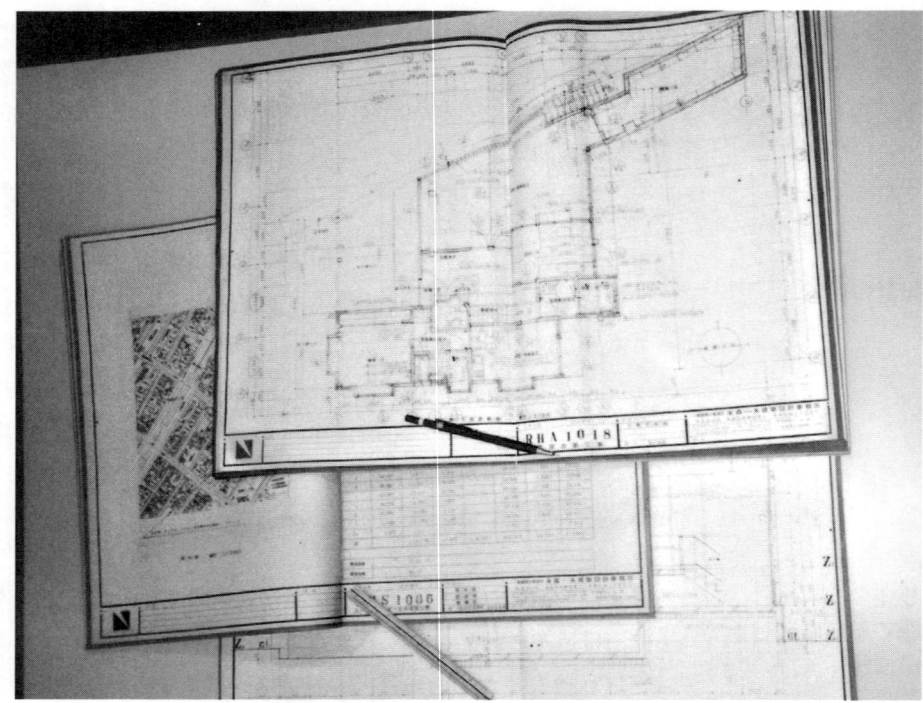

写真1.16　設計図

⑤ CAD：キャド(Computer Aided Desing)，設計者がコンピュータの支援を得ながら設計を行うシステム。平面図形を処理して製図する2次元CADと，製品形状を処理して製図する3次元CADがある。
⑥ 設計説明書：文書による設計内容の説明書である。図面や模型は形の説明には説得力があるが，自動車のカタログの仕様書部分のような説明は文書のほうが効果的であり，間違いが起こりにくい

写真1.17　パース

写真1.18 (a)　模型

写真1.18 (b)　模型

写真1.19　CAD

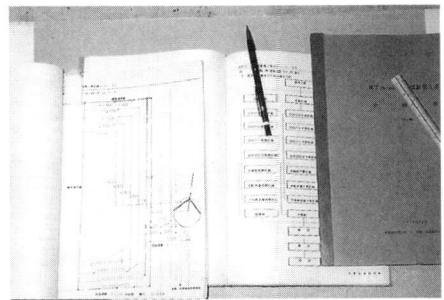

写真1.20　設計説明書

5.4 契約図書としての設計図

建築をつくるには，施工という生産段階に入らなければならないが，普通は，この工事の段階を工事請負業者に請け負わせる。この際，建築主と工事請負者の間で，工事請負契約が締結されるが，この契約に必要となるのが契約図書である。

契約図書のなかで，請負契約の内容である工事範囲や請負金額，工事期間などを示す契約書のほかに，設計図書や見積書などの添付図書が加えられるが，この設計図書は，工事の注文者側からの契約条件を明らかにしている重要な図書である。

したがって，この設計図書が不十分な内容である場合は，工事内容に曖昧な部分が生じることになり，契約当事者間の紛争のもとになる例が少なくない。このような事情から，設計図書は，工事請負契約を公正なものにする役割を果たしていることが明らかになる。

5.5 工事用図面としての設計図書

設計図書は，また，この設計内容によって，工事を進めるための指示，指図の根拠を示す役割を果たしている。工事が始まるまでは，建築家の作成した設計図書は，建築主が意図して注文をしたとおりの設計内容になっているかを確認する材料として利用されてきた。工事請負契約が締結されたあとの段階では，この同じ設計図書は，同時に請負契約図書の一部という役割を受け持つことになり，進められる工事内容は，すべてこの設計図書通りに施工されているかを確認し，照合をする根拠になる。建築士法の第2条では，工事監理という建築士が行う業務について，その者の責任で，工事を設計図書と照合して，設計図書のとおりに実施されているかどうかを確認することと規定している。この条文は，工事監理によって，施工内容の品質管理が確保されるという事情を法的に裏づけているものであり，同時に，この業務によって，建築主が，請負契約のうえでも，無用の不利益を受けることなく，契約内容通りの建物を受け取ることができることを示している。

5.6 設計が必要になる背景

もしも，設計という段階を省いて建築をつくる場面を想像してみたい。確かに一品生産で，現場で手作りという条件には，うまくいく場合が少なくないかも知れない。しかし，至る所でやり直しという事態が生じるはずである。建築をつくるにはこうでなければならない，という答が一つだけに限られる場合はきわめて少なく，結論を出すまでには相応の検討が必要になる。このような事情から，設計はさまざまな段階での結論の積み重ねと言えるほどである。したがって，この過程を踏まないと工事現場が検討作業の場所になり，結論を出すためには，ここでいったんつくったものをまたつくり直すという作業を繰り返すことになる。

素朴な，手作りレベルの工事のうちは，気にならない手戻り作業も，技術の発展に伴って量産され，整備される多様な材料や工法を使いこなすようになると，そうはいかなくなる。その材料や工法について，寸法や性能などあらかじめ検討をしておかないと，予定通りに使えない，つくれないなどの重大な失敗につながることになる。このように，技術の発展は，優れた品質の製品を実現するなどの効果をもたらす反面，工程のなかで，すこしのミスをも許さないシステムを必要とするようになる。

設計という過程は，まさにこのシステムに代わるものとして，広い意味での検討作業を実現する手段として必要になったとみることができる。

6 計画が必要になる背景

> **要　約**
>
> 1　**設計に計画が必要になるのは？**　　工事段階で発生するミスを未然に防ぐために設計が有効とされるが，施工の技術面と関連のない設計上のミスもまれに起こる例がある。これを防ぐには，設計者の不断の努力と計画面のチェックを欠かさないことである。
>
> 2　**計画ミスとその対策，ミスの対策から質の向上へ**　　計画面での不注意や検討不足から起こりがちな「計画ミス」を防ぐために有効とされる建築計画のノウハウは，防御的な利用から，さらに積極的な設計の質の向上を目指す方向に発展していく。
>
> 3　**設計内容に客観性をもたらす計画**　　設計者の個人的な経験によるカンやヒラメキに負う部分が少なくない設計の仕事のなかに，建築計画のノウハウを支援材料として，設計の総体の完成度を高めるとともに，とくに設計内容に客観性を加えることが可能になった。

6.1 計画が必要になる背景

　建築をつくる際に設計が必要になる理由はいくつもあげることができるが，その本質的な理由は，どうとらえたらよいだろうか。他の分野と同じに，建築の分野でも，技術の発展に伴う材料工法の多様化と量産技術の進展がその根拠の一つに考えられる。とくに，量産技術の影響は，建築の分野にも大きく影響を及ぼす結果になる。その一つは，一品生産の仕事である建築工事は，そのほぼすべての部分が注文製品で構成されていたものが，量産品である既製品を使うようになったという変化である。結果として，量産品の材料寸法や材料性能などを事前に確認しておかないと，工事段階の現場では，思うように施工が進まない。やり直し，手戻りなどのトラブルに見舞われる結果になる。もちろん，これは設計の一面のみをとらえたきらいがあるが，設計というプロセスを欠かすことができなくなった理由とみることができる。

　ところで，このような施工段階で明らかになるミスは，設計図のなかでも，とくに，詳細図や部分詳細図とよばれる図面のなかに含まれる例が多い。設計図を作成しなければ，設計ミス以前の問題で，なにもわからずに工事を進めるということになり，問題が起きれば，そこで工事がストップしてしまう。同じようなことが，設計図があってもその内容をよく理解しないで，しかも，施工図などで確認しないままに仕事を進めた場合に，やはり途中でどうにもならなくなってストップという結果になることが多い。設計のミスがなくても，施工段階で支障が起きることは考えられる。しかし，施工の技術面と関連のないところで明らかになる設計上のミスも起こり得る。たとえば，間取りの問題である。使用上の条件に照らしてみても，まったく隣り合う必要がない部屋同士を並べた配置にして，機能上の欠陥を発生させ

たり，あるべき場所でない位置に主要な階段室を設けるなどの例である。もっと具体的にいうと，これは実際にあった例である。ある病院の病室の設計にかかわるもので，各病室の出入口が幅80cmの片開きドアで設計されていた。当時の常識でも，80cmと40cmの幅をもつ2枚の扉からなる親子ドアを使って，普段は80cm幅の親扉を使い，必要なときには2枚の扉を開けて120cmの開口を確保できる設計にすべきであった。このミスに設計段階はもちろん，工事の段階に入ってもだれも気がつく関係者がいなかった。信じられないような事態であるが，この設計通りに建物が完成して，入院患者用ベッドを病室に入れようとしたが，出入口の片開きドアから入らず，分解して入れ，病室内で再度組み立てる羽目になった。同じ理由で，患者を病室に運ぶ際に使うストレッチャー（患者搬送用の寝台車）が病室に入れず，患者を担架に乗せて，男子の職員が運ぶことになった。

　このような事態がなぜ起こるのであろうか。このような設計をしたということには，まず設計者に対して，病院を設計するにあたって，当然やっておかなければならないはずの調査や検討作業を怠ったのではないかという疑問が出されるだろう。

　さらに，どの程度のスタディをしたのかという問題もある。また，設計者が所要のスタディをしたが，それにもかかわらず起こってしまったというミスも予想される。これらのミスの原因は，一般につぎのように言えるのではないか。

　その設計の対象になっている病院という施設について，工事が完成した建物のなかに，どんな生活空間があり，どんな人たちが，どのような仕事をする必要があるのか，患者はどんな看護を受ける必要があるのか，すなわち，この病院について，完成後に必要となるあらゆる事態を想定してみることが，まず設計者に必要とされる。そのため，可能な限りの時間と能力を使って，この予測される事態や，不確実ではあるが，可能性のある事態に対応できるような設計をすることが期待される。

　現在では，この考え方を「計画」とよんでおり，建築の分野では，とくに「建築計画」という領域がこれにあたる。

　したがって，先にあげたミスは，このような設計者に求められる計画上の検討が十分でなかったことを意味することになる。現在では，「計画ミス」という言葉がごく普通に使われているほどである。

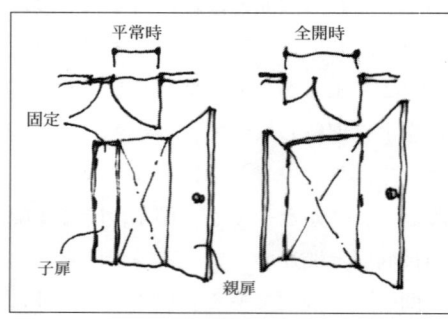

図1.3　親子ドア

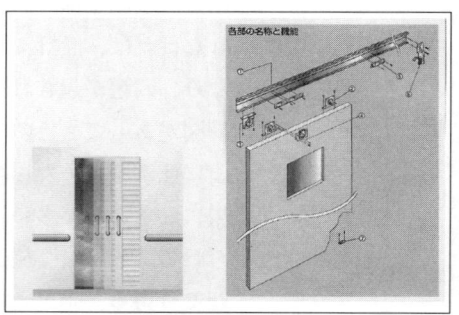

図1.4　引戸クローザー

おそらく，建築計画という専門の分野が確立する前から，設計者は，一種の設計ノウハウとして，これまでの事例や経験に根差したさまざまな設計上の配慮や工夫を加えることを身につけており，これらが，一種の，設計者の設計の熟達の程度として評価されていたのであろう。しかし，これはあくまでも建築家個人のなかの限られた蓄積に終わっており，その汎用性や客観性については，まことに評価のしにくいものであった。この状況は，建築家の養成に，徒弟的な修行の時期が必要とされた事情と無縁ではないであろう。建築計画という分野の研究や学問の確立が，この設計ノウハウとして活用される個々の蓄積にさまざまな評価や検討を加える機会を与えることになり，その客観性も徐々に確立していく。

6.2 計画ミスとその対策，ミスの対策から質の向上へ

施工上の問題とは，まったく違う部分でも，大きなミスが発生する可能性もあることがわかったが，この計画に関連するミスは，材料の使い方や寸法の間違いにくらべてはるかに被害を大きくする問題である。この計画段階でのミスをなくすことを設計者個人の心掛けと努力だけに頼るにしては，建築の内外の機能は，あまりにも複雑になり，大規模な事例が増えている。そこで，建築計画の研究の成果であるさまざまな計画知識を，設計の初期の段階や計画段階で利用できれば，この面での設計の質の向上は，明らかになると考えた計画の専門家がおり，さらにその研究者が各分野で育ってきた。

設計者側も，単にミスのない設計への対策から，一歩踏み込んで，設計の質の向上へと新たな目標を目指し始める。

6.3 設計内容に客観性をもたらす計画

建築家個人の経験や，熟達のレベルを高める蓄積と研修などの努力によって建築家の設計の総体の完成度は高められていくが，その評価は難しい部分がある。

建築計画の研究とその成果は，このような部分に，客観的な評価を加える機会をつくることになり，その水準はさらに向上する結果になった。

この結果得られた計画知識を設計の支援材料にすることによって，設計内容の客観性は着実に高められることになった。設計内容の評価のなかに，客観性の高さというものさしを加えることで，設計の質はさらに向上することになった。

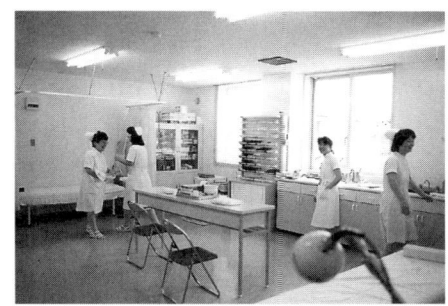

写真1.21　処置室内部

7 建築計画の意味と目標

要　約

1. **設計を支援する建築計画**　設計者が，基本的な設計の指針とする設計条件は，設計内容に直接影響をもたらすものである。この設計条件の確定とその分析には，建築計画上の調査と検討の手法が有効な支援材料になることが少なくない。
2. **設計のなかでの計画の内容**　設計の初期の段階では，設計条件の確定が主要な作業であり，さらに計画案の策定段階に入ると，これまでと違う建築空間の創造と提案という作業になる。この作成された計画案の評価にも計画上の手法が活用される。
3. **建築計画学の領域**　学問としての，建築計画学は，建築設計とは別にその領域を確立してきたが，その分野の主要な方針は，1)計画上の判断の根拠に客観性と合理性を加えたこと，2)人間尊重の計画学の確立，3)社会性，公共性の重視である。

7.1 設計を支援する建築計画

計画ミスが起こる原因がわかれば，これを未然に防ぐことができる。設計を進めていくには，その指針とも言える設計条件が必要であるが，この設計条件を設定する段階での予測や検討を誤る場合が考えられる。この内容の主要な部分は，建築計画の領域に入るもので，結果として，誤った設計条件が設定されることになる。この誤った指針となってしまった設計条件によって設計が進められると，結果は計画ミスの発生に直結することになる。

建築計画は，設計という仕事で起こる設計あるいは計画ミスといわれる重大な失敗を未然に防ぐうえで，効果的であることがわかってきた。一般に，計画には将来を予測して，起こる可能性のある事態に備えるという基本的な目標がある。

建築の設計にあたって，設計条件という設計の指針となる検討項目を設定しておかなければならないが，これを決定していく過程で有効な決め手になるのが計画上のさまざまなデータや知識である。この設計条件という用語は，これから繰り返し使われることになるが，その意味を改めて確認しておこう。

（1）設計条件の設定と計画

設計条件を形づくる要素には，まず与条件とよばれる建築主からの要望などを中心とした計画建物の設計のための意図や条件があげられる。さらに，設計者が与条件とは別に，一般に，設計に必要と考えられる条件や調査検討項目を加えて，この双方について専門家の目で見直してみる。この結果を設計条件の案として建築主に提案し，その承認を得られたものが，最終的な設計条件となる。

設計条件の中身については，2章で改めて取り上げるので，ここでは繰り返しを避けるが，設計という仕事が，主として，この設計条件を基にして進められること

は記憶にとどめておきたい。そして，設計条件を確定するための検討作業の過程で，建築計画の研究や調査の成果が，その支援材料として活用される仕組みが定着してきている。

(2) 設計条件の分析と計画案

設計条件が設定されると，設計者は，その調査・分析をもとにして具体的な建築の間取りや内外のデザインを創作し，建築主に提案をしなければならない。

この過程で，計画上の知識やデータに類するものが，どんな役割を果たすのであろうか。たとえば，設計業務のごく基本的な部分に所要室の確認という作業がある。計画案の作成という仕事の主要な部分を占める間取り，すなわち平面図の作成には，まず所要室のリストは欠かすことのできない要素である。しかし，所要室の名前をいくら見直しても，これだけからは間取りをつくるヒントは生まれてこない。各所要室の機能や性格などを確認し，分析して，所要室同士の関連を明らかにするという検討作業を行ってみて，はじめて特定の部屋同士のそれぞれの関係が明らかになる。たとえば，各所要室の配置の方針を示す根拠が得られたことになり，これは間取り作成の有力な支援材料になるが，この段階で，計画上の各種の資料はさまざまな判断，決断のために有効な役割を果たし始める。

たとえば，A室とB室の関係を確かめるために，既存の同種，同系建物の調査をもとにした同じ部屋同士の相互の望ましい関係が，情報として得られるならば，これは間取り作成のための有力な参考資料となる。仮に，このような資料が手に入らなかった設計者は，さまざまな方法で結論に至るべく努力をせざるを得ないから，これには相当の時間のロスを覚悟しなければならない。

これは一例を上げただけであるが，あらゆる問題について，その決定をするためには，このようなスタディ（明瞭な根拠に基づいた正確な判断が必要）が，いつも求められるのが，建築の設計という仕事の逃れられない特徴である。

7.2 設計のなかでの計画の内容

(1) 設計条件の設定段階

先に説明をした設計条件の設定は，設計業務全体でいえば，そのごく初期の段階で必要になる作業である。これによって，建築の目的，意図などを明らかにして，とくに建築主からの要望や条件をすべて確認をしておくことが必要である。

この際，計画面で利用できる設計資料の収集と分析が行われるが，その内容は文献からの資料収集と実例建物についての調査や資料収集が主要なものになる。

(2) 設計条件の分析段階

設計条件を分析して，その実現に向けて必要な作業を進めることになるが，これに先立って，各条件のなかでの優先順位など，ランクづけを行っておくことも必要である。なかには，建設の主目的にかかわる重大な条件や，予算関連のように，変更が利かない条件もあるはずで，これらは最優先項目として特定しておいたほうが，各条件の分析の際に，判断の材料の一つに生かすことができる。

この段階の分析に，どのような計画面の手法が利用できるかといえば，これも各

種の文献による資料との照合が主要な方法になる。このほか，実例調査，敷地関連では，現地調査をはじめとする各種の調査や試験などが手法として加わる。

（3）計画案の策定段階

この段階では，設計業務の主要な部分に重なる建築空間の創造と提案という作業に入る。多くの建築家が，それぞれ独自の方法で提案しようとする建築空間の計画案を作成する段階である。多様な方法で創造された建築空間の案について，提案に値するものになっているかどうか，建築主に提案できるものであるかどうかの判断をしなければならない。この難しい判断のなかで，とくに，計画案のなかの客観性の有無の判定をはじめとする検討には，建築計画で研究された造形技術をはじめとするさまざまな関連技術（数理統計，構造，環境工学，施工，材料，コストなどの諸技術を含む）が動員されて検討を繰り返すことになる。

この検討の最終段階で一つの決定案が生まれるが，ここには各種の技術や資料が最良の形で総合されて，一つの建築にまとめ上げられている必要がある。そしてこれは，建築としての完成品が備えていなければならない大切な条件でもある。

7.3 建築計画学の領域

これまで，建築計画が，設計という仕事（実務）を支援する役割をもつことを主として説明してきた。しかし，学問としての建築計画学は，建築設計とは別の役割をもつ独立した領域として存在しているのは明らかである。たまたま，建築計画学の研究や調査の成果である資料や理論等が，建築設計の役に立つ機会が多いことは事実であるが，しかし，設計のすべてが計画で決められるものでもない。

（1）計画・設計のなかの決定根拠の客観性と合理性の獲得

これは，現代の建築計画の出発点と言えるものである。これまで，設計者の個人的な経験や勘に頼ったり，個人的な発想に委ねられていた計画上の決定方法を，より客観性の高い，だれにも理解できる根拠に代えようとするものである。

計画学の成立に深くかかわっている施設の実態調査も，この目的に沿うものであった。

（2）人間尊重の計画学

現代の計画学が追及するもう一つのテーマは，人間主体の計画を行うことであった。この流れには，西山夘三教授（京大，当時）による研究と理念が色濃く伝えられている。その大要は，建築学とその技術は，いずれも大衆に奉仕すべきもという主張であった。その建物に住み，使う人のために奉仕する計画学が目標という趣旨である。一方，吉武泰水教授（東大，当時）は，建築はこれを使う人の立場に立って計画すべきであると考え，この方針のなかで，施設の利用実態調査という研究方法を展開することになる。結果をみると，二人の研究者がそれぞれ異なるアプローチをたどりながら，同じ人間尊重の計画学の確立を目指したことがわかる。

現代の建築家が設計を進める際に，その建物を使う人の意向を無視してしまうことは考えられないと思うが，現実はどうであろうか。建てる人の意向しか頭にないような設計者がまったくいないと言い切れるであろうか。たとえば，患者のプライ

バシーや利便性をすこしも考えていない病院や，窓口を使う市民が長い廊下を歩かざるを得ない役所など，人間尊重とは言えない事例がまだありそうである。

（3）社会性，公共生をもつ計画学

建築が，建築単体の利用のされ方，設計や工法の内容を問題にされるだけでなくて，都市や社会のなかでの存在意義や役割に至るまで，その評価が広げられ，これにこたえられる計画を目指すことである。社会性のある計画とは，結局は，だれのために建てるのかという問題になり，施設を利用する人の立場を尊重するという姿勢と重なることになる。

8 計画の方法

要　約

1. **計画方法の現在**　建築の設計と，これを支援する形でつながりを見せることが多い建築計画について，両者の関係を設計の分野で実際に活用されている計画上の方法を紹介する。
2. **設計条件の設定・分析と計画の方法**　設計条件は，建築主からの要望を主とした「与条件」と，敷地や法令などの制約から生ずるさまざまな制約からなる「必要条件」の両者に検討を加え，建築家が作成して建築主の承認を得て確定されるべきものである。
3. **建築空間の構想・策定と計画の方法**　設計条件が確定すると，これを基にして，具体的な建築空間を創造し提案する。これまで分析や検討を続けてきた形にならない段階から，建築という形に翻訳をする困難な作業を支援する道具として機能図ほかがある。
4. **建築空間の表現・伝達と計画の方法**　建築空間の構想は，最終的には一つの決定案という結論の形で具体化されるが，これを建築主をはじめ施工者などに十分に伝達できることが必要になる。伝達の手段には設計図や模型，完成予想図などが使われる。
5. **建築の評価と計画の方法**　建築を計画段階で評価するには，その建築について適切な推測の手法によって，できるだけ具体化してみることであり，これによって根拠に裏づけられた評価の手掛かりを得るようにする。

8.1 計画方法の現在

建築の設計のために，広い範囲で貢献をしている建築計画，あるいは計画学の内容が次第に明らかになってきた。現在，設計の分野で活用されている計画の具体的な方法を確認しておこう。その一部は2章で取り上げているが，重複をしない範囲でその全体像を紹介する。

8.2 設計条件の設定・分析と計画の方法

設計条件とは，一言でいえば，その建築の目標を確認することである。そのためには，与条件とよばれる建築主側からの要望を主とした条件をまず確認する必要がある。さらに，敷地のもつ制約や法令上の規制など，当然考慮しなければならない要素があり，これを専門家の立場でもれなく把握する必要がある。本書では，これを与条件に対して必要条件とよぶことにしているが，研究者によっては，これを外的条件とよんでいる例がある。

この段階では，たとえば対象とする建築の主要な用途を明らかにする必要があり，あわせて，その性格や建築の規模も必要な項目になる。これらの設定には，対象の建物に関する基礎的知識（建物機能，工事費などの予備知識）がまず必要とされ，さらにこれを補完するのが関連の調査と資料の収集という方法になる。一方，与条件の把握には建築主からの聞取り調査が主要な方法になるが，施設の利用者が複数

にわたる場合は，建築主以外の利用者の要求条件をも確認するか予測ができる手段をたてる必要がある。さらに，この建物の利用についての要求事項を確認する必要があるが，そのためには，同種の施設の利用の経験による情報を得るとともに，利用実態調査などの手法が利用されている。この面ではまた，利用の内容が将来どのように変わっていくかという予測をして，これに対応できるようにすることも望まれる。

設計条件を構成するもう一つの要素である必要条件は，法令上の規制や，敷地のさまざまな条件，都市施設の状況など確認の必要なことが多いが，いずれも調査という方法が主要な仕事になる。この場合は実地調査が主体であるが，このほかに文献調査や実例調査などの手法が加えられることが多い。その成果が，設計関連の資料収集や分析の方法である。このうち文献調査は，参考図書や設計図によることが多く，実例調査のほうは，同種類似の施設の見学や施設利用者からの聞取り調査などの方法になる。

8.3 建築空間の構想・策定と計画の方法

設計条件をもとにして，具体的な建築空間を創造し提案する段階で，計画の方法にどのようなものがあり，どんな役割を果たしているであろうか。この段階では設計条件の調査分析によって，必要とされる建築の具体的な形態や構成を方向づける指針にあたる事柄が明らかになってくる。しかし，これは，そのまま建築の具体的な形を示すものではないから，この形にならない要素を建築の形に具体化する作業が必要になり，これが建築家の重要な仕事の部分になっている。この文章や言葉でしか表現できなかった非形態的な要素を建築の形に翻訳するという困難な作業を可能にするためには，いくつかの計画手法を利用することになる。なかでも，抽象的な範囲にとどまっている段階の，建築空間の相互の関係や人や物の移動の状況などを図式化する機能図，動線計画図などの方法は，一種の空間のモデル化したものといえ，「具体的な建築空間を表現する図面（平面図や立面図など）に至るまでの，橋渡しの役割」（太田利彦博士・清水建設研究所，当時）を果たしている。

これら空間のモデル化あるいは図式化を可能にし，有効に成立させるためには実在の建築を図式化して，抽象化が可能であることを示し，さらにこれを資料として蓄積することが行われてきた。各種の施設別建物について，これらの機能などの説明に機能図や動線図がよく使われるのは，この間の事情を示している。

この図式化は，具体的な建築空間への進展を促す効果的な手段ではあるが，建築空間そのものとは明らかに違うものであり，ここから，さらに建築空間への翻訳作業が必要である。

たとえば，空間を具体化するための方法として，必要な寸法を明らかにすることがあげられる。物や人間の寸法を知らないで，その空間の設計ができないはずで，さらにその動作や行動によって必要になる空間も特定できないはずである。したがって，建築空間の具体化には，これを規定する寸法や基準などの計画が必要である。

先に触れた規模計画も，建築空間の具体化には欠かすことのできない計画方法の

一つである。この方法は，事務所や学校など多人数の人が使う施設に対応する便所の数や男女比などを決める場合に利用される。また規模計画で得られた資料が蓄積されるとともに，施設別の規模算定のデータが利用できるようになり，たとえば，病院の延床面積であれば，入院ベッド1床当たり20～25m^{2}などの数値を使って，所要の規模を概算することができる。

8.4 建築空間の表現・伝達と計画の方法

さまざまな計画手法によって具体化が進んだ，建築空間の構想は，一つの決定案という結論の形にまとめられて提出・提案される。この構想内容を正確に表現して建築主をはじめ施工者などに伝達ができる形にしないと，その実現がおぼつかない結果になる。

その表現手段として基本となるのは建築図面である。とくにデザインの意図を表現する手段としては透視図やこれに類する表現が利用される。これに加えて模型という方法があり，本来立体である建築をそのまま表現できる数少ない手法であって，伝達の手段としても別格の位置にあるといってよい。このほかコンピューターによる透視図などの表現が加わり，選択の範囲が広がりつつある。

この段階は，どちらかと言うと，計画より設計を主とする部分とみることができるが，「設計方法に関する研究」（太田利彦博士，前出）など，設計作業を計画上の視点で見直した研究があり，さらに設計図書の構成にも多くの提案がされて設計図の表現などに少なからぬ影響を与えている。このほか，モジュール，モジュラーコーディネーション（池辺陽教授，東大，当時）の研究も当時の設計分野に影響をもたらした。

8.5 建築の評価と計画の方法

建築計画の確立によって，建築の評価という困難な仕事を可能にする手掛かりが得られるようになった。一般に，計画という手段のなかで建築の評価が行われるのは，確定された計画目標を対象にして得られた望ましいと考えられる建築の構想の結果について，その使われ方などを推測してみて，その使われ方などをもとにして，建築を評価することになる。この評価の結果のいかんによって建築計画として決定されることになる。本来建築を評価するには，具体的な建築としてみないと困難であり，評価の手掛かりを得ることもむずかしい。そこで，計画段階での建築の評価は，適切な推測の手法が必要になるわけである。そして，この推測の基礎になるのは，これまでに存在していた建築と人間との間の経験にもとづく知識であって，これは計画学の成果の主要なものにほかならない。いわば，使われ方調査の成果はこのような形で生かされる結果になる。さらに，建築の評価についての理論的な根拠や客観的な評価の方法への研究が，建築の評価をより正確で説得力のあるものに近づけていくはずである。

9 計画の成果

> **要　約**
> 1 **計画学としての成果**　建築計画は，計画学としての学術上の成果が定まると同時に，設計という実務の分野でも，実際に設計のうえで事例をもとに確認するという展開をみせた。地域計画の分野でも大規模住宅地開発計画関連の成果がある。
> 2 **設計支援の成果**　設計目標の確認が設計には必要であることを明確に示し，設計行為の中に客観性と論理的な進め方を導入した事があげられる。機能図や動線計画図などの空間の図式化が空間の構想へつながるかは今後の検討事項である。
> 3 **教育への成果**　専門分化の弊害の傾向が見えて来ている建築教育のなかで，建築としての総合化を図る手段として，計画と設計製図の科目を見直すとともに，両者の再構成によって建築教育の総合化をはかる必要がある。

9.1 計画学としての成果

建築計画が設計業務全般の水準の向上に示した成果は多方面にわたっている。この章のまとめを兼ねて計画の成果と現状を見直しておくことにする。

（1）施設別建築の研究

建築計画の確立は，学術上の多くの成果を生み出すことになった。住空間についての，西山夘三教授による組織的な実態調査，住み方調査研究は，建築計画の原点とも言うべきものであるが，同じ基盤からスタートした吉武泰水教授を中心とする吉武研究室では，施設の実態調査と分析のなかに近代統計学や推計学の手法を導入するなど，この分野に客観性を加えるなど，現在の計画学の基本の形がつぎつぎと実現されていった。さらに同研究室に集まった優れた研究者が学校，病院，都市住宅，農村住宅，幼稚園，図書館など多くの施設について一人一人がその専門家になって研究を進めるという方針をとり，研究を進めていった。この結果，日本の建築界のなかでは，どちらかというと建築家個人の知識経験にもとづく得意分野の程度にとまっていた施設別建築計画あるいは設計のノウハウがはじめて組織的な研究の対象にされ，さらにその研究の成果を実践する場面も見られるようになった。これは研究室のスタッフが実際の設計を担当して実施例をつくり，作品として具体化したもので世に問うという行動に出たものである。

この状況は，筆者の個人的な実感では，ちょうど語学の勉強をしたいが，あいにくその基本となる辞典がないという状態と，そこにはじめて必要な辞典が発行されたという事情によく似ていると思った。実際に筆者がイタリア語の雑誌を読む必要に迫られて，伊和辞典を捜したが，当時は発行されていなかったという事態を経験している。いずれにしても，吉武研究室のグループの研究の結果は各種の主要な施

設について，貴重な資料や文献類を研究者だけでなく設計者を含む広範な建築関係者の間に，これを入手できる地盤を実現していった。たとえば，筆者の当時の勤務先ではこのようなことがあった。たまたま私の所属する係が学校建築の設計を担当しており，当時3〜4校の木造校舎が火災で消失する事故が続いて，全員が超繁忙の状態に陥っていた。この事態のなかでわれわれのボスである係長の発案で，当時の吉武研究室の学校建築の文献を入手して，係員皆で勉強会を続け，最終的には，課全体の会議に発展し，課内コンペをするなど，設計スタッフ全員がしっかりと当時の学校建築の最新の計画ノウハウを身につける結果になった。

　また病院建築については，時期は異なるが，当時，課としては最大規模の総合病院を計画中であった。この病院の長期建設計画の策定にあたって，いちはやく吉武教授の指導を仰ぐという方針がたてられ，ただち実行に移された。教授とすでに病院建築や学校建築の研究でよく知られるようになっていたお弟子さんと二人で着々と進められるスケッチを，その脇で私ともう一人が計画図にしていったということがあった。

（2）地域計画の分野の成果

　地域計画研究のスタートは住宅地計画関連の研究に始まるが，これらの研究によって住宅地の所要生活用施設の立地の策定の研究に発展していき，その成果は近隣住区制による住宅地構成の指針として，その後の団地計画に重要な影響をもたらして現在に至っている。

（3）設計方法関連

　この分野では，建築の生産分野に関するものとして，モデュールの研究（池辺陽博士）があり，設計方法そのものについては，関連の研究を含めて多数の研究成果が発表されている（太田利彦博士）。構法計画に関連するビルディングコンポーネント・ビルディングエレメントの研究（広瀬鎌二博士，内田祥哉博士）は設計図の編成にもさまざまな影響を与えた。一方，人体寸法の調査研究（藤井厚二，横山尊雄，両博士）は計画学確立以前からの長い研究歴があり，初期の『建築設計資料集成』の時代から現代までに至る設計の必須の知識とされている。

　このほか，計画分野としては比較的研究が困難な部分と思われる空間の創造とそのプロセス，さらに空間の評価などの一連の分野がある。この部分は，本書では計画と一線を画している存在のデザインの分野とほとんど区別がつかないようにもみえる。いまのところ，計画分野でもデザインの側からも空間創造についての決定的な研究成果はみえてこないようにみえる。

9.2 設計支援の成果

（1）設計目標の策定

　設計目標の中身は設計条件のなかに具体的に示されていなければならない。設計の目標はどんな物か？これを決めないで設計ができるのか？もし目標が曖昧なかで設計を進めるとどんなトラブルが起きるか？このようなごく当たり前のことを建築主や設計者の前で明らかにして，結果として多くの設計者を無用のトラブルから

救い出したのは計画の知識が行き渡った成果である。この知識とは，設計にかかる前に設計目標を確認する必要があり，その方法として与条件と必須条件（外的条件）の二つの要素からなる設計条件を検討のうえ確定することがあげられる。

（2）建築空間の創造（構想）

先に困難な研究の対象という言葉を使ったが，研究という一種の積み重ねの作業で結果を出すようなやり方だけで空間の創造が可能であろうかという素朴な疑問が残る。はっきり言えることは，ここまでの非形態的な材料（主として設計条件の分析や検討から得られるもの）を建築という形のあるものに置き換えることが必要となる段階である。この一種の翻訳作業を論理的に展開する手法として，建物の所要空間同士の相互の関係である，人や物の動きや機能，これによって生み出される各空間同士の独特の関係を抽象化して，機能図や動線図などとよばれる図式化を試みることができる。この手法によってはじめて，これまでなかった空間の図式化が可能になり，建築化への萌芽が生まれてくる。空間のモデル化とも言うべき図式化を進めてくると，あとには実際の建築空間を創造する段階が残ることになる。

この段階で計画によるモデル化，図式化という一連の計画上の作業は，おそらくここでいったん立ち止まることになる。ここから先には，本当の意味での形をなしていない諸条件を形態に翻訳する作業が始まるのであるが，実はこの作業はずっと以前から始まっているとも言える，すなわちデザインという仕事である。

9.3 教育への成果

わが国の建築教育は諸外国にくらべて異なるところがあると指摘されながら，これに手をつけないままで今日に至っている。その相違点はつぎのような指摘がよく示されるが，行きつくところは一つであるように思える。

たとえば，建築学というものの教育にしては技術が優先されているのではないかという意見がある。確かに，諸外国では，技術者は建築ではないエンジニアリングの部門で教育を受けているから違いは歴然としている。また，わが国の講座制を取り上げて，各講座の専門分化，細分化によって建築としての総合的な教育効果が失われてきているという指摘がある。この専門分化された講義を建築というまとまりに総合する能力を養うのが設計製図の時間である。しかし，設計製図の教育内容にしても関連の講義の支援があって成り立つものであろう。この建築への総合という教育に一番近い所に位置しているのが建築計画である。しかし，先に行きつくところは一つと言ったが，それはわが国の建築教育では建築家（アーキテクト）養成のための教育内容がそっくり欠落する結果になっていることである。諸外国の建築教育は建築家の養成にあるから，この違いは大きいと言わざるを得ない。

当然の結果として，現在の建築士の資格では，そのまま諸外国で公認の建築家の資格を得ることができないのが普通である。確かに建築家はその技術や能力とともに職能上の責任や一定のモラルが求められるなどの制約が求められるという。

2章　設計のための計画手法

1 設計のための計画

> **要 約**
>
> 1 **計画の意味と役割** 計画とは，一般に，将来起こるかも知れないさまざまな事態に対してこれに適切に対応できるような方策を，あらかじめ用意しておくために，必要な事態を可能なかぎり予想して対策を立てておくことである。
> 2 **設計の支援材料としての計画** 計画は，多岐にわたる設計方針を決めるための決定事項の結論を出す段階に利用されるとともに，ここで得られた決定方針から設計案を導き出す段階でも有効に活用される。
> 3 **建築家の養成と建築計画** 建築計画の確立は，建築家の教育と養成について，これまでの徒弟的な習練のなかで身につける設計能力のうちの，相当の部分を合理的な学習の可能な形にして，より客観的なものに変える効果があった。
> 4 **建築計画の概要** 建築計画学を確立させた主役といえるものは，調査と分析という手法による成果であり，これによって施設別のあるべきタイプを提案することが可能になるなどのほか，規模計画や空間の配置・配列などの研究が進んだ。
> 5 **設計のなかの計画の役割** まず，設計の初期の段階で必要になる設計条件の設定がある。もう一つの段階で必要になるのが，これらの確定された設計条件にもとづいて，設計案を具体化する段階で必要になるさまざまな検討作業への対応である。

1.1 計画の意味と役割

　計画とは，一般的には，将来起こるかも知れないさまざまな事態に対して，これに適切に対応できるような方策をあらかじめ用意をしておくために，必要な事態を可能な限り予測をして，その対応策を立てておくことである。

　建築設計にあたって，その建築が直面するさまざまな事態をあらかじめ予測して，これに対応するための手段，準備などを事前に設計に織り込むことを目的とした一連の作業のことであり，一般に建築計画とよんでいる。

1.2 設計の支援材料としての計画

　設計という仕事には，設計を進めるために必要となる膨大な件数にわたる決定をしなければならない事柄がある。これをさまざまなスタディを重ねながら，一つ一つ結論を出していくことが必要とされる。ここで得られた結論は，設計のための方針を決める貴重な根拠になるものであり，さらに，こ

図2.1 設計は膨大な決定の積み重ね

の方針にもとづいて，もっとも適切な設計案という解答をつくり，その成果として，一個の設計案をまとめることが期待されている。

計画は，この設計方針を決めるための決定事項の結論を出す段階に利用されるが，これに加えて，得られた方針から設計案を導き出す段階でも有効に活用される。いずれにしても，計画は設計という仕事と深くかかわっていることがわかる。

1.3 建築家の養成と建築計画

設計という仕事をする専門家がいる。日本では，建築士法にもとづく建築士がこれにあたり，諸外国では，建築家（architect）とよばれる法律にもとづいて独占的に設計業務を行うことが認められている資格者である。

日本の建築士制度は，この建築家資格とのあいだに，さまざまな違いがあって，現状のままでは，同じ資格者とは認めにくいという考えが強い。したがって，国際的に，建築士と建築家とを同列に扱えるという考え方は認められていない。

日本国内でも，建築士資格を設計の専門家の資格として，現行のままでよいかといえば，これに否定的な意見をもつ設計者が少なくないという現実がある。要するに，現行建築士資格は，建築家とよばれる設計の専門家だけの資格だけでなく，建築の施工やその他の建築関連の専門家の資格と一緒で，区別がつかないというところに問題がある。とくに，設計という仕事を依頼する側からも，建築家とよべる専門家が，どこにいるのかわからない制度になっている点が問題になる。

この建築家（設計の専門家の意味でこの名称を使う）を養成するには，建築の専門過程で，所定の教育を受けさせるが，これだけでは足りない。設計業務を業とする勤務先で，実務を経験しながら，学校では習うことができなかった設計関連のノウハウをすこしずつ身につけていく。とくに名建築家の事務所では，その建築家のもとで，徒弟的な習練を重ねて独特の設計ノウハウの教えを受けるという場面もあったと言われる。実は，現代でも，この徒弟的な技能の積み重ねは十分に意味があると考える人も少なくない。もともと，設計という仕事には科学技術としての分野とは別に，技能として身につけて評価される分野がある。これは，施工分野で働く技術者や職人にも同じことが言えるだろうが，いずれにしても，建築家としての実力を養うためには，ある程度の経験に裏打ちされた設計能力を身につける必要があることは今も昔もかわらない。しかも，そのためには，途方もない時間がかかる。教育としては，まことに効率の悪い種類であると言わざるを得ないのが，この徒弟的習練であるが，これをまったく無視することはできない。

建築計画は，この徒弟的な習練のなかで身につける設計能力のうちの相当の部分を合理的な学習の可能な形にし，より客観的なものにする有効な手段になると考えられている。

1.4 建築計画の概要

学問としての研究成果だけにとどまらず，設計のための支援材料になり，設計者の養成にも有効とされる計画とはどんな内容のものであろうか。

（1）調査と分析

　計画学を確立させた主役ともいえるのが，調査と分析という手法による成果である。吉武研究室（東大）による「使われ方研究」は，対象とする施設，たとえば学校を取り上げる場合，この施設の実体を，現実に使われている学校のさまざまな調査によって，必要とされる機能の実体を明らかにして，これを計画方法に生かし，さらに設計に結びつけるようにしようとするものであった。

　この手法の成果として，施設別ではあるが，学校なら学校のあるべきタイプをビルディングタイプとか，プロトタイプの形で提案をすることが可能になった。

　さらに，この手法は，標準設計（学校建築等にみられた）とか，ダイニングキッチンや2DK（共同住宅）などの独特のタイプ（型）の提案をするなどの成果を生み出す結果につながった。

（2）調査の対象

　計画の研究は，住宅や学校，病院など各種の用途にわたって，その建築についての使われ方をもとに進められた。その結果，各施設に必要となる所要室や，各部位の寸法，備品など設計のためになくてはならないものになる資料が蓄積されていった。計画研究の初期の段階では，第二次世界大戦の戦災の影響による施設の不足が続いている状況から，各種の公共建築の整備復興が求められていた。

　そこで，建築計画の調査の対象にも，この公共施設が主となり，集合住宅や，学校建築，病院，図書館などの公共建築の使われ方の実態が調査され分析が進んだ。

　このような研究から，各施設の計画の手法が明らかにされていった。

　調査や研究の対象は，その後，単体の用途だけでなく関連の深い施設同士を系統的に扱う方法がみられるようになった。教育施設系（幼稚園・小学校・中学校），医療施設系（診療所・病院）などがその事例であるが，この結果，単体の施設の計画から，地域のなかでの施設の配置という計画分野が新たに生まれた。さらに小学校と幼稚園などの複数の施設を組み合わせた，複合化された施設などが実現する結果に至った。

（3）規模計画

　学校，病院などの建物の用途や種類別に進められた建築計画の研究分野に対して，

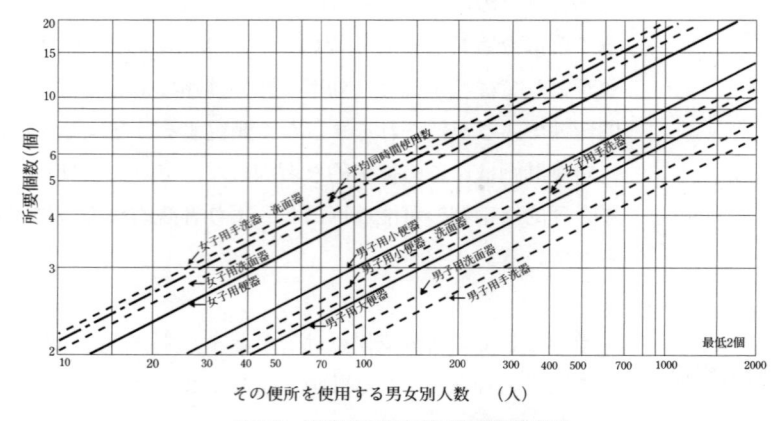

図2.2　事務所の衛生器具所要数算定図

各種の建築に共通するテーマを対象にする計画の領域も加わるようになった。

たとえば，規模計画とよばれる分野は，その代表的なものである。よく知られているものとして，事務所建築でのエレベーター所要台数の算定，便所，洗面室の器具個数などは，いずれも規模計画の手法で求めることができる。この手法はある施設について，その使われ方を調査して，その施設に対する要求や利用状況などを明らかにして，多方面からその実態を把握する。この資料を利用して，計画をしようとする施設の設計条件の場合の規模，すなわち，台数，個数などの数値を決める方法である。

また，設計の初期の段階，企画や計画とよばれる段階では，対象とする施設の規模，たとえば，延床面積の適正な範囲を決めてみることが必要になることが多い。

この数値がわかれば，おおよその工事費用の算出も可能になるからである。この場合は，建物の用途種別によって内容がすこし異なるが，以下のような方法が使われている。たとえば，事務所建築であれば，事務員1人当たりが必要とする床面積の提案数値があり，この数値に予定されているそのビルの事務員の総数を乗じて得られた数値が，必要とされる概算延床面積になる。

同様に，病院の場合は入院患者のベッド数が単位になっており，これに提案数値の単位床面積を乗じて延床面積を算出する。これらの事務員1人当たりの床面積数値や1ベッド当たりの床面積などの提案数値は，既存事例の調査・分析から得られたものがもとになっている。

このほか，施設や器具の利用のされ方を分析して，その個数や規模を求める方法が知られている。分析の一つは，時間的な要因で変わる同時利用人数という考え方を使い，個数規模を決定する手法である。

同じく施設の利用のされ方による方法として，人体寸法や動作寸法に関する調査研究によって，個数や規模を決定する方法も提案されている。

(4) その他の計画方法

建築を構成している空間を対象にして，その位置や配置を決めるための方法についての研究があり，これによって，設計条件に最適とされる平面形やブロックプランを求めることができる。その方法として，空間の位置や相互の関係をパターン化して検討する方法が知られている。その後，空間処理の方法は，建築の内部空間と外部空間の相互の関係をも対象とするようになってきた。集合住宅地の住棟間隔についての検討要素は，住棟の配置設計に多くの成果を示した例である。

これによって，住棟の外部空間そのものの設計条件を明らかにするだけでなく住棟の外部空間に対面する部分の空間処理や条件も明らかにする結果になった。

1.5 設計のなかの計画の役割

設計という総合的な仕事のなかで，計画がどのような部分を受け持つことになるのであろうか。先の建築計画の概要で述べた計画の手法の中身は，いずれも計画学として確立しており，あわせて設計業務の一部を確実に支援している内容でもある。ところで，良い設計を可能にする条件はどんなことであろうか。その建築の建設の

意図や目的が完全に満足されていることがまず必要であろう。そのためには、この建設の意図目的を確実に把握したうえで設計を進めなければならない。

　これが一般に、設計条件の設定とか決定と言われている、設計の当初に必要となる重要な作業である。設計条件は、建築主からの要求という形で示される与条件とよばれるものと、建築主からの要求がなくても、設計者として当然明らかにしておかなければならない法令上の規制や敷地、敷地周辺の条件などがある。また、設計を進めるための判断の材料になる関連の文献資料や同じ種類や規模の建物の実例調査資料の収集も含まれる。さらに、これらの確定された設計条件にもとづいて、設計案を具体的につくり上げていく段階で、さまざまな検討作業が必要になる。

　この二つの段階の作業が、計画に属すると考えられるが、設計条件の設定にはこの前にある企画の作業と重複する部分もあり、厳密な区分はできない。

RYO　　　邸新築工事企画シート－18　　　　　　　　　　　　　031203

7　基本設計説明書－2

<u>1　敷地の現況と分析</u>
1-1　敷地の地形、高低差
　① 敷地の高低差については、高低測量、標高などの資料がないので、現地での目視や写真による想定になりますが、敷地の南北境界線の間では、1．5～2．0ｍ程度の高低差があるものとみられ、全体になだらかな傾斜面となっております。
　② 東西の境界線間では、ほぼ水平で東側にいくほど地盤が下がっている地形となっています。これは、前面道路の勾配方向や高低差と一致していることでも確認することが出来ます。
　　　なお、東側隣地境界線周辺部（へり）で、やや急な勾配で地盤が低くなっています。従って、東側、東南側隣地の隣家建物はいずれも当敷地より１ｍ程度低い地盤に建っているとみられます。

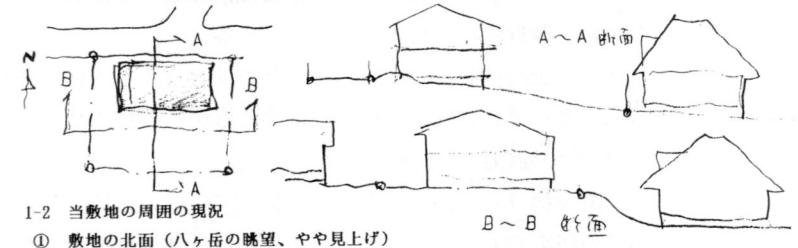

1-2　当敷地の周囲の現況
　① 敷地の北面（八ヶ岳の眺望、やや見上げ）
　　　当敷地の唯一の前面道路に面しており、敷地中央付近がＴ字路の交差点に当たるので、、道路というひらけた外部空間を通して、八ヶ岳の眺望を楽しむことができます。このＴ字路に面していなければ、北側隣家や、その敷地内の樹木などで眺望の相当部分が遮られるはずで、それに比べて有利な条件といえます。
　② 敷地の東面
　　　この部分の隣地境界線付近で、地盤面がやや急な勾配で下がっています。当敷地からは、隣地を見下ろす形になります。
　③ 敷地の東南面（富士山の遠望）
　　　近隣の住宅（南側隣地の道路を挟んだ敷地）の屋根越しに富士山をみることが出来ます。遠望である上、相当高い屋根ごしなので、富士山の上部をみるだけですが、敷地地盤面に立った姿勢で確認できました。ただし一緒にいった家内は小柄なのでよく見えなかったようです。という事は、視点を高くできれば、眺望の範囲が確実に広がることになります。
　　　あとでも述べますが、別荘の敷地内あるいは別荘から居ながらにして、八ヶ岳と富士山の双方の眺望が期待できる事例は極めて少ないといえ、南アルプスの眺めと含めて、これは是非設計の目標の一つに組み入れたいと思いました。

設計説明書の例

2 事前調査の手法

> **要 約**
>
> 1 **事前調査手法の確立** 計画学の領域で進められていった調査分析の手法は，その成果が明らかになるにつれて設計への活用がはかられるようになり，設計者の業務のなかに，ある種の，設計のために必要なプログラムといえるものが加わる。
>
> 2 **設計条件確立のための事前調査** 事前調査は，設計業務の背景となる設計条件の確立に有効であり，そのために必要となる事前調査は，与条件（建築主側からの要望）に関するものと，与条件以外の必要条件（設計者が必要と考えるもの）関連にわかれる。
>
> 3 **事前調査の現実** 事前調査のための情報源は，さまざまなところに存在する。とくに，実例に則した調査結果は，もっとも有効なものであるが，調査の対象が一定以上の件数に達してないと，比較検討などができず，資料としての価値が薄れる。
>
> 4 **同種，同系の建築実例の事前調査** 類似の建築の事前調査は，他の事前調査での結果と違って，一つの建築としてまとめられた設計の資料の形をとるとともに，実現した建築の資料であるために，ほかの調査で得られる一般解とはひと味違う特殊解が得られる。

2.1 事前調査手法の確立

建築計画研究のなかで，主要な位置を占める調査分析の手法は，計画学という形で，広く建築の世界に認識される結果になったが，研究の当初の評価は，必ずしも順調といえるものではなかった。なんと言っても，すでにできて使われている建物を材料にして，これを調査するという発想では，未知の情報は期待できないし，汎用性にも欠けるのではないかという疑問が，主として設計者側から出されたという記録が残っている。

ここで，取り上げる事前調査は，建築計画でいう調査・分析と若干異なる内容を考えている。もちろん，これも計画でいう調査の一部を構成するものであるが，そのなかで，設計条件を特定するために行う調査を対象にする。

計画学の領域で進められていった調査・分析の手法は，その成果が明らかになるにつれて，設計への活用がはかられるようになっていった。この結果，設計者の業務のなかで，ある種の，設計のために必要なプログラムとも言うべきものが問題にされるようになる。現在では，当たり前のこととなっているような設計のための事前調査もその一つである。

事前調査は，設計条件の確立のための作業の一つであるが，初期の段階，あるいは，計画学の確立以前では，他の業務と同じく，建築家個人の判断，手法に頼っていた。したがって，このころでも，事前調査に類するものがまったくなかったとは言えないが，その多くが，個人的な方法で調査が進められていたと思われる。

2.2 設計条件確立のための事前調査

設計条件を確立するために必要となる調査には，与条件とよばれる建築主側からの要求と，設計者が専門家として必要と考える与条件以外の条件（必要条件とよぶことにする）の双方について，調査と分析が必要である。

1) 与条件に関連する調査項目

> ① 建築主：住所，氏名
> ② 敷地：位置，敷地面積，所有関係
> ③ 建物の機能：用途，使用目的，構造種別，規模，デザイン，外部仕上，内部仕上，建築主による参考建物ほか
> ④ 建物の設備：電気（強電，弱電），空調，衛生，機械，その他設備
> ⑤ 付帯工事：外構，家具，インテリア，工作物，造園，サインほか
> ⑥ 工事期間：着工，竣工，発注業務日程ほか
> ⑦ 工事予算：総工費，m^2当たり予算ほか
> ⑧ 工事発注方式：特命，見積合せ，競争入札，指名業者ほか

2) 必要条件に関連する調査項目

> ① 敷地：現況，地形，地質，障害物，測量図の有無，障害補償（日照，電波その他），付近住民の同意の要，不要，地域地区（用途地域ほか）
> ② 道路：道路名，幅員，敷地との高低差，斜路，位置指定，角地，計画道路
> ③ 法令：建築基準法，同法施行令，消防法，地方条例ほか
> ④ 建物の機能：建築主から要求が出ていないが，必要とされる機能ほか
> ⑤ 資料収集：関連文献，類似建物の事例調査ほか

1)の与条件は，建築主の要望事項からなるもので，本来は建築主の作成した企画として設計者に文書で示されるのが望ましい。しかし，建築主側に建築の専門家がいないと，このような企画をまとめることが難しいから，普通は建築家側からの働きかけで確認をしていく場合が多い。さらに，この建築主側の希望内容は，その根拠が判然としないものもあり，後日変更が発生する例が少なくない。

なかには，建築についての知識不足や勘違いなどで出された希望も混じっているかも知れない。建築主にとって，絶対に実現させたいと思っている希望項目が，実は建築計画面では明らかな間違いということもあるし，建築主本人が気が変わって引込める場合もある。単なる個人的な思い込みか，客観的な根拠がある希望項目か，客観性はないが設計条件として確定すべきものかなど，建築家の判断が問われる部分は，すでにこの段階から始まっていると言わなければならない。

与条件を分析，確認をして，万全の形の設計条件を確定するためには，先の与条件の把握とともに，2)の必要条件関連の調査，確認による与条件の検討が重要性を帯びてくる。とくに，④の建物の機能については，与条件での，③以降のすべての項目について見直しと再確認が必要である。

2.3 事前調査の現実

ここで，事前調査の事情を示す事例を紹介しておこう。たとえば，病院の設計で，その手術室の設計のための事前調査の段階でこんなことが起こる。

病院建築の専門家はだれかというと，実はだれもいない。当の建築主である院長は，医学の専門家であるが，医療施設の専門家としての教育を受けているわけではない（現在では，医療施設の管理などを受け持つ，病院管理学などの講座をもつ医学部がみられるが，その主要な部分は病院の管理運営で，施設について対象にされる部分は少ない）。一方，建築家のほうはといえば，いくつかの病院の設計を経験してはいるが，この程度で専門家とは言えないだろう。

そこで，院長と建築家の間で，建築家による事前調査が進められる。その内容は，まず院長の要望を聞くことに始まる。院長は，これまでの経験をもとにして望ましい手術室という施設への要望を述べる。これまで使った手術室の良い点，悪いところ，さらに自身で工夫したり，こうしたいと思っているところ等々である。

しかし，この内容は，必ずしも客観性に裏づけられたものではないから，仮にこの施設を他の医師が使うとなると，その意見が分かれることは十分に予想される。設計条件に客観性が必要であることはたびたび述べてきたが，その根拠の一つがこのことである。個人的な好みや，その他の個人的な根拠で出された要望をそのまま設計条件として使ってしまうと，施設の利用者が変わった段階で，ただちに問題が起こることになりかねない。客観性に乏しい設計条件を使うと，結果として汎用性の低い施設をつくる結果になることを覚悟しなければならない。

ただし，建築主の意向によっては，この汎用性をまったく無視する場合もあり，これも与条件のもつ特徴として理解をしておく必要がある。

さて，この医療施設の専門家がいない場面に話を戻すと，ここで，専門家と言えるかどうかはともかく，有力な相談相手になってくれたのが病院に出入りしている医療器材の営業マンであった。彼らは，得意先である多数の病院に出入りしているから，手術室をはじめとする病院の各部門の施設の事例を少なからず見聞している。しかも，このスペースに必要な器材を納入して，そのやり取りのなかで，医師や医療スタッフの注文や苦情を聞いたり，相談に乗ったりしており，いつの間にか医療施設のコンサルタントを自認できる立場になっていたのである。

この状況は，いまもあまり変わらないが，ここで得られる教訓はつぎのとおりである。

調査の対象は，一定以上の件数がないと比較検討ができず，資料としての価値が薄れるし，客観性のある計画上の根拠も得ることができないということである。

いずれにしても，事前調査のための情報源は，実にさまざまなところに存在する。

なかでも，事例に即した調査結果は，建築主からも，建築家からも歓迎されるとともに，双方の意見調整にももっとも威力を発揮する材料になる。

2.4 同種、同系の建築実例の事前調査

設計条件を確立するための事前調査のなかで，必要条件に関連する調査項目にあげた類似建築の事例調査の効果についてとくに触れておきたい。たとえば，事務所建築の設計依頼があって，必要な事前調査を始める。この調査の一つとして，同種，同系の建築の実例を収集して，これらの資料のドキュメンテーション

図2.3　同種，同系の建築実例の事前調査

(documentation＝文書，情報管理）を行うのが，この調査の手法である。事務所建築という条件だけでは，範囲が広すぎて，収集する事例に際限がなくなるおそれがあるかも知れない。しかし，与条件に関する事前調査のなかで，たとえば，延床面積や建築面積，階数などをある範囲に絞ることができれば，採集すべき実例の範囲は，大幅に限定することができるし，得られた事例の参考資料としての価値も相応に高まる結果になる。このような同種，同系の実例によって，どんなことがわかるかは，建物の用途によって多少の違いがあるが，およそつぎのとおりである。

---

① 敷地利用のパターン（型)
② 建物配置計画のパターン
③ ブロックプランのパターン
④ 平面計画（基準階，その他の階）のパターン
⑤ 断面計画（天井高，階高，建物各部の高さ，各部の寸法）のパターン
⑥ 構造計画（スパン，階高などの寸法ほか）のパターン
⑦ 設備計画（設備内容，方式，採用器機ほか）のパターン
⑧ 工事費関連（総工事費，m^2当たり工事費，各工事別工事費ほか）

さらに，参考資料としての効果は，各種の事前調査で得られる一般解とはひと味違う特殊解が得られることである。さらに，それぞれ断片的で，関連の少ない資料の集積である他の事前調査による結果と違って，一つの建築としてまとめられた設計の資料になっており，しかも実現した建築の資料である。このあたりに理由があるのか，計画や設計を進める段階で問題に突き当たったり，結論に迷うときに，有効な指針を提供してくれるのが，実はこの事例を集めたファイルであることが多いのも事実である。このほかにも，事例の調査研究にはさまざまな効果があることを強調しておきたい。

3 規模計画と所要室の確認

要 約

1 **施設の規模と所要室** 建築計画を進めるために，その施設の規模をつかむことが要求される。この規模を知ることで，施設の予算をあらかじめ予測することができるなどの効果があり，これは与条件と敷地や法令関連を含む設計条件できまる。

2 **所要室の種類と規模** すでに同種，同系の施設がある場合は，事例や資料によって所要室の種類などを知ることができる。前例のない施設の場合，この施設に必要とされる機能の確認と分析によって明らかにするのが一般的である。

3 **所要室の確認と部門の発見** 所要室の確認は，設計の対象となる施設の内容を把握するための基本的な方法である。さらに所要室の全体に，ある種のグループ分けができて，いくつかの部門を発見すると，施設全体の区分を試みることが可能になる。

4 **規模計画** 現在の規模決定の方法は，1）統計的手法による定量的な決定方法（施設利用者1人当たり所要床面積に類する数値を既存実例から得る）と，2）確率的手法による定性的決定方法（便器個数などの算定など）がある。

3.1 施設の規模と所要室

建築計画を進めるには，いくつかの手法が知られている。このうち，計画をする施設の具体的な形を左右するレベルの手法と，まだ形をつくる段階に至らない部分を検討する手法がある。ここで取り上げる規模計画は，建物の形には，あまり影響を及ぼさない，ごく基礎的な領域に入る部分である。

ある施設の新築を考えるときに，たいていの建築主は，その費用がいくらくらい必要かを考えるものである。したがって，建築家も，設計にあたって依頼主から，まず聞かれることが，予算はどのくらいみたらよいだろうか，という質問であり，彼は，専門家として的確にこれに答えることが求められる。そして，この予算を決めるもっとも主要な要素が，特殊な例外を除けば，その施設の規模であり，具体的にいえば，その施設の延床面積である。

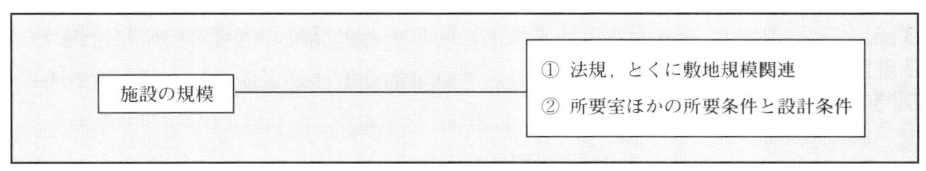

```
施設の規模 ─── ① 法規，とくに敷地規模関連
              ② 所要室ほかの所要条件と設計条件
```

図2.4 施設の規模を決める要素

施設の規模を決める要素をあげると，この二つの条件が考えられる。①の法規制は，敷地面積に対する建築物の延床面積の上限を規制する容積率と，敷地面積に対

する建築面積の最大値を規制する建ぺい率の規定がある。このほか，道路斜線制限をはじめとする各種の高さ制限の規定も敷地に対する延床面積を規制する原因となるから，これらの法規制は，敷地面積当たりの建築可能な最大規模を定める根拠になるものといえる。

一方，②の所要室をはじめとする設計条件は，先の法規制とは別に，建物の規模を知る根拠となるものである。この場合は，必ずしも法規制の許す最大規模の延床面積を必要とするとは限らない。

3.2 所要室の種類と規模

所要室の種類やその大きさ，室数など，規模に関連する要素を明らかにするためには，いくつかの方法がある。

1) 従来型の施設を計画する場合

同種，同系の施設がすでにあって，よく知られている計画上の資料が蓄積されている場合は，これを利用して所要室の種類を知る方法がある。たとえば，図書館という施設の場合であれば，この施設に必要とされる所要室は，その規模による違いはあるが，ほぼ完全に必要な所要室を確認することができ

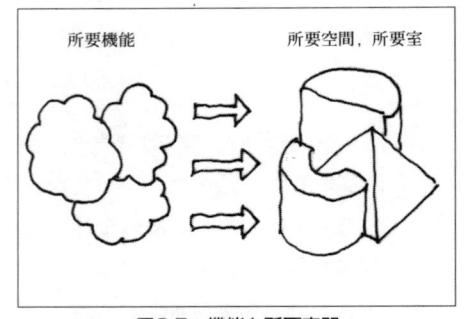

図2.5 機能と所要空間

る。これは，建築計画の調査研究の成果の一つである「施設別の使われ方調査」などの研究で蓄積されたデータがもとになっている。

2) その他の型の施設を計画する場合

これまでに，前例のない施設，あるいはきわめて事例の乏しい，新しいタイプの施設を計画する必要が生じることもある。この場合は，一般に，参考にできる資料がないので，所要室についてもまったく新たに発見をしていくしかない。この場合の手掛かりになるのが，その施設内で必要とされる機能の内容と種類の確認と分析である。各施設には，それぞれ，その建設の目的である主要な用途があり，この用途を満足させるための内部機能が必要になる。さらに，この機能を可能にするために必要となる所要空間や所要室が必要になってくる。これらは，施設の計画の初期の段階で検討をされて，最終的には設計条件として確定される重要な部分である。

3.3 所要室の確認と部門の発見

計画を進めるにあたって，その施設の内容を的確に把握する必要がある。その方法の一つで，もっとも基本的な方法が，施設に必要とされる所要室，所要空間の確認である。

（1）所要室の確認

1) 確認の方法－A

たとえば，設計製図の課題を与えられた場合を例にとってみよう。一級建築士の設計製図の試験問題の場合も同様で，いずれの場合も，施設の種類，名称などとと

もに，主要な所要室が明示されるのが普通である。一級建築士試験の場合は，出題年度による違いはあるが，所要室の明示だけでなく，これを部門別に分類してある親切な出題の事例も多い。もしも部門別にされていない場合は，受験者自身が，各自の知識を活用して，早急に各所要室の部門分けを行う必要がある。

2）確認の方法－B

実際の設計業務の場合は，どんな方法になるだろうか。設計者であるあなたは，建築主に対して，所要室を含めた新築建物に対する要望事項を尋ねる必要がある。

建築主側に，この種の施設を，これまでに建てたり，使ったりした経験があれば，建築主側から容易に所要室のリストを入手することができる。設計者は，このリストを検討して，不足の所要室がないか，不要のものがないかなどを専門家として検討して，必要な提案をしなければならない。

一方，建築主側に施設の建設についての経験や蓄積がまったくない場合もある。

この場合は，建築主側の要望は，どうしても不完全なものになりがちになるので，これを補完できる手段を用意することも必要になる。比較的有効な方法として同種，同系で，同程度の規模の既存の建物の見学をあげることができる。設計者と建築主が一緒に，この種の見学を行うことは非常に有効である。これは，先に触れた事前調査の手法の一つに過ぎないが，事前調査の名のとおり，その実施のタイミングが重要である。

（2）部門の発見

部門とは，その施設を構成する基本となる要素であり，部門を発見して，施設全体をいくつかの部門に区分することは，グループ分けともよばれる計画上の大切な作業である。部門の種類や数は，対象とする施設の種類や規模によって異なるが，そのなかですべての施設に共通の部門があるはずであり，ここでは，その要素を明らかにしておこう。

1）専用部門

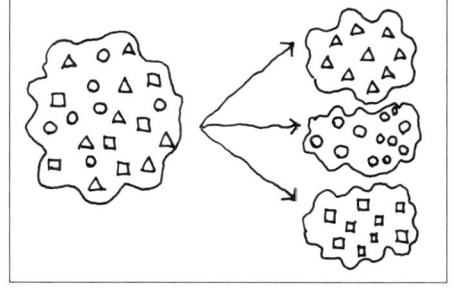

図2.6　同種，部門の発見

専用部門とは，その施設の主要な用途に使用される部分である。たとえば，美術館の展示部門（展示室・準備室ほか），収蔵部門（収蔵室・荷解室・消毒室・搬入・搬出室ほか），研修部門（講堂・研修室・視聴覚室ほか），研究部門（学芸室・資料室・図書室ほか）などである。専用部門同士にも美術館という用途にもっとも直結している展示部門にくらべると，専用の程度を示す使われ方としては相当異なる部門がある。

たとえば，収蔵部門や研究部門は，来館者の立入りは禁止されているのが普通であり，同じ専用部門でも設計条件が明らかに違う部分が含まれていることに注意をしたい。

2）管理部門

管理部門は，施設全体の管理・運営に必要な部分である。同じく美術館を例にとると，管理事務室・館長室・応接室・会議室・受付・給湯室・警備室・宿直室などがある。

3）共用部門

共用部門は，施設全体で共用される部分で，施設の種類によって多少の違いがあるが，つぎの三つの要素に分けることができる。その一つは，交通部分（玄関・玄関ホール・廊下・階段室ほか等で，施設内の各部門同士を連絡したり，逆に分離をはかるために配置される），二つ目はサニタリー（衛生）部分（便所・洗面室・給湯室ほか等で，いずれも専用部門に付属するものと，管理部門用が必要になる場合が多い），三つ目はレスト（休息）部分（休憩室・食堂・喫茶店ほか）である。

3.4 規模計画

所要室や所要空間の数量的な結論を得るとともに，その各室の具体的な規模，すなわち広さを明らかにできないと，施設としての総体の規模を確認することができない。また，規模計画の分野には，所要室の面積等以外に，便所の箇所数や便器の個数，エレベーターの台数など，同様に数値を決定しなければならない領域があり，その判断が難しい要素が多い。これらの決定方法は，現状では，つぎの二つの方法が知られている。

1）統計的手法による定量的な決定方法

この方法では，施設の利用者や利用者の一定規模の集団と，施設の全体の規模（たとえば延床面積）や単位空間の規模との間に，一定の数量的な関係があることに着目して，既存の各種の建築事例の規模と利用者数の関係資料を収集し，これを統計的な手法による処理を行ったものである。

結果として，利用者１人当たりや，利用者集団当たりの所要面積，所要寸法，所要個数などを基準化して求めるものである。これらの基準化された資料によって，計画対象の施設の利用者や利用者集団を想定した数値などに対応させて，計画建物の概略の延床面積などを算出することができる。ただし，この方法で得られた規模や数値には，設計面での具体的な根拠が考慮されていないから，実施設計段階では，具体的な家具配置などをしてみるなどの追加作業が必要である。

また，この方法だけでは，数値が既存事例に使われた建物のレベルにとどまってしまうという点も考慮しなければならない。

2）確率的手法による定性的決定方法

劇場・映画館の便器個数や事務所のエレベーター設置台数の算定などに利用される方法にその設備や装置の利用の仕方や仕組みを考慮にいれて，これを確率的な処理によって算出する方法がある。たとえば，設備の利用時間の変動を考慮する方法や設備，装置の能力の変化を考慮する方法などで，利用の平均値から決める方法あるいは利用できない割合を一定以下に押さえるように決定する方法などがある。この場合は，応用数学の利用やコンピューターによる利用状態の解析などが利用され，たとえばシミュレーション（simiulation，模擬実験）の手法などが知られている。

4 ゾーニング

要 約

1 **ゾーニングの意味** ゾーニングとは，その施設全体をいくつかの空間のまとまり（ゾーン）に区分することで，その施設の所要室や所要空間のなかに，共通の性格や機能をもつものを発見して，同種同系の所要室を一群にまとめることをいう。

2 **ゾーニングの役割** ゾーニングによって，施設の全体の機能や仕組みは，より単純な形になり，わかりやすいものになるから，施設の計画に必要となる施設の機能要素とその望ましい組合せなどの計画目標が明らかになってくる。

3 **段階別のゾーニング** 計画の初期の段階では，その施設の全体像を的確に把握するために，施設の全体をいくつかのグループに区分する手法が適当であり，計画がさらに進むと，各グループ（ゾーン）のなかでのゾーニングが可能になってくる。

4 **ゾーニングの利用効果** ゾーニングができると，それぞれのゾーンの特質を生かして，そのゾーン同志を計画上もっとも有利な形に組み合わせるなどして，施設全体の構成を整然としたものにして，必要な機能構成を組み立てる目標を明らかにできる。

4.1 ゾーニングの意味

　設計の初期の場面では，計画段階とみられる作業が続くが，ここで取り上げる「ゾーニング」は所要空間の確認作業とともに，設計の最初の段階で必要となる作業である。

　建築を構成する各部分は，先に述べた所要室や所要空間から成っている。ということは，建築をつくる場合も，これらの所要室や所要空間を施設の機能を有効に発揮できるように配置すればよいわけであり，これが設計の目的の一つになる。そして，ゾーニングは，所要室などの望ましい配置を発見する手段といえる。

　このゾーニングを進めるには，その施設の内外に必要とされる所要室や所要空間を確認したうえで，そのおのおのについて分析をして，そのなかから，共通の性格や機能をもつ所要室を発見する。これら同種，同系統の所要空間同士を一つのグループにまとめると，これまでの多様な種類の所要室群からなる複雑な内部機能をもつ建物に見えていたその施設の内容が，いくつかの独自の意味や役割をもつゾーンの組合せという形に整理され，これまでよりもわかりやすい形に見えてくる。

　同様に，各ゾーンの受け持つ，独自の計画上の意味や役割を明らかにしていくにつれて，その施設全体の機能が，さらにわかりやすい形になってくる。したがってゾーニングという手法を使う意味には，その施設の個々の所要室の内容を把握するとともに，このグループによるゾーンの意味から，施設の望ましい機能構成のための指針をたてることが可能という意味がある。

4.2 ゾーニングの役割

　この作業で得られたゾーン（部門）の存在は，その施設の全体を構成する内外の機能や役割を，さらにわかりやすい形に見せてくれる効果がある。たとえば，その施設の建物をそのままの姿で見ても，この施設を構成する多様な所要室の集合という形にしか見えないが，これらの所要室を特別な機能や意味をもついくつかのゾーンにまとめて，このゾーンを組み合わせた結果，建物としての総合的な機能が構成される形にして見ると，その施設の全体の機能や仕組みは，より単純な形になり，わかりやすいものになる。結果として，この施設の計画に必要となる，この施設の機能要素とその望ましい組合せをはじめとする計画目標が明らかになるが，これがゾーニングの役割である。

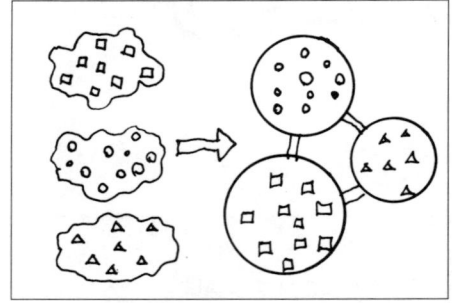

図2.7　ゾーニング

　　ゾーニング（zoning）：建築計画を進める際に，所要室の全体を共通の性格や機能などでいくつかのグループに区分をして，ゾーンを構成し，建物全体をより単純な構成に整理して，計画方針を策定しやすくする手法。

4.3 段階別のゾーニング

（1）計画初期の段階でのゾーイング

　この段階では，まず対象とする施設の全体像を的確に把握することが必要である。そのためには，施設の全体をいくつかのグループに区分をする手法が適当である。
　このグループは，部分あるいは部門という用語を使う場合が多いが，なかにはグループやゾーンという言葉を当てる例もみられる。この部分の種類は，建物の用途によって違ってくるが，すべての施設に共通の部分の区分を試みると，つぎのような分類が可能である。

①	専用部分：その施設の本来の目的に使われる用途部分
②	管理部分：施設の全体の管理，運営に使われる用途部分
③	共用部分：施設全体で，共用として使われる用途部分

　①の専用部分については，施設の種類がわかれば，さらに具体的な部分への分類が可能になる。たとえば，美術館という施設の場合，専用部分にあたるスペースは，展示部分・研修部分・収蔵部分・研究部分などに分類することができる。そこで，

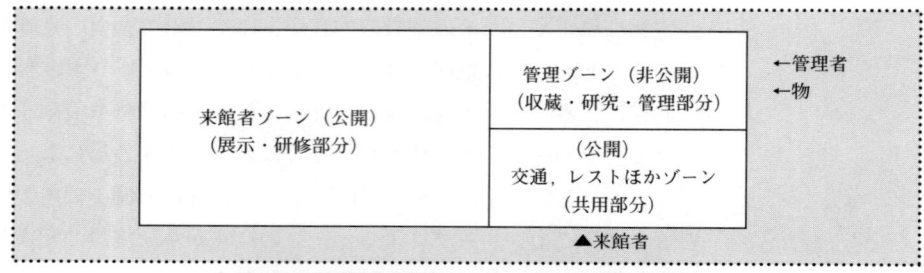

図2.8　計画初期の段階のゾーニング（美術館の事例）

この各部分のもつ役割を確認し分析をすると、各部分同士の関連が明らかになってくる。この段階で、美術館という施設の全体は、来館者が利用するゾーンのグループと管理者側が主として使うスペースに二分されることがわかってくる。

両方のゾーン同士の出入りもあることは確かであるが、来館者が管理者のゾーンに出入りする必然性はほとんどないことも明らかになる。計画の初期の段階では、このような、ごく大まかなゾーニングの検討が施設の全体像を理解するうえで効果的な手法と考えられる。

(2) 計画が進んだ段階でのゾーニング

計画内容が進み、相当具体化してくると、美術館の各部分を構成する所要室などの範囲がさらに明らかになってくる。これまで、一つのかたまりの程度の認識にとどまっていた各ゾーンが、そのゾーンのなかでのゾーニングのスタディができるようになる。たとえば、来館者ゾーンのなかでの展示部分と研修部分の相互の位置関係を検討することができるし、さらに展示部分のなかでの常設展示室と企画展示室との相互の関係を検討して、お互いの望ましい位置関係を見つけるなど計画上の検討手法は、建築空間の構成を求める段階にまで発展してくる。

4.4 ゾーニングの利用効果

ゾーニングは、その施設の全体を数種類のゾーンに区分をすることが第一の目標であった。このためには、施設を構成する所要室、所要空間のそれぞれを確認して、その機能や性格などを特定したり、これらを分析するなどの作業が必要である。このゾーンの区分け（ゾーニング）ができると、つぎにそれぞれのゾーンの特質を生かしながら、そのゾーン同士を建築計画上もっとも有利な形に組み合わせることが求められる。これは、設計をしようとする施設の計画の基本となる空間の組合せを追及することでもある。

これができると、設計目標でもある施設の基本的な構成の方針を得たことになるが、ここで施設の設計を進めるうえで、ゾーニングの手法を利用して得られる効果をまとめておこう。

① 施設を構成する各所要空間の機能や性格、役割などの必要な確認ができる。
② 各ゾーンのなかでの、所要室、所要空間の役割、機能構成の把握ができる。
③ 動線計画（後述）を併用して、ゾーン内外の動線計画の策定が容易になる。

5 動線計画

> **要 約**
>
> 1 **動線計画の意味** 建物の内外に発生する人や物の移動の軌跡である動線の種類と,その所在を明らかにして,その動線が建物のなかでもっとも望ましい形にまとめることができるようにするための検討作業である。
>
> 2 **動線計画の役割** 動線計画によって,施設の内外の動線の位置と種類が明らかにされるとともに,その動線で結ばれる所要空間の相互の位置関係を決める方針も得られる。結果として,施設の交通・通路部分の配置計画の策定が可能になる。
>
> 3 **動線の種類** 各施設に発生する動線は,人の動線,物の動線に分けられ,互いに異なる動線は,交差したり干渉しない配置が原則となる。場合によっては,それぞれの動線が主動線,副動線,補助動線などに区分されることもある。
>
> 4 **部門（部分）別動線計画** 建物の規模が大きくなり,内部機能の構成も複雑になると,部門（部分）別の動線計画という手法も必要になる。これは施設を構成する各部門（部分）を一つの単位として,その動線を検討する方法である。
>
> 5 **動線計画の決め手** 動線計画は,わかりやすい単純な計画を心掛けるとともに,動線の種類によっては,動線の経路のレイアウトだけでなく,人や物の流れとともに,人や物が滞留する空間を併せて考えておくことが必要である。
>
> 6 **動線計画にあたっての注意** 各動線には,その動線の目的にかなったデザインと計画方針が盛り込まれている必要があり,さらに避難動線としての法令上の制限を満たしていることと,全体での安全性を確保していることが求められる。
>
> 7 **動線計画の利用効果** 動線計画の利用で,たとえば動線の短縮化と適切な動線の配置が実現すると,施設全体に効率のよいプランが可能になり,通路部分の床面積の縮小,各室の居住性能や使用条件の向上など,施設全体の性能の向上につながる。

5.1 動線計画の意味

建物の内外には,多くの種類の動線が発生する。この動線の機能,性格などを分析して,建築計画を進めるための有力な指針として利用しようとするのが,動線計画という計画のための基本的なツール（道具）である。

動線計画の手法を使うには,つぎのような仕事が必要になる。まず,対象となる施設の所要室や所要空間を収集して,これを確認することが必要であり,さらに,各所要室に共通の要素を見つけて,ここで得られた情報をもとに,各所要室の集合からなるいくつかのゾーンをつくる（ゾーニング）。このゾーン同士の関係を明らかにすることで,ゾーン同士の動線計画をたてることができるが,この検討によって,この施設の主要な動線の骨格を知ることができるとともに,各ゾーンの配置の

方針を立てることができる。さらに，ここまでに明らかになった各所要室の機能や性格などの情報を使って，各所要室相互の配置を決める方針を得ることができるが，このためには，各所要室単位の動線計画の検討が利用される。

> **動線計画**（どうせんけいかく）：建物の内外で発生する人や物の移動の軌跡を動線とよぶ。この動線を建物のなかでもっとも望ましい形にまとめようとする検討作業が動線計画であり，建築や都市の設計を進めるための計画上の基本的な手法の一つである。
>
> **動線計画図**（どうせんけいかくず）：動線図ともよばれる。建築の内外の空間に発生する人や物などの移動の軌跡を，室と室とを結ぶ線形で表現した図。一般に，線の長さが動線の距離を，線の太さは動線の発生する頻度を表しており，線の方向は動線の向きを示す形になっている。

5.2 動線計画の役割

動線計画は，施設の内外に発生する動線の位置と種類を明らかにするともに，その動線で結ばれる所要空間の相互の位置関係を決めるための方針をもたらす。

さらに，二つの所要室（空間）の相互の位置関係について，施設全体のなかでの望ましい位置がどこになるのかを検討することができる。

結果として，動線計画の検討によって，施設の交通・通路部分の配置について計画的な処理や確認ができるから，動線計画の検討は，施設全体の機能構成をまとめるうえで，一応の整理を可能にする。したがって，後に続く機能図の検討と併せて，平面図の作成に進むことも可能にする役割を果たすことになる。

5.3 動線の種類

各施設で発生する動線には，施設の利用者や管理者などの人の動線と，物品や食材に代表される物の動線がある。それぞれ異なる種類の動線同士は，確実に分離して，互いに交差したり干渉しないような動線の配置が原則となる。

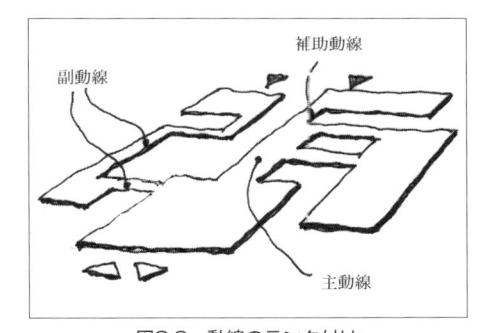

図2.9 動線のランク付け

たとえば，歩行者と自動車，施設管理者と施設利用者などの各種の動線のうち，必要なもの同士が適切に分離されていることが求められる。分離をした結果，異なる動線同士がどの位置に配置されているかも問題になる。この結果によって，安全性，利便性などの評価が分かれる結果になる。

それぞれの動線について，場合によっては，主動線，副動線，補助動線などのランク別の区分をつける必要もある。この区分に伴って，広いホールから，狭い廊下，通路などの序列を意識させる設計上の変化を加えることができるが，このような手法が各動線に独特の判断要素を加える効果をもたらして，利用者にとって空間の認識が容易でわかりやすい設計を可能にする。

避難施設（法令上の避難通路に該当する廊下，階段室など）の重なる動線部分については，法令に適合する設計が第一の条件であり，その安全性については法令が最低の条件であることを忘れないで検討しなければならない。

5 動線計画

[参考事例] 美術館の動線計画資料

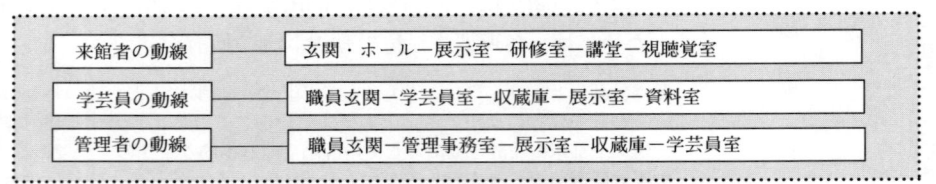

来館者の動線	玄関・ホール－展示室－研修室－講堂－視聴覚室
学芸員の動線	職員玄関－学芸員室－収蔵庫－展示室－資料室
管理者の動線	職員玄関－管理事務室－展示室－収蔵庫－学芸員室

図2.10 美術館の人の動線事例

美術館の人の動線は，大別して三つに分かれるが，このうち来館者と管理者の動線は，相互に画然と分離をしておく必要があり，一方，学芸員は，来館者のための空間である展示スペースから，管理者側に限られる収蔵庫に至るさまざまな部分に出入りする動線が必要になる。

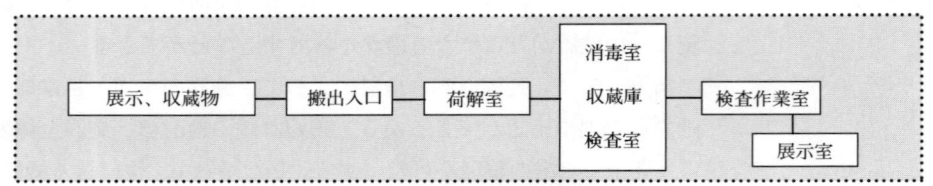

図2.11 美術館の物の動線事例

展示・収蔵物に代表される美術館の物の動線は，搬出入口から始まり，荷解室，収蔵庫その他の付属室を含めて，すべてが他の領域から区画される必要があり，ここから，独自の経路を通って展示室に連絡できるように計画する必要がある。

5.4 部分(部門)別動線計画

計画段階で利用されることの多い動線計画は，まずその施設の全体を対象とする動線を検討することが必要である。しかし，建物の規模が大きくなり内部機能の構成も複雑になると，部分別の動線計画という手法も必要になってくる。

この手法は，ゾーニングで説明をした施設を構成する各部分（部門）を一つの単位として，この動線を検討することである。

この部分別動線計画を進めるにあたって，全体に共通する計画条件がある。

その一つは，動線は可能な限り単純な形にすることである。この目的は，だれにもわかりやすい動線を実現することにある。その根拠は，不特定多数の人が使う建物や宿泊機能をもつ建物では，その配置や位置がわかりやすい廊下や階段室などの交通部分の設計が，その施設の安全性の確保に直結する条件となるからである。

逆にわかりやすい動線の検討が不十分な建物では，災害時の安全な避難を妨げるさまざまな原因を残す危険を解消しにくい。その代表的な欠陥が，建物のなかにいる人が，自分が建物のど

図2.12 迷路効果？

の位置にいるのかの確認が容易にできない設計であり，いわば，迷路効果とでもいうべき事例である。とくに，円形，Y字形，星形などの放射状のブロックプランの建物では，この可能性が高いので要注意である。

　二つ目の共通条件は，異種動線の分離である。これはすでに述べていることでもある動線計画全般での共通事項でもある。たとえば，公開部分と非公開部分との動線の分離であり，施設の利用者と管理者の動線との分離などの例をあげることができる。三つ目の共通条件は，すべての動線について，その短縮化をはかることである。

5.5 動線計画の決め手

① 動線計画はわかりやすい，単純な計画を心掛ける。
② 動線の種類によっては，動線の経路のレイアウトだけでなく，人や物の流れとともに，人や物が滞留する空間を考えることも必要である。
③ 物の動線については，搬入される物品の寸法を考慮して，そのスペースを確保する必要がある。
④ 動線の結節点とみられる場所で重要なものが出入口，玄関である。その機能と役割にふさわしい計画が必要である。

5.6 動線計画にあたっての注意

① 動線は短く，見通しのよい形が望ましい。たとえば直進型などである。
② 各動線には，その動線の目的に適ったデザインと計画方針が盛り込まれていること。
③ 動線の全体にはわかりやすさが必要で，そのための整理区分，序列付けなどの方法が知られている。
④ 他のスペース，他の動線から独立していること。
⑤ 避難施設としての法令上の制約を満たしていること。
⑥ 安全性を確保していること。

　たとえば，美術館や博物館などの展示施設は，一般の施設としての動線に加えて展示のための動線があり，平面計画上の重要な要素になる。したがって，これらの施設では，別に展示計画を策定して，これに合致した動線計画を立てる必要がある。
　さらに，これら展示施設を含む公共建築の多くは，一般に，不特定多数の市民が利用する機会が多い建物である。法令のうえでも，その大部分は，特殊建築物という指定を受けて，その安全性にはとくに厳しい制約がかけられている。
　この特殊建築物の安全性は，その主要な部分が避難施設の適切な設計に依存している形になっている。この設計の中身が，避難通路，すなわち安全な避難を可能にする廊下や階段室の配置であり，さらにこの廊下や階段室などが，避難用の動線として支障のない寸法，構造になっていることにある。

5 動線計画

5.7 動線計画の利用効果

① 施設の内外の動線について，だれにもわかりやすい配置にすることができる。
② 施設内の各部の動線を能率的で利便性の高い形や，短縮された動線にすることができる。
③ 動線の短縮化が実現されると，施設の全体に効率のよいプランをもたらすとともに，廊下などの通路部分の床面積を縮小することが可能になってくる。結果として，そのぶんの床面積を施設の主要な用途の部分に振り向けることができる。
④ 動線の適切な配置によって，施設内の各所要室に必要となる空間のプライバシー（独立性）を高める効果を得ることができる。結果として，各室の居住性能や使用条件を向上させることができる。

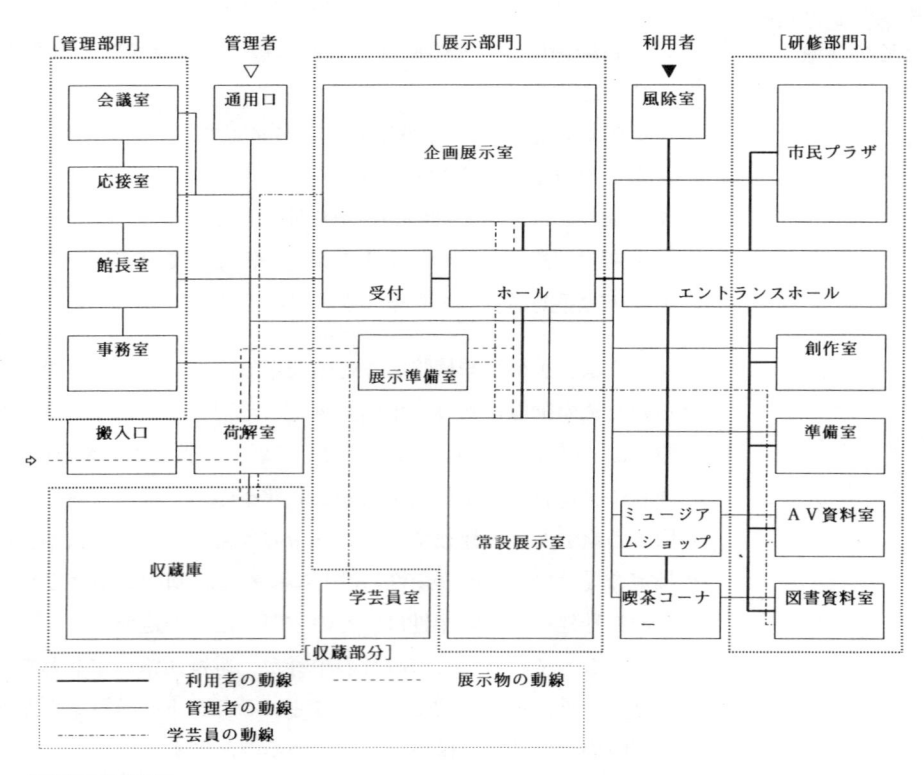

美術館の動線図例

6 機能図

> **要　約**
>
> 1　**機能図の意味**　機能図は、所要室や所要空間を枠で囲んで，この枠で囲まれた空間相互の関係について，各室同士を線でつなぐ，あるいはつながないという決まりと要素でその関係を表すものである。
>
> 2　**機能図の役割**　設計者が考えた建築の空間は，どちらかというと抽象的なものが多い設計条件がもとになっているが，これを設計案として具体化する過程で，設計条件との照合，確認の作業のために機能図は有効な道具の役割を果たす。
>
> 3　**機能図の種類**　機能図には，建物の全体の構成を示すものから，建物の部分についての構成を表現するものなどがあり，いずれも設計の各段階に応じて作成されることが多く，動線計画とともに対象部分のチェックなどに利用される。
>
> 4　**部門（部分）別機能図の利用**　計画の初期の段階では，その施設の全体像を示す機能図を作成してみる必要がある。一方，計画が具体化してくると，各部門別の機能図を作成して部門内部の機能構成を明らかにする必要が生じてくる。
>
> 5　**機能図の決め手**　機能図は，建築計画を進めるための検討作業のための道具といえるが，同時にその検討結果が記録として残る仕組みになっているから，頭のなかで考えたことをあとで見直すとか，代案との比較，再確認などにも活用できる。
>
> 6　**機能図の利用効果**　機能図は建物の構成を文字だけで説明する方法から，一種の図形化された視覚効果を加えた方式に代えるもので，平面図等の設計図にくらべると，具体的な表現では及ばないが，従来の計画内容を設計図につなぐ効果がある。

6.1　機能図の意味

機能図を作成するには，その施設が必要とする機能にもとづいて必要になる所要室や所要空間のすべてを収集して確認をすることが必要になる。

つぎに，この各所要室のうちの，共通の性格や機能をもつ所要室を集めて，これを一つのグループにまとめ，これを独自の意味や役割をもつ一つのゾーンとして設定する。結果として，その施設はいくつかのゾーンの組合せという形に整理される。

さらに，このゾーンや各ゾーンのなかの所要室に動線計画などの計画上の検討を

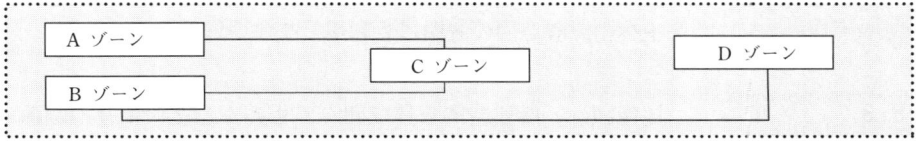

図2.13　機能図の基本構造

6　機能図

加えることによって，各空間相互の関係が明らかになる。この結果は，ある種の図式化が可能になるが，これが機能図とよばれるものである。

機能図の一般的な形式は，枠で囲んだゾーンや所要室同士を線でつなぐ形，あるいはつながない形で，相互の関係を表すことにしている。また線でつなぐ代わりに，関連のある所要空間同士を線で囲む形を使う場合もある。このような形式は，計画の比較的初期の段階での検討作業に利用される例が多く，よび方も，空間構造図とか機能組織図などの名称がみられる。

図2.13のAゾーンとBゾーンのような，枠に囲まれた形で表現されているものが建築空間を構成する単位であり，さらにAゾーンはAという特別な意味や機能をもった単位であることを示している。同様に設計者は，Bという意味をもつ単位空間と，CおよびDという，それぞれの単位空間を，この建築空間を構成する単位として発見しており，それぞれの空間同士は，枠をつないでいる線形で結びつけられているとおりの関係にあることを示している。

結果として，このような単純な形によって，相当複雑な建物の機能構成を表現することが可能になってくる。

さらに有利な点は，この機能図が，まだ抽象的なレベルにある建物の構成の仕組みについての考え方を，実際に目で見て確認ができる理解しやすい形に表現できることである。この点は，動線計画図でも同じ工夫が加えられていることがわかるが，設計者は，これらの機能図の表現上の特徴を利用することによって，建物の機能構成を正確に組み立てていくことが可能になる。

6.2 機能図の役割

機能図は，敷地利用計画（配置計画）や建築計画の初期の段階から計画の完成に至るまでの，さまざまな段階で，それぞれに適したものを作成することができる。

いずれの場合も，設計者が頭のなかで考えてきた建築の空間としての構成をより具体的な形に表現して，これを確認してみる機会を提供してくれる手法である。

図2.14　機能図の意味

この設計者の考えのもとになっているのは設計条件であり，建築主からの要望も含まれている，どちらかというと抽象的な条件が主となるものである。これを設計案として具体化する過程のなかで設計条件と照合してみることが，再三にわたって必要になるが，機能図はこの照合確認のための道具として有効であり，あわせて建築主への設計意図の説明にも利用しやすい資料である。

6.3 機能図の種類

機能図は，所要空間を枠で囲んだものを，その相互の関係に従って線でつなぐ，あるいはつながないという形以外にとくに定まった決まりがあるわけでない。設計

者が，必要に応じて作成をして検討を重ねるための道具と考えてよい。

1）計画，設計の各段階に応じた機能図

　計画のもっとも初期の段階では，所要室や規模などがまだ曖昧な部分が多い例がみられるが，このような段階でも，その施設の全体像や大まかな機能構成などを検討することが必要になる。そして実際にこれを可能にする機能図をつくることができるが，この段階では空間構造図などのよび方のほうがよく使われている。

2）対象の範囲に応じた機能図

　計画の対象となる施設の全体像とその仕組みを正確に把握して具体化をはかるには，機能図の形にまとめる手法が効果的である。同様に，その施設の部分についても，これを構成する所要室の望ましい配置などを検討するには，動線計画とともに，その部分を対象とした機能図のチェックが有効である。

6.4 部分（部門）別機能図の利用

　説明を具体的にするために，美術館を施設の例にとってみよう。まず美術館の全体像を示す機能図の事例をあげる。

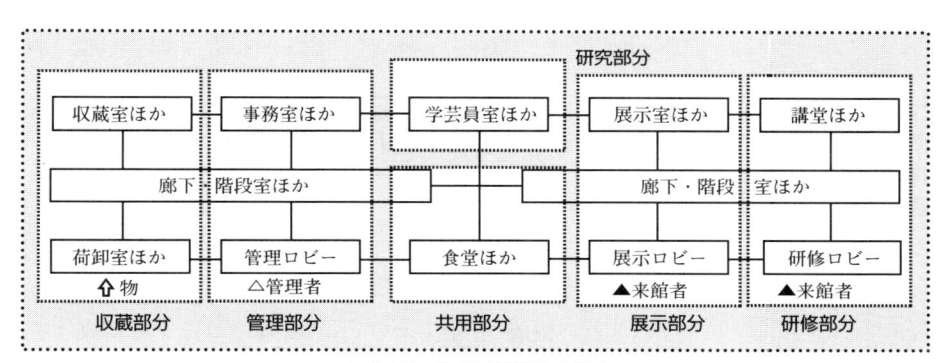

図2.15　美術館の機能図事例

　図2.15は，計画初期の段階の，各機能部分の関連を示したものである。計画が具体化してくると，この各部分（部門）別に，その機能構成を明らかにする必要が生じてくる。下図はその事例である。

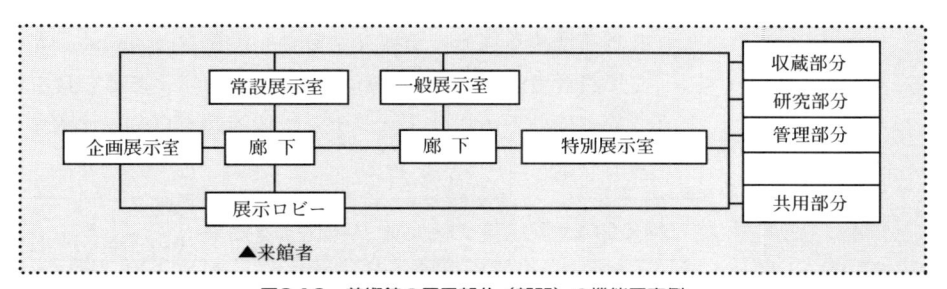

図2.16　美術館の展示部分（部門）の機能図事例

　図2.16は，美術館の展示部分について，その主要な所要室の機能構成をまとめたものである。右端の枠に展示部分以外の機能部分がまとめてあり，これらの各部分と展示部分の所要室との関連も示されている。たとえば，来館者は，玄関から展示

ロビーに入り，部屋によっては，ロビーから直接，あるいは廊下を介して，各種の展示室に導かれる。一方，各展示室と収蔵部分をはじめとする他の機能部分は，来館者とは別の動線によって連絡が確保されている。

6.5 機能図の決め手

① 機能図は，動線計画図と同じく建築計画を進めるための検討作業のための道具の一つである。同時に，この検討した結果が記録として残る仕組みにもなっているから，頭のなかで考えたことを，あとで繰り返して見直すとか，代案との比較検討，あるいは再確認など，さまざまなチェック作業を可能にするので，この面での活用は計画上の決め手の一つになる。

② 所要室が確定した段階の機能図は，エスキス段階の平面図と同様に，内容のチェック作業の際に，所要室がすべて確保されているかどうかを確認するためのチェックリストとしても利用するように心掛けたい。

③ 同様のチェックの際に，法令上の間違いがないかを確認する点でも利用ができる。動線計画図とともに計画方針のチェックに積極的に利用するようにしたい。

6.6 機能図の利用効果

1) 機能図を作成することで得られる効果

① われわれが設計をしようとする多くの施設は，一つの建物のなかに，相互に異なる機能をもち，設計内容も違う空間を合わせもつものがある。これらの空間を支障なく共存させることが求められるが，そのためには，それぞれの機能をもつゾーンについて，ゾーンを構成する所要室同士の関係を機能図の作成によって検討することで方針を得ることができる。

② 一方，その施設全体の機能図は，異なる性格の各機能ゾーンについて，その相互の関係を検討して，これまでの計画内容と照合して，その評価をすることができる。

③ これまで述べたことは，いずれも，機能図を作成すること自体が設計や計画を進める仕事の重要な部分として重なっていることを示している。そこで設計者は，自分の設計を進めるために，あるいは計画内容の検討，確認や評価のために，オリジナルな機能図を自分で作成することが必要になってくる。

2) 抽象的な頭のなかの考えを具体化する効果

所要室とか機能ゾーンなど，これまで頭のなかで考えただけの，いわば，抽象的な領域にとどまっていた施設の構想が，機能図という形式をとることによって，初めて目で見てわかる形の具体的な表現手段を加えたことになる。

3）建物の仕組みをグラフィカルに認識できる効果

> 機能図は，平面図などの設計図には及ばないが，初めて視覚的な表現を取り入れたもので，文字だけで表現してきた施設の内容を初めて図式化して，これまでにない視覚的な効果を加えている。

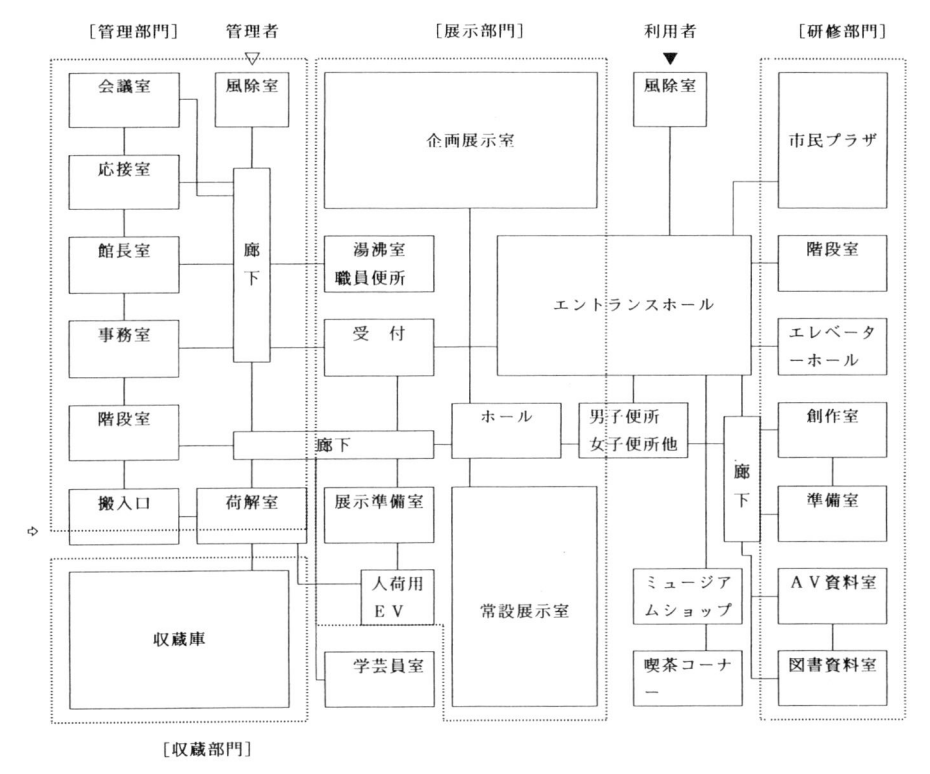

美術館の機能図例

7 配置計画

要 約

1 **配置計画の意味**　敷地利用計画ともいえる配置計画は，敷地と建物その他必要な施設の位置関係を決めることであり，計画にあたって，敷地の経済的な利用効果や建物の使用上の効果，利便性や居住性の向上などの敷地の有効利用が求められる。

2 **配置計画に必要な検討事項**　配置計画をまとめるには，①敷地利用計画，②敷地進入路とアクセス，③敷地内動線計画，④外構計画などを検討して計画を進めるための手掛かりにする。

3 **敷地利用計画**　配置計画のスタートにあたって，敷地利用計画の全体像を策定するために敷地自体の分析によって敷地の利用方針を立てるとともに，配置が必要な施設の性格や条件を把握しておく必要がある。

4 **敷地進入路とアクセス（敷地への出入口，門）**　これらを検討するには，敷地の前面道路がどこにあるのかが決め手になる。一般に前面道路の総延長が多いほど，さらに前面道路の数が多いほど，独立した複数の動線を確保しやすいなど，計画上有利になることが予想される。

5 **敷地内動線計画の検討**　敷地内に発生する人と物（車）の動線について，その性格や役割を分析して最適の形の通路や道路にまとめたい。そのためには「各動線の分離」や「安全性の確保」をはじめとする基本方針を守ることが必要になる。

6 **施設配置計画**　敷地内に必要となる施設の配置計画には，まず視覚的にわかりやすい配置が必要とされ，さらに各施設のプランの基本形に適した配置を考慮する必要がある。とくに駐車場は，安全性とともにその配置は重要である。

7 **外構計画**　配置についての計画内容を一つにまとめるためのデザインは，外構計画とよばれ，外部空間の仕上げの要素（造園，植栽，囲障，敷地内道路，サインほか）を加えることで完成する。

8 **成果図面**　配置計画の成果をまとめたものが配置図である。配置図は，建物や敷地の規模によっては1階の平面図を兼ねる場合もある。独立した配置図の場合，図中の建物は屋根伏図とする場合が多くみられる。

7.1 配置計画の意味

配置計画は，広い意味では敷地利用計画ともいえるものである。その敷地をどのように利用するか，そのためには，建設予定の建物を敷地のどの部分に配置したらよいかを決める作業である。これが配置計画という用語を使う背景であろうが，配置計画の目標は，敷地と建物その他必要な施設の位置関係を決めることである。さらに，計画にあたって，敷地の有効な利用を実現することも当然の目標になる。敷地の有効利用とは，まず効率の良い土地利用によって，経済的な利用効果をはかる

2章 設計のための計画手法

こととあわせて，配置された建物の利用上の効果，利便性や居住性などを高めることが求められる。

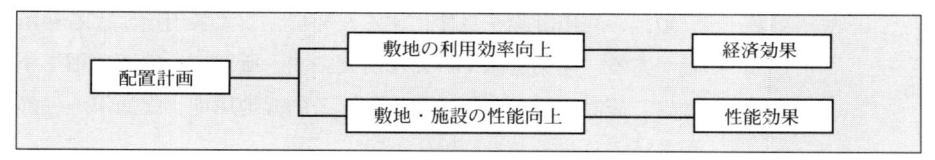

```
配置計画 ─┬─ 敷地の利用効率向上 ─── 経済効果
         └─ 敷地・施設の性能向上 ─── 性能効果
```

図2.17　配置計画の目標

7.2 配置計画に必要な検討事項

配置計画は，建築計画を抜きにしては考えられないが，配置計画独自のものと考えられる計画手法も少なくない。一般的には，建築計画を進める前に配置計画のための必要な検討をしてみる。この結果，得られた敷地利用のための条件を建築計画の検討のために利用する。結局，配置計画と建築計画は，互いに相手に要求すべき条件のやり取りをしながら，これを計画を進めるためのヒントとして活用して，互いに具体的な計画案に近づいていく関係にある。

以下に敷地利用全般を検討するために必要と思われる項目をあげて，配置計画を進めるための手掛かりの基本を明らかにする。

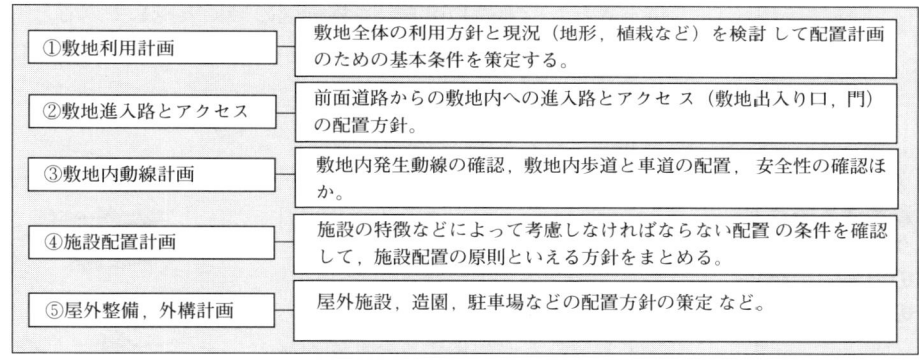

①敷地利用計画	敷地全体の利用方針と現況（地形，植栽など）を検討して配置計画のための基本条件を策定する。
②敷地進入路とアクセス	前面道路からの敷地内への進入路とアクセス（敷地出入り口，門）の配置方針。
③敷地内動線計画	敷地内発生動線の確認，敷地内歩道と車道の配置，安全性の確認ほか。
④施設配置計画	施設の特徴などによって考慮しなければならない配置の条件を確認して，施設配置の原則といえる方針をまとめる。
⑤屋外整備，外構計画	屋外施設，造園，駐車場などの配置方針の策定など。

図2.18　配置計画に必要な検討項目

7.3 敷地の利用計画

配置計画のスタートにあたって，敷地利用計画の全体像を策定する必要があるが，そのためには，敷地そのものの分析をして，敷地の利用方針を立てる手掛かりをつかむこと，そこに配置される施設がもつ特性や条件を把握しておく必要がある。

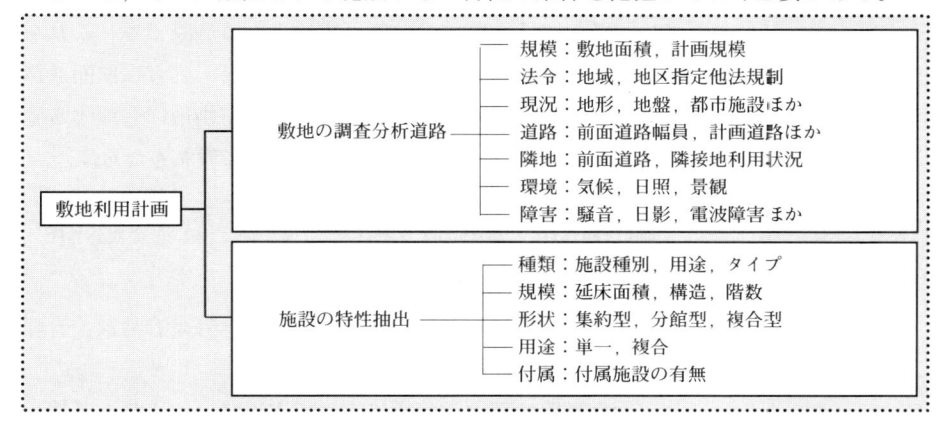

```
敷地利用計画 ─┬─ 敷地の調査分析道路 ─┬─ 規模：敷地面積，計画規模
              │                      ├─ 法令：地域，地区指定他法規制
              │                      ├─ 現況：地形，地盤，都市施設ほか
              │                      ├─ 道路：前面道路幅員，計画道路ほか
              │                      ├─ 隣地：前面道路，隣接地利用状況
              │                      ├─ 環境：気候，日照，景観
              │                      └─ 障害：騒音，日影，電波障害まか
              │
              └─ 施設の特性抽出 ─┬─ 種類：施設種別，用途，タイプ
                                  ├─ 規模：延床面積，構造，階数
                                  ├─ 形状：集約型，分館型，複合型
                                  ├─ 用途：単一，複合
                                  └─ 付属：付属施設の有無
```

図2.19　敷地利用計画の手法

上記の手法と計画のツールにより敷地利用方針をたてる。

1) 用途別利用区分の確認

　敷地の利用計画を具体化するために，まず各用途による利用の区分をしてみる必要がある。建築計画でいえば所要空間，所要室の確認に相当するものである。たとえば，施設用地，共用施設用地，公園緑地用地，交通用地，都市施設用地などの例があげられる。

2) ゾーニング関連

　敷地全体を，利用方針にもとづいてゾーニングの手法によって，施設用地，交通用地，その他の各用地に具体的に色分けしてみて，敷地全体の性格や利用方針などの確認をしてみる。

3) 動線計画関連

　敷地の動線計画図を作成することによって，敷地への進入路の配置や敷地内道路網のレイアウト，駐車施設の配置などの計画を進めることができる。動線計画図は，機能図との関連で，ともに敷地利用の策定とその評価に利用ができる。

4) 機能図関連

　策定された敷地の利用方針を機能図の形に表現してみると，敷地全体の各施設の組合せが，視覚的に一種のモデル化が可能になるから，敷地利用計画の成果を判定評価ができる。

7.4 敷地進入路とアクセス（敷地への出入口，門）の配置

1) 敷地の接道条件，前面道路の確認

　敷地進入路とアクセスの配置を検討するには，その敷地の前面道路がどこにあるのかが決め手になる。とくに，不特定多数の人が利用する公共的な施設には，人や物についての性格の異なる動線が必要になることが多い。さらに，これらの動線は，互いに干渉しない独立した配置や経路が要求される例

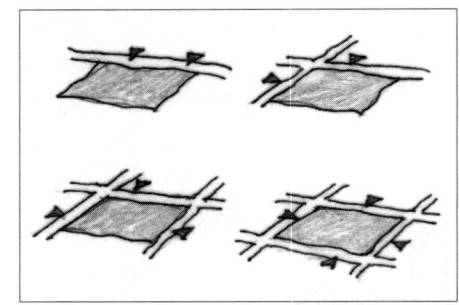

図2.20　敷地進入路と前面道路

が多い。このような動線の分離が求められる施設では，これを無理なく実現させるために，一般に前面道路の総延長が多いほど，さらに前面道路の数が多いほど，計画上有利になることが予想される。とくに市街地に立地する施設の場合，前面道路の状況，接道条件は配置計画に少なからぬ影響をもたらす。

　アクセス（access）：もともとの意味は，近寄ること，接近であるが，ここでは，入口，通路の意味に使われる。敷地のアクセスとは，敷地への入口，すなわち門，進入口である。

2) 敷地進入路とアクセス計画の立案

　① 敷地内発生動線の確認，施設利用者，外来者動線，管理者，従業員動線，そのための外部動線（物品の搬入，搬出）

　② 前面道路の確認，分析によって主道路，副道路など接道する前面道路の格づ

けと使用目的をたてる。
③ 主道路に連絡する出入口（アクセス）の種類，用途，数を決める。
④ 副道路に連絡する出入口（アクセス）の種類，用途，数を決める。

7.5 敷地内動線計画の検討

1) 敷地内に発生する外部動線の種類と性格を把握する。

```
          ┌─ 施設利用者    （敷地外部から玄関に至る動線）
    人 ──┼─ 施設管理者    （敷地外部から通用口に至る動線）
          └─ その他の外来者 （敷地外部から通用口に至る動線）

          ┌─ 一般車両      （施設利用者，施設管理者ほか）
    車 ──┼─ 物品の搬入搬出 （一般外来車両，取引先車両ほか）
          └─ 緊急車両      （消防車，救急車ほか）
```

図2.21　敷地内発生動線事例

2) 敷地内動線計画の目的

その施設の敷地内で発生する人と物（車）の動線について，その性格や役割を分析して，最適の形の通路や道路の形にまとめることが主要な目的になる。

3) 動線計画のための基本方針

① 各動線の分離：人と車の動線の分離，人の動線同士の分離など
② 安全性の確保：人車分離をはかり緊急時の避難通路，避難場所，緊急車両の進入路の確保
③ 利便性の確保：人，車の各動線がわかりやすい形，物の動線は短縮化をはかる
④ 快適性の確保：人の動線は快適性をはじめとする満足感を追及

7.6 施設配置計画

1) 敷地内の施設構成

```
              ┌─ ① 主要施設   （例：美術館・図書館ほか）
              ├─ ② 付属施設   （または併存施設ほか）
敷地内所要施設 ─┼─ ③ 屋外施設   （例：屋外展示施設・サービスヤードほか）
              ├─ ④ 駐車場     （例：利用者用・管理者用・サービス用）
              └─ ⑤ 自転車置場
```

図2.22　敷地内所要施設事例

2) 施設配置計画のポイント

① 視覚的なわかりやすさを重視：施設の利用者が，主前面道路やアプローチから，施設の全体，利用者用エントランスが見えるようなわかりやすい配置が必要。
② 施設のプランの基本形の適した配置：プランの基本形を大別すると，集約（ブロック）型と分館（パビリオン）型に分けられる。このそれぞれのタイプに適合する敷地利用を考える。

③ 施設の特性を配置に反映させる：形状（集約型・分館型），用途（単一型・複合型），付属（付属施設有無）

3) 駐車場の配置計画

a. 駐車場の形式

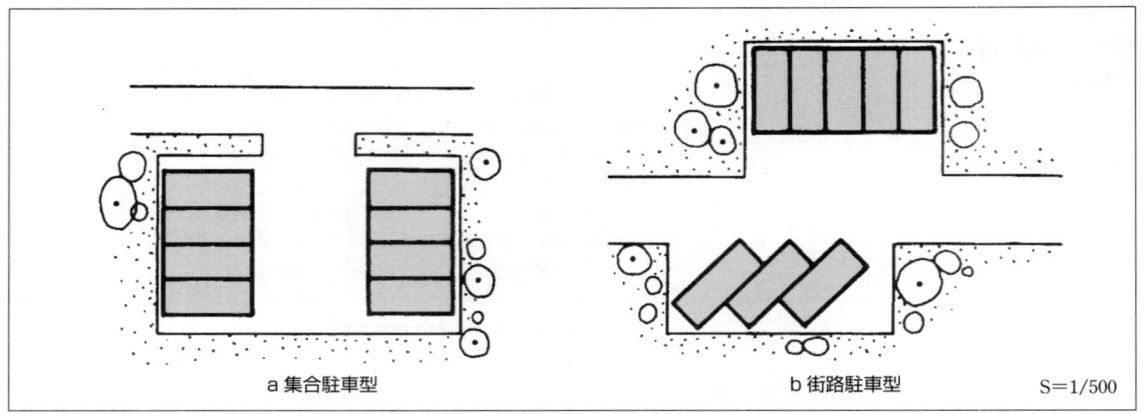

図2.23 駐車場の基本形式

b. 基本形式の評価
① 集合駐車形式：前面道路からの駐車場への進入路を1か所，大規模な場合は出口と入口を分けて2か所に限定して，車路を含めた駐車スペースをこのなかに確保する。
② 街路駐車形式：前面道路の一部が車路を兼ねる形で，駐車場のスペースは節約できるが，道路からの進入路が駐車台数に応じて多くなり安全上好ましくない。
③ パターンの評価と計画方針：敷地の規模など，事情が許せば，集合駐車形式を採用する方針が望ましい。
④ ハートビル法：高齢者，身障者への配置計画上の規制がある。（例・敷地内通路幅180 cm以上，傾斜路幅150 cm以上・勾配1/15以下，車椅子使用者用駐車施設幅350 cm以上ほかすべて内法）

c. 駐車方式とロット割り

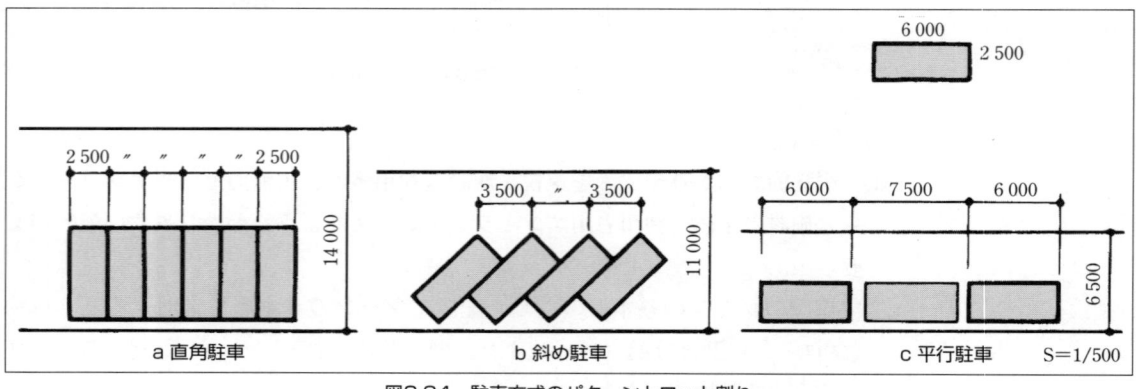

図2.24 駐車方式のパターンとロット割り

d. 自転車置場の駐車方式

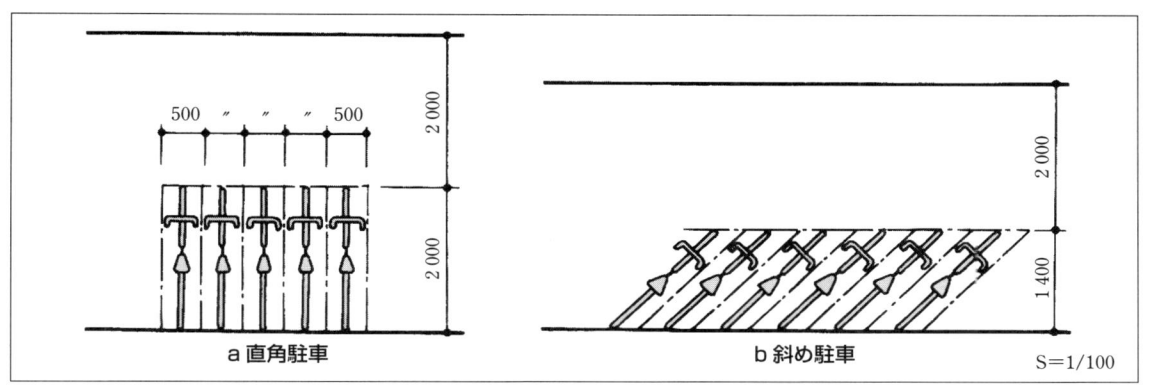

図2.25 駐車方式のパターンとロット割

7.7 外構計画

配置計画をまとめるための手法を項目別に説明してきたが，これらの計画内容を一つのまとめたのが，配置図という成果図面である。また実際の配置計画のデザインは，外構計画という外部空間を仕上げる要素を加えることで完成する。以下に，配置図の構成でもある外構計画の要素をあげる。

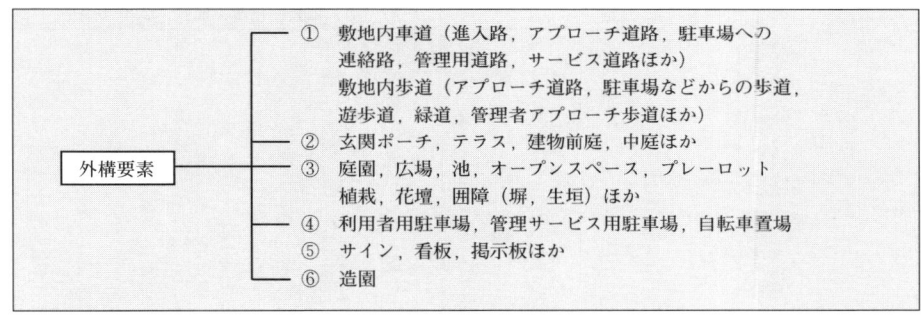

外構要素
- ① 敷地内車道（進入路，アプローチ道路，駐車場への連絡路，管理用道路，サービス道路ほか）
  敷地内歩道（アプローチ道路，駐車場などからの歩道，遊歩道，緑道，管理者アプローチ歩道ほか）
- ② 玄関ポーチ，テラス，建物前庭，中庭ほか
- ③ 庭園，広場，池，オープンスペース，プレーロット
  植栽，花壇，囲障（塀，生垣）ほか
- ④ 利用者用駐車場，管理サービス用駐車場，自転車置場
- ⑤ サイン，看板，掲示板ほか
- ⑥ 造園

図2.26 外構の要素事例

アプローチ（approach）：近づく，接近するという意味から，通路，入口，門から玄関に至る（寄りつき道路）通路などの意味に使う。

7.8 成果図面（配置図）

配置計画の成果をまとめたものが配置図である。建物や敷地の規模によって，1階の平面図と配置図を兼ねる場合，独立した配置図を作成する場合などにわかれる。以下に独立した配置図を作成する場合の必要な項目をあげておく。

7 配置計画

配置図に必要な要素

表2.1 配置図に記入が必要な項目

1) 方位	原則として，北を上にする。方位の向きが正確に確認できる表現が基本である。
2) 縮尺	1/100，1/200，1/500などの例が多い。
3) 敷地境界線	北側を上にして敷地図を書き，各辺の寸法を記入する。
4) 前面道路	道路との位置関係を明示し，出入口，アプローチなどを示す。 道路と敷地の位置，幅員などの寸法を記入する。
5) 建物位置	建物の配置を決め，敷地との位置関係を寸法で明示する。 建物の外壁中心線と敷地境界線との寸法をX方向，Y方向ともに明示して，建物の配置寸法を記入する。
8) 出入口	建物の各出入口を記号（▲△など）で示す。
9) 屋根，屋階	平面図を兼ねない場合は，屋根伏図，屋階平面図を書く。
10) 敷地高低差	各レベルを記入，スロープは勾配を記入。
11) テラス	仕上げの表現を工夫する。
12) 屋外施設	自転車置場，駐車場
13) 囲障	塀，フェンスほか
14) 外構	庭園，池，舗装，花壇，植栽，広場ほか

8 平面計画

> **要 約**
>
> 1 **平面計画の意味** 平面計画は，建築計画全体のなかでの中心的な意味と役割をもつもので，住宅の設計で，普通にいわれる「間取り」をすることである。一般的な施設でいえば，確定した設計条件を完全に満足できる平面をつくることである。
>
> 2 **平面計画の役割** 平面計画は，建築計画全体の要（かなめ）の役割を担っており，他の断面計画や構造計画，設備計画なども平行して進める必要があるが，実は平面計画がリードをしないとこれらの諸計画は前に進めないという関係にある。
>
> 3 **平面計画の手法** 平面計画を進めるためにはつぎの作業が必要になる。すなわち，敷地利用計画および建物配置計画の検討と分析，平面計画の基本方針の策定，部分別計画の基本方針，基本プラン，構造計画，設備計画の策定などである。
>
> 4 **平面計画とゾーニング** 平面計画を支援する手法の一つがゾーニングである。これは，ある施設の全体を共通の性格や機能をもつ空間や所要室からなるいくつかの空間のまとまり（ゾーン）に区分することで，空間の配置の検討が可能になる。
>
> 5 **平面計画と動線計画** 動線計画も平面計画を進めるための有力手法で，対象とする施設のなかに発生する各種の動線を確認したうえで，これらの動線を分類し，各動線の配置のための判断要素を確認して，計画上の策定の材料にする。
>
> 6 **平面計画と機能図** 実際に設計の対象となる施設は，その所要室，規模その他すべてが特殊な固有の事例であり，一般論から得られる予備知識の類とは異なるから，機能図もこれに即した独自のものを組み立てる必要がある。
>
> 7 **部門（部分）別平面計画** 施設を構成する部門について，その主要なものは，一般に専用部門と共用部門，および管理部門の三つの部門に分けられ，各部門については，施設の種類による特有の計画上のポイントがあり，平面計画と直結する例が多い。

8.1 平面計画の意味

配置計画について，各種の敷地の条件を取り入れて，その計画を立てることができたとする。この結果，敷地内の建物の基本型と，これを成立させる条件のいくつかが明らかになってくる。人や車の動線や駐車場などの外部施設の配置などがその例である。これらの配置計画の検討作業でわかってきた条件を，今度は平面計画を進めるための有力な手掛かりとして活用することができる。とくに，配置計画との関連を考慮しなければならないのが，外部動線で決まる建物へのアプローチ・アクセス（寄付き道路）や玄関，出入口の配置である。さらに，配置計画とともにこれまでの検討作業で得られたブロックプランの見通しなどを条件に入れながら対象の施設の内部機能を確認して，これらの計画条件をもとに平面計画をたてる。

● 8　平面計画

　　平面計画とは，建築計画全体のなかでの中心的な意味と役割をもつもので，住宅の設計で普通に使われる「間取り」をすることである。一般的な施設でいえば，決定した設計条件を完全に満足できる平面をつくることである。

8.2 平面計画の役割

　　建築の設計は，間取りをつくるだけでは終わらない。建築の設計の全体像をみるとその事情がはっきりするが，平面計画以外に，これと平行して進めていかなければならない各種の計画があり，これらを一つの結論にまとめることが設計には求められる。

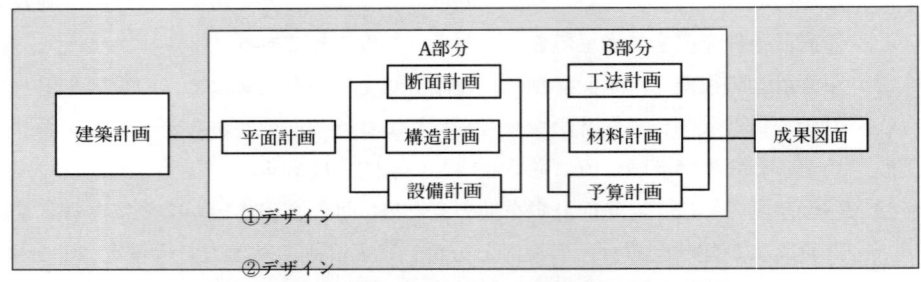

```
                          A部分           B部分
                        ┌断面計画┐      ┌工法計画┐
建築計画 ─ 平面計画 ─┼構造計画┼──┼材料計画┼── 成果図面
                        └設備計画┘      └予算計画┘
                        ①デザイン
                        ②デザイン
```
図2.27　建築計画のなかの平面計画の役割とデザインの領域

　　上図でわかるように，平面計画は建築計画全体の要の役割を担っており，その他の計画は平行して進める必要があるが，実は平面計画がリードしないと前に進めない。しかし，平面計画を決めるには，少なくてもA部分の発想やアイデアが盛り込まれていなければならないし，A部分までを決めるには，B部分の検討を加える必要がある。では，上図のなかで，建築のデザインはどこに位置することになるのだろうか。①のついた枠は建築計画の全体を示すもので，この枠のなかの全体が，一つの方針にもとづいてデザインされることを示している。一方，②の枠のなかのすべてが同様の方針にもとづいてデザインされる範囲であると考えることもできる。②の形は，建築の設計のなかで，デザインが計画に優先する位置にあることを示すものであり，①の形も，建築計画の全体をデザインで囲んでいる形であるが，計画とデザインが対立したときに，勝負がつかない形でもある。したがって，すこし強引に結論を出せば，建築のデザインの立場は上図の②の枠で包含する形になる。しかし，デザインは素晴らしいできだが，使い勝手が悪い建物をつくるのはこんな場合ではないかという不安も残る。この問題は建築家が個々に解決することともいえるが，その根拠として，デザイナーという人間とプランナーという人間の二役を一人でこなすことが当然のこととして求められるのが建築家の仕事という現実をあげることができる。このような条件のなかで，ぎりぎりの選択を重ねながら，最良のバランスを形にするのがその仕事の成果である。

図2.28　建築家の仕事

8.3 平面計画の手法

平面計画は，建築計画全般の中核の位置を占めるものである。そこで，建築計画の説明を兼ねる場面を予想しながら平面計画について考えていきたい。

平面計画策定のために必要な作業

平面計画の必要プログラム
① 敷地利用計画（既策定）の検討と分析
② 建物配置計画（既策定）の検討と分析
③ 平面計画の基本方針策定（施設の構成要素・プラン・形状・方位・アクセス方式・部門別機能・所要室・ゾーニング・動線・機能図）
④ 部門別計画の基本方針・基本プラン（形状・方位・アクセス位置・所要室・ゾーニング・動線・機能図・室配置形ほか）・計画諸元（床面積，所要室数ほか）
⑤ 構造計画の策定（基本方針・構造方式・構造材料・工法ほか）
⑥ 設備計画の策定（電気・給排水衛生・空調・換気・機械の各設備）

敷地利用計画と建物配置計画は平面計画がスタートしていない段階でも，ある程度まで見通しを立てることができる。この際，敷地利用計画にリードされる形で配置計画が立案される場合が多い。しかし，配置計画を具体化させるためには，平面計画を検討して，配置計画と平面計画とが互いに条件を出しあい，改良を重ねながら同時に決定に至るという過程をたどるのが普通である。

8.4 平面計画とゾーニング

平面計画のための有力な計画手法の一つがゾーニングである。ゾーニングは，ある施設の全体をいくつかの空間のまとまり（ゾーン）に区分することである。

このゾーンは，それぞれ共通の性格や機能をもつ空間や所要室からなり，独特の役割をもった施設の有力な一部門を構成している。このゾーニングによって，以下のような作業を進めて，平面計画に必要な空間の配置の検討が可能になる。

ゾーニングの手法
① 各部門やこれを構成する所要室，所要空間の機能，性格等の特徴をつかみ，各部門のもつ特別の意味や機能から，その部門の受け持つ固有の意味や役割を確認する。
② 各部門の意味や役割にもとづいて，その部門の施設のなかでの最良の配置を求める。この際，あとに述べる動線と機能構成のチェックを併せて使用するようにしたい。
③ さらに，各部門のなかの所要室について，その部門間でのゾーニングを検討して，各所要室間の望ましい配置の条件を確認し，平面計画に反映させる。
---

(1) 図書館のゾーニング（事例研究）

図書館はその内部機能から，六つの構成部門に分けることができる。この部門をさらに機能などで分析すると，図書館の利用者が自由に出入りできる部分（公開ゾーン）と利用者の立入りを禁止している部分（非公開ゾーン）とに分けることができるから，計画を進めるうえで，まず第一に考慮に入れなければならないゾーニングの条件になる。

```
┌─────────────────────────────────────────────────────────────┐
│   ┌──────────────────┐             ┌──────────────────┐     │
│   │ ①  閲覧部門      │             │ ④  収蔵部門      │     │
│   │ ②  集会部門      │ ----------- │ ⑤  BM部門        │     │
│   │ ③  共用部門      │             │ ⑥  管理部門      │     │
│   └──────────────────┘             └──────────────────┘     │
│         公開ゾーン                       非公開ゾーン         │
└─────────────────────────────────────────────────────────────┘
```

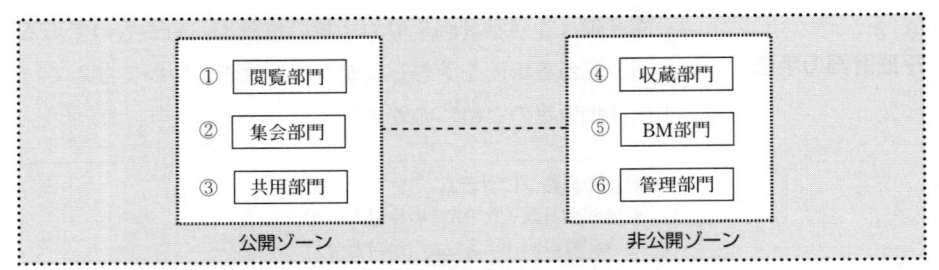

図2.29　図書館のゾーニング

図2.29の各部門を構成する主要な所要室はつぎのとおりである。
① 閲覧部門：一般開架貸出室，児童開架貸出室，ブラウジングルーム，レファレンスルーム
② 集会部門：集会室，研修室，視聴覚資料室，視聴覚室，準備室ほか
③ 共用部門：風除室，玄関ホール，便所，化粧室，食堂，喫茶，階段，廊下ほか
④ 収蔵部門：書庫，希覯本書庫他
⑤ BM部門：BM書庫，BM整理作業室，BM車庫ほか。BMとはブックモビール移動図書館の略
⑥ 管理部門：管理事務室，館長室，応接室，情報処理室，図書受入れ，荷解室

(2) ゾーニングの決め手

　ゾーニングの段階では，各部門に属するゾーンを建物のどの部分に配置をすべきかと，ゾーン相互の関係をどのようにとらえて配置の方針に反映させるかを検討する。逆に言えば，各部門はそれぞれ，その施設のなかで固有の役割を受け持つ独自のスペースから成っている。この役割の発見が部門の配置を決める決め手になっている。

8.5 平面計画と動線計画

(1) 動線計画手法

　動線計画を検討するには，その施設のなかに発生する各種の動線を確認する必要がある。これらの確認された動線を人と物，人と車に区分をし，さらに，人の動線については，施設の利用者関連の動線と，施設の管理者・職員の動線，その他サービス用動線などの区分をする。物や車の動線についても同様の作業が必要になる。場合によっては，主動線，副動線，補助動線などのランクづけを各動線に加えることによって，広いホールから狭い廊下，通路などの空間の序列を意識させる計画上の変化を加え，動線に独特の判断要素を加えることができる。

　以上の作業の結果を整理して，それぞれの動線図を作成するか，そのチェックをしてみて結果を平面計画作成の資料として利用する。

(2) 図書館の動線計画（事例研究）

　図書館の平面形のパターンは，動線計画の検討とゾーニングの方針によって得られるものが多く，その基本は蔵書などの物の移動の動線と利用者をはじめとする人の動線との分離を明瞭に確保することである。さらに，人の動線は利用者と管理者

側で、その性格は大きく異なるから、これも平面計画を具体化する際の大切な材料になる。

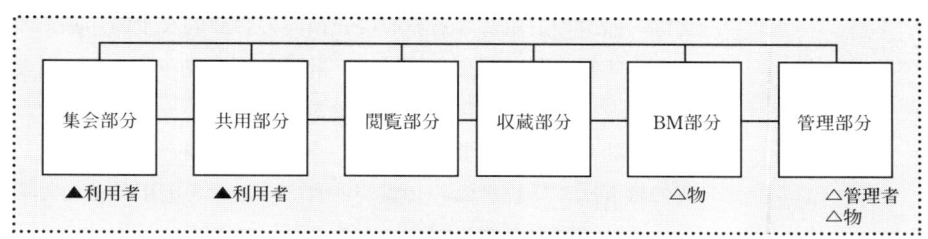

```
┌─────────────────────────────────────────────────────────────┐
│   集会部分   共用部分   閲覧部分   収蔵部分   BM部分   管理部分   │
│   ▲利用者   ▲利用者                       △物       △管理者   │
│                                                    △物      │
└─────────────────────────────────────────────────────────────┘
```

図2.30　図書館の動線計画図（模式的な事例）

図2.30は図書館の部門（部分）同士の関係を示した動線計画図である。したがって、部門の中身は省略された形になっているが、これを補う意味で、各種の動線の説明を加えておく。

1) 図書館の人の動線［利用者の動線］
　① 利用者の主玄関と管理者（職員）の出入口は区別する。
　② 利用者が迷わず所要の目的部分（各貸出室、集会室ほか）に導かれること。
　③ 利用者が管理部分や収蔵部分など、非公開部分に容易に立入りできないこと。
　④ 2方向避難の通路を確保すること。
　⑤ 床の段差など高齢者障害者のバリア（障壁）となる設計を避ける。

2) 図書館の人の動線［管理者の動線］
　① 管理事務室からの貸出室、収蔵庫、BM事務室などへの動線が必要。
　② 同様に集会室、視聴覚室、視聴覚資料室などへの動線が必要。
　③ 総体に、利用者への支援、指導、啓蒙などで容易に奉仕できる形が必要。
　④ 利用者との動線を分離するために管理用出入口を別に設ける。
　⑤ 管理者（職員）の動線は、コントロールカウンターなどと連絡をよくして、利用者へのサービスを容易にする。

3) 図書館の物の動線［図書、収蔵物の動線］
　① できるだけ短い、直線的な動線が望ましい。
　② 床に段差をつけない。
　③ 利用者の動線と交差しない計画が必要。

8.6 平面計画と機能図

(1) 機能図の手法と機能構成の確認

機能図は、もともと一つの建物について、その建物だけの固有の機能図が作成されるものである。一方、建築計画のなかの主要な部分に、各種の施設、建物についての設計を支援する予備知識を充実させようとする分野があり、計画各論などとよばれている。ここでは、たとえば、図書館という施設を設計するための客観的な知識の集積をはかろうとしている。設計者には、この客観的な予備知識を事前に蓄えておくことは当然のこととして要求されるが、なかでもゾーニングから機能図に至る計画の基本的な手法についての予備知識は、設計の場面で直ちに利用できるノウ

8 平面計画

ハウの一つであり，また，いつでも使えるようにしておきたい。

(2) 実際の機能図

実際の設計の対象になる施設は，前記の客観的な予備知識での内容とは違うものである。実際の設計対象の施設は，計画各論と違って，その所要室，規模ほかすべてが特殊な固有の事例になるからである。したがって，動線計画も機能図も，独自のものを組み立てる必要がある。しかし，この場合にも，予備知識としての同種の施設の機能図や動線計画の知識があれば，これを応用することで，容易にその設計対象のための独自の機能図をつくることができる。

8.7 部門（部分）別平面計画

施設を構成する部門のなかで，その主要な部分を取り上げて平面計画の進め方を検討する。ここでは，建物全体を専用部門と管理部門，そして共用部門の三部門に分けて検討する。

(1) 専用部門の平面計画

1) 専用部門の優位性

専用部門（部分）とは，その施設建設の主要な目的になる機能を満足させるために直接必要になる所要室群からなっている。したがって，施設内の専用部門以外のほかの部分にくらべて，計画上の優先順位も優位にあると考えなければならない。

2) 専用部門の床面積と優位性

各部門別に所要室を区分した場合に，他の部門にくらべてもっとも大きな面積を占めるのが専用部門である。したがって，この部分の配置など計画の結果は，建物全体に大きな影響をもたらす。

3) 専用部門の計画手法

専用部門という部門分けが完了している段階で計画を進めるには，この部分での所要室をそのおのおのの機能によって分類し，相互の位置関係を動線計画の手法などで確かめながらこの部分の機能図を描いてみる。

4) 専用部門のなかの公開部分，非公開部分

多くの施設，とくに公共建築の場合，その専用部門の内部機能をみると，利用客や来館者に公開されている部分に対して，この公開部分の舞台裏ともいえる非公開部分が必ず存在する。この公開部分と非公開部分との間の連絡と遮断の方法を工夫することが，専用部門の計画のもう一つのポイントである。

5) 専用部門と柱間（スパン）

専用部門は，建物のなかでももっとも大きな床面積を占めるだけでなく，一つの所要室の大きさとしても最大規模の部屋が含まれる場合が多い。したがって，専用部門の主要な部屋の規模を考慮しながら建物全体の柱間を決めるようにするとよい。

(2) 管理部門の平面計画

1) 管理部門の配置条件

管理部門の代表となることが多い所要室は管理事務室である。管理部門は専　用

部門を含めた施設全体の管理運営がその主要な機能になるから、建物全体の各部分に連絡のための動線が通じている必要がある。また来館者や利用者にとっては、この部分は非公開であるという配置の条件が求められる例が多い。

2) 利用者からみた管理部門

施設の種類や規模によっては事務室の一部を公開部門に対面させて、ここに受付けカウンターを配置し、館内の案内などを受け持つ形をとる場合が多く、利用者からも望まれる解決法である。

(3) 共用部門の平面計画

1) 共用部門の配置条件

［交通部分］とよばれるエントランス、廊下、階段室などの配置は、各部門からの利用が容易で、必要な場所に的確に設けられていることが原則である。法令上の避難施設に該当するものは適法であることが必要である。

［衛生部分］とよばれる便所、洗面室なども共用部門に属する。来館者用の配置は、わかりやすい位置を心掛けるようにしたい。

［レスト部分］とよんでいる休憩・喫茶部分は、いずれも交通部分の一部のような配置が主流で、さらに内外の眺望が楽しめたり、あって欲しい所に必ず用意されているようにしたい。またこの部分は来館者の気分の転換をはかる機能も求められる。

2) 共用部門の動線処理

交通部分に属する廊下、エントランスホール、階段室などは、施設内の異なる機能を受け持つ各部門同士を相互に連絡する役割を果たしている。計画を進めるには、動線計画などのチェックを生かして、各部門相互の連絡を支障なく可能にするための施設内の交通体系を完成させる必要がある。あわせて、場所によっては必要になる動線の遮断（管理者の通行を確保しながら来館者の出入りを禁止するような場所）も必要になる。

3) 共用部門に必要な機能

① エントランスホールやアトリウムのような部分は、施設のどの部分からも利用しやすい位置で、視覚的にもどこからでも認識しやすい配置と機能が求められる。

② 衛生部分では、便所、洗面室などの計画が必要になる。ここでは、便器の数、洗面器の個数などについて、計画上の常識から外れない規模計画上の検討が要になる。さらに、この部分の計画には、身障者用便所の設置などバリアフリー対策に関連する計画上の条件が加えられる場合が多い。なお、この根拠になっている法令がハートビル法（通称）で、公共性の高い施設が対象になっている。

9 断面計画

> **要 約**
>
> 1　**断面計画の意味**　断面計画は，施設の所要室の配置を断面の構成のなかで検討して決定するとともに，建物の各部の高さ，寸法について構造計画や設備計画との調整をはかり，平面計画との関連を確保しながらまとめることが求められる。
> 2　**断面計画の役割**　断面計画の検討によって平面図をまとめることが役割の一つであり，さらに階高，天井高，床高などを決定することで，断面図をはじめとする建物の高さ関係を示す図面を作成できるようにするなどのもう一つの役割がある。
> 3　**断面計画と断面図**　断面図とは，その建物の平面図のなかのある決めた位置で建物を垂直に切断した断面を表現した図面である。断面図には，建物高さ，軒高，階高，天井高，手摺高その他の記入が必要となる要素がある。
> 4　**断面計画の手法**　断面計画では，平面計画でA室とB室をどこに配置するかという判断を立体的な範囲に置き換えて検討作業が行われる。さらに各部の高さを決めることも必要になり，天井高，階高の決定は重要な仕事になる。
> 5　**断面計画の決め手**　断面計画の主目的である。建物の各部の高さ寸法を決めるには，構造体の寸法（たとえば梁せいなど）と，法令上の各部の高さ制限（道路斜線，建物高さ制限など）などのチェックが決め手になる。

9.1 断面計画の意味

施設を構成する各部門や所要室をその相互の関連に従って連絡をつけたり，逆に，両者の連絡を遮断するなどの検討作業を平面の上で行う場合，これを平面計画とよんでいる。同様の検討作業を建物の断面の構成にまで広げて検討をするのが断面計画である。たとえば，二つの部屋を平面的に並べて，廊下を介して連絡をつける設計に対して，これを上下に重ねて階段という平面的にあまり場所をとらない連絡手段で両者をつなぐ方法もある。断面計画はこのような場合に検討が必要になる手法である。さらに，上下の関係は，空間の高さという寸法を無視して進めることができない。そこで，建物全体の高さから部屋の各部の高さに及ぶ多様な寸法を，この断面計画で検討する必要が生じてくる。この検討作業は平面計画と緊密な連携を保ちながら進める必要があるうえに，構造計画や設備計画との調整が必要な場面は，平面計画をまとめる場合よりも多くなる。

9.2 断面計画の役割

上記の，所要室の配置を断面の構成のなかで検討した結果は，平面計画のなかに結論の形で反映される。一方，建物の各部の高さ・寸法の検討については，その結論は断面図，矩計図あるいは展開図という図面に示される。したがって，断面計画

の役割の一つは平面計画をまとめることであり,例の間取りをつくる役割の一端を受け持っていることになる。

もう一つの断面計画の役割は,建物の各部の高さ寸法を決定して,結果として断面図に代表される建物の高さ関係を示す図面を作成できるようにすることである。断面図を作成するにはまず各階の所要室に必要な天井高を決定することが基本的な作業の第一歩になる。この天井高の所要寸法をもとにして階高の寸法を決めることができる。各階の階高の合計に床高,パラペットの高さなどを加算すると建物全体の高さを算出することができる。

9.3 断面計画と断面図

断面図は,その建物の平面図のなかのある決めた位置で,建物を垂直方向に切断した断面を示す図面である。この図面には,以下のような記入が必要ないくつかの寸法がある。

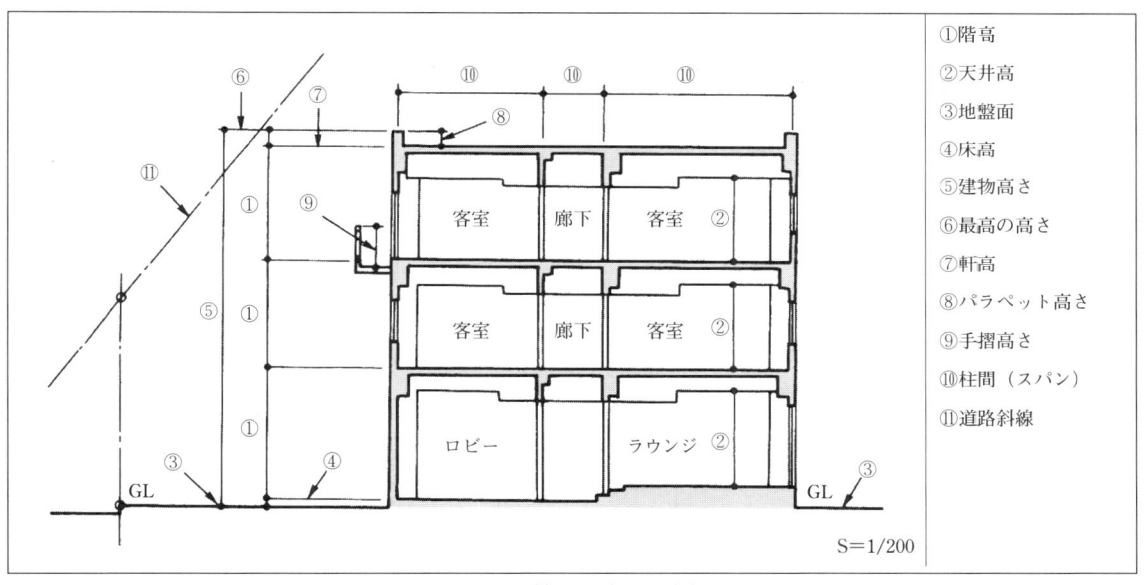

①階高
②天井高
③地盤面
④床高
⑤建物高さ
⑥最高の高さ
⑦軒高
⑧パラペット高さ
⑨手摺高さ
⑩柱間(スパン)
⑪道路斜線

図2.31 断面図に必要な寸法

9.4 断面計画の手法

計画を進めている施設の各部門あるいはこれに属する所要室について,これをどの階に配置するかを決める必要がある。平面計画であれば,A室とB室をどの場所に配置するかという判断を立体的な範囲に置き換えた検討作業になる。

もう一つの断面計画に必要な作業は,各所要室の各部の高さを決定することである。なかでも天井高の決定は重要な要素であり,設計課題では,その寸法を指定される場合が多いし,与条件や設計条件でもこの寸法が指定される例が多い。以下に天井高を含む各部の寸法の説明と決定方法を示しておこう。

1) 天井高(てんじょうたか)(各階)

各階の床仕上面から天井仕上面までの寸法を天井高とよんでいる。法令で居室の天井高(平均)は 2.1 m 以上とすることになっている。

2）階高（かいだか）（各階）

各階の床仕上面から，直上階の床仕上面までの寸法を階高とよんでいる。階高は，天井高に天井ふところ部分の寸法を加算した寸法であり，ふところがない設計では，スラブ下の仕上面までの寸法になる（二重天井がない場合）。

3）床高（ゆかだか）（1階）

地盤面（GL）から，1階床仕上面までの寸法。

4）建物の高さ

地盤面（GL）から最上階のパラペット（屋上立上り壁）上端仕上面までの寸法で，その内訳は，床高＋各階階高の合計＋パラペット高さ，である。

5）軒高（のきだか）または軒の高さ

地盤面（GL）から，陸屋根の場合は屋上床上端までの寸法。

6）天井高と階高の関係

室内の天井高をどれだけ確保するかが建物の断面計画を決める第一のポイントである。目標の天井高をもとにして，所要の構造体寸法（梁せいなど）を考慮しながら必要と思われる階高を決定して，所要の天井高の確保をはかる。この天井高をもとにして階高を定める場合の決め手が，天井ふところ部分の寸法である。階高寸法から，このふところ部分寸法を差し引いた寸法が天井高であり，ふところ部分は梁などの構造体や設備部分の収納スペースから成っている。

7）二重天井の有無

同じ天井高を確保する場合でも，構造体の一部である梁型を天井仕上面のなかに隠す形にするか，梁の一部または全部を天井面に露出する形にするかで，必要な階高寸法が異なってくる。

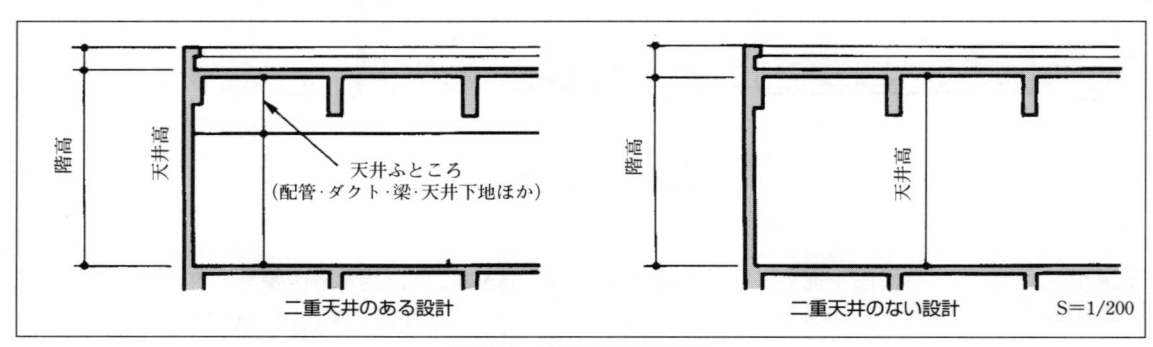

図2.32　天井高と階高の関係

9.5 断面計画の決め手

1）断面計画と構造体寸法

断面計画の一つである階高などの寸法の決定作業を進めるためには，構造体や設備部分の断面寸法について，その常識的な寸法を知っておく必要がある。たとえば，構造体であれば梁せい，スラブ厚，柱断面などである。たとえば，鉄筋コンクリートのラーメン構造の場合，スパン（柱間）が6～7 mの場合，3階建ての場合の最上階で，柱寸法が50 cm角程度，梁（大梁）の梁せいは55～75 cm程度の範囲と

みられ，梁幅は35 cm程度，というような範囲である。

設備部分で断面計画への影響が大きいのは空調設備のダクトである。これは比較的大きな断面になるので，他の配管のように梁を貫通できず，梁下を通すことが多いからである。このためダクトの配置を限定するなどの方式も検討される。

2) 断面計画と法規制

断面計画の目標の一つは，建物の各部の高さを決定するための検討作業であり，この際，道路斜線，隣地斜線，北側斜線，採光制限など，高さに関する法令上の規制を受ける部分が多いので，このチェックを欠かすことができない。また，地域や建物の規模によっては，日影図による日影時間の検討が必要となり，さらに複雑な作業が必要になってくる。

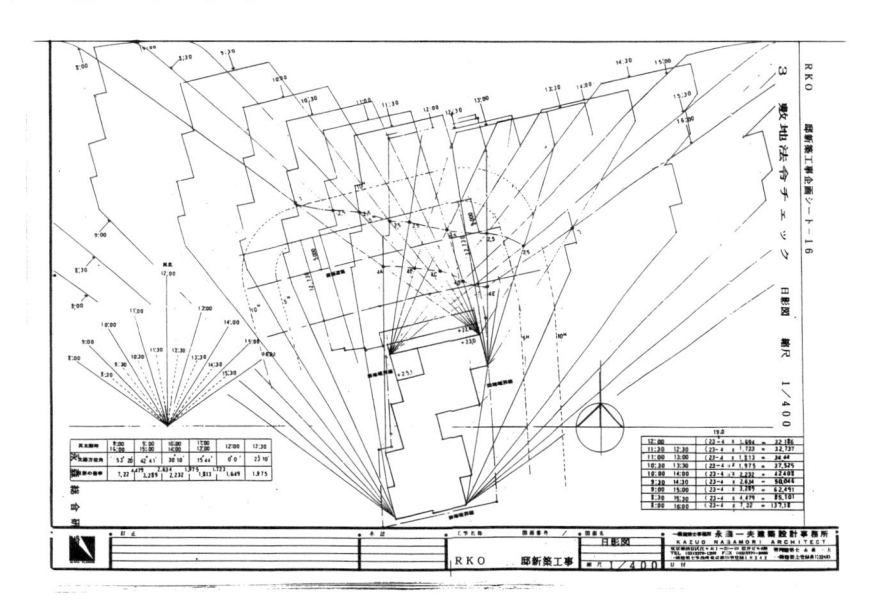

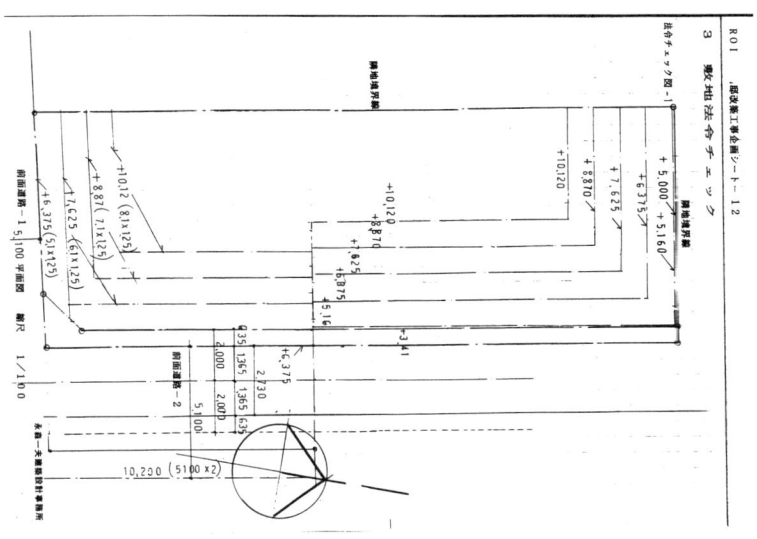

法令チェックの図例

10 構造計画

> **要　約**
>
> 1　**構造方式の概要**　建物をつくるためには，安全な構造方式と，これに適した構造材料が必要である。一般の施設用としては，鉄筋コンクリート造（RC造）のラーメン構造が汎用性が高い構造システムといえる。
>
> 2　**構造計画の基本**　構造計画は，どんな大きさの柱や梁（構造体）を建物のどの場所に配置したらよいかを予測して，平面計画や断面計画との関連を検討しながら，関連する問題を解決して決定していくことである。
>
> 3　**構造計画の意味と役割**　平面計画で検討された所要空間に対して，どんな構法，あるいは構造方式を選ぶか，これに適した材料，デザインなどを建物の安全性と経済性を考慮しながら，最良の選択を目指すことが求められる。
>
> 4　**構造計画の手法**　たとえば，柱梁の架構方式であるラーメン構造の場合，柱間（スパン）の寸法決定が計画の決め手になる。平面計画で検討された主要な所要室の大きさ，階段室の平面寸法などは，いずれも柱間決定の材料になる。

10.1 構造方式の概要

建物をつくるには，その建物の安全性を確保できる構造方式と，これに適合した構造材料が必要である。この構造方式と材料は，建物の種類，規模，高さ，立地条件などで選定の方針が変わってくるが，なかでも建物の種類と構造方式は密接な関係にある。

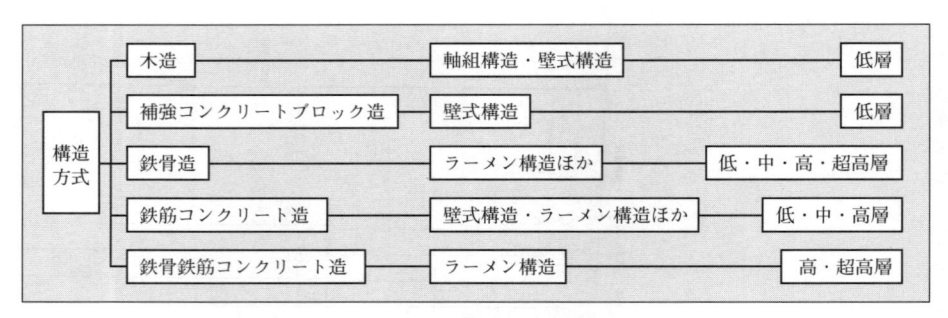

構造方式			
木造	軸組構造・壁式構造	低層
補強コンクリートブロック造	壁式構造	低層
鉄骨造	ラーメン構造ほか	低・中・高・超高層
鉄筋コンクリート造	壁式構造・ラーメン構造ほか	低・中・高層
鉄骨鉄筋コンクリート造	ラーメン構造	高・超高層

図2.33　構造方式の種類

現在，一般に使われている建物の骨組み（構造体）をつくる方式の全体像である。このうち，中層から中高層の高さに属する建物には，鉄骨造と鉄筋コンクリート造の構造方式が使われる事例が多い。一方，一級建築士の設計製図試験の課題をみると，構造方式として，鉄筋コンクリート造が指定される例が圧倒的に多くなってお

り，これは出題される施設に図書館などの公共施設が多いこと，一定の時間内に設計をまとめることが可能な規模などの条件が加味された結果とみられる。

　一般的にみても，鉄筋コンクリート造（RC造）のラーメン構造は汎用性の高い構造システムといえるので，この工法を中心に説明を進める。

10.2 構造計画の基本

1）平面計画関連

　平面図には，柱，壁，開口部などが描かれるが，基本になるのは，柱割りとよばれる柱間（スパン）寸法の決定である。鉄筋コンクリート造，ラーメン構造という構法の事例が多いのは，これが他の構造方式にくらべて，設計施工面での制約が少ないうえに，適合する規模などの範囲が広いことも根拠になっている。

　以下に，一般的なラーメン構造の柱配置（柱割り）を紹介しておく。

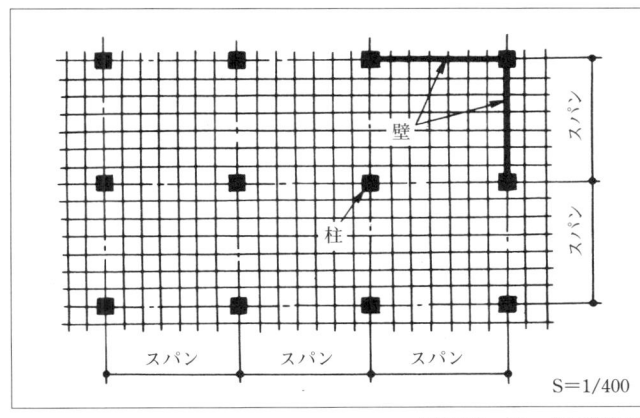

基本事項
① 柱間(スパン)は一般に5～7m前後。
② 柱は縦横等間隔かこれに近い配置が有利。
③ 各柱間はできるだけ等間隔で整然としたい。
④ 柱の断面寸法は，最上階で柱間寸法の1/10～1/12，または最上階で60cm角，これより1階分下がるごとに5cm程度を加算する。

図2.34　ラーメン構造のスパン割り

2）断面計画関連

　断面図には，先に述べた天井高と階高の関係が示される。二重天井のある断面図では，天井ふところ内部の梁形などは省略される場合が多いが，所要の梁せいを確保して天井高に対する階高の関係が決められていなければならない。

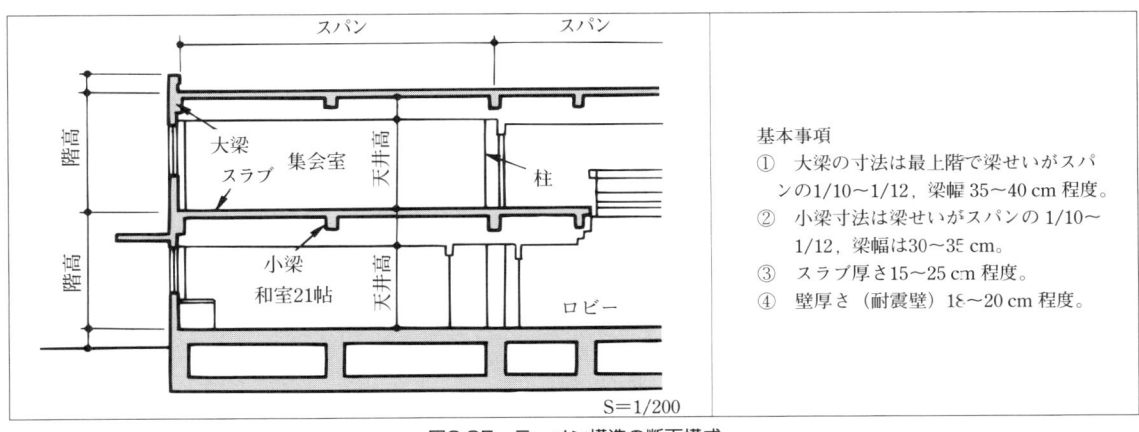

基本事項
① 大梁の寸法は最上階で梁せいがスパンの1/10～1/12，梁幅35～40cm程度。
② 小梁寸法は梁せいがスパンの1/10～1/12，梁幅は30～35cm。
③ スラブ厚さ15～25cm程度。
④ 壁厚さ（耐震壁）18～20cm程度。

図2.35　ラーメン構造の断面構成

3）ラーメン構造の基礎

基礎部分は，建物全体の荷重を柱を通じて地盤に伝える役割をする主要な構造部材で，その設計には，敷地の地盤の地耐力と建物の構造規模の双方を十分に検討する必要がある。RC造の基礎には，フーチング基礎（または独立基礎）とべた基礎があり，独立基礎のほうは強固な地耐力をもつ地盤への直接基礎や杭地業を採用する場合に使われる。一方，べた基礎は地耐力が不足がちな地盤に直接基礎設計をする必要に迫られた場合や地階がある場合などに使われる。

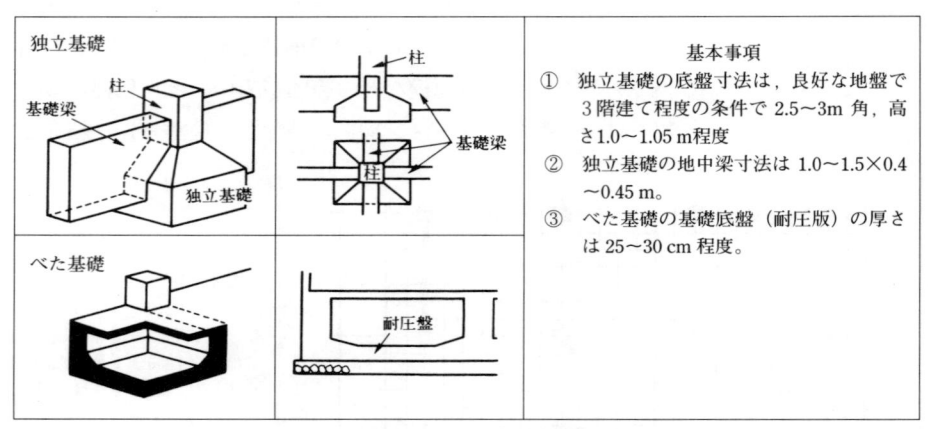

基本事項
① 独立基礎の底盤寸法は，良好な地盤で3階建て程度の条件で 2.5～3m 角，高さ 1.0～1.05 m 程度
② 独立基礎の地中梁寸法は 1.0～1.5×0.4～0.45 m。
③ べた基礎の基礎底盤（耐圧版）の厚さは 25～30 cm 程度。

図2.36　ラーメン構造の基礎

10.3 構造計画の意味と役割

話をわかりやすくするために，先に構造方式の全体像とRC造ラーメン構造の基本的な知識を紹介した。ここで構造計画が建築空間を創造する過程のなかでどんな役割を果たすものであるかを考えてみたい。これまでのさまざまな検討作業によって必要とされる空間の形，大きさは次第に明らかになってくる。そこで，この空間をどのようにして具体化していくかが問題になってくる。その具体化の方法の一つがこの空間に必要な構造体をどこに，どんな形で配置をしたらよいかという検討作業である。普通はその空間がつくる平面の，他の空間との境界線にあたる部分に柱などの上部構造の支持材の配置点をつくり出すようにする。この上部構造の規模や形によってこの部分の構造体としての形と構法，すなわち架構方式を選ぶか考え出さなければならない。架構の規模や形によっては，これに適した構法や構造材料を選び，さらにこのような条件を最大限に活用できる架構のデザインをつくり上げる必要も生じてくる。したがって，平面計画である程度まとまっていた空間のデザインが構造計画との関連で変わったり，練り直される場面が出てくるし，逆の調整が必要になる場合もみられる。この際，検討される要素として，建物に流れる力ができるだけ均等になるようにして，建物の安全性と経済性を確保できるように心掛けたい。

10.4 構造計画の手法

1）柱間（スパン）割の決め手

対象とする施設の専用部分を占める主要な所要室について，その部屋の規模寸法

を確保しやすい寸法を柱間寸法に利用できると計画上有利である。

2) 柱間決定と階段室

柱間決定にあたって，階段室の平面寸法との関連を考慮しておきたい。たとえば階高 3.5 m とすると，所要段数は，蹴上を 20 cm 以下とした場合，18 段になる。有効踏面が 25 cm とすれ

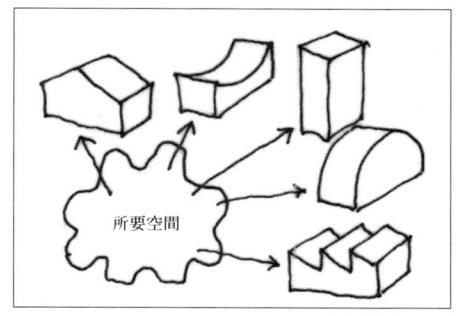

図2.37　構造計画

ば，踏面部分総延長は 25 cm×18 段＝450 cm になる。この数値に，階段の有効幅寸法や踊場寸法を決めてやると，階段室の平面寸法の概要がわかる。階段室については，他の寸法と違って，この部分が柱間寸法の範囲からはみ出すと，階段室の内部に梁にじゃまされる部分が出やすくなり，場合によっては，柱間内への階段の設置が不可能になる場合もでてくる。

3) 駐車スペースがからむ場合の柱間

地階，または地上階のピロティ状の箇所に，駐車スペースを計画する場合は，柱間寸法は駐車スペースの寸法で決める必要がある。駐車ロット寸法の幅 2.5 m× 2 台＝5.0 m，あるいは 2.5 m× 3 台＝7.5 m 以上が，内法（うちのり）寸法になるような柱間寸法を採用する必要がある。

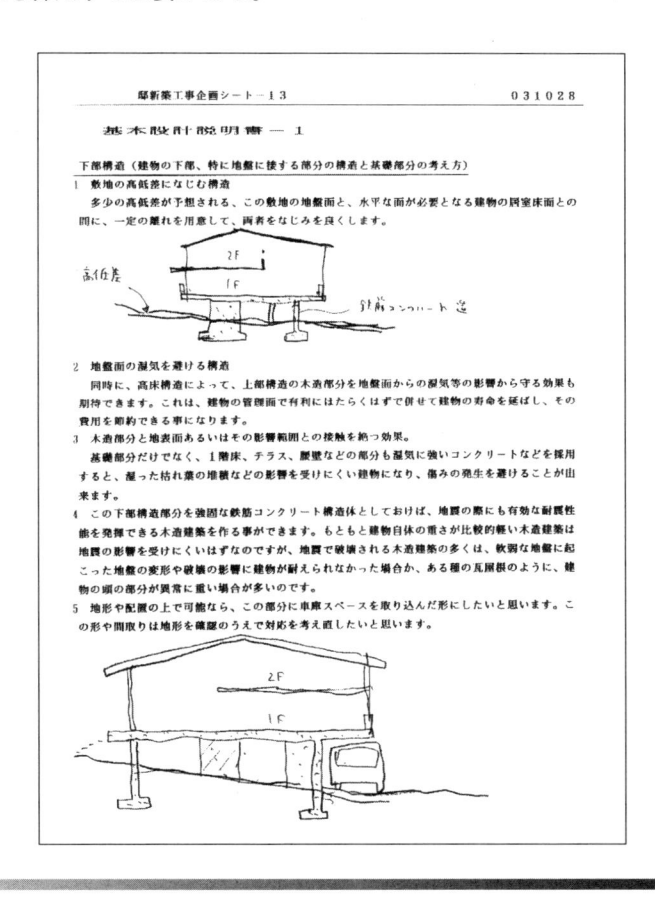

設計説明書例

11 設備計画

> **要　約**
>
> 1　**電気設備**　建築の電気設備は，「強電設備」（幹線引込み設備，電灯照明設備，コンセント回路設備など）と「弱電設備」（電話，インターホン設備など）に分かれ，このほかに，自動火災報知設備や避雷設備などが含まれる。
>
> 2　**給排水衛生設備**　設備内容には「給水設備」「給湯設備」「排水通気設備」「衛生器具設備」「ガス設備」「消火設備」「浄化槽設備」などが含まれ，このうちの給水設備には，水道直結，高架水槽，圧力水槽などの給水方式がある。
>
> 3　**空気調和設備**　空調は，温湿度，気流，空気清浄などの各機能を組み合わせて，室内空気を良好な状態に保つことである。空調の方式には，ダクト使用のもの，ユニット方式でダクトを使用しないものなどにわかれる。
>
> 4　**換気設備**　自然換気と強制換気の二つの方式に大別されるが，強制換気は，第一種換気（送，排風機による吸排気），第二種換気（送風機で吸気，排気口で排気），第三種換気（排風機で排気，吸気口で吸気）の3方式がある。
>
> 5　**機械設備**　搬送設備が主体で，エレベーター設備（乗用，人荷用，荷物用）その他の種類がある。エスカレーター設備は有効幅による形式があり，このほか，ダムウエーター，気送管，ベルトコンベヤー設備などがある。

建築設備の概要　建築設備にはどんなものがあるのか，ここでは，その一般的な範囲の全体像を把握しておくことにしたい。

11.1 電気設備

1）電気設備の種類（建築の電気設備は，強電と弱電に分かれる）
　① 強電設備：幹線引込み設備，受電設備，変電設備，発電設備，蓄電池設備，動力配線設備，電灯照明設備，コンセント回路配線設備ほか
　② 弱電設備：電話設備，インターホン設備，拡声設備，ラジオ・テレビ共同聴視設備，電気時計設備，信号・警報設備，自動火災報知設備ほか

2）電気設備の仕組み
　電力会社から架空線あるいは地中引込線を介して建物内に引込み受電された電力は，受変電設備配電盤から電灯分電盤，動力制御盤などによって建物の各部に分岐配電される。このうち動力配線設備は，空調器機，ポンプ類，送風機，エレベーター，エスカレーターなどの電源用であり，電灯照明用とは区別されている。

3）自動火災報知設備
　建物内各室の天井面に設置された感知器（熱感知器，煙感知器の別がある）が火

災時の煙や熱を感知して，管理事務室や管理人室などに設置した受信機に信号が送られ，火災発生の位置を表示し，警報音を発信する。

4) 避雷設備

高さ20 m をこえる建物の場合，有効な避雷設備を設けることが，法令で規程されている（建築基準法施行令第33条）。

11.2 給排水衛生設備

1) 給排水衛生設備の種類
    ① 給水設備：給水配管設備ほか
    ② 給湯設備：給湯配管設備，給湯機器設備ほか
    ③ 排水通気設備：汚水排水設備，雑排水設備，通気配管設備ほか
    ④ 衛生器具設備：衛生器具設備ほか
    ⑤ ガス設備：ガス配管設備ほか
    ⑥ 消火設備：屋内消火栓設備，屋外消火栓設備，スプリンクラー設備，水噴霧消火設備，泡消火設備，粉末消火設備，二酸化炭素消火設備ほか
    ⑦ 浄化槽設備：し尿浄化槽設備ほか

2) 給水方式の仕組み

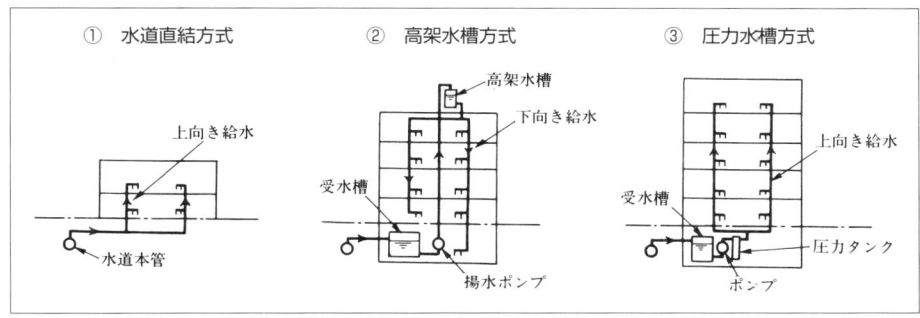

図2.38 建物への給水方式

① 水道直結方式：水道本管より水道メーターを介して，直接建物の水道管に引き込み，本管からの水圧を利用して各給水栓に送水する。

② 高架水槽方式：水道本管よりいったん受水槽に引き込んで貯水をし，揚水ポンプにより高架水槽まで水を揚げて，ここからは高架水槽と各給水栓との高低差で得られる水圧を利用して給水をする方式。

③ 圧力水槽方式：水道本管からいったん受水槽に水を溜め，ここからは圧力水槽を備えたポンプによって加圧給水して各給水栓に供給する。

3) 給湯設備の概要（給湯設備は，以下の給湯方式と給湯機器の選択が計画のポイントになる）

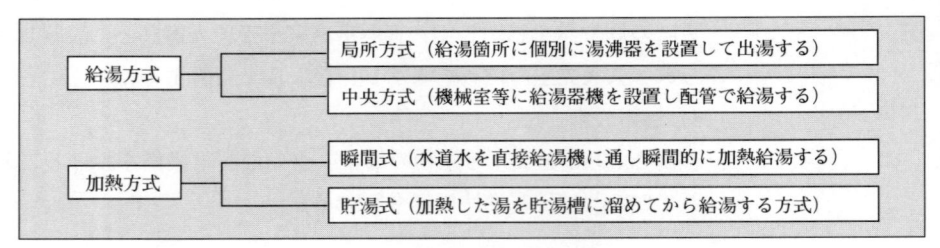

```
          ┌─ 局所方式（給湯箇所に個別に湯沸器を設置して出湯する）
給湯方式 ─┤
          └─ 中央方式（機械室等に給湯器機を設置し配管で給湯する）

          ┌─ 瞬間式（水道水を直接給湯機に通し瞬間的に加熱給湯する）
加熱方式 ─┤
          └─ 貯湯式（加熱した湯を貯湯槽に溜めてから給湯する方式）
```

図2.39　給湯設備の区分

4）排水通気設備の概要

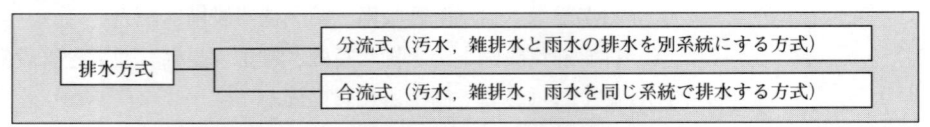

```
          ┌─ 分流式（汚水，雑排水と雨水の排水を別系統にする方式）
排水方式 ─┤
          └─ 合流式（汚水，雑排水，雨水を同じ系統で排水する方式）
```

注）建物内，敷地内ではいずれも分流で，敷地外への排水段階で方式が分れる。

図2.40　排水方式の種類

5）衛生器具設備の概要

　衛生器具とは，大便器，小便器，洗面器，手洗器，各種流し，浴槽の各器機と水栓類をはじめとする付属金具，付属品である。

6）消火設備の概要

　消火設備は水を使う一般用と水以外の物を使う設備があり，後者は屋内駐車場や工場などの特定の用途に使用される。

11.3 空気調和設備

1）空気調和設備の概要

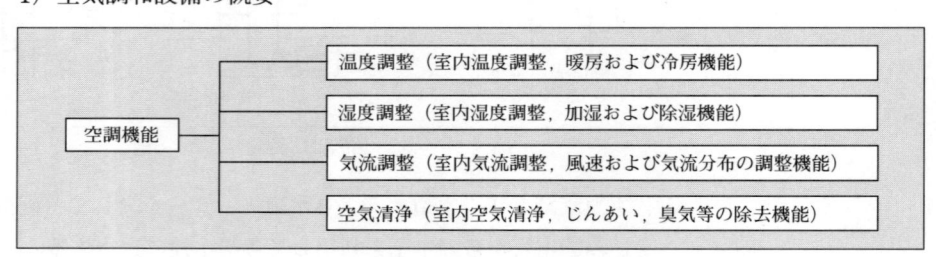

```
          ┌─ 温度調整（室内温度調整，暖房および冷房機能）
          ├─ 湿度調整（室内湿度調整，加湿および除湿機能）
空調機能 ─┤
          ├─ 気流調整（室内気流調整，風速および気流分布の調整機能）
          └─ 空気清浄（室内空気清浄，じんあい，臭気等の除去機能）
```

図2.41　空調に必要な機能

　空調は上記の各機能を組み合わせて，室内空気を良好な状況に保つことである。

2）空気調和の方式

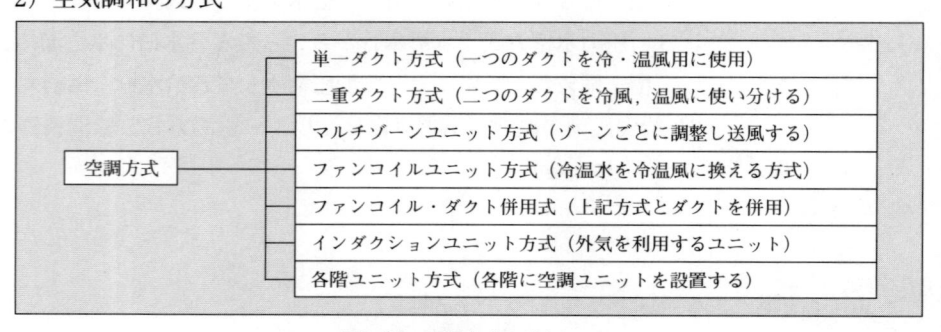

```
          ┌─ 単一ダクト方式（一つのダクトを冷・温風用に使用）
          ├─ 二重ダクト方式（二つのダクトを冷風，温風に使い分ける）
          ├─ マルチゾーンユニット方式（ゾーンごとに調整し送風する）
空調方式 ─┼─ ファンコイルユニット方式（冷温水を冷温風に換える方式）
          ├─ ファンコイル・ダクト併用式（上記方式とダクトを併用）
          ├─ インダクションユニット方式（外気を利用するユニット）
          └─ 各階ユニット方式（各階に空調ユニットを設置する）
```

図2.42　空調方式のパターン

3）空調関連機械室

　空調設備の関連器機には，冷凍機，ボイラー，送風機，ポンプ，冷却塔などがある。空調機械室の規模は，方式による違いはあるが，たとえば事務所建築の場合で，延床面積の5％程度とされる。

11.4 換気設備

1）換気設備の概要

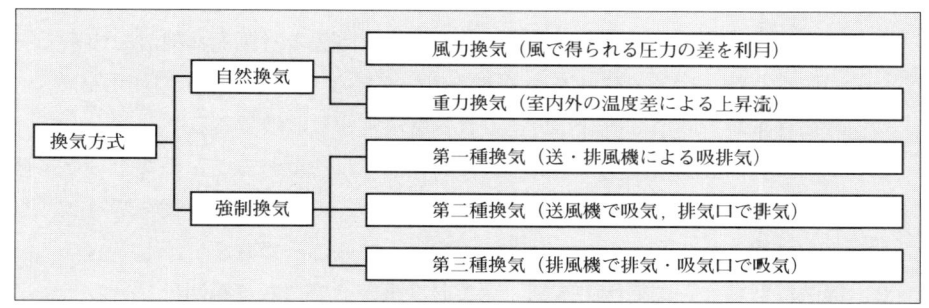

```
                        ┌─ 風力換気（風で得られる圧力の差を利用）
            ┌─ 自然換気 ─┤
            │           └─ 重力換気（室内外の温度差による上昇流）
換気方式 ──┤
            │           ┌─ 第一種換気（送・排風機による吸排気）
            └─ 強制換気 ─┼─ 第二種換気（送風機で吸気，排気口で排気）
                        └─ 第三種換気（排風機で排気・吸気口で吸気）
```

図2.43　換気方式の分類

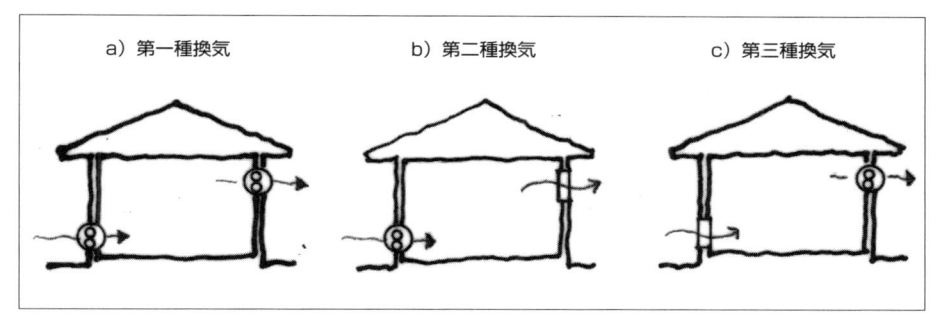

図2.44　強制換気の種類
　a）第一種換気　　b）第二種換気　　c）第三種換気

11.5 機械設備

1）エレベーター設備
　① 種　類：乗用（一般用，住宅用ほか），人荷用，荷物用
　② 方　式：ロープ式，油圧式（マシンルームレス）
　③ 速　度：30 m/min（油圧）〜105 m/min（ロープ）（標準型）

2）エスカレーター設備
　① 形　式：1200型（有効幅 1 200 mm），800型（有効幅 800 mm）
　② 能　力：速度 30 m/min

3）ダムウエーター，気送管，ベルトコンベヤー設備
　ベルトコンベヤー以外は，人以外の荷物を搬送する。気送管は空気圧を利用。

12 構法，材料計画

要　約

1. **構法，材料計画の意味**　これまでの，さまざまな計画的な検討を加えて決定された空間について，実際に，この建物をつくるために必要なすべての部分の使用材料やつくり方について，さまざまな角度から検討して，これらを決定する段階である。
2. **構法，材料計画の役割**　これまでの検討では，触れることのなかった建築空間をさらに具体的なものにするために，その空間の部位をつくる材料という物を選定し，その構法を決めることが必要になる。そのための手段を確立させることである。
3. **構法，材料計画の範囲の確認**　この計画が必要になる範囲は，ビルディングエレメント（ＢＥ）とよばれる建物のほぼすべての構成要素が含まれる。すなわち，空間の構成要素としての床，壁，天井，開口部と屋根，外壁および構造体と設備の要素がこれにあたる。
4. **構法，材料計画の設計条件**　あるＢＥについて，所要の設計条件を満足させる構法と材料を決定するのが計画の目的であるが，このＢＥの設計条件が満足されているかの確認には，対象空間の機能の確保を可能にする各ＢＥの性能の確認が必要である。
5. **構法，材料計画と建設コスト**　工事費を左右する要素として，建物の規模である延床面積と床面積当たりの単価があげられる。後者の床面積当たり単価のもとが構法，材料計画で決められるＢＥの品質，程度であり，ここにコストとの関連がある。
6. **構法，材料計画の評価**　各ＢＥの所要の性能を満足させるためには，所要の材料性能をもつ材料とこれを有効に生かす構法を選んでＢＥの製作方法を決定し，これを評価してみて，所要のＢＥの性能が確保されるであろうことを確認する。

12.1 構法，材料計画の意味

　これまで，さまざまな面からの検討が加えられて決定をみた空間は，およそつぎのような条件を満たしているものと考えられる。まず平面計画の検討を加えた結果得られた十分な客観性に裏づけされ，だれからも評価される申し分のない平面であること。さらにこの平面には，これを覆う安全で強固なシェルター（風雨避け）としての屋根や外壁とこれを支持する構造体が確保されていることである。しかし，これまでの計画範囲では，シェルターや構造体については必要な条件が満たされているはずという段階にとどまっているのが現実である。これを条件を満たした現実のものに具体化するにはどのようにしたらよいのかを検討する必要がある。所要の空間を実現するための屋根や床，壁などとこれを成立させる構造体の仕組みをどのようにするかを検討するのが構法，材料計画である。

　実は構法計画という考え方自体が，まだ歴史が浅くその言葉の意味も定着しているとは言い難い。したがって，ここでは，構法，材料計画とは，計画された建物を

実際につくるためのすべての部分のつくり方と使われる材料について，さまざまな角度から検討をしてこれを決定していく段階と考えることにしたい。

12.2 構法，材料計画の役割

この計画以前の検討段階では，対象とされた建築ないしは建築空間について，具体的な物を介在させないで考えてきた段階ということができる。たとえば，美術館の展示室という空間について，平面，断面，構造，設備の各計画を進める段階では，構造，設備は別として，それ以前の計画では，もっぱら空間の形，大きさ，各部の寸法，雰囲気そして内部機能（展示機能，安全性，快適性ほか）などを問題にして検討や評価を進めてきたから，これをつくる物については触れていない。

一方，構法，材料計画では，このいわば頭のなかで想定されきた空間を具体化する方策を立てる段階ととらえることができる。計画で特定された所要の条件を満足する展示室の床，壁，天井，開口部など空間の部位をつくる材料というものを選定しその構法を決めることが必要になる。そのためには必要な検討作業があり，その中心を占めるのが構法，材料計画の設計条件にあたる事柄を策定することである。

すなわち，構法，材料に要求される設計条件を確認し，これを満足させるための選択と評価の方法を確立させることである。

12.3 構法，材料計画の範囲の確認

平面計画を進める際の説明で，対象とする施設の所要室・所要空間のすべてを確認することから始めたことを覚えているだろうか。ここでも同様の仕事が必要であり，その一つが，構法，材料計画が必要になる範囲を確認することである。その概要をみると，建築の空間を構成している床，壁，天井，開口部は，部屋の内部からその全体を見ることができるが，もちろんこのすべてが構法，材料計画の範囲に含まれる。

さらに，これら内部の構成要素を安定した状態で支持をしているもとになる部位として，屋根，外壁があり，柱，梁，基礎などの構造体と構造方式がある。

さらに内部の空間の居住性能や居室としての機能を維持するための設備の要素が加わっている。これらすべてを含む建物の構成要素のことをビルディングエレメント（building element，BE）とよぶことにしている。

なお，構法計画およびBEについては内田祥哉博士による研究業績がよく知られている（日本建築学会研究協議会資料「構法計画とは」ほか）。

12.4 構法，材料計画の設計条件

先に紹介したBEについて，所要の設計条件を満足させる構法と材料を提案しあるいは選択をして決定をするのが計画の目的であるが，これまでBEとして検討すべき対象を特定することはできるようになったが，設計条件のほうはどのようにして確認をしたらよいのか，というのがここでの問題である。

たとえば，美術館の展示室について，所要の内部機能を確保できるBEの設計条件を確認するということになる。このためにはまず，展示室という空間の設計条件を確保できるようなBEへの要求条件というものを確認する必要がある。この要求

条件を満たすために必要な各BEの性能を想定しなければならないだろう。展示室の床，壁，天井，開口部などに求められる性能があり，これが構法，材料計画の主要な目標となる。さらにBEをつくる構法，材料は，床，壁というBE単体の性能を規定し，左右するだけでなく展示室という空間全体の性能のほか，建物の外部や構造の要素を含めた建物全体の性能や美観という要素まで左右することから，これらを分担することをも考慮にいれて検討をしなければならない。この際，構法と材料を切り離しては考えられないが，とくに材料にはそれぞれ独自の性能があるが，これを空間を構成するBEに求められる要求条件と比較しながら材料の選択を行う。この段階は「材料設計」という用語が使われているが，ここで選ばれた材料は，同じく決定された構法によって床というBEがつくられ，ここではじめて，このBEの性能が決まる。

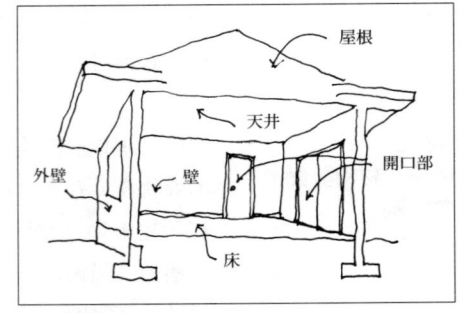

図2.45 ビルディングエレメント

12.5 構法，材料計画と建設コスト

これも，これまでの計画では直接関連することが少なかったコスト（建築工事費用）の問題が，この段階では大きな要素として関連してくる。

建築工事のコストを左右する要素として，建築の規模，すなわち延床面積をあげることができる。計画の初期の段階で，予算の作成あるいは予算と計画内容との擦り合せなど，概略の見積りを試みるときに，延床面積を想定して，これに一定額の面積当たりの単価を掛けて総工事予算額を算出するのが一般的な手法である。

ここでいう面積当たり単価（m^2当たり単価，坪当たり単価）は，既存建物の事例を参考にして予算額をはじくのが普通であるが，実際の設計対象である建物の工事予算を決める要素は，実はこの構法，材料計画のもとになって定められるBEの品質程度である。なかでも，建物の外部仕上げ（主として屋根，外壁，開口部など）のBEの単位コストは建物コストに大きな影響を与えることが知られている。

したがって，構法，材料計画の段階は予算との整合という面でも大きな役割を受け持つことになる。見方を変えると，建築のコストダウンの検討や維持管理の費用のチェックも，このBEの性能と費用の検討を抜きにしては考えられない。

12.6 構法，材料計画の評価

構法，材料計画の成果として，所要の構成材を検討の結果得られた組合せに従って使用し，所要の機能，性能さらに予定のコストなどを実現することが目標となる。ではこの計画の成果は，どのような形で確認できるであろうか。実際に計画された各BEができ上がってしまえば，実地検査という形でその性能などを確認することができるが，計画段階で同様の事柄の評価をすることは簡単なことではない。

この事情は，材料固有の性能は比較的確認しやすいが，これを建築の部位に使っ

た場合，材料の性能はそのまま建物のBEの性能にはなりにくいからであり，さらに採用された構法によってもその成果は異なるものになる。

たとえば，構法計画に限定してその評価の必要な機会をみると，まず必要とされる構法について，その要求条件を検討したうえで基本的な方向を決定する段階があり，この後，構法の実現に至るまで，いくつかのチェックポイントがあるが，そのつど評価を加えながら進めていくことになる。完成段階の評価は，もちろん構法の実現の段階で行われることになる。これらの評価を確実に進めるには，構法の評価についての方法や基準などが整備される必要がある。わが国では，平成10（1998）年6月の建築基準法改正により，はじめて建築基準の性能規定化が導入され，その後，住宅については「住宅の品質確保の促進等に関する法律」が平成12（2000）年4月より施行され，同法にもとづく性能表示制度がスタートをして今日に至っている。

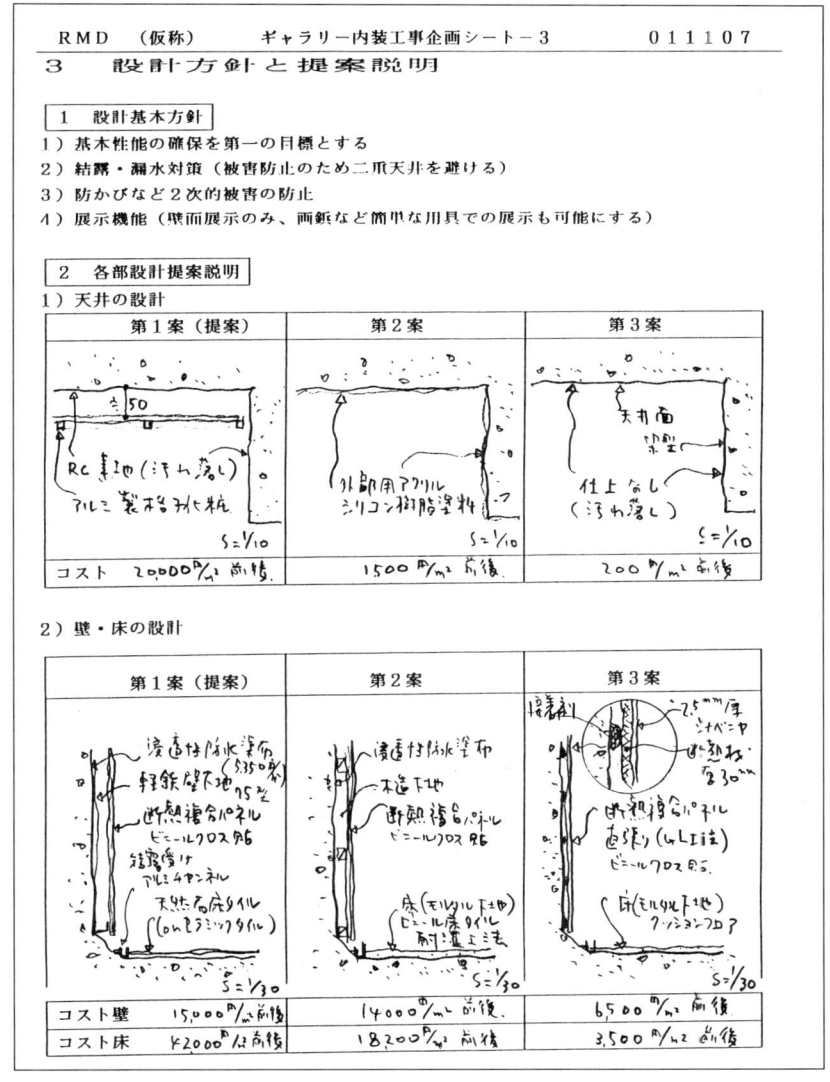

企画シートの例

13 デザイン

> **要 約**
>
> 1 **建築計画とデザイン**　　計画とデザインの関係は，つぎの四つに整理できそうである。1)計画とデザインの関係は建築家次第。2)デザインが計画を含むすべてをリード。3)設計の前半は計画が，後半はデザインが主導。4)デザインを含むすべてが対等。
>
> 2 **デザインの意味**　　建築のデザインを翻訳すると，設計，計画の意味から，図案，意匠という言葉が含まれ，意匠という言葉は建築で古くから使われてきたが，建築の設計行為のなかで，とくにその形になる部分を生み出すこととしたい。
>
> 3 **建築のデザインの役割**　　建築のデザインとは，建築を一つの商品とみた場合，商品として店頭に出せる完成品になっているかどうかを判別するものとみることができる。一方，デザインが不十分で完成品でない建築も店頭に出ていることが少なくない。
>
> 4 **デザインと外観**　　建築の外観のデザインは，立面図で表現され，そのイメージは，平面計画の段階で検討が必要になるが，場合によっては，平面計画の段階で外観のデザインがほとんど決まる例もある。平面と外観は表裏一体なのである。
>
> 5 **デザインと形の視覚効果**　　モダンデザインの特徴は，決まった様式をもたないことと，装飾の要素を排除することにあった。代わりに，形や素材のもつ視覚的な効果と，視覚上の特別な効果をもつ形を生かすデザインを追及しようとするものであった。

13.1 建築計画とデザイン

計画とデザインの関係については，「8　平面計画」のなかで若干の説明をしておいた。建築の設計をする者にとっては避けて通れない計画とデザインの関係は，現在でも，これを考える人の立場（これだけではないが）によって一様でない考えが見えてくる。これは，計画の分野が未成熟のころに，主として建築家の側から計画という研究そのものの価値や可能性についての疑問が投げ掛けられた経過があり，このことと無縁でないように思われる。そこで，これらの異なる考え方をできるだけ広く参照してみて，これを以下の四つの形にまとめることができた。

1) すべて建築家次第という考え方

計画とデザインの関係はどちらが優位にあるとは言い切れない。設計者のやり方次第という考え方である。逆に言えば，このような事情があるから計画とデザインの間にはいろいろな関係が生じることになる。試しに設計者を作家という存在に限りなく近づけてみると，これが当たり前のことになるのではないか。ちなみに，作家とは画家，彫刻家，小説家などであり，建築家の仕事は彼らのそれとずいぶん違うところもあるが，同じことを求められている職能であるとすれば，この考え方は正解となる。念のためにいうと，筆者の考える建築家の職能はここでいったとおり

である。したがって，建築家は作家的な能力をもっていなければならない。もう一つ付け加えると，計画とデザインの関係は設計をする建物の種類によって大きく変わるし，その敷地の状況でさらに大きく異なる結果になるかも知れないが，これも建築家が決めることである。

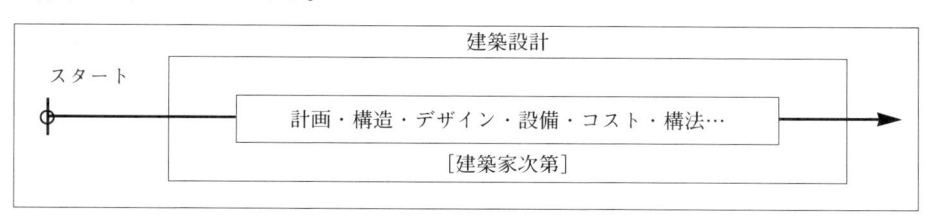

```
スタート ──┬── 建築設計 ────────────────→
           │  計画・構造・デザイン・設備・コスト・構法…
           │         [建築家次第]
```

図2.46　計画とデザインの関係（1）建築家次第

2）デザインがすべてをリードするという考え方

おそらくデザイナーや建築家を自らの立場とする人からみると，計画はデザインを進めていくための数ある支援材料の一つということになる。したがって，この立場の人からみれば，デザインは設計という仕事の最先端をリードする役割を担っており，これに対して，計画をはじめとするさまざまな関連項目は，これを検討してその結果をデザインの要素に織り込みながら，建築のデザインの全体をまとめていこうとする。これはまさにデザイナーの立場の考え方であろう。ではデザイナーと建築家は違うのかという疑問が出てくるであろう。多くの設計組織では，デザイナーを建築家を補佐する役割として配置をしている場合が多い。建築設計の場合は，建築家が設計全体の責任を負い，すべてを決定する役割を担っていて，デザイナーを含めたさまざまな専門家が建築家に協力し，その指示を受ける立場である。

では建築家とデザイナーなどが分化していない小組織やワンマンコントロール（建築家一人でほかはアソシエートとよばれる協働者で構成される設計組織）事務所の場合はどうなるのであろう。もちろん，建築家がデザインの仕事をするわけであるが，実はデザイナーの協力を受ける建築家の場合も実質はこれと同じで，複数のデザイナーや協働者の仕事を一つの建築の設計にまとめるのは建築家の仕事であることはすでに述べたとおりである。

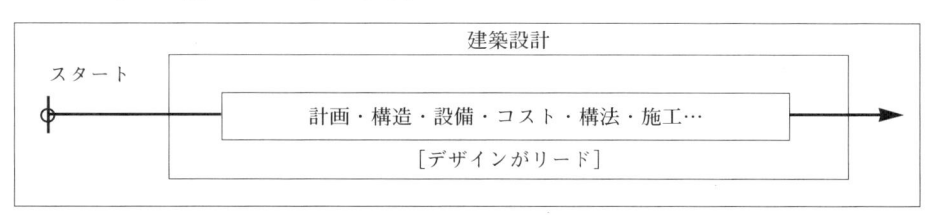

```
スタート ──┬── 建築設計 ────────────────→
           │  計画・構造・設備・コスト・構法・施工…
           │         [デザインがリード]
```

図2.47　計画とデザインの関係（2）デザインがリード

3）設計過程のなかでの住み分けという考え方

一方，これまでの考え方とは対立する形もある。その一つは建築設計の全体の過程のなかで，計画とデザインがその機能と役割に応じた形で，一種の住み分けを行うという考え方である。建築計画は設計行為の前半で主導権をもち，設計内容のうちの基本的な構成をつくり上げる。デザインは計画段階で構築された基本構成を具

体化するための空間形をつくるという後半の過程を受け持つという考え方である。

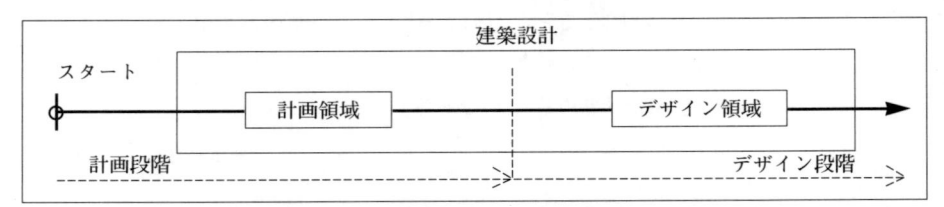

図2.48 計画とデザインの関係（3）設計の前半と後半で主役が交替

　この考え方では，計画が取り仕切る段階ではデザインの出番はなく，この段階での決定は計画面の検討だけに終始する。この段階が完了した残りの場面で，初めてデザインが登場するという考え方である。これを図に示すと上図のようになりそうである。一見して起こる疑問は，建築のデザインというものは，ある局面までは必要のないものなのか，ここまで何もしなくてよいのだろうか，ということである。現実には，プランもスケッチも何もないところで，敷地をみただけで，ただちにスケッチを描き，それを持ち帰って模型をつくるという経験は珍しいことではない。このプログラムからは，そんなことはありえず，計画上の検討が一応すんでからデザインが始まるということになり，現実とは一致しない。

4）デザインは計画を含む検討項目と対等という考え方

　最後にあげる考え方は，設計行為の全課程で，デザインは計画を含めたほかの検討項目と対等の位置にあり，相互の折り合いをつけながら物事を決定していくという考え方である。しかし，計画すなわち平面計画，断面計画，構造計画，設備計画……予算計画などの検討項目とデザインが対等ということは，両者が対立したときには，決着をつけにくい関係であるし折り合いがつく問題には見えない。

　したがって，この4）の考え方は明らかな間違いと筆者は考えるが，下図をみて，この問題点をよく考えて欲しい。

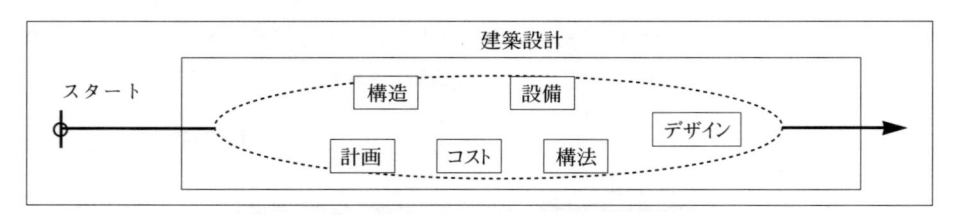

図2.49 計画とデザインの関係（4）すべてが対等

13.2 デザインの意味

　ここで取り上げるのはもちろん建築のデザインである。建築でいうデザインを翻訳すると設計，計画の意味になる。このほか，図案，意匠という言葉もあり，意匠という言葉は建築の世界で古くから使われてきた。たとえば，「あの建物の外観の意匠は」とか「この窓枠の意匠は」という使い方で，現在では，代わりにデザインという言葉がそのまま使われることが多い。これをみる人に美しさを感じさせる形あるいは美しさを感じさせるもとになるもの，という意味で使われる。設計という言葉にくらべて明らかに狭い意味に使われ，視覚上の美しさを対象にした意味とい

えるから，デザインといえばこのような意味と考えられる場合が多い。建築家の指揮下で協働しているデザイナーの仕事の内容とも符号しているといえる。この場合，建築家はより広い意味の設計をまとめることに専念していることになる。以上の背景をもとに，デザインは建築の設計行為のなかで，とくにその形になる部分を生み出すことを意味するとしたい。

13.3 建築のデザインの役割

結論から先にいえば，建築を一つの商品とみた場合に，商品として店頭に出すことができる完成品になっているかどうかを判別をする材料がデザインといえる。

ではデザインが不十分で完成品になっていない建築という商品はどうなるのかそんな建築があるのかという疑問が出てくるであろう。これがいくらでもあるのが現実である。しかもこの未完成の建築が商品として平然と店頭に出ているのであるが，これはなぜか。お客である建築主の大多数の人が，この建築が完成品であるかどうかの見分けがつかない人だからであり，設計者のなかにも同じく見分けのつかない人が混じっているということである。

13.4 デザインと外観

建築の外観のデザインは，立面図という建物を四方向から見た図面を描いて，その案を作成する。建物の立面には凹凸があることが多く，その外観の視覚的な効果も，この要素に左右されることが多いから，立面図に陰影をつけて，その効果を確かめる方法もよく利用される。さらに開口部分を暗く塗りつぶしてその効果をみる。場合によっては着色をして確かめる手法も試みられる。

外観のイメージは，平面計画の作成の際にも当然検討されなければならないが，場合によっては，平面計画の段階で外観のイメージがほとんど決まってしまう場合も少なくない。平面と断面，そして外観のデザインの検討がいつも表裏一体でなければならないのは，このような事情による。さらに，外観のデザインには，模型によるチェックも有効である。模型は，建物の完成模型としてよく知られているが，設計者にとってはデザインのあらゆる段階で模型による検討はもっとも有効な手法になる。ただ立面図や簡単なパース（透視図）のスケッチの作成にくらべて，費用や時間が掛かるのが難点であるが，スケッチ用の簡単な模型でも，スケッチなどのほかのスタディにくらべると，はるかに効果的な結果を出すことができる。

13.5 デザインと形の視覚効果

美しく魅力的な建築をつくるためには，美しい形をつくるための根拠を知っておく必要がある。古典建築は，各時代に特有の様式があり，現代ではほとんど信じられない話であるが，こぞって同じ様式の形態をまとった建築をつくっていた事実がある。

この様式風のデザインを現代の建築に取り入れたポストモダンという建築は，われわれの記憶に新しいが，結果としてデザインの大きな潮流にも様式にもならないで終わっているように見える。われわれは，長い間様式にとらわれない建築のデザインに慣れてきたが，ポストモダンはこれまでのモダンデザインに対する一種の反

省と批判の産物でもある。ところで，モダンデザインの特徴は，決まった様式をもたないことと意味のわかりにくい装飾の要素を排除していることにあった。

　代わりに，形や素材のもつ視覚的な効果を生かしたデザインを追求しょうとするもので，この傾向の作品は現代の建築の主流をなしているし，現状でもそのとりである。そこで，現代の建築に見られる形についての，いくつかの視覚上の効果をもつ形のプロトタイプ（原型）を示しておこう。いずれも形態のうえでの調和や特別な効果をもたらす要素として知られている。

表2.2　形の視覚効果パターン

種　類	説　明
1) 対称性	左右対称などの例があり，中心の軸に対して，対称に双方に同じ形，同じ大きさ，高さなどの要素を配置して安定感，静的な効果などを得ることができる。
2) 非対称性	左右非対称の例である。本来対称であるべき形なのに左右に異なる要素の屋根をおいて，特別な意外感と新鮮な効果をみせた西本願寺飛雲閣の例が知られている。
3) 均衡性	左右対称ではないが，双方にある要素を，そのボリュームや大きさなどでバランスを保ち，結果として安定性がある形を得る方法。
4) 反復性	超高層ビルなどの大規模建物で同じ単位の形や空間の繰り返しによって，視覚的に整然とした効果をえることができる。
5) 均一性	規格化された部品や仕上げによる整然とした形や均質な視覚的効果を得ることができる。
6) 対比性	互いに異なる要素の形，正反対の性格の形を組み合わせて，双方の形の強調をはかる手法（大小，高低，水平垂直，広狭など）

写真2.1　対称性－ヴェルサイユ宮殿　　　　写真2.2　非対称性－飛雲閣

2章　設計のための計画手法

写真2.3　平面と断面外観は表裏一体－
　　　　シドニーオペラハウス

写真2.4　均衡性－国立代々木競技場

写真2.5　反復性－ソロモン・R・グッケンハイム美術館

写真2.6　均一性－モントリオール万国博覧会アメリカ館
　　　　（写真提供 斎藤公男氏）

写真2.7　対比性－ポンピドーセンター（写真提供 大佛俊泰氏）

14 設計製図

> **要 約**
>
> 1. **設計製図の意味** 設計製図には，設計業務の成果品であると同時に，設計の意図とその内容を設計者以外のさまざまな人々に正確に伝える手段となっている設計図書を作成するという基本的な意味と目標がある。
> 2. **設計図書の種類と役割** 設計図書には，設計の各段階に応じた図面の種類が用意されており，それぞれが独自の役割を果たすようになっている。設計業務との関連では，1)基本設計図書と，2)実施設計図書とに区分されている。
> 3. **設計製図関連知識** 設計製図を進めるには，製図台や製図器具などのさまざまな用具類と，JISに代表される製図規格や表現についての約束事がある。これらの製図についてのハードウエアとソフトウエアの双方を理解して使う必要がある。

14.1 設計製図の意味

設計という仕事を支援して，その中身を一定以上の水準に高めるために，計画という方法が多方面で効果を発揮していることなど，設計と計画との関連を述べてきた。この設計という業務の成果は，設計図書という成果品にまとめられる。

もちろん，設計図書は設計業務の成果を示すためだけにつくられるものではない。

すでに述べたように，設計図書はこれをもとにして，具体的な建築をつくるための指図を示す図書であり，その前に工事費の積算をするために使われる図書でもある。しかし，このようなことだけのために設計図書が必要になるのであろうか。

少々乱暴な話になるが，設計者が自分で工事も引き受けるのであれば，この設計者が頭のなかで考えた設計内容をもとにして，工事を進めることも可能であろうし，途中で気が変われば設計内容を変えることも自由自在である。設計者兼施工者は，彼の思いのままに建物を完成させることができるし，これなら設計図書をあえてつくることもないであろう。ただし，建築主やまわりのその他の条件がこれを許すならばという条件がつくが。

しかし，設計者と施工者が別個の人や組織ということになれば話は違ってくる。設計者は，施工者がだれになっても，同じ建物が完成できる内容の設計図書を作成する必要があるし，施工者には，この設計図書によって，目的の建物を完成させるだけの技術面をはじめとする能力が要求されることになる。このことは，設計と施工（製作）とが生産段階で区分される方式がとられた場合，設計側で意図された内容は施工者側に正確に伝達されることが必要になり，この手段になっているのが設計製図によって作成された設計図書なのである。

14.2 設計図書の種類と役割

設計図書は，設計者が自身のイメージや構想を図面化することによって確かめてみる，という意味合いもあるが，ここではもっぱら設計者以外の関係者である建築主，施工者らに対して設計意図を伝達する手段としての図面を主題にする。

1) 建築主に対する設計図書および関連資料

最終的には工事請負契約締結のために契約用設計図書（あとに述べる実施設計図書）が必要であり，これも建築主のために必要な図面であるが，この要素を除くと，建築主に設計意図や設計内容を説明するための有力な手段になるのは，建築の素人にもわかりやすい形の完成予想図や説明図書，模型があるが，建築士事務所の業務報酬基準との関連で公的に定められている所要設計図書としては，設計の全体像を示した基本設計図書が主体になる。以下にその内容を紹介する。

表2.3 基本設計図の内容（建設省告示第1206号による）

建築（総合）・基本設計 （ア情報収集・準備，ウ比較検討の欄は省略）		
イ 条件設定	エ 総合化	オ 成果図書
①設計条件の設定 　(a)要求性能の確定 　(b)法令その他の制約条件の整理 　(c)工事予算の設定 ②設計方針の設定 　(a)設計理念の確立 　(b)仕様程度の設定	①機能配置計画の策定 ②空間構成計画の策定 ③工事費配分計画の策定 ④動線計画の策定 ⑤防災計画の策定 ⑥施設配置計画の策定 ⑦平面計画の策定 ⑧断面計画の策定 ⑨立面計画の策定 ⑩各種計画の総合調整	①仕様概要表 ②仕上表 ③面積表および求積図 ④敷地案内図 ⑤配置図 ⑥平面図（各階） ⑧立面図（各面） ⑨矩計図（主要部詳細） ⑩計画説明書 ⑪工事費概算書

2) 実施設計図書

基本設計にもとづいてすべての部分が結論の形にまとめられている図面が実施設

表2.4 実施設計図の内容（建設省告示1206号による）

建築（総合）・基本設計 （ア情報収集・準備、ウ比較検討の欄は省略）		
イ 条件設定	エ 総合化	オ 成果図書
①基本設計に基づく設計条件の詳細な設定 　(a)各部分に要求性能の確定 　(b)法令その他の制約条件の各部分ごとの把握 ②工事費の把握 ③基本設計に基づく設計方針の展開	①外部空間設計 ②内部空間設計 ③平面設計 ④断面設計 ⑤立面設計 ⑥詳細設計 ⑦各部分の使用材料および仕様の確定 ⑧防災設計 ⑨色彩計画の策定 ⑩工事費概算との調整 ⑪各種設計等の調整	①仕様書 ②仕様概要表 ③仕上表 ④面積表および求積図 ⑤敷地案内図 ⑥配置図 ⑦平面図（各階） ⑧断面図 ⑨立面図（各面） ⑩矩計図 ⑪展開図 ⑫天井伏図 ⑬平面詳細図 ⑭部分詳細図 ⑮建具表 ⑯工事費概算書 ⑰確認申請図書

計図書である。これももちろん設計監理契約にもとづいて建築主に提出されるものであるが，工事請負契約の契約図書や工事費の積算に使われるほか，工事の実施に必要なすべての情報を伝達する役割をもっている。実施設計図書の作成にかかる前に，通常は基本設計図書の内容について，建築主側の要求に合致したものという承認を得ておくことが必要である。実施設計図書の内容は表2.4のとおりである。

ここには，この告示による建築（総合）の部分に限ってその図面内容を示したが，このほか，建築（構造），電気設備，給排水衛生設備，空調換気設備の各工事についても同様の表があるが，ここでは省略した。

14.3 設計製図関連知識

設計製図をすすめるには，製図についての基本的な知識と製図に使用する各種の製図用具が必要になる。

1) 製図用具の概要

① 製図板，製図用紙

表2.5 製図板，製図用紙寸法

製図板名称・寸法		対応製図用紙	製図用紙寸法	
特大判	1200×900	A0	A0	1189×841
大 判	1060×760	A1	A1	841×594
中 判	900×600	A1　A2	A2	594×420
小 判	600×460	A2　A3	A3	420×297

② 用紙の規格

用紙はA判とB判があるが，前記の表のように製図通則（日本工業規格JISの「建築製図通則」）でA判によることが規定されているが，B判が使えないわけではない。正式の実施図面の用紙では，図面の右下，右端，下部などに工事名称，図面番号，図面名，縮尺，設計者名，管理建築士名，担当者名，年月日などの記入欄を設ける。

③ 製図の用具

基本的な用具は，製図板に貼った用紙に図面を描く線書きのための鉛筆と定規類ということになる。

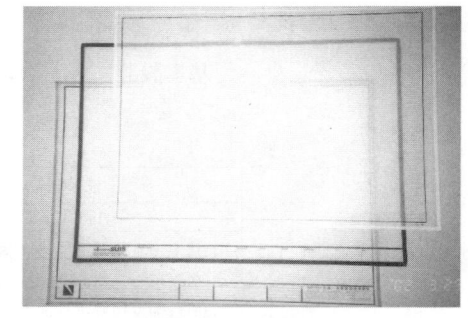

写真2.8 製計図用紙

> ① 製図板（450×600 判からあり、マグネットシート貼りのものは便利）
> ② T定規（両面使いが可能な透明エッジ付きのものが便利）
> ③ 三角定規（プラスチック製、45°と30°の2枚組）
> ④ 勾配定規（これがあると普通の三角定規はあまり使うことがなくなる）
> ⑤ 円定規（丸かき）（1/100.1/200 の平面図のドア表示はほとんどこれによる）
> ⑥ 字かき（テンプレート）（数字、ローマ字の書込みに使用する）
> ⑦ スケール（物差し）（三角スケールが便利で利用しやすい）
> ⑧ 鉛筆（シャープペンシルの0.4, 0.3 mmを使うことが多い）
> ⑨ 消し板（ステンレス製のものが一般的である）
> ⑩ 消しゴム（プラスチック製のものと砂ゴムの両方が必要になる）
> ⑪ 刷毛（消しゴムで消したあとの掃除用）
> ⑫ 製図用テープ（ドラフティングテープ）（トレペの固定に使用する）

④ 製図台

このほか，機械化された用具として，ドラフター，プレイダーなどの商品名で知られる可動式のスケールを兼ねた縦横の定規を製図板に固定した形式の製図機器がある。製図台は平型と立型に分かれるが，平型は片袖机の上に製図板をおく形が多くみられ，この場合，定規は平行定規かT定規になる。立型は機構的にもT定規や平行定規は使えない形が多く，代わってドラフター，プレイダーなどの製図機器が使われる。

⑤ 定規その他

定規類は，T定規，三角定規，勾配定規，雲型定規，アール定規，自在定規などがあり，もっとも利用されるのは勾配定規であろう。製図には数種類の縮尺を使うので，必要な縮尺が一本の定規に刻まれている三角スケールは必需品になる。

このほか，コンパス，ディバイダー，字消板，刷毛ないしは箒，消しゴム，シャープペンシル，各種テンプレート，テープ類などがある。

⑥ パソコン

パソコン利用によるCAD（キャド・computer aided design）はコンピュータを使い，キーボードやマウスを操作してディスプレーを見ながら設計を進める。さまざまなソフトウエアの利用により，一般建築図面から日影図，透視図など高度なレベルの作図をこなすことができる。

2) 製図法－製図規格

図面作成の決まりや約束事は少なくないが，描く人によって違いがあり過ぎると混乱のもとになる。できるだけ統一のとれた表示を身につけたいものである。

以下にその事例として日本工業規格（JIS A 0150）の表示記号をもとに建築製図の概要を紹介しておく。

① 線の種類と用法

表2.6 線の種類と用途

線の種類	名称ほか	線の用途
太い実線	────────	外形線（対象物の見える部分の形状を示す）
細い実線	────────	寸法線（寸法の記入）、寸法補助線（寸法記入のため図形から引き出す線）、引き出し線（記述・記号等を示すために引き出す線）、回転断面線（図形内にその部分の切口を90°回転して現す線）、中心線（図形の中心線を簡略に示す線）、水準面線（水面、液面などの位置を現す線）
細い破線または太い破線	─ ─ ─ ─ ─	隠れ線（見えない部分の形状を示す）
細い一点鎖線	─・─・─・─	中心線（図形の中心を示す） 基準線（ある位置の決定の基準を示す） ピッチ線（繰り返し図形のピッチの基準を示す）
太い一点鎖線	━・━・━・━	基準線（特に主要な基準線に使用） 特殊指定線（特殊な施工の範囲等を示す）
細い二点鎖線	─‥─‥─‥─	想像線（移動する部分の移動範囲等を示す） 重心線（断面の重心の連続を示す）
波形の細い実線またはジグザグ線	～～～／＼／	破断線（図面の一部を省略する場合に使用）
細い一点鎖線	─┐_┌─	切断線（断面図の切断位置を示す）

　建築図面の線は表のとおりであるが，実線については，太線と細線のほかに，中線も必要になることがあり，線の太い細いとともに，濃淡を使い分けることでこれが作成可能になる。これらの線を使うことで図面に部分的な強調感や立体感を与え全体として一目で見やすくわかりやすい図面になる。よい図面には，正確でわかりやすいという条件が必要であるが，同時にこのような図面は一見して美しいものでもある。

② 製図の文字，数字

　文字も図面全体と同じように，これを見るすべての人にわかりやすいことが基本である。下図はJIS Z 8302（製図通則）による参考例である。

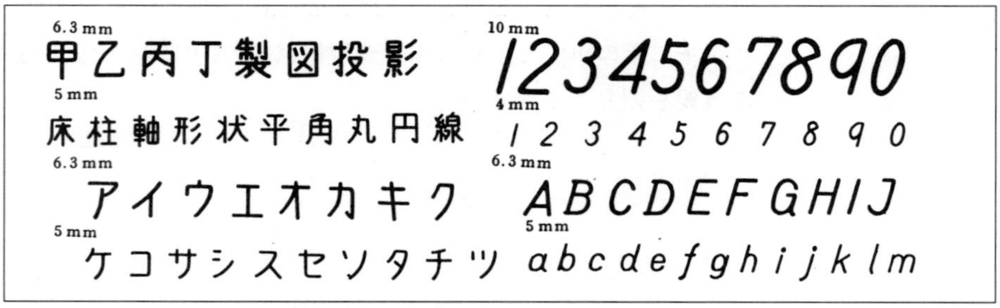

```
6.3mm
甲乙丙丁製図投影    10mm
                    1234567890
5mm
床柱軸形状平角丸円線   4mm
                    1 2 3 4 5 6 7 8 9 0
6.3mm              6.3mm
   アイウエオカキク    ABCDEFGHIJ
  5mm             5mm
   ケコサシスセソタチツ   abcdefghijklm
```

図2.50　製図用の文字（JIS Z 8302）

③　製図の縮尺

建築のような大きなものは実際の大きさ（原寸）では用紙のなかに描き切れないので，一定の範囲の縮尺を使うことにしている。JISの建築製図通則では，原則としてつぎの13種類の尺度が定められている。

　　1/1，1/2，1/5，1/10，1/20，（1/30），1/50，

　　1/100，1/200，（1/300），1/500，1/1000，

　　1/2000，このうち1/1は原寸と呼ばれる実物の大きさの図である。

④　寸法等の表現

図面の寸法はすべてメートル法が用いられ，数値はミリメートル単位で表すのが原則で，たとえば3メートル64センチは，3,640と記入する。

縮尺は建物の規模によって異なるが参考数値を示しておく。

表2.7　図面と縮尺事例

図面図	縮尺	図面図	縮尺
配置図	1/100，1/200，1/300	軸組図	1/100，1/200，1/300
平面図	1/50，1/100，1/200	矩計図	1/20，1/30
立面図	1/50，1/100，1/200	展開図	1/50，1/100
断面図	1/50，1/100，1/200	詳細図	1/20，1/30
各伏図	1/50，1/100，1/200	部品図	1/1，1/2　1/5，1/10

⑤　図面の表示記号

建築の図面には，実際の建物にある窓やドア，壁といった建物の部分を含めたその全体をだれにも判別できるように表現をする必要がある。そのためには共通の表示記号を決めておかないと書く人によって表現がばらばらになり，書いた人以外の人には図面の内容を理解できないという結果になる。そこでJISでは以下のように表示方法を決めている。

表2.8　平面表示記号表

①出入り口一般	⑥折畳みとびら	⑪雨戸	⑯はめ殺し窓他	㉑格子付き窓
②両開きとびら	⑦伸縮間仕切	⑫網戸	⑰上げ下げ窓	㉒網　窓
③片開きとびら	⑧引違い戸	⑬シャッター	⑱両開き窓	㉓シャッター付き窓
④自由とびら	⑨片引き戸	⑭両開き防火戸 防火壁	⑲片開き窓	㉔階段昇り表示
⑤回転とびら	⑩引込み戸	⑮窓一般	⑳引き違い窓	

表2.9 材料構造表示記号表

	縮尺1/100または 1/200程度の場合	縮尺1/20〜1/50程度 （左欄の場合も可）	原寸，縮尺1/2、1/5 程度（左欄でも可）
①壁一般			
②コンクリート RC			
③軽量壁一般			
④ブロック壁			実形をかいて材料名を記入する
⑤鉄骨			
⑥木材，木造壁	真壁造 管柱、片ふた柱、通柱 大壁造（柱の種類を区別する場合） 大壁造（柱を区別しない場合） 管柱、間柱、通柱	化粧材　構造材 　　　　補助構造材	化粧材　構造材　補助構造材 年輪または木目を記入する 合板
⑦地盤			
⑧割栗			
⑨砂利，砂		材料名を記入する	材料名を記入する
⑩石材，擬石		石材名または ぎ石を記入する	石材名または ぎ石を記入する
⑪左官仕上		材料名および 仕上げの種類を記入する	材料名および 仕上げの種類を記入する
⑫畳			
⑬保温吸音材		材料名を記入する	材料名を記入する
⑭網		材料名を記入する	
⑮板ガラス			
⑯タイルまたは テラコッタ			
⑰その他の材料		輪郭をかいて 材料名を記入する	輪郭または実形をかいて 材料名を記入する

3章 施設計画案内

施設の全体像

1 施設計画あるいは施設計画各論とは

　施設計画案内という表題を掲げているが，この内容と意味について，まず説明をしておこう。施設とは，小学校とか美術館，コミュニティセンターなどの使用目的をもつ建物のことである。そこで小学校という施設を取り上げて，この施設だけに限って必要とされる設計のための予備知識（ノウハウ）を集めておくと，設計者にとっては，非常に心強い支援材料になるはずである。言いかえると，建物別の設計マニュアル（手引書）というのが，この目的である。もともと，建築計画の研究者のなかには，学問としての建築計画の研究成果が，設計という仕事に直接結びついて，その有用性を発揮すべきであると考えるグループがあった。
　東京大学の吉武研究室（当時）は，その中心的な役割を果たしてきている。
　結果として，この施設計画とか，施設計画各論などとよばれる建物別設計ノウハウの収集と充実という分野は，建築計画のなかでも重要な部分として定着することになった。現在，建築計画と名乗る書物や教科書のなかには，この施設計画だけを取り上げているものが多いことでも，この間の事情がうかがわれる。本書でも，この傾向を無視することはできないので，以下に施設計画をとりあげるが，これに先立って，施設計画の分野が抱えているいくつかの問題点を紹介しておくことにしよう。

2 施設の全体像と分類

　私たちのまわりにみられる施設としての建築は，多様で広い範囲にわたっており，しかも，その種類は確実に増えている。いままで存在しなかった種類の施設が当然のように新たに建ち上がり，その変種がさらに加わっていくことを繰り返しているからである。この世界は，日進月歩の世界であり，とても固定的にとらえることができないのが実情である。
　まず，このことを頭に入れて，施設というものを理解しておきたい。そして，このような条件のなかにはあるが，各種の施設を適切に整理分類して，対象とする施設の全体像を可能なかぎり理解しやすい形にすることも必要となる。
　一般に，施設の全体をわかりやすい形に分類をする方法が整理の仕方として知られているが，ここでも同様のやり方をとることにしたい。ここでは，分類の方法として，施設の用途に着目して，同じような使われ方をする施設を一つのグループにまとめて区分をする方法を採用している。しかし，施設の用途は予想がつくとおり多様であるから，これは分類というよりも，所要の用途の収集と羅列に終わってしまっている。しかし，これらの用途をさらに分類する意味もあまりないと思われるので，このままの用途をタイトルに使うことにした。
　この施設の用途を示すタイトルは，居住施設から始まって，最後の複合機能施設

まで15項目とし，これらの各項目に属する実際の施設の2〜3種類を取り上げて所要の解説を試みる構成をとっている。たとえば，居住施設の項目では住宅，集合住宅，集合住宅地という施設をとりあげて，それぞれの建築計画上の必要な知識と，設計面でのノウハウをまとめることにしている。

3 各施設に共通の要素

これからとり上げる15項目のタイトルに属する施設の種別は，約30数種類を数えることになるが，これらの施設の内容については，一定の形式に整理した形で全体の説明をすすめることにする。

一方，この全体の施設内容をみると，そのなかには，各施設に共通のものとみられる特徴や要素がいくつか含まれていることがわかる。これらを明らかにしておくのが，ここでの目的である。各施設の共通の要素を知ることによって，私たちは，まず，これらの多様な施設の基本的な仕組みを理解することが容易になるはずである。たとえば，検討が必要な施設の種類は変わっても，そのなかに共通の要素を発見することができれば，その施設の基本的な構成や骨格を理解することが容易になるであろうし，まったく初対面の施設の計画を進める際にも有効な支援材料となるからである。たまたま施設計画の各論の知識がなくても，その施設の基本的な仕組みを組み立てることができる一種の応用力を身につける手段にもなる。

1) 各施設の構成要素

それぞれの施設は，その用途にもとづく施設の種別によって，内容は異なるものの，共通の要素によって構成されており，およそ以下のとおりである。

施設の構成要素の基本

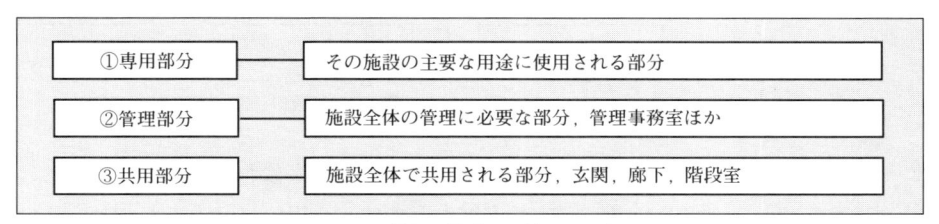

①専用部分	その施設の主要な用途に使用される部分
②管理部分	施設全体の管理に必要な部分，管理事務室ほか
③共用部分	施設全体で共用される部分，玄関，廊下，階段室

図-1 施設を構成する共通の要素

①専用部分 は，たとえば図書館では，閲覧部門（一般開架貸出室，ブラウジングルーム，レファレンスルームなど），収蔵部門（一般書庫ほか），BM部門（ブックモビール書庫，整理室，BM車庫等）などの所要室がこれにあたる。集会部門がある場合は，これも専用部分に含まれるが，専用部分を分類する場合は，専用部分の特別な用途部分として扱う。

②管理部分 は，同じく例を図書館にとると，事務室，館長室，応接室，会議室，受付，荷解室，整理分類事務室，湯沸室など，図書館全体の管理運営を担当する部門がこれにあたる。図書館の場合の業務をみると，その内容は，総務に相当する業務と，整理業務（蔵書の維持管理が中心），そして奉仕業務（出納　貸出，閲覧関連の業務が中心）の三つの分野に大別される。同じ管理部分でも，図書館以外の施

設をみると，それぞれ内容が異なるものばかりである。

③共用部分 は，三つの部分のうちでもっとも各施設に共通する部分が多い範囲であるが，その中身はつぎの三つの要素に分類できる事例が多い。

ⓐ 交通部分：玄関，玄関ホール，廊下，階段室などで，施設内の各機能部分を結びつけたり逆に分離をはかるための直接の役割を果たす部分である。

ⓑ サニタリー（衛生）部分：便所，洗面室，給湯室他などで，いわゆる水回り部分である。この部分は，専用部分に付属する利用者のものと，管理部分に必要になる管理者，職員用のものに区分した配置が必要になる例が多い。

ⓒ レスト（休息）部分：施設によって異なる内容になるが，ホールなどに隣接した休憩室，喫茶室，食堂などの部分で，とくに博物館や美術館では，その配置が重要視される。

2) 各施設のブロックプラン（Block plan）

建物の配置計画を立てる際に，そのブロックプランとよばれる建物平面の概略のプラン（建物平面の外郭線がわかる程度のもの）を想定できると，計画の立案に効果的である。各施設には，その典型的なブロックプランが知られており，そのいくつかのタイプのなかから，敷地や施設の条件に応じて適応するブロックプランを選ぶことができる。一般に知られているブロックプランのタイプには，つぎのようなものがある。

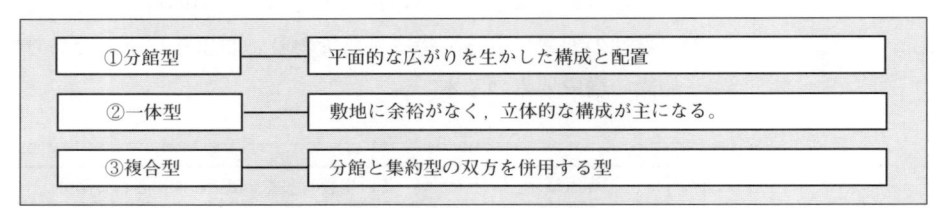

①分館型	平面的な広がりを生かした構成と配置
②一体型	敷地に余裕がなく，立体的な構成が主になる。
③複合型	分館と集約型の双方を併用する型

図-2 施設のブロックプランタイプ

①分館型 は，パビリオン型とよばれる。パビリオンとは，万国博覧会でのアメリカ館，日本政府館などの建物を思い出せるとわかりやすいが，あれがそれぞれパビリオンとよばれるものである。したがって，分館型は，建物として独立した棟にみえるパビリオンのいくつかを渡り廊下などでつないで一つの建物にまとめた形である。

この型を採用できる条件として，敷地に余裕があること，施設の規模があまり大きくなく，低層ないし中層規模におさまる程度であることなどがあげられる。フィンガープラン，多棟型，分散型なども同じタイプである。たとえば，学校建築での普通教室棟と特別教室棟，さらに管理棟や体育館などを廊下でつないだ形や病院での外来診療棟と中央診療棟，病棟などの各棟を廊下でつないだプランなどがこの場合の事例といえる。いずれの場合も外部空間との接触面が多いなどの利点があるが，規模により廊下の延長が大きくなり，内部動線が長くなるおそれもある。

②一体型 は，パビリオン型に対して，ブロック型とよばれる場合がある。こ

のほか単独型，集約型，コンパクト型などの表現も使われる。市街地や都心地区で，敷地に余裕がない場合などに使われるブロックプランである。その形は，建物全体がほぼ一棟で完結しているものが多く，階数も中層から高層タイプが多い。この場合，垂直交通は主としてエレベーターになるので，各フロアの動線は，分館型にくらべて短縮化が可能になり，能率のよいプランが実現できる。

このタイプで，タワー型といわれる高層部を主体にした型では，容積率の関連もあって，タワー部分の基準階平面の規模は，敷地面積にくらべて相当余地を残した規模にする場合が多く，タワーの四周は解放された空間に囲まれることになり，採光などに恵まれた高い居住性が得られる例が多い。この際，1～3階くらいまでの低層部分は，建ぺい率をフルに使った広大なフロアをとり，高層部との対比を構成する例があり，これを堂塔型とよぶ場合がある。

③複合型 は，分館型と一体型の，双方の要素を一つの建物に併用したタイプであり，市街地に立地する施設で，何回かにわたって増築が繰り返されたり，当初の設計者とは別人の建築家が増築などの設計を担当するなど，事情に変化がみえる施設などに事例がみられるが，実例は少ない。

4 案内の構成

各施設のガイド部分は，施設によって多少の違いがあるが，その基本的な構成はつぎのようになっている。

A 基本知識
1 施設の定義：定義，根拠法令，その他できるだけ根拠を明らかにする。
2 施設の種類，分類：種類，分類，根拠法令など
3 施設の機能：施設の基本的な機能，およびその根拠など
4 施設別基本条件：敷地，立地，施設のタイプなど

B 計画の基本
1 施設の組織，部門，所要室：施設を構成する所要室などを内部機能などで特定
2 施設の規模，規模策定の関連事項：規模策定のための法令，数値などを紹介
3 施設のゾーニング：計画の初期の段階で利用できるような事例を示す。
4 施設の動線計画：計画の初期の段階で利用できるような事例を示す。
5 施設の機能構成，機能図：計画の初期の段階で利用できるような事例を示す。

C 計画×設計
1 配置計画（敷地利用計画）：計画・設計に直結する配置計画の策定条件
2 平面計画：平面計画の策定に必要な要素，条件などを紹介
3 断面計画：施設の断面構成，各部の高さを決めるための資料などを示す。
4 構造，構法計画：よく使われる構造種別，計画条件などを示す。

● 施設の全体像

　5　設備計画：施設に必要になる主要な設備と計画方法を紹介する。
　6　各部計画：施設を構成する個別の空間について説明する。

D　この施設のキーワード

5 案内の趣旨と説明

1）この構成の目的

　全体を四つの項目に分けたのは，まず，各施設の説明を共通の内容で進められるようにしたことが第一の目的である。さらに四つの項目には独自の意味をもたせて，全体として，計画の基本的な知識を得ると同時に，設計製図への応用が確実にできることを意図しており，これが第二の目的である。以下にA，B，C，Dの各項目の意味と目標を示しておく。

A　基本知識

　ここでは，施設についてのもっとも基本的なガイドとなるような定義，種類，機能といった施設についての基本的な知識を確認できるようにしたい。またその施設独特のタイプ，パターンなども明らかにしておきたい。

B　計画の基本

　具体的な設計をはじめるには，どこから手をつけるか。それはこの段階からなのである。もちろん，ここからのスタートには，Aの基本知識をすでに身につけていることが条件になる。まず，対象とする施設の所要室の全体を確認する。これが不十分であれば，あとのスタデイは不可能か，やって見ても必ずやり直しというペナルティをこうむることになる。この所要室という計画の素材を，動線計画以下の計画の手法を使って具体的な建築の形に近づけていく方法が，このBの段階にあたる。

C　計画×設計

　計画×設計とは，あまり見慣れない表現であるが，計画と設計という二つの異なる教科がこの段階では，あたかも一つの教科ないしは段階に見えるような状況を考えた結果である。もともと設計という仕事の流れのなかには，企画と計画，計画と設計という組合せのなかで，両者の区別がつきにくい場面が存在することが知られている。このなかで，設計をより良い形で進めていくにはどんな方法があるのか。計画と設計を思うままに組み合わせ，双方を生かした形で成果を上げる方法は何かを考え，実際に見つけることがここでの目的である。

D　この施設のキーワード

　本文で取り上げられなかった特殊な用語や新しいノウハウ，さらに建築士試験でよく見られる言葉などを選んでとりあげる。

施設1 居住施設
1 独立住宅

A 基本知識

1 住宅の定義

独立住宅は，長期間にわたって，特定の人や家族が生活を営むための，1棟の独立した建物である。この目的のためには，一定の水準の居住性能が必要になり，なかでも，プライバシー（独立性）は，他の建物とは比較にならないほど重要な部分である。

2 住宅の種類・分類

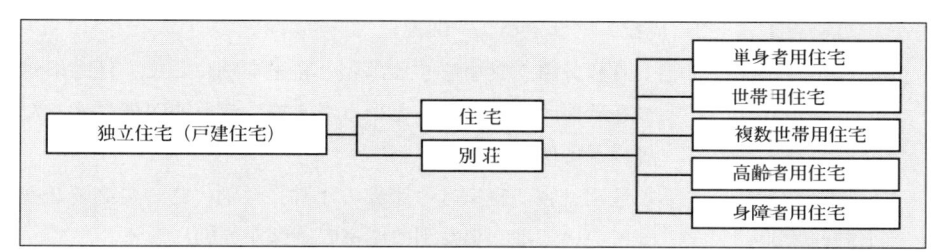

```
独立住宅（戸建住宅）─┬─住宅─┬─単身者用住宅
                  │      ├─世帯用住宅
                  │      ├─複数世帯用住宅
                  │      ├─高齢者用住宅
                  │      └─身障者用住宅
                  └─別荘
```

図1.1 住宅の居住者別分類

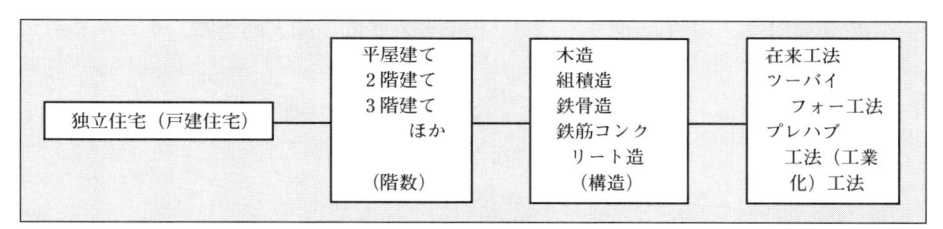

```
独立住宅（戸建住宅）─┬─平屋建て      ─┬─木造           ─┬─在来工法
                    │ 2階建て       │  組積造         │  ツーバイ
                    │ 3階建て       │  鉄骨造         │  フォー工法
                    │ ほか          │  鉄筋コンク     │  プレハブ
                    │               │  リート造       │  工法（工業
                    │ （階数）      │  （構造）       │  化）工法
```

図1.2 住宅の工法別分類

3 住宅の機能

住宅は生活を維持するための建築施設である。生活の中身は，単身世帯，単一世帯，複数世帯など居住する世帯や世帯の規模などによって異なり，それぞれの生活内容が，これに見合う生活空間を必要とする。この生活を維持するための生活空間は，ここで必要とされる各種の機能を満足できるものでなければならないが，これらの機能が住宅の機能を形づくっている。各世帯に共通の必要となる機能は以下のとおりである。

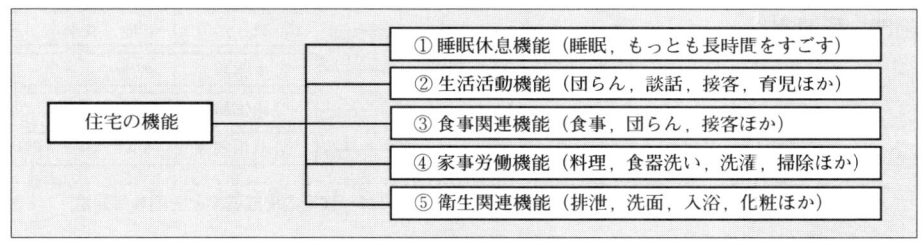

```
住宅の機能─┬─① 睡眠休息機能（睡眠，もっとも長時間をすごす）
          ├─② 生活活動機能（団らん，談話，接客，育児ほか）
          ├─③ 食事関連機能（食事，団らん，接客ほか）
          ├─④ 家事労働機能（料理，食器洗い，洗濯，掃除ほか）
          └─⑤ 衛生関連機能（排泄，洗面，入浴，化粧ほか）
```

図1.3 住宅の機能構成

1 独立住宅

4 住宅の基本条件

① 安全性：地盤，風水害，土砂崩れなどに対して安全な地形，排水良好ほか
② 居住性：日照，通風，湿気など
③ 利便性：交通機関とくに大量輸送機関の有無，日用品店舗，医療，教育施設ほか
④ 都市基盤施設：道路，電気，電話ガス，上下水道ほか
⑤ 地形：高低差，地形ほか
⑥ 土地柄：閑静な土地，高台，評判，住民の気質ほか
⑦ 法規性：建ぺい率，容積率ほか

2) 方位との関連
① 主要居室は南面採光
② 夏，冬の季節風向を考慮

3) 規模，プライバシー関連
① 食寝分離：食事をする部屋と寝室を別にして，住宅に対する最低レベルの一つを確保すべきであるという考え方。これを可能にするためには必要とされる規模が条件になる。
② 性別就寝：寝室は，家族の年齢，性別に応じて必要な室数を確保する。子供室については，男女別の個室の確保が原則になる。

4) プライバシーと住宅
① プライバシーが必要な空間：個人的空間，サニタリースペース，住宅そのもの
② プライバシーの構成要素：プライベートスペース＋プライバシーのある動線，廊下階段など

5) プライバシーの要素
① 間取りのプライバシー：計画上の総合的な成果，良い住宅の条件
② 音のプライバシー：遮音が必要，木造では困難，遮音性能は材料の質量に比例するため
③ 視線のプライバシー：サニタリー，プライベートスペースで必要。その他玄関やホールでも必要になる場合がある。

B 計画の基本

1 住宅の構成要素，部門，所要室

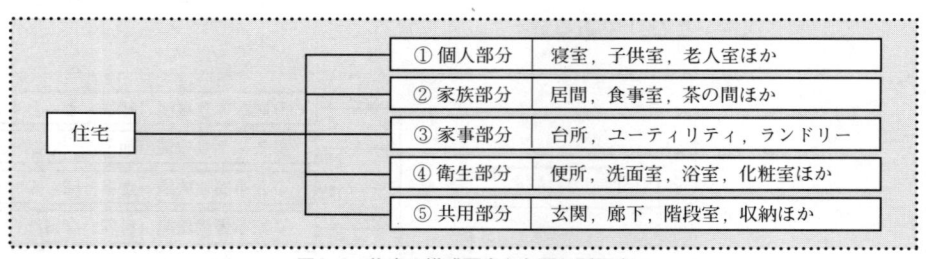

住宅
- ① 個人部分　寝室，子供室，老人室ほか
- ② 家族部分　居間，食事室，茶の間ほか
- ③ 家事部分　台所，ユーティリティ，ランドリー
- ④ 衛生部分　便所，洗面室，浴室，化粧室ほか
- ⑤ 共用部分　玄関，廊下，階段室，収納ほか

図1.4　住宅の構成要素と主要な所要室

住宅を構成する要素は，上図のような5種類の区分ができる。その性格などはつぎのとおりである。

① 個人部分：プライベートスペース，プライバシーの確保が条件の一つ
② 家族部分：リビングスペース，団らん，接客などアクティブな生活空間
③ 家事部分：ワーキングスペース，複合的な作業空間，家族部分との関連
④ 衛生部分：サニタリースペース，プライバシーも必要な水回り空間
⑤ 共用部分：個人部分とその他の部分との接点に配慮が必要

2 住宅の規模

住宅の規模は，一般にn・LDKなどで表すことが多く，この場合のnは，LDK（居間，食事室，台所）を除く，居住室の数を示すもので，たとえば，3DKは，3居住室（寝室）＋台所，食事室の組合せを示す呼称である。

表1.1　住宅規模事例

室の構成記号	延床面積（㎡）	室の構成記号	延床面積（㎡）
① 3LDK	72.0	⑦ 4LDK	100.0
② 3L・DK	82.5	⑧ 4LDK	118.2
③ 2LD・K	83.2	⑨ 5LD．K	145.4
④ 3LD・K	89.0	⑩ 3L・2D・K	172.2
⑤ 3LDK	92.0	5LDK	176.0
⑥ 4DK	99.3	6LD・K・S	198.0
＊事例の構造は木造，鉄骨造，RC造で2階建てが主流。			

注）室構成の記号，数字：就寝室数，L：居間，D：食事室，K：台所。，DK：食事室兼台所，S：物置，納戸

3 住宅のゾーニング

住宅を構成している所要空間を同種，同系の部屋に区分をしてみると，各空間や所要室の相互の関連が明らかになってくる。先にあげた構成要素を基にして，住宅のゾーニングを試みる。

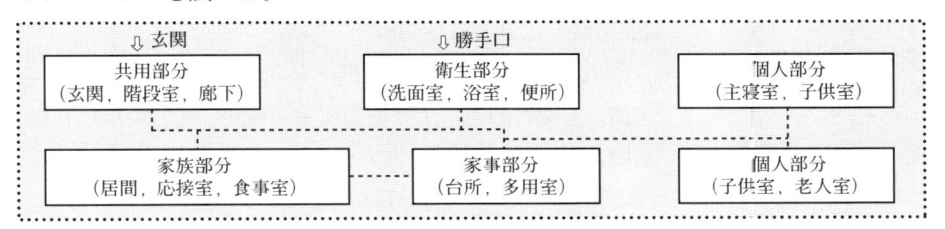

図1.5　住宅のゾーニング事例

4 住宅の動線計画

1) 住宅に発生する動線：①プライベートな動線，②パブリックな動線
2) 動線計画の基本：①利便性（能率の良さ，わかりやすさ），②快適性（プライバシー，安全性の確保）
3) プライベートな動線（寝室など個室と便所，浴室間の動線）とパブリックな動線（玄関と居間，応接室間の動線）は交差，接触しないようにする。
4) 動線計画で考慮が必要な要素：①食寝分離，②個室の確立（個室は直接の出入りができること，通抜け動線の禁止），③各居室の居住性確保（日照，採光通風，プライバシーなどの確保），④動線が単純で明快，利便性が高いこと

1 独立住宅

```
┌────────────────────────────────────────────────────────────────┐
│        ⇩玄関              ⇩勝手口                              │
│   ┌──────────┐       ┌──────────┐       ┌──────────┐          │
│   │  共用部分  │       │  衛生部分  │       │  個人部分  │        │
│   │(玄関,階段室,廊下)│   │(洗面室,浴室,便所)│   │(主寝室,子供室)│    │
│   └──────────┘       └──────────┘       └──────────┘          │
│   ┌──────────┐       ┌──────────┐       ┌──────────┐          │
│   │  家族部分  │       │  家事部分  │       │  個人部分  │        │
│   │(居間,応接室,食事室)│ │(台所,多用室)│    │(子供室,老人室)│     │
│   └──────────┘       └──────────┘       └──────────┘          │
│   ──── 家族の動線    ──── 来客の動線    ----- 物の動線          │
└────────────────────────────────────────────────────────────────┘
```
図1.6　住宅の動線計画図事例

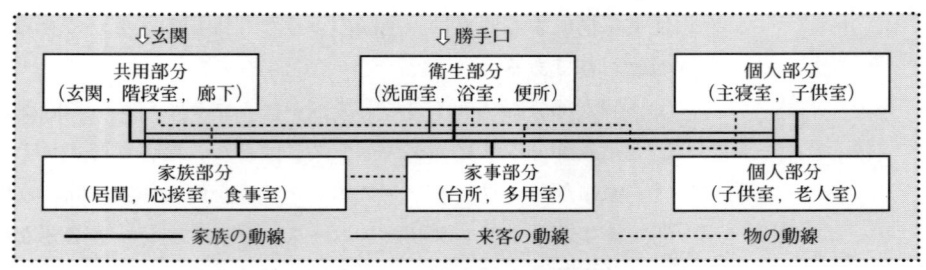

5　住宅の機能構成，機能図

1）機能図と計画図

　計画の3要素→①所要室＋②動線計画＝機能図×③規模（広さ）＝計画図

　上の模式的な表現は，所要室を確認したら，これらに動線計画上の検討を加えこ
とによって機能構成を明らかにすること，すなわち機能図を作成することが可能に
なる。この機能図に規模の要素を加えると，具体的な平面図などの計画図を作成す
る段階に進むことができる，ということを示している。

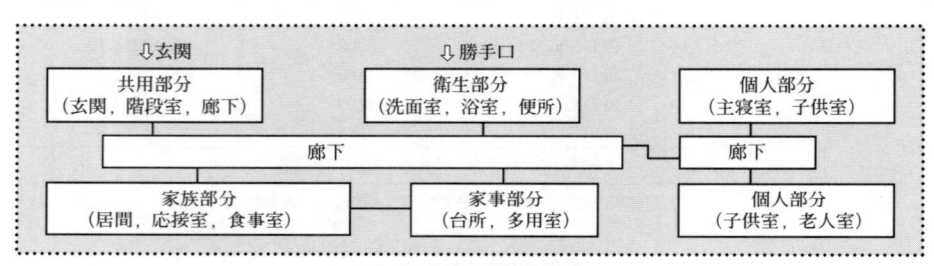

図1.7　住宅の機能図事例

　　　|C　計画×設計|

1　配置計画（敷地利用計画）

1）前面道路の位置と敷地利用

　①　南道路の敷地：採光，日照上有利。道路を南側庭に連続する空地として利用
　　　可能。玄関の配置により南面居室が減少。北側隣地に日影の影響。アプローチ，
　　　玄関などで南側居室のプライバシーが低下。

　②　北道路の敷地：北側斜線の制約減少。南側隣家の日影の影響を受ける。アプ
　　　ローチ，門などで南側庭を使わなくてすむ。

　③　東道路の敷地：南側道路と類似の効果。玄関のために東向きの居室が減る。

　④　西道路の敷地：西日を避ける意味で，この面に配置したい居室が少ないから
　　　玄関を配置しやすく，その点で有利。

2）地形と敷地利用

　①　南北に長い敷地：南面間口が小さいと，南向きの居室数に制約が生じる。

　②　東西に長い敷地：南面する居室が多くとれて有利だが，廊下が長くなる。

　③　不整形（三角など）敷地：土地利用効率が悪い。むだで細切れの空地が残る。

　④　高低差のある敷地：南斜面なら利用しやすい。スキップフロアなど

2 平面計画

1) 平面計画の計画要素
   ① 所要室：所要の内部機能を分析して特定。
   ② 動線：所要室相互の位置関係の分析によって計画。
   ③ 計画上の利便性：使い勝手の良さほか。

```
┌─ ①所要室：所要の内部機能を分析して特定
├─ ②動線　：所要室相互の位置関係の分析によって計画
└─ ③計画上の利便性：使い勝手の良さほか
     │
   コンセプト ─ 機能図 ＋ 規模条件 → 計画図
```

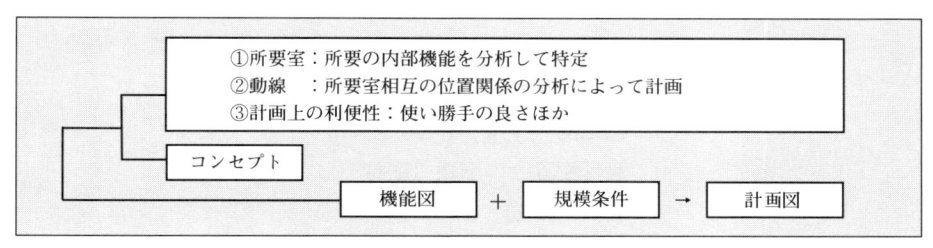

図1.8　平面計画の要素

　上図は，平面計画をまとめる際に必要になる要素とその関係を模式的に示したものである。所要室は平面計画を組み立てるための原材料であり，そのおのおのの機能性格などを確認してゾーニングをする。

2) 計画の手法
   ① 設計方法論：建築家，設計組織によって，多様で独自の事例がある。菊竹清訓・建築家（か・かた・かたち），L・カーン（フォーム・オーダー・ルーム）ほか。
   ② ゾーニング：住宅の各室，各空間を共通の性格で分類・整理して，建物の構成を単純化し，計画を容易に正確に進める手法。
   ③ モジュール：設計に使う各部の寸法を思うままに決めていくと無限にその種類が増えて混乱のもとになるので，一定の基準となる寸法（モジュール）を使うと便利，共同の設計で効果を発揮する。モジュロール（ル・コルビュジエの基準格子），一間モジュール，メーターモジュールほか。
   ④ プランのタイプ（典型例）：片廊下型，中廊下型，ホール型，併用型，センターコア型，コートハウス型

3) 各部の計画条件：計画上のポイントを示す（凡例①配置，②他室との関連，③プロトタイプ，④プラン，規模，⑤設計ポイント）。

a．リビングスペース

(i) 居間
   ① 南面，南東面
   ② 食事室（リビングダイニング），応接室，台所（リビングキッチン）
   ③ 独立型，共用型（LD，LDKなど）
   ④ 家具配置との関連，8畳以上
   ⑤ 収納，換気，空間の広がり，居間内の通抜けを許すか？

(ii) 食事室
   ① 南面，南東面

1 独立住宅

   ② 台所，居間，家族室
   ③ 独立型，共用型（ダイニングキッチン，リビングダイニング）
   ④ 食卓セット配置（6〜8畳以上）
   ⑤ 収納，換気，ガス栓，電話，インターホン
(iii) 応接室
   ① とくにないが，居間などと兼用ならこれにならう。
   ② 居間，書斎
   ③ 独立型（洋室，和室），共用型
   ④ 家具配置との関連（応接セット）
   ⑤ 収納，換気

b．ワーキングスペース
(i) 台所
   東面，南東面，北面（西面は避けたい。西日の影響）
   ② 食事室，ユーティリティ，家事室，洗面脱衣室，玄関ホール
   ③ 独立型（クローズ），共用型（オープン，セミオープン）
   ④ 流し台セット配列（Ⅰ型，Ⅱ型，L型，U型，アイランド型ほか）
   ⑤ 収納，換気，吸排気，防火性能，電話，インターホン，壁面必要
(ii) 家事室
   ① とくになし
   ② 台所，食事室，玄関ホール
   ③ 独立型，共用型（台所，洗面脱衣室，洗濯室，食事室ほか）
   ④ デスク，収納，洗濯機，乾燥機
   ⑤ 収納，換気，インターホン

c．プライベートスペース
(i) 主寝室
   ① リビングスペースと離すか遮音を考慮。
   ② サニタリースペース
   ③ 独立型，共用型（書斎コーナー付き，化粧コーナー付き，和室付きほか）
   ④ ベッド配置（ダブル1.35〜1.5m，セミダブル1.2m，シングル1.0×1.9〜2.1m）
   ⑤ 収納，プライバシー，電話，インターホン
(ii) 子供室
   ① 南面，南東面，日当たりの良い所
   ② サニタリースペース，主寝室（乳児・幼児期）
   ③ 独立型，共用型（ワンルーム・ツードア型など）
   ④ 家具配置との関連（ベッド，机，椅子，本棚，収納）
   ⑤ 収納，スペース，将来への配慮，（電話，インターネットなどへの配慮）
(iii) 老人室

① 南面，南東面，1階
② サニタリースペース，とくに便所は至近に，ただし音のプライバシーに注意
③ 独立型（一部屋型，続き部屋型，台所付きほか）
④ 和室主体だがベッドがよい，物入れを多めに，
⑤ 収納，換気，非常押しボタン，インターホン，壁付き手摺，床面段差ないこと

d．サニタリースペース
(i) 浴室
① とくになし。できれば南東，1階，階上でもよい。
② プライベートスペース，主婦スペース（台所，家事室）
③ 独立型，共用型（洗面共用型，洗面トイレ共用型など）
④ 浴槽形状寸法，給湯方式，ユニットバスルームなど
⑤ 換気，通風，給湯システム，プライバシー，壁付手摺（バリアフリー関連）

(ii) 便所
① とくになし，できれば東面，南東面
② プライベートスペース，洗面室，浴室，玄関ホール，居間，応接室（客用）
③ 独立型，共用型（洗面室，浴室）
④ 便器の配置（和風便器，両用便器，洋風便器，小便器，手洗器）
⑤ 通風，換気，排気，収納，プライバシー，暖房，壁付き手摺（バリアフリー）

(iii) 洗面室
① とくになし，できれば南東面
② プライベートスペース，浴室，便所，台所，玄関ホール，居間，応接室ほか
③ 独立型，共用型（浴室，便所ほか）
④ 洗面器，洗面化粧台の配置，形状寸法
⑤ 換気，通風，排気，収納，プライバシー，壁付き手摺，暖房

e．その他のスペース
(i) 玄関
① とくになし，西面が有利（他の居室と競合しない），前面道路位置ほかで決まる。
② 廊下，階段室，居間，応接室，台所，家事室ほか
③ 和風玄関，洋風玄関，バリアフリー設計
④ 土間部分広さ，ホール部分，収納
⑤ 玄関扉形式，寸法，施錠形式，収納，手摺（上りかまち横部分），段差

(ii) 階段室
① とくになし
② ホール，廊下，玄関
③ 直階段，折れ階段（行ってこい型，この字型，中あき型，回り型ほか）
④ 形式，踏面，蹴上げ，有効幅，踊場

⑤ 安全性，勾配，手摺，有効幅，仕上げ，照明，バリアフリー

(iii) 和室
① とくになし
② リビングスペース（座敷，茶の間，茶室），プライベートスペース（客間）
③ 独立型，共用型（同じ部屋で用途を兼用する場合，座敷と茶室など）
④ 6畳，8畳，10畳ほか，床の間，縁側，押入れ，踏込み
⑤ 京間，本京間，田舎間，数寄屋，書院などの様式

(iv) 納戸
① とくになし
② プライベートスペース，他各スペースに必要
③ 独立型，共用型（階段下ほか）
④ 収納物の配置，棚板
⑤ 換気，通風，除湿，防盗

3 断面計画

1) 住宅の断面のタイプ（典型例）：フラット型，スキップフロア型，1，2階逆転型
2) 各室の天井高：2.4mが一応の基準，居間まわりの大きな空間になると部分的にでも，より高い寸法がほしくなる。法令では，2.1m以上。

4 構造，構法計画

構造，構法の種類
① 木造：在来工法，軸組工法，ツーバイフォー，木質パネル工法ほか。
② スチールハウス造：正式名称が未定といえるが，木軸の代わりに薄肉鉄板製の成型軽量形材を使う新しい工法。
③ 鉄骨造：軽量鉄骨造，重量鉄骨造。

5 設備計画

1) 電気設備

　電灯照明設備，コンセント回路配線設備，電話，インターホン設備，ラジオ，テレビアンテナ聴視設備などが住宅の電気設備の概要である。最近はホームオートメーションとして，セキュリティや設備機器の遠隔操作などを加えた計画もみられる。

2) 給排水衛生設備

　給湯設備が局所式から中央式に変わりつつあり，水栓も湯水混合栓を使う事例が多くなってきた。また給湯機が風呂がまを兼ね，しかも追いだき可能の遠隔タイプが普通になったため，階上や給湯機から離れた浴室の配置が可能になった。衛生器具の進化とともに，この分野の利便性は高まっている。

3) 空気調和設備・換気設備

　住宅の空調設備は冷暖房設備に限定されており，現在ではヒートポンプ方式の小型ルームエアコンによる個別冷暖房が中心である。したがって，セントラル方式はほとんどみられなくなった。台所，浴室，洗面室，便所など換気が必要な箇所には，

それぞれ個別の換気設備を設置する設計が一般的である。

D この施設のキーワード

① ユーティリティ：多用室，家事関連，洗濯アイロンがけなどのための作業室
② コアシステム：給排水衛生設備関連の各室をまとめ設備をコア（核とか芯の意味）状にしたプラン。果肉にあたる居間が芯にあたる浴室などを囲む平面。
③ ダイニングキッチン：食事室と台所をワンルームにまとめた部屋，DK
④ ソーラーハウス：太陽熱を利用して冷暖房，給湯を行う住宅。アクティブソーラーとパッシブソーラーの二つの方式がある。

太陽光発電の例

太陽熱給湯の例

● 1 独立住宅

実例 米澤別邸

外観

設計：永森一夫建築設計事務所
施工：八ヶ岳観光開発
構造：1階・鉄筋コンクリート壁式構造，
　　　2階・木造
階数：地上2階
敷地面積：400.33m²
建築面積：　63.75m²
延床面積：116.89m²
主な用途：住宅（別荘）

南側立面図

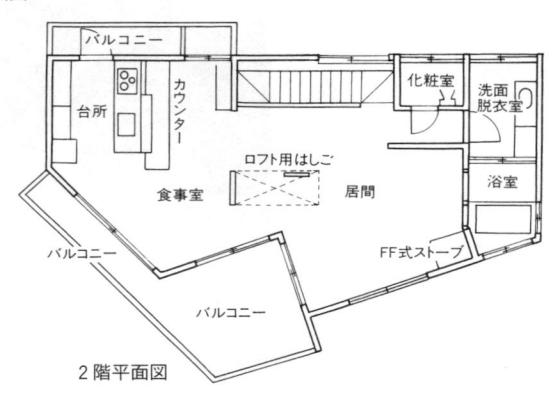

2階平面図

完成模型（南側外観）

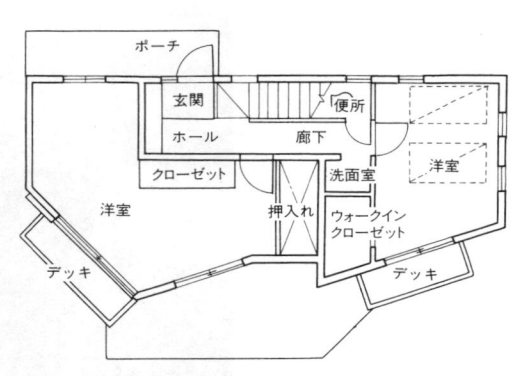

1階平面図（1/200）

施設1 居住施設
2 集合住宅

A 基本知識

1 集合住宅の定義

集合住宅はアパート（アパートメントハウス apartment hause）の総称で，独立した機能をもつ2戸以上の住宅（住戸）を1棟の建物（住棟）にまとめたもので，長屋と共同住宅に区分される。

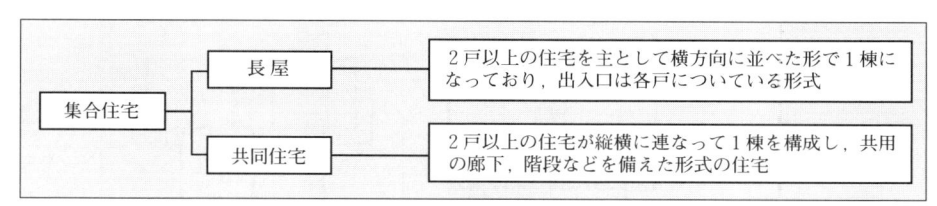

```
              ┌─ 長屋 ──── 2戸以上の住宅を主として横方向に並べた形で1棟に
集合住宅 ─────┤              なっており，出入口は各戸についている形式
              └─ 共同住宅 ── 2戸以上の住宅が縦横に連なって1棟を構成し，共用
                            の廊下，階段などを備えた形式の住宅
```

図2.1　集合住宅の区分

2 集合住宅の種類，分類

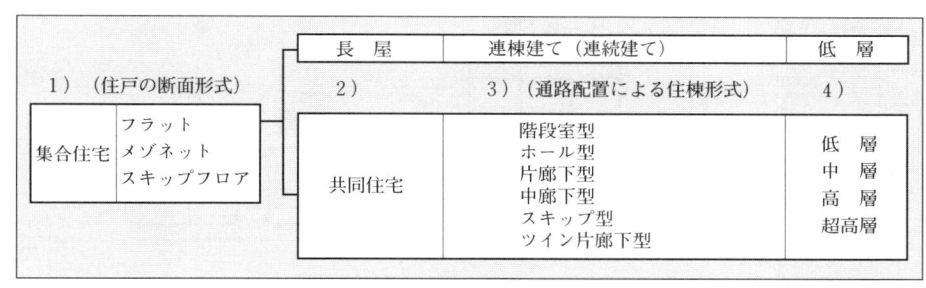

	長屋	連棟建て（連続建て）	低層
1)（住戸の断面形式）	2)	3)（通路配置による住棟形式）	4)
集合住宅 フラット メゾネット スキップフロア	共同住宅	階段室型 ホール型 片廊下型 中廊下型 スキップ型 ツイン片廊下型	低層 中層 高層 超高層

図2.2　集合住宅の大分類

1) 住戸の断面形式の分類：集合住宅のすべてのタイプは，まずその住戸の断面の形式で分けられ，表中のフラット，メゾネット，スキップフロアがその主要なものである。

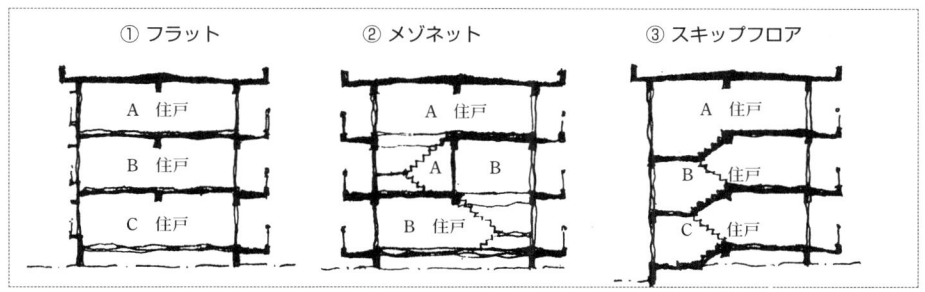

図2.3　住戸の断面形式

① フラット（flat）：一つの住戸が一層のみで完結している形式。平屋建ての住戸。

② メゾネット（maisonnette）：一つの住戸が二層以上にまたがっている2階建

ての住戸。結果として住戸に連絡する廊下などが不要な階ができるので共用部分の節約ができるなどの有利な点が得られる。

　③　スキップフロア（skipfloor）：一つの住戸が二層以上にわたるとともに，その床面の相当部分が半階分程度の高低差をもつ断面を構成する形式。

2) 長屋と共同住宅の区分：この区分では，建物の高さによる分類が考えられ，長屋は低層に限られ，共同住宅は低層を含むすべてのタイプが計画可能である。

3) 住棟形式による分類：共用部分（廊下，階段室ほか）の配置による分類

4) 建物の高さによる分類：低層（1～3階建て），中層（3～5階建て）など

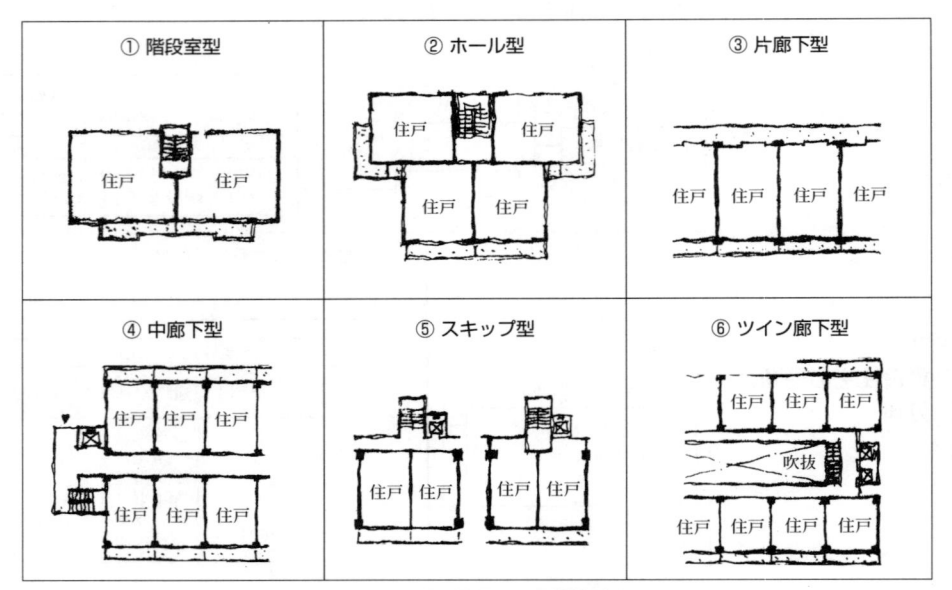

図2.4　通路の配置による住棟形式

　共同住宅は廊下，階段室などの共用部分の配置によってさまざまな住棟の型が生み出されている。その典型となっている型を紹介する。

　①　階段室型：階段室やエレベーターホールから直接住戸に入る形で，共用廊下がないから，南北等両面に開口部が付けられるなど居住性が高くなる。

　②　集中型：階段室，ＥＶなどを中央に置き，そのまわりを各住戸が囲む形で高層型に多い（＝ホール型）。

　③　片廊下型：片側の共用廊下によって各住戸に入る形。住戸の片面（北側など）が共用廊下に接するのでプライバシーをはじめ居住性が落ちる。

　④　中廊下型：中央の廊下から両側の各住戸に入る形。敷地当たりの住戸数が増して共用部分も節約できるが，日照，通風，プライバシーなどが劣る。

　⑤　スキップ型：住戸が2層の場合，共用廊下を2～3階ごとに飛ばして（スキップ）設けることができ，住戸の居住性を高め，共用部分を節約できる。

　⑥　ツイン片廊下型：二つ（ツイン）の片廊下型を吹抜けを挟んで接続した形で，中廊下型の改良型とみることができる。

5) その他の分類

これまで（住戸の断面形式）と（通路の配置による住棟形式）によって可能な分類を示してきたが，その他の分類として以下のものがある。

a. 住棟の全体像で分類：板状タイプ，塔状タイプ，複合タイプなど
b. 住棟の接地性で分類：接地型，準接地型
   ① 接地型：1～3階建てで1～3階建ての住戸で構成。全戸が接地タイプ。
   ② 準接地型：3階建ての住棟で，1,2階の住戸（接地タイプ）と2,3階の住戸（非接地型）との組合せ
   ③ 非接地型：中層以上にみられる1階住戸を含めて接地タイプの住戸がない型。したがって，専用庭がない形になる。

3 集合住宅の機能

集合住宅は戸建て住宅（独立住宅）という形式をとれない代わりに，計画上のさまざまな機能を目標にする住宅形式である。

1) 集合住宅の共同化による機能（設計目標－1）
   ① 敷地の共用化による1戸当たり建設コストの削減（経済効果）
   ② 高層化（多層化）による敷地の効率的利用
   ③ 建物の一部の共用化による各スペースの節減などで得られる経済効果
   ④ 建物の各部位（とくに構造体）の共用化による経済効果
   ⑤ 建物の建築設備の各部，配管などの共用による経済効果
   ⑥ 結果として住戸当たりのコストダウンをはかり，住宅としての機能を向上させる。

2) 集合住宅の問題点を住棟全体で解消をはかる機能（設計目標－2）

集合住宅には戸建て住宅とは異なる問題点があり，その大部分は住宅が集合したことで引き起こされるプライバシーの不足に関連することである。
   ① 共用部分をできるだけ少なくして問題の原因を減らす。
   ② 平面計画，断面計画の工夫で問題点の解消に努める。
   ③ 建築各部位の高品質化による性能の向上で問題点を解消する。

3) 共用部分の機能

住棟の玄関，廊下，階段室，エレベーターなどの共用部分は，いずれも集合住宅全体のなかで，住戸と戸外や他の住戸同士をつなぐ交通部分にあたり，日常の居住者の利便性を左右するうえで大切な要素になっている。さらに災害発生時の避難を受け持つのもこの共用部分であり，この配置の結果によっては，各住戸の居住性，とくにプライバシー（視線，音などのプライバシー）が損なわれる例が少なくない。

B　計画の基本

1　集合住宅の構成要素，部門，所要室

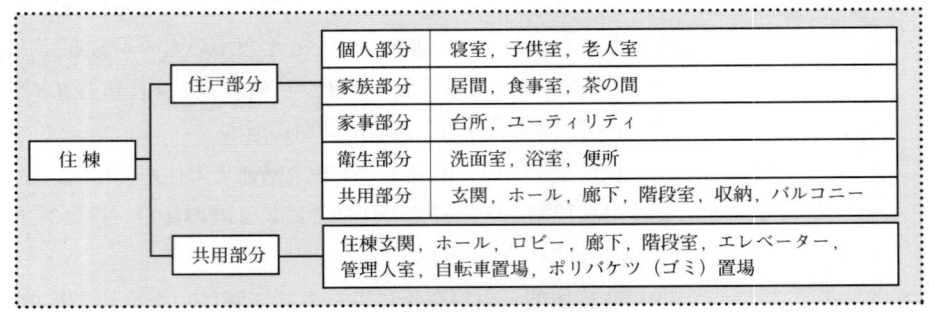

住棟	住戸部分	個人部分	寝室，子供室，老人室
		家族部分	居間，食事室，茶の間
		家事部分	台所，ユーティリティ
		衛生部分	洗面室，浴室，便所
		共用部分	玄関，ホール，廊下，階段室，収納，バルコニー
	共用部分		住棟玄関，ホール，ロビー，廊下，階段室，エレベーター，管理人室，自転車置場，ポリバケツ（ゴミ）置場

図2.5　集合住宅の構成要素と主要な所要室

2　集合住宅の規模

1）集合住宅の規模決定要素
　① 住戸規模（n・LDK，例　1DK，3LDK，4LDKなど）
　② 住戸数（n戸）
　③ 共用部分（玄関，ホール，廊下，エレベーターなど）
2）その他の規模決定要因（敷地条件，法令要因）
　敷地規模，前面道路幅員，建ぺい率，容積率，道路斜線制限他の高さ制限
3）集合住宅の住戸規模（公団住宅事例）
　1DK＝49.11m²　2DK＝52.93m²　2LDK＝57.43m²
　3DK＝63.82m²　3LDK＝72.71m²　4LDK＝98.15m²

3　集合住宅のゾーニング

集合住宅では一棟の建物にあたる住棟と，その住棟のなかに含まれる住戸という単位があり，双方ともにゾーニングの検討の対象になる。

1）住棟のゾーニング

住戸（n戸）	共用部分A	共用部分B

図2.6　住棟のゾーニング

集合住宅の中の共同住宅とよばれるタイプのゾーニングは，上図のように，住戸群と共用部分に区分され，さらに内部の各機能によって共用部分が複数のゾーンに分れる場合がある。

2）住戸のゾーニング

家族ゾーン	共用ゾーン	個人ゾーン
	衛生ゾーン	
	家事ゾーン	

図2.7　住戸のゾーニング

4 集合住宅の動線計画

1) 住棟内に発生する動線
   ① 住棟内住戸の居住者（発生頻度最多，住戸→住棟玄関，住戸→住戸ほか）
   ② 住棟内住戸への外来者，訪問者（住棟玄関→住戸）
   ③ 住戸内に搬入，搬出される物品（住棟玄関→住戸）
   ④ 火災など災害時に避難通路（頻度少ない，住戸→住棟外部）

2) 住棟設計での動線計画の目標
   ① 住棟内動線を極力短くして利便性をはかる。
   ② 各住戸のプライバシーを低下させない動線のレイアウトに努める。
   ③ 住棟内の共用部分を少なくできる動線計画を立てる。

3) 住棟内動線図

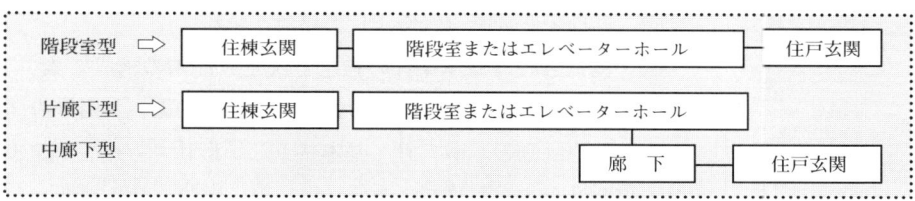

図2.8　住棟形式による異なる動線図

住棟内動線は住棟プランの分類タイプを生み出した根拠の一つになっている。

5 集合住宅の機能構成，機能図

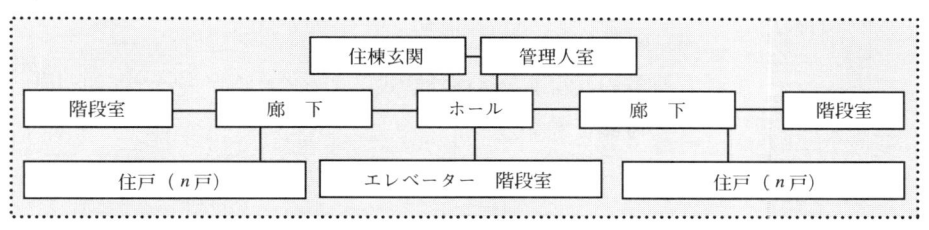

図2.9　片廊下型住棟機能図事例

C　計画×設計

1 配置計画（敷地利用計画）

1) 隣棟間隔

住棟の間の間隔は，日照，採光，通風などの条件と住棟間の視線のプライバシーや音のプライバシーの影響を考えて計画をする必要がある。とくに南北方向の隣棟間隔は，冬至日の正午を含み，1日当たり4時間の日照を確保できる間隔をとることが目安となっている。

2) 住棟の配置

住棟の配置は，住棟の形式や規模にもよるが，一般につぎのパターンがある。
   ① 並列型：南向きに配置された各住棟が同じ方向を向いて並ぶ形。日照，通風などの条件が各棟で同じで居住性の差が少ないが単調な景観になりやすい。
   ② 囲み型：敷地の利用や配置の方針などを明瞭に打ち出した配置手法で，道路計画と住棟配置を積極的に調和させ，景観にも相応の変化を加えることができ

るが，住棟によって，日照，通風などの条件が異なり居住性にも相当の差が出てくる。

3) 配置計画に必要な作業
① 敷地利用計画の策定：敷地の分析，法令の検討，敷地利用方針の策定など
② 敷地進入路とアクセス：敷地への出入口，門の位置の配置検討
③ 敷地内動線計画の策定：敷地内車道，歩道の配置，交通安全性の確保ほか
④ 住棟，施設配置計画の策定：住棟配置，隣棟間隔，空間構成の方針ほか
⑤ 屋外整備，外構計画の策定：造園，プレイロット，緑道ほか

2 平面計画

1) 集合住宅の建築計画プログラム
① 敷地利用計画（既策定）の検討と分析
② 住棟配置計画（既策定）の検討と分析
③ 住棟計画の基本条件の検討と決定：住棟の構成要素，プラン，形状，方位，アクセス方式，住戸集合形式，共用部分動線，共用施設ほか
④ 住戸計画の基本方針・基本プラン：形状，方位，アクセス位置，室数，室配置形ほか・設計諸元；面積，住戸数，階数，高さほか
⑤ 構造計画：基本方針，構造方式，構造材料ほか
⑥ 設備計画：基本方針ほか

2) 住棟共用部分計画

(i) 所要空間の確認

住棟の共用部分は住棟形式によって計画が必要な範囲が異なるので，各形式別にその確認をする。

表2.1　住棟形式別必要共用空間

住棟形式	共用空間の必要範囲				
	玄関	階段室	エレベーター	ホール	廊下
①階段室型	(○)	○	(○)	—	—
②ホール型	○	○	(○)	○	—
③片廊下型	○	○	(○)	○	○
④中廊下型	○	○	(○)	○	○
⑤スキップ廊下型	○	○	(○)	○	○
⑥ツイン片廊下型	○	○	(○)	○	○

上表で，○印は計画の範囲に含まれるべきものを示し，(○)印は，低層建物の場合はエレベーターが設置されない場合があり，階段室型の場合は，住棟の玄関が設けられない場合があることを示している。

(ii) 共用部分の配置条件

廊下，階段室などの共用部分は，日常に使われる条件のほかに，法令上の避難施設としての適法性が求められる。いずれの場合も2方向の避難が可能な避難施設の配置が必要である。

① 直通階段までの歩行距離：住戸各部からの歩行距離が50 m以下通路，居室の内装が準不燃以上なら+10 m，14階以下60 m以下，15階以上40〜50 m以下

② 屋外への出口までの歩行距離：避難階の居室から屋外への出口に至る歩行距離は100 m以下，通路を準不燃材以上とした場合の歩行距離120 m以下

③ 2以上の直通階段が必要になる場合：避難階以外の階の居室床面積が200 m² を超える場合，6階以上の階（すべて），5階以下の階 $S>100$ m²（>200 m²）

④ 直通階段までの重複距離：二つ以上の直通階段までの重複距離は25 m以下とし内装が準不燃材以上なら30 m以下にできる。

(iii) 共用部分の設計条件

① 廊下寸法：廊下幅・片廊下1 200 mm以上，中廊下1 600 mm以上，解放廊下の手摺高さ1 100 mm以上，

② 階段室寸法：直上階の居室 200 m²（地階100 m²）以上のとき，幅員≧120 cm，踏面≧24 cm，蹴上げ≦20 cm，直上階の居室 200 m²以下，幅員≧75 cm，踏面≧21 cm，蹴上げ≦22 cm，水平部分手摺高さ≧110 cm，

3) 住戸部分計画

① 住戸部分の計画条件として，その規模を決める要素として，所要室とその構成をあげることができる。たとえば，1 K（1個室＋台所），3 DK（3個室＋食事室＋台所），3 LDK（3個室＋居間＋食事室＋台所）などの例があり，このタイプによって住戸の規模もほぼ決まってくる。なお，これらの記号は日本住宅公団（現都市再生機構）が作成した公団住宅の住戸単位の室構成を示す記号であり，広く使われている。

② 住戸の断面形式：集合住宅の住戸を断面形式で分類すると，フラット（住戸の平面が1階建て，すなわち平屋で完結している形式）とメゾネット（住戸プランが2層にまたがっている2階建て形式）に分れる。

③ 住戸の外周解放条件：この条件次第で住戸の開口部設置可能な箇所が決まる。

表2.2　住戸外壁の解放条件

解放の程度	一面解放	二面解放		三面解放
平面図	□	□	□	□

④ 階段室型住棟の住戸：廊下が不要になる住棟形式なので，住戸の二面ないし三面からの採光が可能になり，居住性が高くなる。また南面の窓口を比較的大きく取ることが可能になる例も多い。

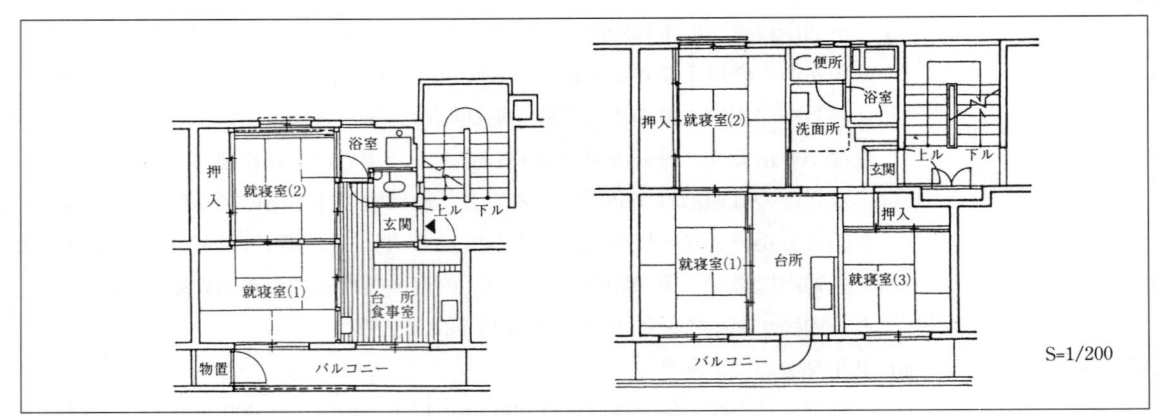

図2.10 階段室型住戸の平面事例

3 断面計画

1) 住棟と住戸の断面

集合住宅の住棟の断面は，そのなかの住戸の断面によって決まる。住戸の断面形式はフラット，メゾネット，スキップフロアの各形式があることはすでに述べた。

このうちのスキップフロアは低層の特殊な設計条件の事例に限られる。比較的例が多く，特別な断面型になるのがメゾネット形式の住戸からなる住棟の場合である。2階建ての住戸が重なる形のため住棟内に共用廊下が不要になる階ができ，結果として1戸当たりの共用廊下面積はフラットの場合より少なくなる。

2) 住棟の床高・天井高・階高

1階住戸の居室は，屋外の視線を避ける意味で床高を800～1 200mm程度は確保するようにしたい。住戸の居室の天井高は2 400mm前後（2 350～2 450mm）が望ましい。この場合の階高は，二重天井を張らない場合は2 700～2 800mm程度に納まるはずであるが，天井を張る場合は同じ天井高でも，2 900～3 000mm以上の階高が必要になり，さらに天井ふところ内に梁形を隠す場合は，構造断面にもよるが3 300mm以上の階高を考える必要がある。

3) 逆梁方式

近年集合住宅の断面に，本来は梁上端にあるスラブを梁下端につけて，ふところ部分を床下収納やパイプスペースに利用する特殊な設計例が見られる。

4 構造，構法計画

1) 集合住宅の構造の選定

集合住宅の構造は主としてその規模（とくに階数）と法令で決まる場合が多い。

表2.3 集合住宅の構造種別

	一般的な階数	採用される構造，工法
低　層	1～2階建て	鉄筋コンクリート（RC）造（壁式構造），木造，鉄骨造，補強コンクリートブロック造
中　層	3～5階建て	RC造（ラーメン構造，壁式構造），鉄骨造
高　層	6階以上	RC造（ラーメン構造），鉄骨造，鉄骨鉄筋コンクリート（SRC）造

上表のRC造のところをみてほしい。ラーメン構造と壁式構造の記入があるとおり，RC造はどちらの構造でも設計が可能である。低層の欄にはラーメン構造の記入がないが，やろうと思えばできるのである。この壁式構造はとくに集合住宅の設計のために開発された住宅に都合のよい構造方式なので，以下にその説明をする。

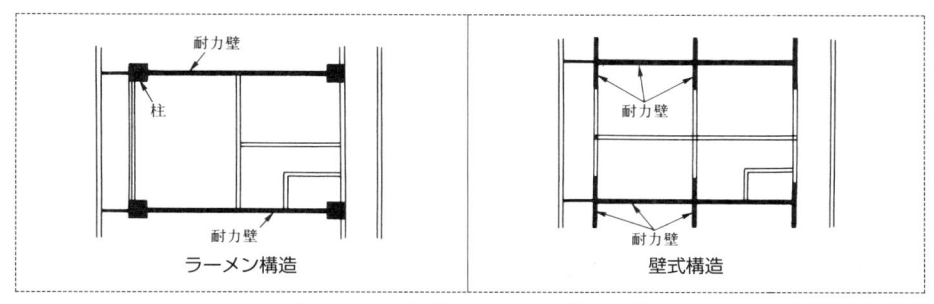

図2.11 壁式構造とラーメン構造の平面

ラーメン構造は，主要構造部材として柱と梁があり，この部材が互いに剛接という強固な接合方式でできているフレームで，これをラーメンとよんでおり，このフレームで構成されるのがラーメン構造である。壁や床スラブも一体式に成型される「RCラーメン構造」は，建物にかかる外力をもっとも有利な形で各構造部分に負担させることができる。また壁式構造にくらべて設計上の制約が少なく，とくに開口部を自由に設けやすいなどの利点がある。これに対して，壁式構造は，建物の主要な構造部分である柱や梁がなく，柱の代わりに壁を構造体にした特殊な形の構造方式で，RC造壁式構造や補強コンクリートブロック造などがある。その特徴としては，

① 中層（5階建て，高さ15 m以下）の規模の建物に限られる。
② 柱型がないので，部屋のなかに柱型が出ないため住宅の平面で有利であり，無理なく和室をつくりやすい。
③ 単位面積当たりの壁の量が一定以上必要になるほか，上下階で壁の配置に制約があるなど総体に開放的なプランをつくりにくい。

5 設備計画

集合住宅では，電気，給排水衛生，ガス，給湯，冷暖房，換気などの各設備が設けられ，いずれもその相当の部分が共用部分に含まれる。構造体などの共用部分と同様，これら設備の一部の共用化が集合住宅にとって一戸当たりのコストダウンを生み出すもとになる反面，この共用化は設計上の制約や居住性，維持管理上の問題を引き起こす原因にもなっている。

1) 電気設備

集合住宅の電気設備は，架空線または地中引込線で建物内に引き込まれる。建物内では住戸や共用部分に分岐され，照明やコンセントなどの回路に分けられる。

2) 給排水衛生設備，給湯設備

① 給水方式：集合住宅や団地の給水方式には，高架水槽（重力給水）方式，高

架給水塔方式，圧力水槽方式などがあるが，水圧の安定供給の面では高架水槽方式や給水塔方式が優れている。
② 給湯設備：瞬間湯沸器による局所方式から，各住戸の給湯機を設置して各給湯箇所に給湯をする中央方式が多くなってきている。

3) 冷暖房設備，換気設備

戸建て住宅と同じく，本格的な空調設備ではなく，空冷ヒートポンプ方式のルームエアコンによる冷暖房と換気扇（熱交換型換気扇を含む）での換気が主体。

4) エレベーター設備

エレベーター1基の受持ち戸数は50～100戸以内が一般的で，可能な限り1か所に2基以上を設置するようにしたい。

表2.4 エレベーターの各部平面寸法事例 (出典・日立カタログ)

	定員 積載量	速度 (m/min)	かご内法 $A×B$(外法) (mm)	出入口 幅 W (mm)	昇降路内法 $X×Y$(mm)	オーバー ヘッド OH (mm)
P ロープ 式乗用	6人 450kg	45 60	1 400×850 (1 450×1 035)	800	1 800×1 500	4 250 4 250
	9人 600kg	45 60	1 400×1 100 (1 450×1 285)	800	1 800×1 750	4 450 4 450
HP 油圧式 乗用	6人 450kg	45 60	1 400×850 (1 450×1 035)	800	1 900×1 650	3 250 3 300
	9人 600kg	45 60	1 400×1 100 (1 450×1 285)	800	1 900×1 900	3 250 3 300

6 各部計画

1) 住戸部分（計画上のポイントについては独立住宅の各部計画を参照）

(i) リビングスペース

居間，食事室：居間は13 m² 程度の広さが望ましく，広がりを求める意味でも居間，食事室をワンルームとした設計事例が多い。個室への通抜け動線がないようにしたい。食寝分離が可能なプランが原則である。

(ii) ワーキングスペース

台所，ユーティリティ：台所は換気と防火の対策が必要，さらに食事室とユーティリティへの直結のプランが望ましい。

(iii) プライベートスペース

① 主寝室：プライバシーの確保が必要，そのためには通抜け動線なしにサニタリースペースへの通路が必要。食寝分離が原則。収納が必要。

② 個室：性別分離就寝が原則，収納ほかが必要。通抜け動線がないこと。

(iv) サニタリースペース

① 浴室：出入口ドア幅は浴槽の出し入れが可能な寸法を確保する。

② 洗面室：浴室の前室の形で脱衣室を兼ね，洗濯機置場を兼ねる形が多い。洗面器関連の収納，換気設備が必要である。

③ 便所：プライバシーが確保できる配置，視線だけでなく音のプライバシーに

も配慮が必要。換気設備，コンセント（アース付き）が必要。
- v) その他のスペース
    ① 住戸玄関：廊下，階段室に面する出入口扉は一般に防火設備とし，避難施設としての性能を確保する。
    ② バルコニー：各住戸からの2方向避難を可能にするために，隣接住戸か上下階の住戸に避難できる計画とする。安全な手摺（高さ1.1m以上ほか）必要。
- 2) 共用部分
    玄関，廊下，階段室ほか：いずれも避難時の居住者の安全性に配慮する。

D この施設のキーワード

① 食寝分離：食事のための専用スペースを設け，寝室部分と分離すること。
② コーポラティブハウス：あらかじめ住宅入居希望者が集まって組合をつくり，入居者の希望をいれた設計により建設される集合住宅で，計画段階から管理組合の運営が機能するので，通常の分譲住宅よりも優れたコミュニティが期待できる。
③ フリープラン方式，メニュープラン方式，メニュー方式：公団（現都市再生機構）の賃貸住宅で試みられた間取りや内装を指定できるフリープラン方式や，あらかじめ用意されているいくつかのプランから選ぶことができるメニュープラン方式があるが，分譲住宅では，躯体（構造体だけの状態）の状態で分譲をし，残りの工事は購入した人が好みに合わせて仕上げるメニュー方式も実施されている。

中高層共同住宅の例

2 集合住宅

実例 FAIR CORURT MEGURO

設計：永森一夫建築設計事務所
施工：米持建設
構造：鉄筋コンクリート壁式構造
階数：地上3階
敷地面積：143.38m²
建築面積： 84.98m²
延床面積：251.76m²
主な用途：長屋

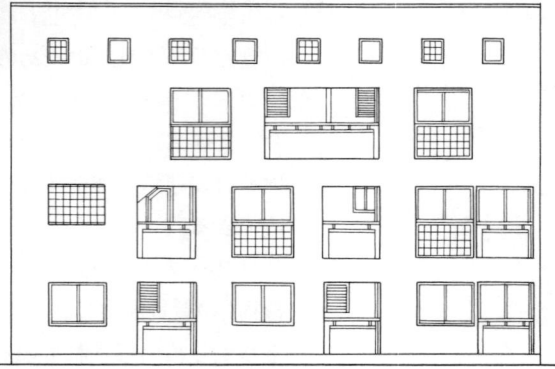

外観

南側立面図

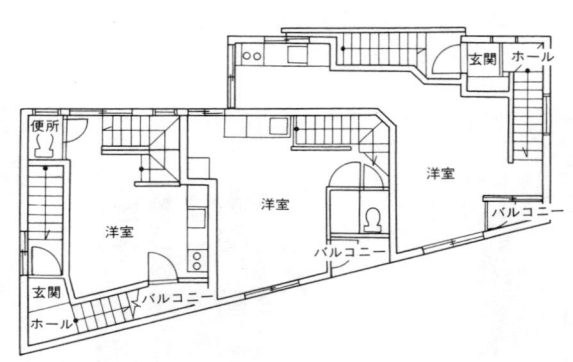

2階平面図

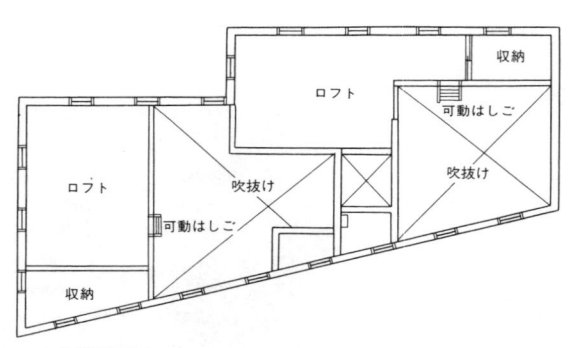

ロフト階平面図

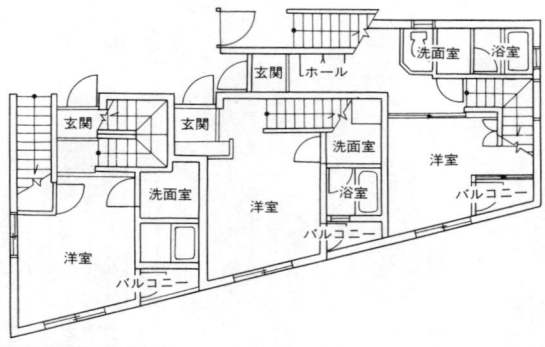

1階平面図（1/200）

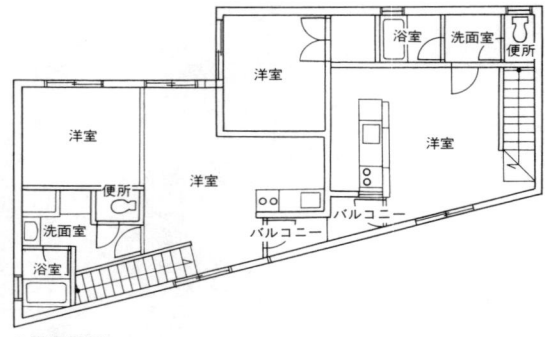

3階平面図

140

施設1　居住施設

3 集合住宅地

A　基本知識

1 集合住宅地とは

　1棟の集合住宅が建つ敷地から，数10棟以上の住棟が並ぶ大規模な住宅団地があるが，ここでは複数の住棟からなる団地を対象に取り上げる。

［住宅金融公庫融資集団住宅等建設基準］から

　第7条　住宅等の建設を行う一団の土地（以下「団地」という。）の選定にあたっては，次の各号に適合するよう努めなければならない。

(1) 道路，給排水施設，交通機関，公園，緑地その他の公的施設及び幼稚園，小学校，中学校，保育所，日用品店舗診療所その他の利便施設が，居住者の日常生活の利便上支障なく利用できる土地であること。

(2) がけくずれ，土砂の流出，出水，高潮等の危険のない土地，湿潤でない土地その他安全上又は衛生上支障のない土地であること。

(3) 騒音，振動，空気汚染その他の公害の著しくない土地であり，かつ，快適な居住環境が風教上著しく阻害されない土地であること。

(4) 住宅等を建設するのに適正な規模及び形状を有する土地であること。

2 規模等による種類，分類

1) 近隣住区理論として知られる都市の構造理論は各国で多様な研究と実践が重ねられてきたが，わが国では建築学会や建設省（現国土交通省）による団地基準案による段階的な住区の構成案が提示され現在に至っている。

2) 近隣住区を中心とした住宅地の段階構成と必要とされる共同施設

表3.1　集合住宅地の規模別段階構成と共同施設

単位	戸数	人口	共同施設
①隣保区	100～200戸	400～800人	幼児遊び場（プレーロット），ゴミ置場，掲示板
②近隣分区	1,000～1,200戸	4,000～5,000人	幼稚園，保育所，児童公園，診療所，集会所管，理事務所，警官派出所，日用品店舗
③近隣住区	2,000～2,500戸	8,000～10,000人	小学校，近隣公園，プール，日用品店舗

3) その他の分類

① 公営・民営団地

② 高層・中層・低層・混合住棟団地

③ 賃貸・分譲団地

3 集合住宅地の機能

1) 集合住宅地には，住宅用地の共用という基本的な機能が要求されている。目標となる戸数密度を確保しながら，団地全域に良好な居住性を確保することが，もう一つの必要とされる機能である。
2) 戸数密度とは，住宅戸数／土地面積（％）（戸/ha）で示される土地と建物の量的な関係を示す数値である。

B 計画の基本

1 集合住宅地の構成要素

```
集合住宅地 ─┬─ ①住棟
            ├─ ②集会所および管理事務所
            ├─ ③利便施設（日用品店舗，診療所，幼稚園，小学校ほか）
            ├─ ④駐車場
            ├─ ⑤自転車置場，ごみ置場
            ├─ ⑥児童遊園，公園，緑地，広場など
            ├─ ⑦団地内道路，通路
            ├─ ⑧給排水施設，汚水処理施設
            └─ ⑨植栽，芝生，花壇
```

図3.1　集合住宅地の所要構成要素

2 集合住宅地の規模

集合住宅地の規模を考える基準の単位として現在もっともよく利用されているのが先にあげた近隣住区である。近隣住区は1小学校区ともいわれ，小学校1校を必要とする人口がその規模の根拠になっている。大規模な住宅団地の場合は，複数の近隣住区が集まった形として構成する事例が多い。

3 集合住宅地の分析と利用方針の策定

表3.2　集合住宅地分析項目（⑦以降は大規模住宅地の場合）

敷地分析項目	利用方針策定のための検討項目
①敷地規模	敷地面積，建ぺい率，容積率，計画戸数
②敷地関連法令	地域，地区指定，各種の制限
③敷地の現況	現状地形，既設建物，植栽，地盤，都市施設の現況
④前面道路	前面道路幅員，都市計画道路の有無
⑤隣接地状況	前面道路，隣接地の利用状況
⑥環境状況	騒音，日照，電波の各障害の有無，景観
⑦住宅用地規模	住棟配置の基本，住棟タイプ，住戸数，戸数密度
⑧共用施設用地規模	用途別用地面積
⑨緑地公園用地規模	用途別用地面積
⑩交通用地規模	敷地内街路網，駐車施設，位置，駐車方法
⑪屋外整備用地規模	造園，外構

敷地の分析項目のなかで，とくに敷地の利用方針におおきな影響を与えるものとして，敷地の形状，敷地の高低差など地形に関する要素があげられる。同様に敷地の接道条件は，敷地への進入路の配置を決定づけるもので，敷地内道路網のレイアウトに関連してくる。

3章 施設計画案内

4 集合住宅地とゾーニング

敷地全体を利用方針にもとづいてゾーニングの手法によって，住宅用地，共用施設用地，公園，緑地用地などの各用地に色分けしてみて，敷地全体の性格や利用方針などの確認をする。

5 集合住宅地と動線計画

集合住宅地の内部，およびその周辺で発生するさまざまな動線について，その性格や役割を分析して，その動線に最適の形の道路，通路を計画して，敷地内の安全性や利便性そして快適性を得ることが計画の主要な目的になる。

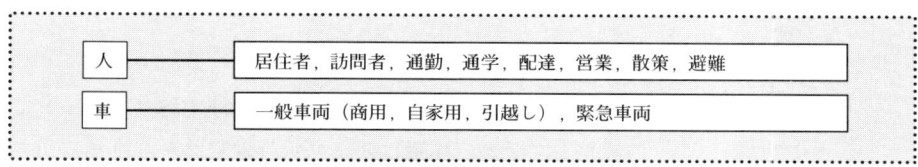

人	居住者，訪問者，通勤，通学，配達，営業，散策，避難
車	一般車両（商用，自家用，引越し），緊急車両

図3.2 集合住宅地の発生動線

C 計画×設計

1 配置計画

1) 住棟の配置

敷地内の施設配置で最優先されなければならないのが住棟の配置である。基本となる配置の条件は，日照，採光，通風の確保と災害時の安全確保，さらに各住棟間の視線や音のプライバシーが確保されていることである。

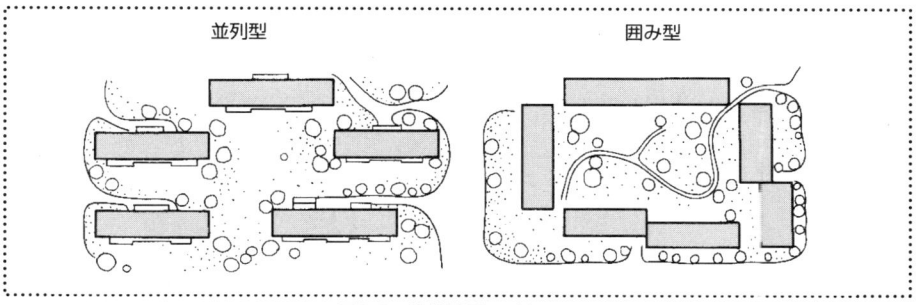

図3.3 住棟配置のパターン（並列型／囲み型）

2) 集合住宅地の敷地進入路

各進入路は緊急自動車（消防車，救急車など），引越し車両などの要件によって，各住棟まで直結できる形が原則である。このことは各住棟まで歩道，車道の双方を引込む必要があることを意味するから，住棟近くでの人車分離の困難な場所での安全対策として，車道での走行速度の規制が自動的に可能な車道のレイアウトの工夫がおもな対策になっている。その典型的な例を示す。

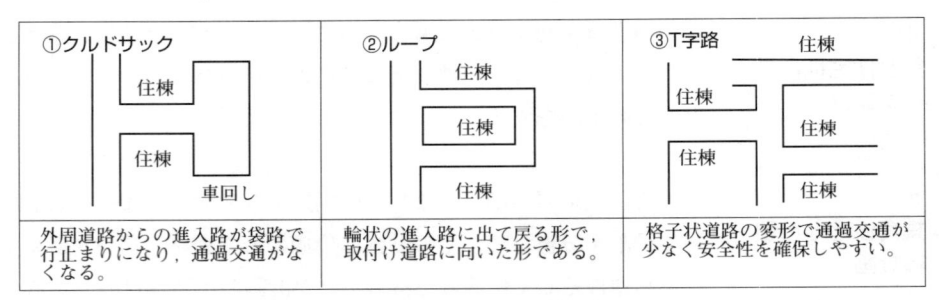

①クルドサック	②ループ	③T字路
外周道路からの進入路が袋路で行止まりになり，通過交通がなくなる。	輪状の進入路に出て戻る形で，取付け道路に向いた形である。	格子状道路の変形で通過交通が少なく安全性を確保しやすい。

図3.4 進入路のパターン

D この施設のキーワード

① ラドバーン・システム：アメリカの住宅地ラドバーンで計画された人車分離の道路システム。車道はループ状幹線道路から直角に引き込まれた袋路によって住戸に達する。歩行者の道は住宅地の中央緑地のなかを通り小学校に通じている。

② クルドサック：住宅地での住棟への寄付き道路に使われる袋小路状の道路で，行止まり部分に車回し用の膨らみが設けられている。通過交通がなく交通上の安全を確保しやすい。

③ ループ：輪状の進入路で，通過交通をなくする効果があり安全性を確保しやすいが，人車分離にはならない。

④ T字路：格子状道路を改良して，T型の交差により通過交通を少なくして，走行速度を下げて安全を確保しようとする進入路のパターン。

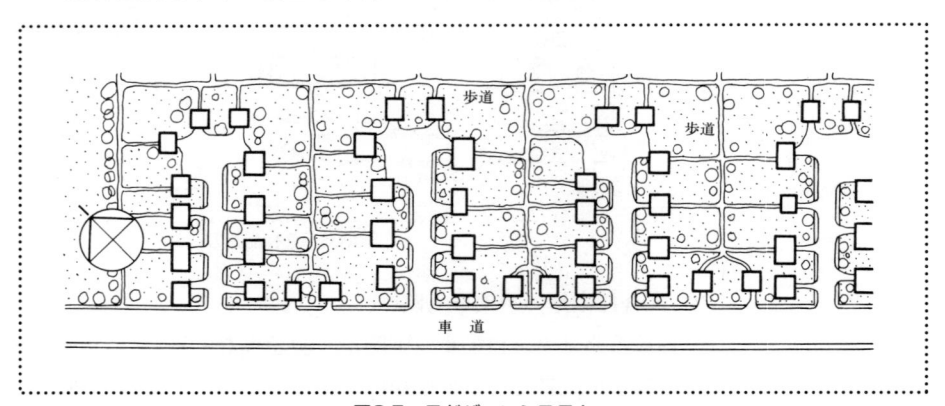

図3.5 ラドバーンシステム

3章 施設計画案内

実例 世田谷区深沢環境共生住宅

（撮影 斎部 功）

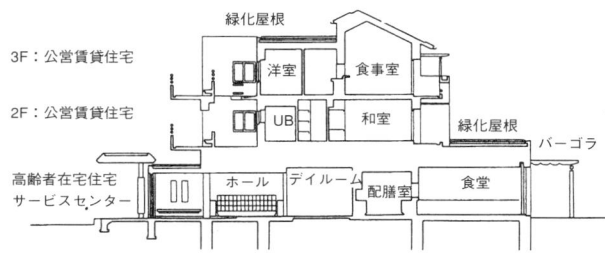

3F：公営賃貸住宅
2F：公営賃貸住宅
緑化屋根
洋室
食事室
UB
和室
緑化屋根
パーゴラ
高齢者在宅住宅サービスセンター
ホール
デイルーム
配膳室
食堂

1号棟断面図 (1/400)

設計：市浦都市開発建築コンサルタンツ＋岩村アトリエ
施工：大明建設＋立石建設JV
　　　横山建設＋小俣建設JV
構造：鉄筋コンクリート造
階数：地上3〜5階
敷地面積：7388.08m²
建築面積：2557.37m²
延床面積：6200.47m²
主な用途：区営住宅，高齢者在宅サービスセンター

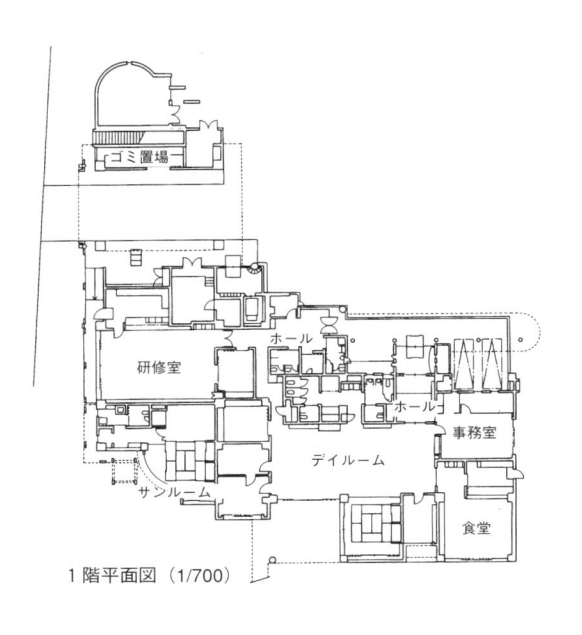

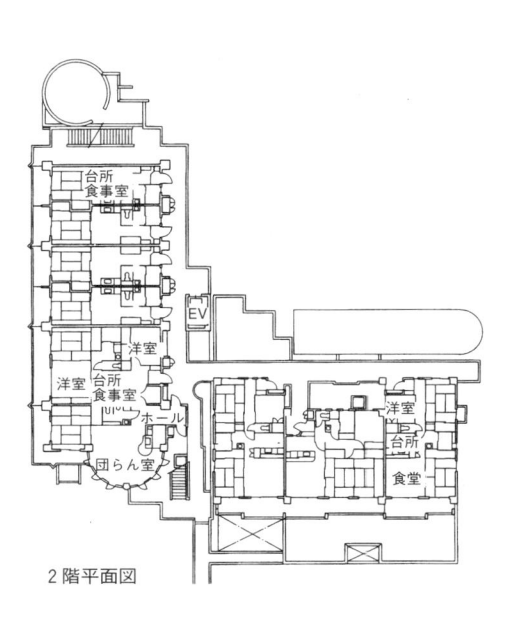

1階平面図 (1/700)

2階平面図

4 幼稚園（保育所を含む）

施設2 教育施設

A 基本知識

1 幼稚園の定義，種類，機能

幼稚園（教育施設）と保育所（児童福祉施設）は相互に異なる施設であるが，保育所のもつ機能のうち，幼稚園該当年齢の幼児についての教育に関するものについては「幼稚園教育要領」に準ずることが好ましい，という文部省，厚生省共同通達がある。そこで双方の施設の相違点を明らかにして，双方の施設の内容を明らかにする。

表4.1 幼稚園と保育所の比較表

	幼稚園	保育所
①関連法令	学校教育法・同施行規則 幼稚園設置基準	児童福祉法・同施行令・同規則，児童福祉施設最低基準
②所管官庁	文部科学省	厚生労働省
③施設目的	幼児を保育し適当な環境を与えてその心身の発達を助長。（学校教育法77条）	日々保護者の委託を受けてその乳児または幼児を保育する。（児童福祉法39条）
④入園年齢	3歳〜小学校入学まで	出生より小学校入学まで
⑤保育時間	1日4時間を原則，1年200日以上	1日8時間を原則
⑥保育内容	学校教育法施行規則76条「教育要領」を基準とする。	児童福祉施設最低基準55条 健康状態の観察，個別検査，自由遊び，午睡，給食など。
⑦教師，保母の数	園長のほか，各組ごとに1人以上	2歳以下6人につき1人以上 3歳児20人につき1人以上 4歳児30人につき1人以上
⑧所要室	職員室，保育室，遊戯室，保健室，便所，飲料水用設備，手洗，足洗用設備	保育室，遊戯室，調理室，便所，屋外遊技場，乳児室またはほふく室，医務室
⑨便器の数	79人以下 …幼児数/20(大小それぞれ) 80〜239人…4＋幼児数－80/30 240人以上…10＋幼児数－240/40	男子20人につき大小各1 女子20人につき大小各1
⑩園舎の面積	1学級 …180 m² 2学級以上…320＋100(学級数－2)m²	
⑪運動場面積	2学級以下…330＋30×(学級数－1)m² 3学級以上…400＋80×(学級数－3)m²	幼児1人につき3.3 m²以上

B 計画の基本

1 幼稚園（保育所）の構成要素，部門，所要室

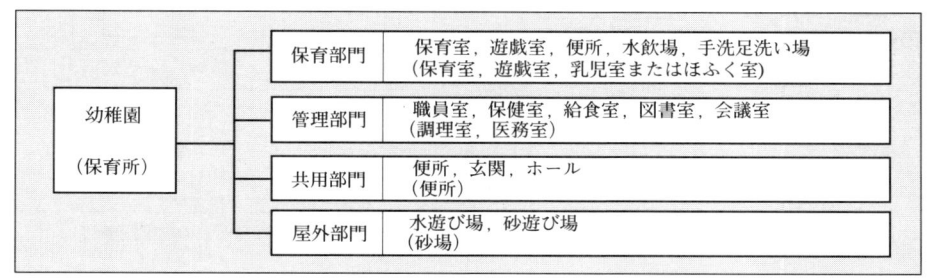

```
                    ┌─ 保育部門 ── 保育室，遊戯室，便所，水飲場，手洗足洗い場
                    │              （保育室，遊戯室，乳児室またはほふく室）
                    │
  幼稚園 ──────────┼─ 管理部門 ── 職員室，保健室，給食室，図書室，会議室
  （保育所）        │              （調理室，医務室）
                    │
                    ├─ 共用部門 ── 便所，玄関，ホール
                    │              （便所）
                    │
                    └─ 屋外部門 ── 水遊び場，砂遊び場
                                   （砂場）
```
（　）内は保育所所要室

図4.1　幼稚園の構成要素と所要室

上図のほかに必要とされる室

保育部門：多目的室，美術室，リズム室，視聴覚室など

管理部門：事務室，保母室，教材室，調乳室，園長室，シャワー更衣室ほか

共用部門：倉庫，車庫ほか

屋外部門：プール，遊具，飼育小屋ほか

2 幼稚園（保育所）の規模
（　）内は保育所関連

① 敷地規模：最低面積＝930＋370×（学級数－1）m^2
② 園舎面積：1学級　180 m^2，2学級以上　320＋100（学級数－2）m^2
③ 運動場面積：2学級以下　330＋30×（学級数－1）
　　　　　　　3学級以上　400＋80×（学級数－3）m^2
④ （乳児室面積）：乳児または幼児（満2歳未満）1人につき 1.6 m^2 以上。
⑤ （ほふく室面積）：乳児または幼児1人につき 3.3 m^2 以上。
⑥ （保育室または遊戯室面積）：幼児1人につき 1.98 m^2 以上。
⑦ （屋外遊戯場面積）：幼児1人につき 3.3 m^2 以上。

3 幼稚園（保育所）のゾーニング

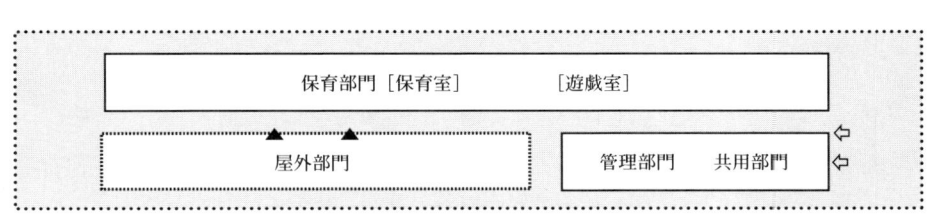

```
┌─────────────────────────────────────────┐
│  ┌───────────────────────────────────┐  │
│  │   保育部門　［保育室］　　［遊戯室］   │  │
│  └───────────────────────────────────┘  │
│              ▲     ▲                    │
│  ┌──────────────────┐ ┌──────────────┐ │⇐
│  │    屋外部門      │ │ 管理部門　共用部門 │ │⇐
│  └──────────────────┘ └──────────────┘ │
└─────────────────────────────────────────┘
```

図4.2　幼稚園のゾーニング

4 幼稚園（保育所）の動線計画

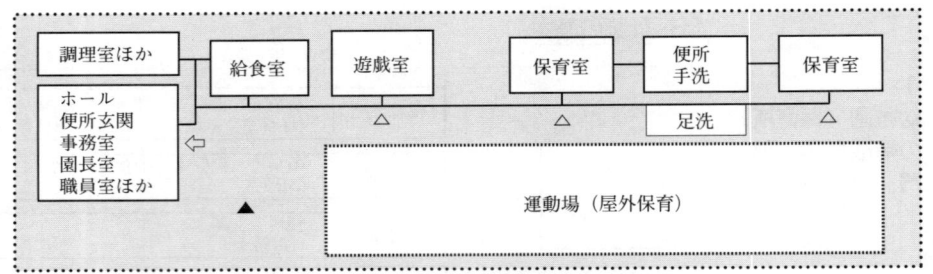

図4.3 幼稚園（保育所）の動線図事例

5 幼稚園の機能構成

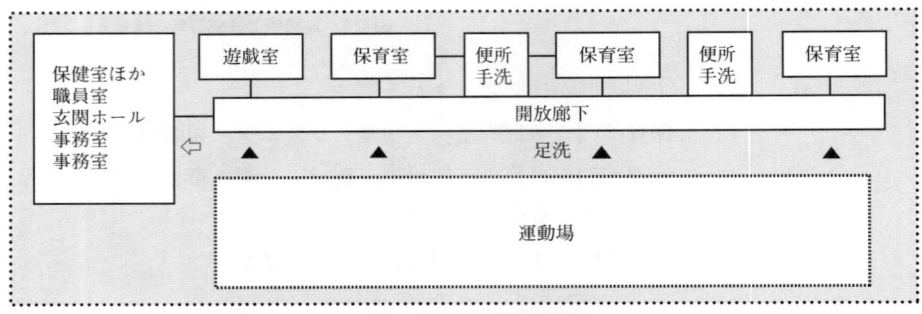

図4.4 幼稚園の機能図事例

C 計画×設計

1 配置計画（敷地利用計画）

同一敷地内に必要な屋外運動場（屋外保育スペース）と各保育室との出入りが容易な配置が望ましいが，適当な緩衝空間も欲しい。

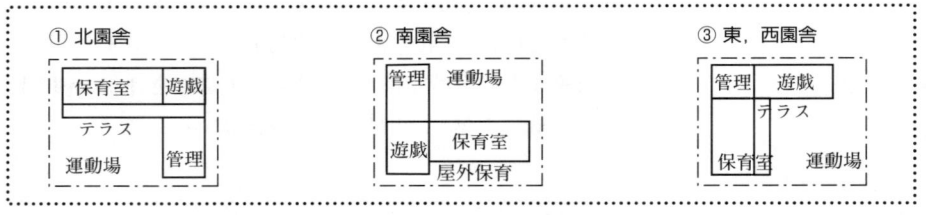

図4.5 園舎のブロックプラン

① 北園舎：園舎，運動場ともに日当たりがよいが，保育室前のテラスが通路に使われやすく，保育室が落ち着かない。
② 南園舎：北側の廊下で運動場の騒音を避けることができるが，運動場との結つきは損なわれるので，保育室南側に屋外保育の空間を加えたい。
③ 北，南園舎の利点を生かすことができる。

2 平面計画

計画の策定条件
① 保育室はできるだけ南面させ，各室が同じ条件になるようにする。
② 乳児部分は幼児部分と生活領域を分けて計画する。乳児部分は静かな配置を。
③ 園児用便所は保育室に近く，保母の目が届き，指導が行き届く位置にする。

④　上下足線の位置およびシステムの策定（上足二足制，一足制）

3 断面計画

断面計画を規制する法令はとくにないが，保育室や遊戯室などは十分な天井高を確保しておきたい。2.4～3.0 m の天井高を確保できる階高として，3.0～3.5 m が一般的な寸法であろう。平屋建ての場合は勾配天井やアーチ，ドームなどの変化のある天井も効果的である。

4 構造，構法計画

園舎の構造としては，地域地区による法令の制約がなければ，木造，鉄骨造，鉄筋コンクリート造などを自由に選ぶことができる。耐震，耐火を基本条件として検討すべきであり，さらに材質感なども考慮したいが，構造体の選択には，安全性を基本におきたい。

5 設備計画

幼稚園，保育所では，電気，給排水衛生，ガス，給湯，冷暖房，換気などの各設備が設けられる。

1）電気設備

幼稚園，保育所は夜間の使用は求められないので，自然光による採光が十分に利用できる設計が望まれる。また室内の均質な照度を得るうえで，トップライトや高窓による採光が効果的である。照明についても，これら自然光と一体の効果が得られるような設計が望ましい。

2）換気設備

とくに，乳幼児を保育する保育所では，室内環境の質を維持するためにも換気設備に配慮が必要である。とくに暖房時の換気のために空調換気扇などの利用を考えたい。

3）火災報知設備

煙，熱感知器による報知設備のほか，十分な防災設備・機器を設ける。

4）給排水衛生設備

通常の便所，手洗などの設備のほか，夏季にはプールや関連の設備での大容量の給水が必要になる。

5）冷暖房設備

冷暖房兼用のヒートポンプルームエアコンの使用が一般的であるが，暖房には床暖房の採用も考えられ，安全で理想的な方式といえる。

6 各部計画
（　）内は保育所関連

1）保育部分

①　保育室：幼児の教育の中心となる部分で，遊び，学習，集団生活などの体験の場になる。原則として1階に配置，規模は1クラス40名以下として50～70 m² 程度（幼稚園）とし，便所，手洗，水飲み場なども保育スペースの一部となるように計画する。屋外保育が随時可能な配置が望ましい。

②　（乳児室）：食事，寝室，ほふくの各スペースのほかに，付属室として保母

記録室，調乳室，浴室，洗濯室などは必要になり，規模は 60〜80 m² 程度になる。

③ 幼児用便所，手洗：できるだけ保育室に隣接させ，年齢ごとに（3歳児，4歳児）区別をする。大便所ブースの高さは保母が上から見ることができる高さとし，鍵も外から外せる位置につける。

④ 遊戯室：保育室では不適当な集団的な保育，動的な遊び，各種行事，催事などに使用する。面積は 90〜120 m² 程度

2) 管理部分

① 事務室や職員室は玄関に近いところで，アプローチや門など園児の出入りを観察できる見通しの利く配置が望ましい。

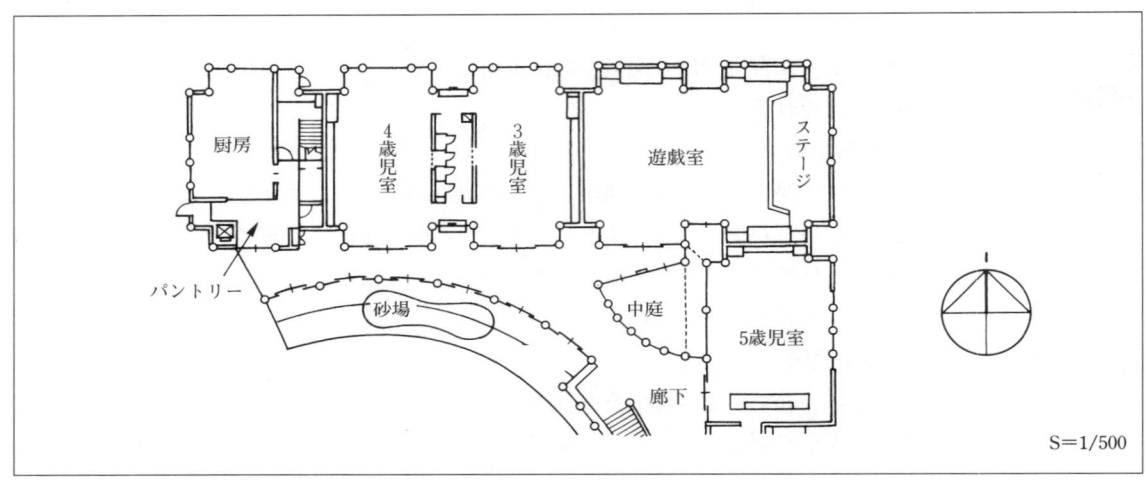

図4.6 保育室平面事例

D この施設のキーワード

① 居残り室（保育所の場合）：両親が迎えにくるまでの居残り児のための部屋が必要になる。

② 寸法計画：幼児の人体寸法に合わせた設計が必要，とくに水回りに注意。

幼児用流し（TOTOカタログより）

3章　施設計画案内

実例　由仁町立由仁保育園

園庭側外観　　　　　　　　　　　　　　　　　　　　　（撮影　新建築写真部）

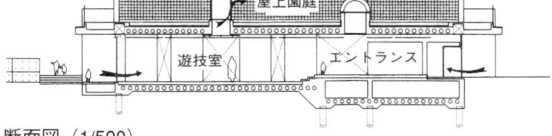

断面図（1/500）

設計：アトリエブンク
施工：鴻池組＋川上建設JV
構造：薄肉ラーメン構造
階数：地上2階
敷地面積：3800m²
建築面積：　735m²
延床面積：　868m²
主な用途：保育所

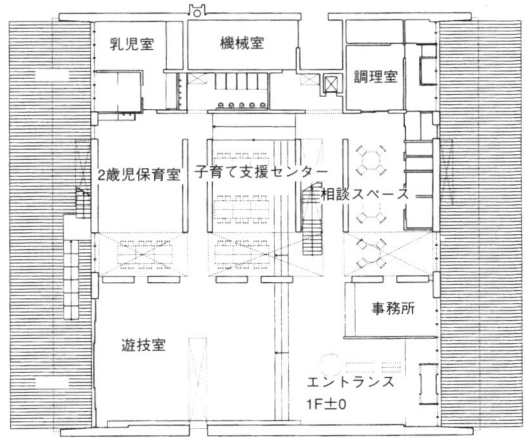

1階平面図（1/500）

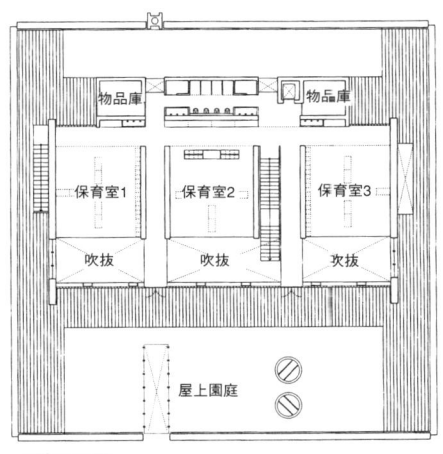

2階平面図

151

施設2 教育施設
5 学校

A 基本知識

1 学校の定義

学校教育法第1条で，この法律で，学校とは，小学校，中学校，高等学校，大学，高等専門学校，盲学校，聾学校，養護学校および幼稚園とする，と規定されている。このほか，第82条の2で専修学校を，第83条で各種学校を規定している。

2 学校の種類，分類

```
学校 ─ 国立      ─ 小学校, 中学校, 高等学校, 大学,
       公立        高等専門学校, 盲学校, 聾学校,
       私立        養護学校, 幼稚園
```

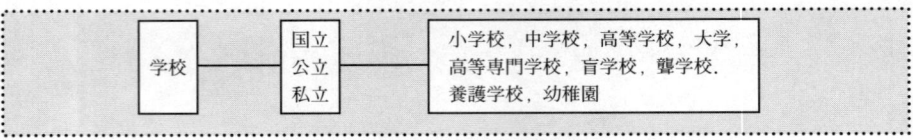

図5.1 学校の種類（学校教育法）

なお，本書では義務教育対象である小学校を中心にして説明をする。

3 学校の機能

教育基本法には，人格の完成を目指し，真理と平和を希求する自主的精神をもった人間の育成という教育の目的が定められており，そのための教育の機会均等の条件が加えられている。さらに学校教育法では，教育の機会均等の実現，普通教育の向上その他の正当な教育を可能にする環境条件の整備を規定している。さらに教育内容を具体的に規定するものとして学習指導要領がある。

学校という施設の建築的な機能は上記の法令に目的とされている教育内容を実現できることにあり，さらに具体的にいえば，目的の教育を可能にする十分な数の教室と運動場が確保されていることが必要である。そして，この教室にも運動場にも，必要な広さをはじめとする性能の良い空間が求められるとともに，子供の環境や生活空間として，地域の公共空間としての機能があわせて求められている。

4 学校の基本条件

1) 立地条件
   ① 近隣住区（2 000～2 500戸，8 000～10 000人）1住区に小学校1校の設置を必要とする。
   ② 通学距離は，小学校で0.5～1.0 km，中学校で1.0～2.0 kmが標準。
   ③ 学校の位置は，地域人口の経年変化や分布を長期的に見通した重心的な位置が望ましい。
2) 敷地条件
   ① 騒音や交通量の多いところ，大気汚染のあるところは不適当である。
   ② 日照，通風，風向，地盤，排水など自然条件が整った環境が望ましい。

③ 地形は屋外運動場が平地であれば多少の高低はむしろ積極的に利用したい。

3) 学校の運営方式

学校の運営，すなわち時間割の編成とその実施のためには，学年と学級の編成が必要であり，さらに教科の種類の決定が必要である。施設の利用率を高めるとともにその質を高めるための，以下のような運営の方式が知られている。

表5.1　学校運営方式

方式内容		特長	問題点	備考
①総合教室型（U型）				
教室数は学級数と同じすべての教科を学級教室のなかだけで行うので相応の設備が必要。		生徒の移動がなく他の学級に関係なくホームルームを構成できる。	施設の程度が低いと教育水準を維持できない。	幼稚園，小学校低学年向き
②普通教室・特別教室型（U＋V型）				
普通教室数は学級数と同じ。これに特別教室が加わる。		学級専用の教室が確保できるので生徒の持物の置場が一定できる。	特別教室を充実する程普通教室の利用率が低下する。	小学校高学年以上に適する。わが国の大多数の学校が採用。
③教科教室型（V型）				
全教科を専用の特別教室で行い，普通教室は設けない。		施設の質を向上でき，学習効率も高めることができる。	生徒の移動が多いため適切な動線計画とロッカーなどの配置が必要	高等学校向き。
④プラトゥーン型（P型）				
全学級を2分して，一方が普通教室を使用しているとき，他方は特別教室を使用する。		V型よりは移動が少なくなる。施設の利用率が高い。	2分化が容易でなく時間割編成が困難である。	中学校以上に適するが，わが国ではほとんど採用されていない。
⑤オープンスクール				
学級，学年制をなくし教室も固定的な形を廃したオープンシステムを取り入れる。		生徒の個性や能力に応じた学習指導を行うことが可能な方式。	オープンスペースを生かす学校運営の実践が問題に。	わが国では他の方式との折衷事例が多い。

注）このほかにダルトン型などがあるが省略

4) 学校建築の拡張計画と融通性

学校施設は地域の人口増などの影響でその増築計画が必要になる事例が多くみられた。現在では逆に学級減少の事態も起こっているが，どの事態にも対応ができる融通性を敷地条件にも施設計画にも備えるように配慮をする必要がある。

とくに施設の融通性は，増築だけでなく，教科内容の変化などその可能性は多岐にわたる。間仕切り壁の移動や撤去などの変更が容易にできるような構造計画上の配慮や，普通教室群と特別教室群を計画的に区分をして，双方の群内部での変更やプランの融通性を高めるなどの工夫も必要になってくる。

5 学校

B 計画の基本

1 学校の構成要素，部門，所要室

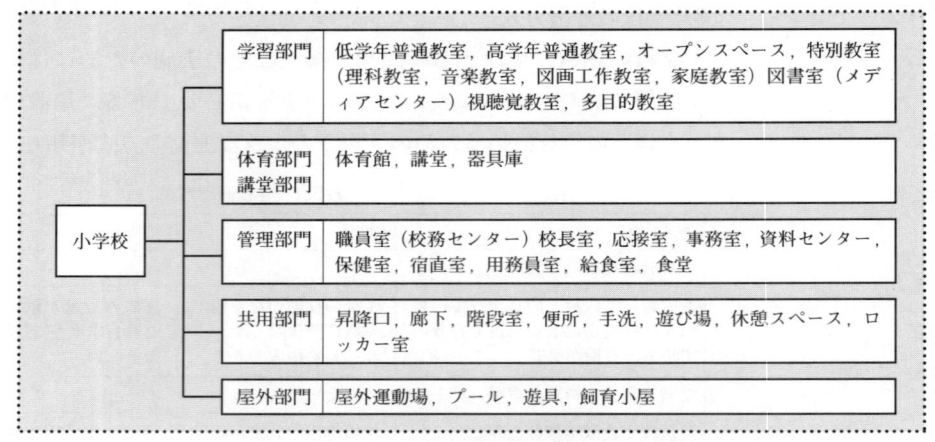

小学校
- 学習部門：低学年普通教室，高学年普通教室，オープンスペース，特別教室（理科教室，音楽教室，図画工作教室，家庭教室）図書室（メディアセンター）視聴覚教室，多目的教室
- 体育部門 講堂部門：体育館，講堂，器具庫
- 管理部門：職員室（校務センター）校長室，応接室，事務室，資料センター，保健室，宿直室，用務員室，給食室，食堂
- 共用部門：昇降口，廊下，階段室，便所，手洗，遊び場，休憩スペース，ロッカー室
- 屋外部門：屋外運動場，プール，遊具，飼育小屋

図5.2 小学校の構成要素と所要室事例

2 学校の規模

1）敷地規模

表5.2 学校敷地の構成と規模

		小学校 (m²)			中学校 (m²)		
	学級数	12	18	24	12	18	24
学校敷地	①校舎部分敷地	3 120	4 380	5 500	4 220	6 000	7 670
	②校舎周辺敷地	3 600	4 950	6 150	4 770	6 680	8 460
	③遊び庭 敷地	1 140	1 600	2 200	2 060	3 100	4 190
	④理科庭園敷地	1 230	1 650	2 080	2 280	3 410	4 550
	⑤サービスエリア	620	870	1 100	840	1 200	1 530
	⑥計	9 710	13 450	17 030	14 170	20 390	26 400
	⑦運動場A	8 700	11 850	15 000	11 000	12 500	14 100
	⑧運動場B	7 800	11 000	13 400	13 500	15 000	16 500
	⑨合計A	18 410	25 300	32 030	25 170	32 890	40 500
	⑩合計B	17 510	24 450	30 430	27 670	35 390	42 900

この表は文部省規格基準等調査会：校地面積算定例1963による。
運動場Aとは（小学校の場合）高低学年分離型（中学校の場合）200mトラックがとれるもの。
運動場Bとは（小学校の場合）高低学年合併型（中学校の場合）300mトラックがとれるもの。

2）校舎規模

表5.3 校舎面積基準

	校舎面積（m²/1人）	根 拠
小学校	4	JES 1302
中学校	7	JES 1303
普通科高校	10	高等学校設置基準

3 学校のゾーニング

1）静的なゾーンと動的なゾーンの区分

学校には，普通教室や図書室のような静かな環境と，体育館や音楽教室のような動的な部分や音を出す部分があり，それぞれ適切な区分が必要になる。

図5.3　静的ゾーンと動的ゾーンのゾーニング

2）小学校の低学年ゾーンと高学年ゾーンの分離

　小学校では低学年と高学年の間の身心的な発育状態の差を考慮して，3年以上と2年以下の生活空間を分ける計画が必要である。

3）小学校のゾーニング（上記のまとめ）

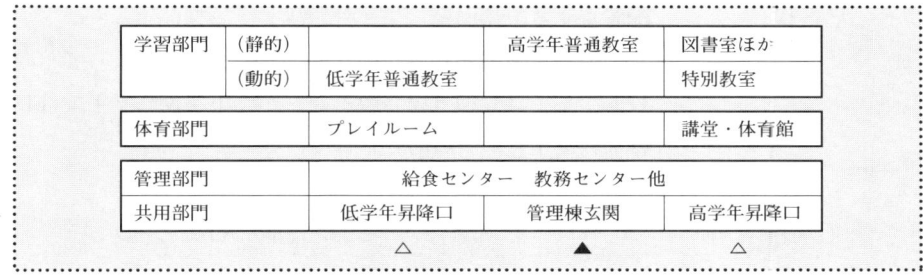

図5.4　小学校のゾーニング

4　学校の動線計画

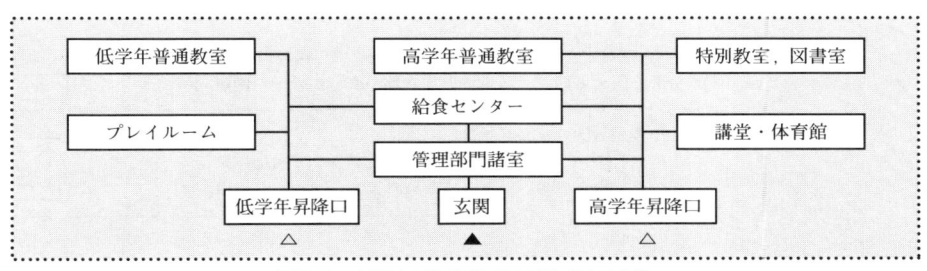

図5.5　小学校の動線計画図事例（U＋V型）

5　学校の機能構成

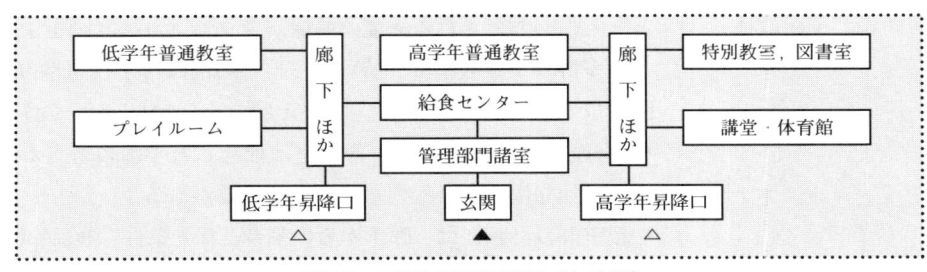

図5.6　小学校の機能図事例（U＋V型）

5 学校

C 計画×設計

1 配置計画（敷地利用計画）

1) 配置計画の基本方針（小学校の場合）
   ① 屋外運動場と校舎：一般に屋外運動場を校地の南側に配置し，校舎は北側にして建物の日陰を運動場に落とさないようにする。校舎と運動場との間には，植栽などや段差を利用して外部からの騒音などから教室を守るようにする。
   ② 高学年，低学年ブロックの分離：基本は各教室は学年単位でまとめることが望ましいが，とくに低学年［2年以下］の生活空間全体を高学年［3年以上］の部分と区分をして配置をする必要がある。
   ③ 静的なブロックと動的ブロックの区分：静的なブロックには静かな環境が必要な普通教室や図書室があり，動的なブロックには活動的な使われ方をする特別教室や音を出す音楽教室や体育館があり，いずれも相互に必要な区分をして配置をする。
   ④ 学校運営方式と配置：配置計画は運営方式によってその方針が変わる。小学校低学年ではU型［総合教室型］が，小学校高学年ではU＋V型［普通教室・特別教室型］が一般的とされている。

2) ブロックプランのタイプ

表5.4　学校のブロックプラン

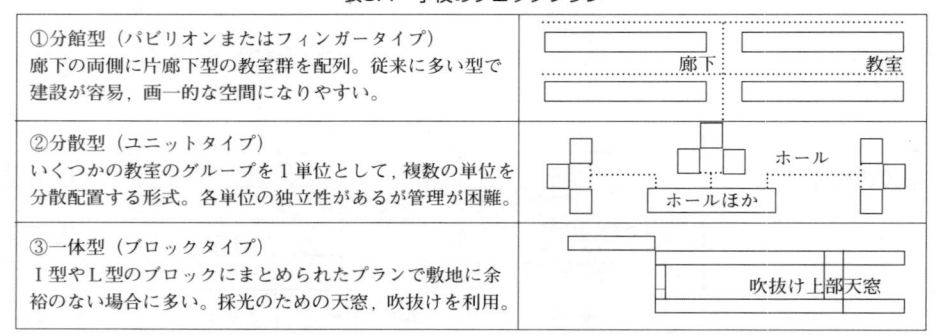

タイプ	説明	図
①分館型（パビリオンまたはフィンガータイプ）	廊下の両側に片廊下型の教室群を配列。従来に多い型で建設が容易，画一的な空間になりやすい。	廊下／教室
②分散型（ユニットタイプ）	いくつかの教室のグループを1単位として，複数の単位を分散配置する形式。各単位の独立性があるが管理が困難。	ホール／ホールほか
③一体型（ブロックタイプ）	I型やL型のブロックにまとめられたプランで敷地に余裕のない場合に多い。採光のための天窓，吹抜けを利用。	吹抜け上部天窓

2 平面計画

1) 計画の策定条件
   ① 採用する学校運営方式との関連を検討して，各所要室の適切な配置をはかるとともに必要とされる機能の確保ができるように計画をする。
   ② 教室群（学級教室群，特別教室群）の計画は学校運営方式の目的に沿った空間構成をとる必要がある。たとえば，小学校低学年で適当とされているU型（総合教室型）の場合は，各教室は独立した学級教室（ホームルーム）となるので，独立性の高い配列を考慮する必要がある。
   ③ 教室群の計画には，廊下からの騒音，採光条件，通風，換気条件の向上など，学習空間の質を高めるための計画上の工夫と，通路面積の節約など効率性の向上をはかるアイデアが必要になる。

2) 教室群のユニットプラン（教室へのアクセス［出入口，通路］による分類）
   ① 片廊下型：教室の北側に廊下を配置した従来からもっとも多いタイプ。廊下

からの騒音などの影響を受けやすく，均質な採光も取りにくい。さらに校舎全体に対する通路面積比率が大きくなるのも不利である。

② 中廊下型：良質な室内環境の確保が難しいので，光庭や吹抜けあるいはトップライトなどを積極的に利用する必要が生じるが，教室間の移動距離を短縮できるなどの利点が認められる。

③ バッテリー型：バッテリーとは，一組の器具や装置のことであり，2個かその倍数が単位になっている。したがって，二つの教室をホールや階段室でつないだ形がその典型的な例になる。集合住宅の階段室型と同じで，教室の両面からの採光が可能になる。ただし，2階以上の単位以外の教室同士の水平方向の連絡が問題になる。

④ クラスター型：クラスター（cluster）とはぶどうの房のことである。2〜3の教室を集めてこの中心に小規模なホールを加えて一つの単位をつくり，これをぶどうの房状に構成する。各単位や各教室を独立性の高い空間にすることができるが通路の面積は多くなり勝ちである

表5.5　教室の配列形式

形式	説明	図
① 片廊下型	もっとも基本的な配列形式であるが，廊下面積が大きくなる。より機能的な配列への改善が望まれる。	C:廊下　CR:教室，SC:階段室，WC:便所
② 中廊下型	採光や通風で片廊下型と同じレベルは無理で，学級教室だけでは同じ条件に揃えにくいが，特別教室との組合せが考えられる。	S:特別教室　C:廊下
③ バッテリー型	通路部分の節約や，教室部分の性能の向上など機能面で優れた特徴を備えた配列方式とされている。	H:ホール
④ クラスター型	2〜3の教室の中心にホールなどを設けて一つの教室群をつくり，この単位をクラスター状につなげてプランを構成する。	

3）教室群のアクセスシステム

各教室への出入りに際して，他の教室の前を通らないですめば，教室の独立性をはじめとする空間性能が向上するが，その事例を示す。

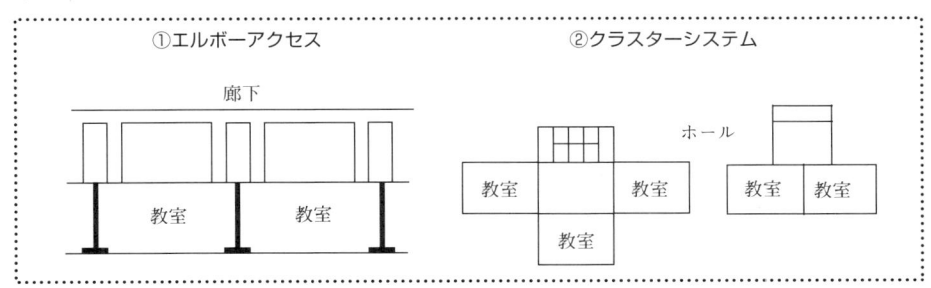

図5.7　教室群へのアクセス事例

① エルボーアクセス：エルボー（elbow：ひじ）を曲げた形の行止まり型の廊下によって教室に出入りする。主廊下と教室が離れた形になっているので教室との通過交通の接触がなくなる。
② クラスターシステム：ぶどうの房のように複数の教室が行止まり型の通路を柄にして房状に付いている形。同じく通過交通と教室が接触しない形になる。

4）オープンスペース，ワークスペースの導入

従来の決まった形の教室の枠を取り払って，創造的で多様な学習形態に対応できる学習スペースの研究が進み，建設予算の規定の改善などもあり，多くの事例が実現されるようになった。本来のオープンスクールは，学級，学年をなくして生徒の個性や能力に応じた学習指導を進めるものであるが，現状では，従来の他の運営方式にこの方式の一部を加えた形が多い。その方法は，従来の片廊下型の廊下の一部を広げてワークスペースとした例，中廊下の幅を広げてオープンスペースとした例，学年，学級別，低学年，高学年別などを単位としてオープンスペースを設けた例などがある。

3 断面計画

1）断面計画に関連する法規制
① 教室の天井高は3m以上（小・中・高校，大学，高専で床面積>50 m²，その他の教室は 2.1 m 以上）
② 階段の寸法
小学校児童用：幅員 140 cm［屋外 90 cm］，蹴上げ 16 cm，踏面 26 cm
中・高校の生徒用：幅員 140 cm［屋外 90 cm］，蹴上げ 18 cm，踏面 26 cm
③ 踊り場の位置：上記の学校の階段（高さ3mごとに必要）

2）構造計画による断面構成の違い
① 教室の天井高の3mを確保することと法定の採光面積（床面積の1/5，1/7の緩和規定あり）を確保するための階高寸法で建物の主要部分の階高が決まってしまうので，工事費の節約の意味からも階高をできるだけ低く押さえる工夫が必要になる。
② 構造計画のなかでは，教室平面の柱梁の配置を検討して，採光窓面の面積を規制する位置にある梁せいが小さくなる計画，すなわち採光面上の梁スパンを小さくする案が解決案として浮上してくる。しかし，この案では採光面に1〜2本の柱が必要になり，必ずしも最良の案にならないことがわかる。
③ 採光面上の梁を腰壁を兼ねる壁梁（ウォールガーダー）にすると採光効果を含めて有利であり，コストダウンの効果とあわせて多用されたことがある。

4 構造，構法計画

不燃校舎，耐震校舎への強い方針のもとに鉄筋コンクリート造のラーメン構造による事例が多い。このほか鉄骨造や集成材利用による木造などが考えられる。また体育館との一体化をはかる設計など，RC造と鉄骨造の混構造の事例も見られる。

5 設備計画

学校では，電気，給排水衛生，ガス，給湯，冷暖房，換気などの各設備が設けられている。寒冷地では暖房のみとするなど建設地によって内容が一部異なるところがある。

1) 電気設備
  ① 照明設備：教室の照明設備は採光の割合規定の緩和の条件になっている［床上 50 cm の水平面で 200 lx 以上の照度ほか］。照明方式は全般照明が多い。
  ② 特別教室：とくにコンセント類の種類，位置は事前に詳細な打合せが必要
  ③ 通信設備：放送，時報チャイム，電話，インターホン，火災報知の各設備

2) 給排水衛生・ガス・給湯設備

給湯設備の需要の主要な部分は給食室であり，このほか特別教室および保健室，管理部分での使用が予想される。

3) 空調・換気設備

冷暖房が必要な場合は，ファンコイルユニットやヒートポンプ式ルームエアコンの事例が見られ，暖房のみの場合は，温水によるファンコンベクターなどが適当である。

6 各部計画

1) 普通教室
  ① 規模：教室の大きさは 7 m×9 m 前後，小学校低学年では方向性のない正方形に近い形が望ましく，高学年や中学校以上では講義型の学習が多くなるので長方形の平面が採用される。
  ② ワークスペース，オープンスペース：従来の学級単位の学習にオープスクールの要素を取り入れた形として，教室の壁を可動間仕切りにしたり，隣接する部分に多目的のオープンスペースを加える方法などが実施されている。

2) 特別教室
  ① 小学校の特別教室：理科，音楽，図画工作，家庭の 4 種類
  ② 中学校の特別教室：理科（物理，化学，生物，地質系），音楽，美術（絵画，彫刻系），技術（製図，木工，金工系），家庭（調理，被服系）の 5 種類
  ③ 小学校では，高学年学級教室群の近くに特別教室を配置する。
  ④ 音の出る教室（音楽，図画工作教室など）の配置に気をつける。

3) 管理諸室
  ① 給食室：教室群の中央になるように配置し，1 階が望ましい。
  ② 職員室：各空間の内部機能を十分に確認して，条件に適合した空間をつくる。

D この施設のキーワード

  ① メディアセンター：これまでの学校図書館の機能を広げて，総合的な学習センターとして，視聴覚や情報関連の教材などを加えその利用を管理運営をする。
  ② オープンスペース：学級教室群の中心に多目的ホールとして加えられるオープンスペースで，教室の仕切り壁を移動しワンルームにして利月する例もある。

5 学校

実例 世田谷区立中町小学校・玉川中学校

モールから見た外観　　　　　　　　（撮影　新建築写真部）

設計：世田谷区建築部＋内井昭蔵建築設計事務所
施工：大成建築＋立石建設JV
　　　清水建設＋小田急建設＋儘田建設JV
構造：鉄筋コンクリート造
階数：地下1階，地上4階
敷地面積：24485.41m²
建築面積：　7806　　m²
延床面積：17671.54m²
主な用途：学校

2階平面図

1階平面図（1/800）

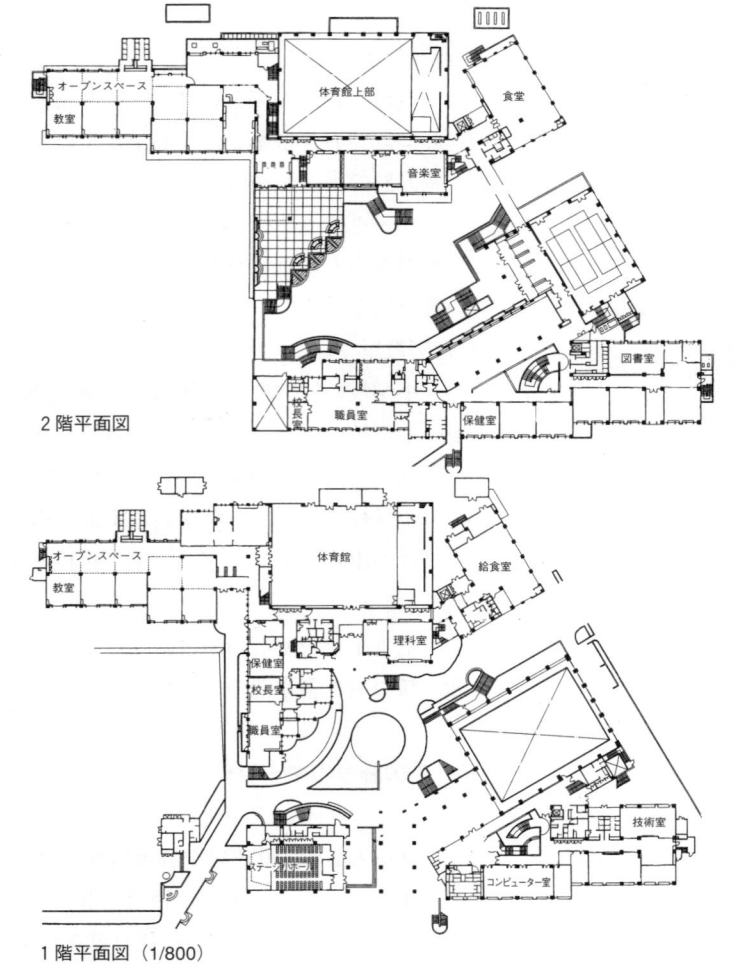

160

施設3　医療施設
6　病院（診療所を含む）

A　基本知識

1　病院・診療所の定義

1) 病院の定義

この法律において、「病院」とは、医師または歯科医師が、公衆または特定多数人のため医業または歯科医業を行う場所であって、患者20人以上の収容施設を有するものをいう（以下略、医療法第1条の5、1項）。

2) 診療所の定義

上記と同じ場所であって、患者の収容施設を有しないものまたは患者19人以下の収容施設を有するものをいう（同法第1条の5、3項）。

2　病院の種類，分類

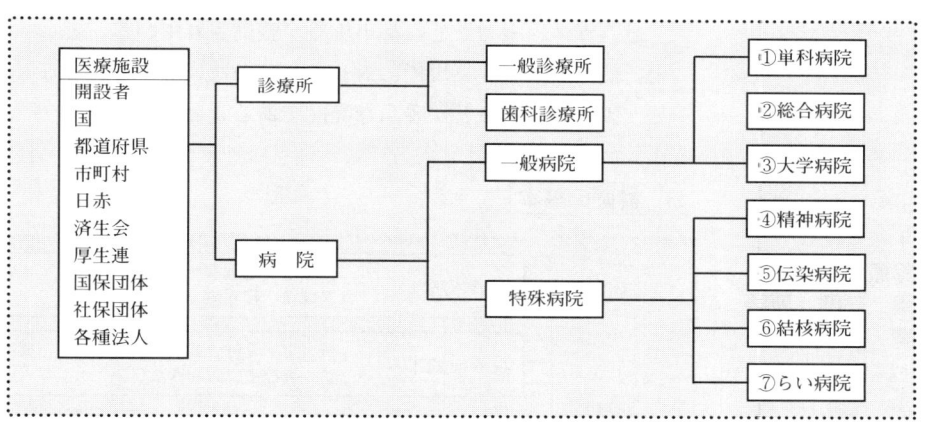

```
医療施設           ┌─ 診療所 ─┬─ 一般診療所      ┌─ ①単科病院
開設者             │          └─ 歯科診療所      ├─ ②総合病院
 国                │                              ├─ ③大学病院
 都道府県          │          ┌─ 一般病院 ──────┤
 市町村            │          │                  ├─ ④精神病院
 日赤              └─ 病 院 ─┤                  ├─ ⑤伝染病院
 済生会                       │                  ├─ ⑥結核病院
 厚生連                       └─ 特殊病院 ──────┤
 国保団体                                         └─ ⑦らい病院
 社保団体
 各種法人
```

②総合病院とは、患者100人以上の収容施設を有する病院で、内科、外科、産婦人科、眼科、および耳鼻咽喉科の診療科目を有し、かつ化学、細菌病理検査施設、病理解剖室、研究室、講義室、図書館その他を有し、都道府県知事の承認を得たもの。

図6.1　医療施設の種類

3　病院の機能

① 診療機能：患者に対して、医業または歯科医業をなすという医療法の条文のとおり、患者に対する診療業務を行う機能が求められる。

② 入院機能：患者20人以上の収容施設を有するなどの条文のとおり、患者を入院させて密度の高い診療と看護を行う機能が求められる。

③ 以上の機能を実現できる施設の整備と医療スタッフの充足が求められており、その詳細は医療法関連法令に定められている。

4　病院の基本条件

1) 立地条件

① 診療圏：徒歩通院圏という言葉があり、外来患者の半数が1km圏内から来院しており、その大半が徒歩で来たものという病院の場合の調査結果がある。

診療所ではこれが500m以下となるとみられる。このほか，交通機関の利用が可能な場合，診療圏は路線状に伸びる（吉武泰水博士）。また診療圏の範囲は，診療科目や病院の規模でも異なり，専門性の高い科目は広く，大学病院や国立病院の診療圏は大きくなる。

② 住宅地の段階構成理論による施設配置計画によると，近隣分区（人口4 000～5 000人，利用圏300～500m）で診療所が成立するとされ，近隣住区2単位分（人口16 000～20 000人）で病院が成立し，必要とされている。

③ 法規制による立地条件：建築基準法の用途規定により，第一種低層住居専用地域，第二種低層住居専用地域および工業地域，工業専用地域では病院の建築が禁止されている。診療所は全用途地域で建築可能である。

2) 敷地条件

① 地形，高低差，地盤および敷地周辺の環境などの条件がよいこと。
② 用途地域など法的規制に支障がないこと。
③ 公共施設が整備されていること。交通機関の利用が可能であること。上下水道，ガス，電力などの都市施設が整備されていること。
④ 敷地面積が建築規模に対して無理のないものであること。
⑤ 価格，経費などが妥当な範囲であること。

B 計画の基本

1 診療所の構成要素，部門，所要室

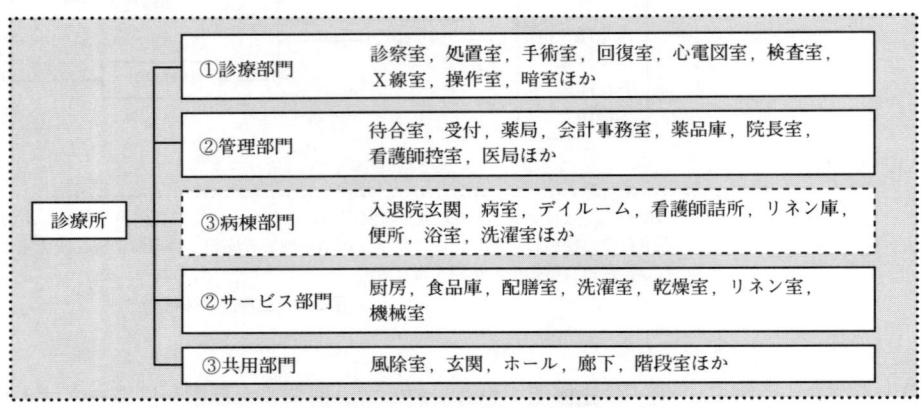

```
          ┌─ ①診療部門   診察室，処置室，手術室，回復室，心電図室，検査室，
          │              X線室，操作室，暗室ほか
          │
          ├─ ②管理部門   待合室，受付，薬局，会計事務室，薬品庫，院長室，
          │              看護師控室，医局ほか
          │
診療所 ───┼─ ③病棟部門   入退院玄関，病室，デイルーム，看護師詰所，リネン庫，
          │              便所，浴室，洗濯室ほか
          │
          ├─ ②サービス部門 厨房，食品庫，配膳室，洗濯室，乾燥室，リネン室，
          │                機械室
          │
          └─ ③共用部門   風除室，玄関，ホール，廊下，階段室ほか
```

図6.2 診療所の構成要素（病棟部門がない場合もある）

2 病院の構成要素，部門，所要室

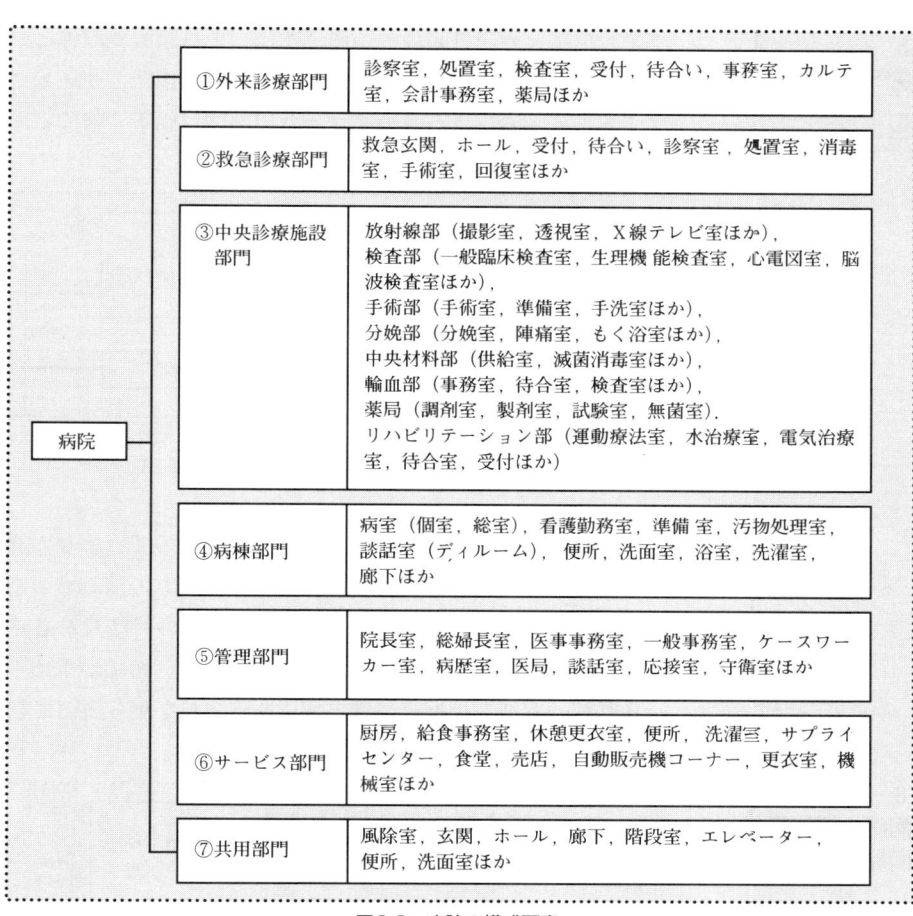

病院	①外来診療部門	診察室，処置室，検査室，受付，待合い，事務室，カルテ室，会計事務室，薬局ほか
	②救急診療部門	救急玄関，ホール，受付，待合い，診察室，処置室，消毒室，手術室，回復室ほか
	③中央診療施設部門	放射線部（撮影室，透視室，X線テレビ室ほか），検査部（一般臨床検査室，生理機能検査室，心電図室，脳波検査室ほか），手術部（手術室，準備室，手洗室ほか），分娩部（分娩室，陣痛室，もく浴室ほか），中央材料部（供給室，滅菌消毒室ほか），輸血部（事務室，待合室，検査室ほか），薬局（調剤室，製剤室，試験室，無菌室），リハビリテーション部（運動療法室，水治療室，電気治療室，待合室，受付ほか）
	④病棟部門	病室（個室，総室），看護勤務室，準備室，汚物処理室，談話室（デイルーム），便所，洗面室，浴室，洗濯室，廊下ほか
	⑤管理部門	院長室，総婦長室，医事務室，一般事務室，ケースワーカー室，病歴室，医局，談話室，応接室，守衛室ほか
	⑥サービス部門	厨房，給食事務室，休憩更衣室，便所，洗濯室，サプライセンター，食堂，売店，自動販売機コーナー，更衣室，機械室ほか
	⑦共用部門	風除室，玄関，ホール，廊下，階段室，エレベーター，便所，洗面室ほか

図6.3 病院の構成要素

3 病院の規模

1) 事例による病院各部の面積構成

表6.1

部門	病棟部	外来部	中央診療施設部	管理部	サービス部	合計
配分（％）	32～44	11～16	15～24	9～16	13～23	80～123

2) 事例による病院各部の1ベッド当たり所要面積

表6.2 事例概要（ベッド数131～734，延床面積7 283～52 611cm²）

部門	病棟部	外来部	中央診療施設部	管理部	サービス部	延床面積
面積(m^2/1B)	22～29	7～10	7～17	4～7	7～13	47～76

4 病院のゾーニング

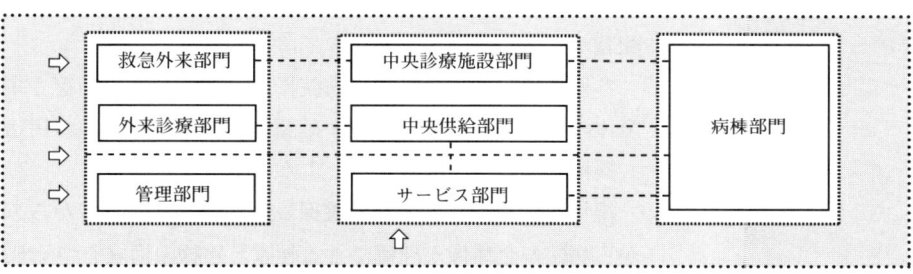

図6.4 病院のゾーニング事例

5 病院の動線計画

外来診療部と救急外来は一つの部門に，中央診療施設部と中央供給部（中央材料部ともよぶ）を一つの部門に，同じく中央供給部門とサービス部門を一つの部門に分類する例もある。またこの表では共用部門（廊下，階段室ほか）は区分が困難なので除外してある。

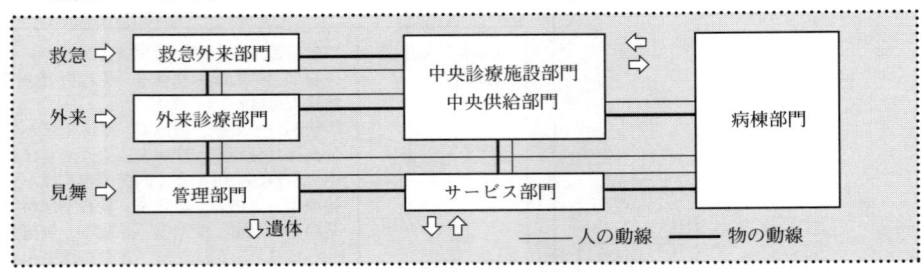

図6.5 病院の動線図例

① 病院は異なる動線が多く発生する施設なので，相互の異種動線の分離がとくに重要な設計目標になる。とくに手術室回りの清潔域の動線，放射性物質など他の動線との重複を避けるべき動線が多いので注意が必要である。
② 病棟における看護師の動線に代表される，短縮が求められる動線が多いので各動線の実態を把握して優先順位を確認しながら短縮案をたてる必要がある。

6 病院の機能構成，機能図

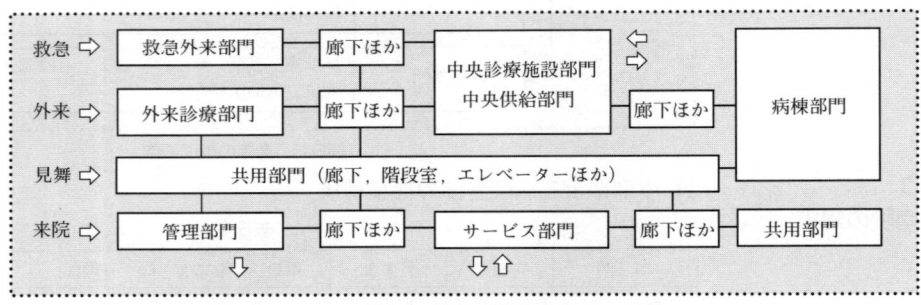

図6.6 病院の機能図例

C 計画×設計

1 配置計画（敷地利用計画）

1) 配置計画の基本方針（病院の場合）

① 外部動線の適正配置：病院は異種動線が多岐にわたる施設の一つなので，とくに大規模な病院の場合ほど，進入路をはじめとする外部動線の適切な分離と配置が望まれる。
② 各種出入口と人の動線：病院に出入りする人の動線も多様になるので，敷地全体のゾーニングとの関連を確認しながら，出入口の用途と動線の種類が整合し異種動線同士が交差しないようにする。
③ 視覚的なわかりやすさの確保：はじめての外来者からみても，構内の入り口から病院の全体像が理解できる配置と建物の構成をつくりたい。それも案内板，

サインなどに頼らないでも目的の建物がわかり，その玄関にアプローチできるようにしたいものである。

2）病院のブロックプラン

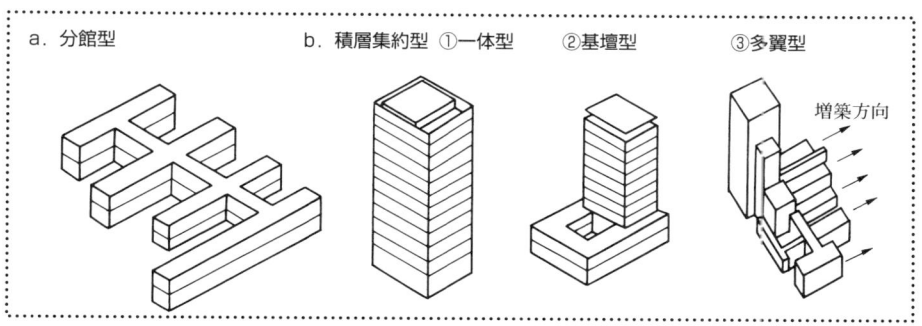

図6.7　病院の建築型

a．分館型：パビリオン型とよばれ，初期の病院建築の基本型となった。いずれも，平屋または2階建て程度の低層の分館が渡り廊下でつながる形である。各棟の居住性はよいが動線が長くなるなど問題点も多く，在来のものも建替えとともに姿を消している。

b．積層集約型：一体型というブロックプランのタイプにあたるもので，ブロック型とよばれるものである。この場合はさらに三つのタイプに分ける必要がありこの名称を使うことにした。

① 一体型（ブロック型）：もっとも単純な構成の多層型で，基本的に1棟の建物の積層型で完結している形なので，外来や中央診療施設部，病棟部など機能的にまったく異なる内容の空間を同じ柱間の平面に積層させる結果になり，内部機能と合わない部門が生じる。

② 基壇型：1ないし3階建て程度の低層部分の上に板状や塔状の高層部分が1〜複数棟載る形である。上の高層部分が病棟部になり，低層部分を外来や中央診療施設部が占める形で，一体型の欠点を補う有力な位置にある。

③ 多翼型：積層型に分館型の要素を加えて，病棟と他の部門との区分をして，各部の設計上の制約を減らすとともに，ブロック型全体の問題であった増築計画を各翼単位に可能な形としたことが評価されている。

2 平面計画

1）計画の策定条件

① 将来の変化への対応：病院建築の増改築，建替えのペースは非常に速い。これは病院機能の発達，変化の速さが施設の対応の形に現れたに過ぎないが，なんとかこの対応をより計画的に改善することが病院建築に求められる課題の一つである。先に説明をした多翼型はその数少ない解決例であり，このほか設備階の設置による設備機器の更新などに余裕をもたせるなどの事例がある。

② 動線の分離と短縮：対応が遅れ気味になるのは患者の動線の分離と短縮であ

って，患者を第一に考える設計が容易に実現しにくい現実を示すものである。さらに病院の場合，薬剤，カルテ，検査伝票などおびただしい種類のものの搬送が大きな問題になるがこれも動線計画の分野になる。

③ 安全性の確保：火災などの災害時に人命にかかわる被害が出やすいのは，ホテルなどの宿泊機能をもつ施設である。病院は目的は違うが入院患者が宿泊をしている施設なので，避難施設の整備には十分の安全性を確保するものにしたい。

2) 各部門の計画条件

① 外来診療部門：＊通院をしてくる外来患者の診療を行う部門で，診察室，処置室検査室および待合室，中待ちなどの規模を決めるためには1日当たり外来患者数を想定する必要がある（中規模総合病院の場合で病床数の2倍程度の患者数を見込む例がある）。＊外来患者の利用しやすい1階に配置する。患者数の多い内科などを玄関近くに配置する。＊中央診療施設部への患者の動線の短縮とプライバシーの確保を配慮する。

② 救急外来部門：従来外来診療部門の一部とされてきたが，その内容は相当異なる。玄関は救急車の車寄せが必要で救急玄関を別に設ける必要がある。また大病院の救急部は，救急救命センター化が進んでおり，施設の高度化や機能の内容からみると中央診療施設部門に近づいているように見える。

③ 中央診療施設部門：＊病棟部の入院患者と外来の通院患者の双方が利用する部門なので，両部門の中間の利用しやすい配置にする。

　［中央材料部］は医療器具等を消毒あるいは保管し供給する役割をもつ。
　＊手術部への供給量がもっとも多い。
　［手術部］は医師に対して手術の場を提供する部門。＊外科病棟，中央材料部に近接させる。＊同一箇所にまとめて配置し，通り抜けできない配置にする。
　＊清潔域と汚染域を確実に区分する。
　［分娩部］独立した部門を構成しない場合は，産科病棟のなかに設ける。
　＊帝王切開などに備えて手術室に近接した配置にする。
　［放射線部］＊X線診断部は外来診療部に近く，外来患者がわかりやすい配置が望ましい。＊核医学検査部は核汚染防止上，院内の他の部分と区画した管理区域を設定する必要があり，配置もこの条件が決め手になる。＊放射線治療部の利用は主として入院患者で占められるが，配置は放射線防護の事情できめられる場合が多く，地階または別棟になる事例が多い。
　［検査部］＊検体検査部は外来，手術部との関連があり，生理検査部は外来患者が各診察室から自分で出向いてくるので，この動線を考えて配置をする。
　［輸血部］病院で自家採血をするのは新鮮血が必要な場合に限られる。＊救急部や手術部に近い配置にする。
　［リハビリテーション部］利用の状況は外来患者のほうが，入院患者にくら

べてやや多いので，外来に近い位置が望ましい。＊開放的で屋外の訓練場への出入りが容易な位置にする。＊車椅子など利用上の安全性を配慮する。
［薬局］外来部の玄関近くに配置する。＊会計窓口との連絡をよくする。

④　病棟部門：患者を入院させて診療および看護をする病院の主要な部門である。

＊看護師1チーム（10人程度）とチームが看護をするのに適した患者数のグループの双方のまとまりを看護単位という。＊看護単位の大きさは診療科目による違いがあるが30～50床程度であり，45床以下にしないと看護内容に影響が出やすい。＊看護単位ごとにナースステーション（看護勤務室）をおくが，病棟の中心近くで外来者の確認ができる配置にする。

⑤　管理部門：病院の管理運営にかかわる部門。＊［管理］院長室，事務室ほか。＊［医局］医長室，医員室ほか。＊［医療事務］医事事務室ほかは外来，入退院玄関の双方に接していることが必要。＊［情報］病歴室ほか

⑥　サービス部門：＊［給食部］，［洗濯部］，［サプライセンター］ほか

⑦　共用部門：玄関，ホール，廊下，階段室，エレベーターほか

3 断面計画

① 断面計画に関連する法規制はないが，病室の採光面積について床面積の1/7以上とすることが求められている。

② 特殊な用途（空調関連機械室，厨房，放射線部など）以外の部屋では，天井高が2.5～2.7m程度で，所要階高は3.6m前後と考えられる。

4 構法，構造計画

病院の構造体はその用途，規模などから耐火構造が求められており，通常は鉄筋コンクリート造や鉄骨鉄筋コンクリート造が使われる例が多い。高層化が進むと鉄骨造を採用することが多くなる。ただ放射線部などでは，放射線防護のために比較的安価で効果的な鉄筋コンクリートをその部分に限って使うこともある。

5 設備計画

病院の設備は，通常の電気，給排水衛生，空調，エレベーター，リフトの各設備のほかに，厨房設備，洗濯設備，消毒設備，焼却炉，酸素・笑気・吸引・圧搾空気など医療ガスの配管設備ほかがあり，設備工事費の全工事費に対する比率も高くなる。

1）電気設備

院内での停電は生命にかかわるので，非常電源設備が必要になるほか，通常の電力，照明設備のほかにナース・コール，インターホン，手術室の非接地回路配線，絶縁トランス，X線フィルム読影装置（シャーカステン）ほかが必要になる。

2）給排水衛生設備

病院の給排水必要量は一般建物にくらべて相当多くなるうえに，将来の増改築がこれに加わることになる。また給湯箇所が多いうえに，病院の場合は洗濯機や高圧消毒のための蒸気（高・中・低圧）の使用を欠かせないので，器機や機械室の配慮

が必要になる。

3）空調設備

病院の空調方式はファンコイル・ダクト併用式が一般的である。ただし，手術室回りは別系統とし，無菌的な手術操作が行える空間にする必要がある。このほかの部屋も院内感染を防ぐことが可能なシステムを考慮する（ゾーニングなど）。

6 各部計画

1）病室
① 規模・医療法では，個室で 6.3 m²/1B 以上，2 ベッド室以上で 4.3 m²/1B 以上とすることになっている。測定は部屋の内法寸法による。小児科病室ではこの値の 2/3 以上とすることになっている。
② ベッドは窓面に平行に配置したほうがよい。
③ 法定採光面積は床面積の 1/7 以上とする。
④ 天井高は 2.5〜2.7 m 程度とする。
⑤ 病室の出入口扉は内開きか引き戸とし，幅員は 120 cm 以上とする。

2）廊下
① 廊下の法定有効幅は中廊下で 1.6 m 以上，片廊下で 1.2 m 以上（療養型病床群を有する病院の場合，中廊下で 2.7 m 以上，片廊下で 1.8 m 以上）
② 廊下はストレッチャーガードをつけるが，有効幅はこの内法寸法になる。

3）看護勤務室（ナースステーション）
① 看護単位の中央部，とくにベッド群の重心にあたる場所に配置して看護師の歩行距離を短縮するように努める。
② 外部との接点である階段室やエレベーターホールに近く，出入りを容易にチェックでき，外部との連絡のよい位置であることも必要である。

D この施設のキーワード

① 看護単位：一定数の入院患者のグループとこれを看護するグループおよびこれに使われる固有の施設，このまとまりを看護単位とよび，病棟ということもある。

看護単位の病床数は一般病棟で 40〜60 床，産科，小児科は 30 床程度となる。

② ICU（アイ・シー・ユー，intensive care unit の略）：集中治療看護単位［または病棟］のこと。手術後の患者や重症ではあるが病状の改善が期待できる患者を対象とした集中治療を行うための看護単位で，高度な医療設備と多数の看護師が 24 時間体制で看護にあたる。このほか，普通ケア［MCU］，セルフケア［SCU］，長期ケア［LCU］，ホームケア［HCU］の看護単位がある。

③ MRI（エム・アール・アイ，magnetic resonance imaging の略）：核磁気共鳴を利用したコンピューター断層装置。体内の生化学的情報を映像化する。

実例 十勝恵愛会病院

設計：永森一夫建築設計事務所
施工：大木建設
構造：鉄骨造
階数：地上2階
敷地面積：4124.84m²
建築面積： 849.16m²
延床面積： 907.38m²
主な用途：病院（管理棟）

診療棟外観

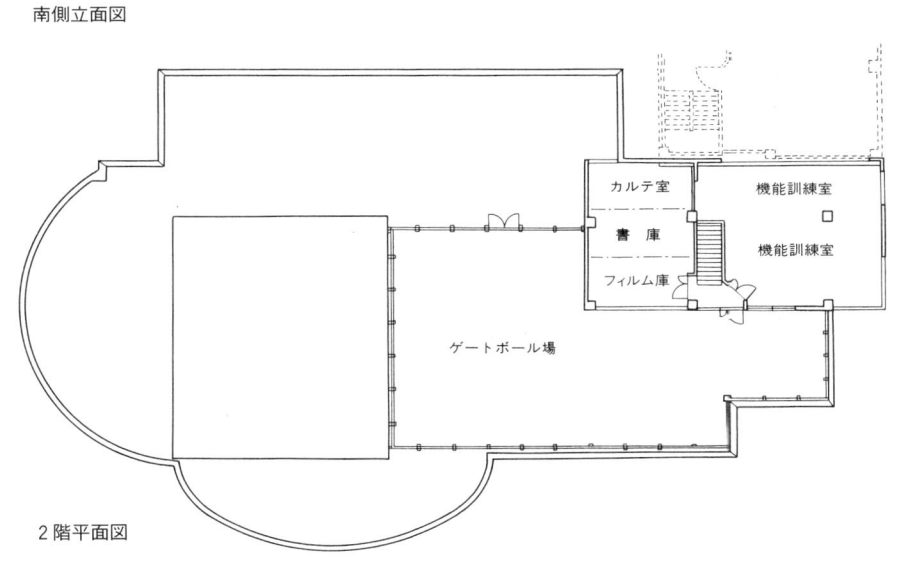

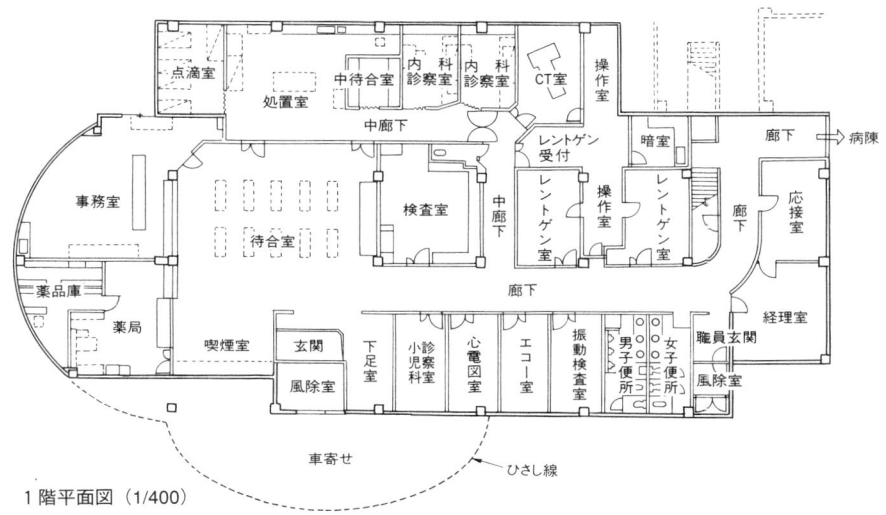

南側立面図

2階平面図

1階平面図（1/400）

6 病院（診療所を含む）

実例 笹野台内科

正面外観

西側立面図（1/300）

設計：永森一夫建築設計事務所
施工：丸善工務店
構造：鉄骨造
階数：地上3階
敷地面積：291.47m²
建築面積：152.32m²
延床面積：386.38m²
主な用途：診療所（住宅付き）

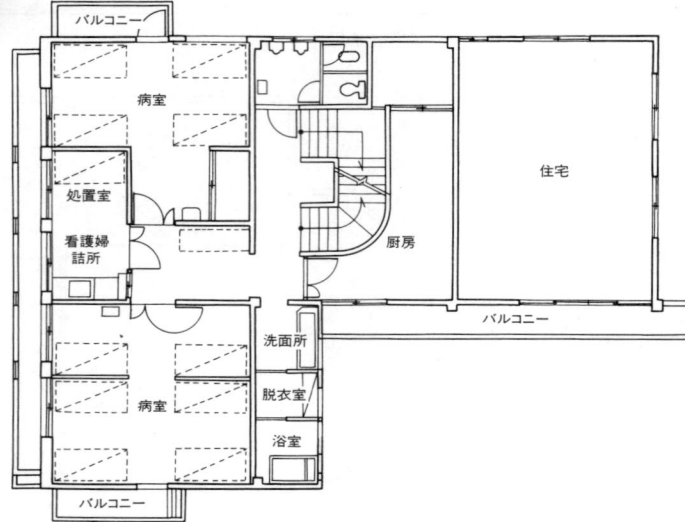

2階平面図

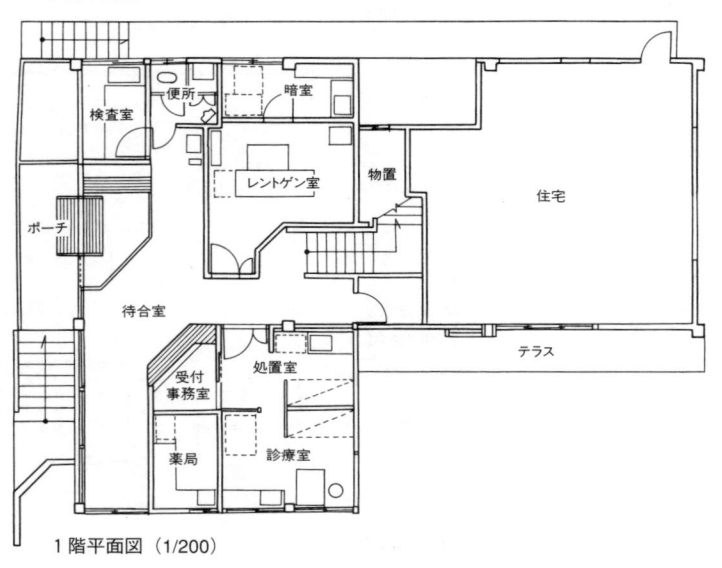

1階平面図（1/200）

施設 4　社会教育施設
7　図書館

A　基本知識

1 図書館の定義

図書館法第2条に「図書館とは，図書，記録その他資料を収集し，整理，保存して一般公衆の利用に供し，その教養，調査，研究，レクリエーションなどに資することを目的とする施設をいう」と定義されており，このうち，「公共図書館」とは地方公共団体が設置する図書館であり，私立図書館とは，日本赤十字社または民法第34条に規定される法人が設置する図書館と規定されている。

2 図書館の種類，分類

1) 大分類

```
                ┌─ 公共図書館     都道府県立，市町村立
図書館 ─────────┼─ 学校関係図書館  大学図書館，学校図書館
                └─ 専門図書館     国立国会図書館ほか
```

図7.1　図書館の分類

2) 中央図書館と分館（型）図書館（BM：ブックモビール，移動図書館）

```
 分館型図書館 ┐                    ┌ 分館型図書館＋BM
 分館型図書館 ┼─ 中央図書館 ─┼ 分館型図書館＋BM
 分館型図書館 ┘                    └ 分館型図書館＋BM

 資料収集，保存重視の              情報提供サービス重視
 中央図書館1館型                   利用しやすい図書館
```

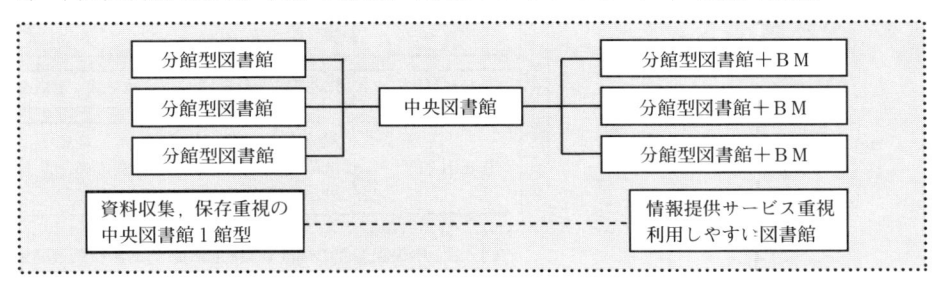

図7.2　公共図書館のネットワークサービス

館外貸出しの重視によって，利用しやすい分館図書館のネットワークによるサービスを充実させる方向に発展しつつある。

3 図書館の機能

表7.1　図書館の機能区分

①閲覧・貸出機能	図書，新聞その他の資料，情報を館内閲覧，館外貸出しの形で提供。現在の傾向は館外貸出しを重視。
②資料収集・保存機能	図書館の基本機能の一つで従来もっとも重視されていたが，近年貸出機能が優位に立つようになった。
③レファレンス機能	利用者にために必要な資料，図書の検索や収集のための支援を行うなど，近年重視されている機能。
④一般情報発信機能	地域に対して，各種の情報をさまざまな手段で提供するサービス機能。

4 図書館の基本条件

1) 立地条件
① 都道府県立などの大規模な中央館の場合は，その都市の文化センター的なゾーンにほかの公共施設と関連をもたせた配置が望ましい。
② 中小規模の都市の中央館は利便性の高い町の中心部や駅の近くなどを選ぶ。
③ 分館や小規模の図書館は，さらに利便性を考慮して人通りの多い場所や繁華街を選定する。この場合は利用圏内の住居密度などを調査して最良の敷地を選ぶ。

2) 敷地条件
① 地形：建物内の床のレベル差が使用上の障害になる場合が多いので，敷地内の大きな高低差がないことが望ましい。
② 動線の分離の必要などから前面道路が二方向以上の敷地が望ましい。

B 計画の基本

1 中央図書館の構成要素，部門，所要室

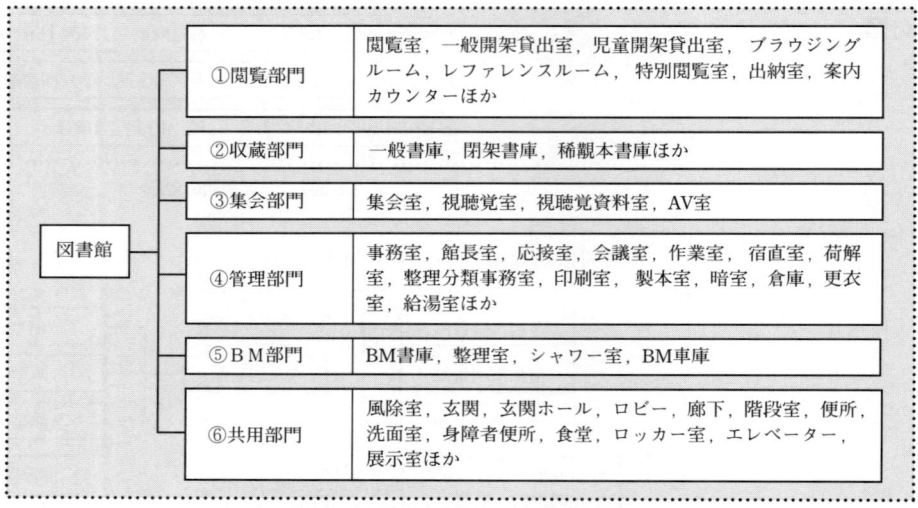

図書館	部門	所要室
	①閲覧部門	閲覧室，一般開架貸出室，児童開架貸出室，ブラウジングルーム，レファレンスルーム，特別閲覧室，出納室，案内カウンターほか
	②収蔵部門	一般書庫，閉架書庫，稀覯本書庫ほか
	③集会部門	集会室，視聴覚室，視聴覚資料室，AV室
	④管理部門	事務室，館長室，応接室，会議室，作業室，宿直室，荷解室，整理分類事務室，印刷室，製本室，暗室，倉庫，更衣室，給湯室ほか
	⑤BM部門	BM書庫，整理室，シャワー室，BM車庫
	⑥共用部門	風除室，玄関，玄関ホール，ロビー，廊下，階段室，便所，洗面室，身障者便所，食堂，ロッカー室，エレベーター，展示室ほか

図7.3 中央図書館の構成要素と部門区分および所要室事例

2 分館図書館の構成要素，部門，所要室

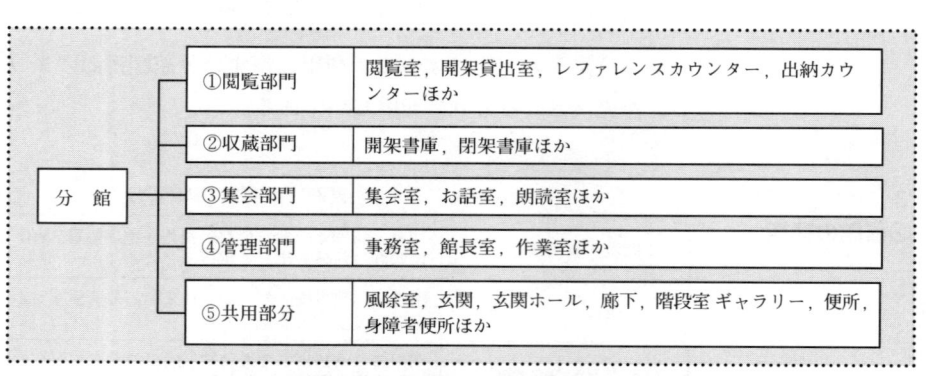

分館	部門	所要室
	①閲覧部門	閲覧室，開架貸出室，レファレンスカウンター，出納カウンターほか
	②収蔵部門	開架書庫，閉架書庫ほか
	③集会部門	集会室，お話室，朗読室ほか
	④管理部門	事務室，館長室，作業室ほか
	⑤共用部分	風除室，玄関，玄関ホール，廊下，階段室，ギャラリー，便所，身障者便所ほか

図7.4 分館図書館の構成要素と部門区分および所要室事例

3 図書館の規模
（図書館法施行規則・公立図書館の最低基準）

表7.2 公立図書館の最低基準（m²）

人口による算出法　必要延床面積			
種別	面積（この数値を下まわってはならない）（単位m²）		
都道府県立 (14条)	人口60万人以上	人口60万人未満	
	991.74＋45.59×（人口－60万人）/10万人	991.74	
市　立 (17条)	人口10万人以上	人口10万人未満3万人以上	人口3万人未満
	476.04＋16.53×（人口－10万人）/1万人	244.63＋33.06×（人口－3万人）/1万人	244.63
町村立 (20条)	人口3万人以上	人口3万人未満1万人以上	人口1万人未満
	244.63＋33.06×（人口－3万人）/1万人	165.29＋39.67×（人口－1万人）/1万人	165.29
蔵書数による算出法　必要延床面積			
公共図書館	分館クラス （蔵書数/120冊/m²）×2.5	中央館クラス （蔵書数/1 000冊/m²）×15～20	

4 図書館のゾーニング

1) 計画初期の段階のゾーニング

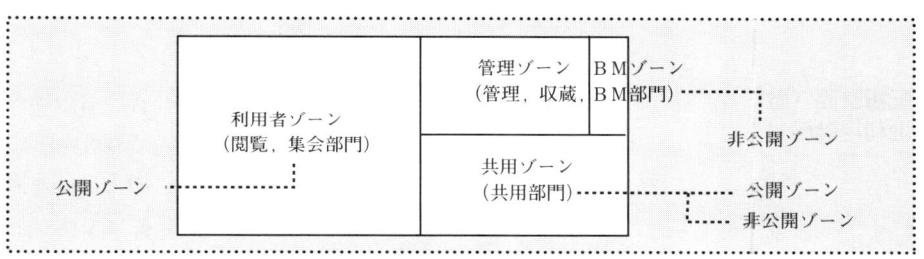

図7.5 図書館のゾーニング（部門と公開・非公開）

2) 図書館を構成する所要室についてその使われ方や内部機能を分析していくと，利用者が使うスペースと管理者が使うスペースに二分されることがわかる。もちろん，両者が互いに相手のスペースに出入りすることはあるが，使われ方としては副次的な場合と考えられる。このことは，見方を変えると，利月者が自由に出入りできる部分（公開ゾーン）と，利用者の立入りを禁止する部分（非公開ゾーン）との二つの部分に図書館の部分が分けられることをも意味している。

5 図書館の動線計画

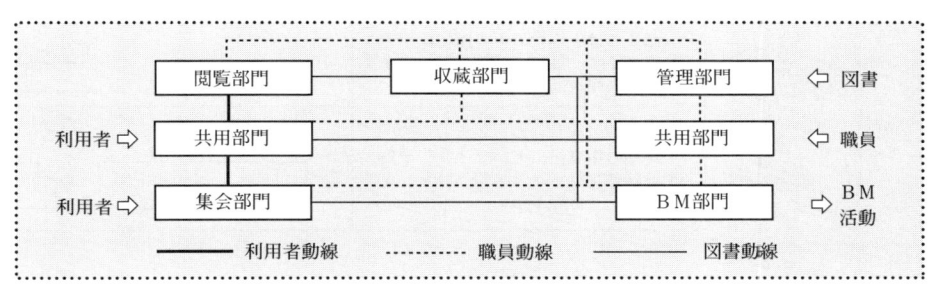

図7.6 図書館の動線図事例

6 図書館の機能構成，機能図

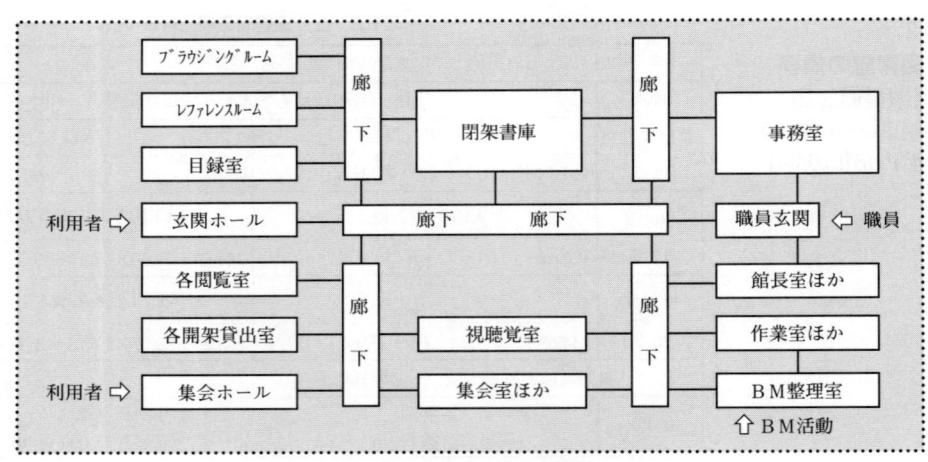

図7.7　図書館の機能図事例

C　計画×設計

1　配置計画（敷地利用計画）

1) 配置計画の基本方針
   ① 敷地内の異種動線の明瞭な分離：利用者，管理者の動線，収蔵図書の動線など異なる性格の動線を区分して適切な配置に努める。
   ② 歩行者，車の動線分離：収蔵図書の搬出，搬入には運搬車両の通行が不可欠になるからから，歩行者通路とは画然と区分をして，安全確保をはかる。
   ③ 施設の配置（敷地への導入出入口を設ける主前面道路やアプローチ道路から，施設の全体，とくに利用者エントランス回りの位置がだれにもわかりやすい配置に努める。

2) 図書館のブロックプラン

表7.3　図書館のブロックプラン

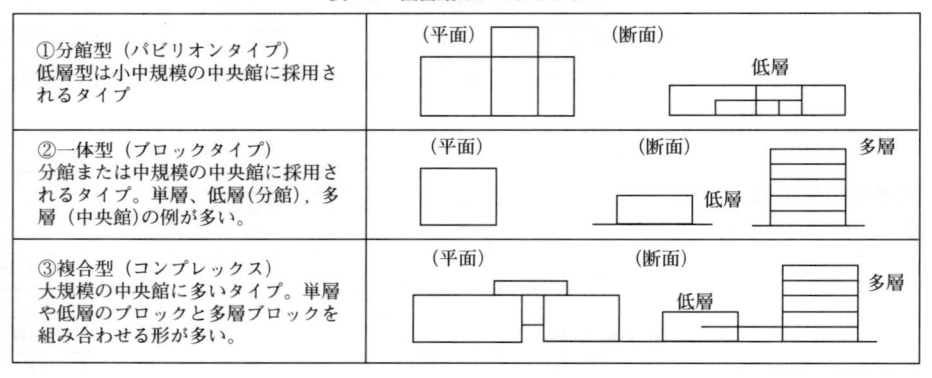

	（平面）／（断面）
①分館型（パビリオンタイプ） 低層型は小中規模の中央館に採用されるタイプ	（平面）　（断面）　低層
②一体型（ブロックタイプ） 分館または中規模の中央館に採用されるタイプ。単層，低層(分館)，多層（中央館）の例が多い。	（平面）　（断面）　低層／多層
③複合型（コンプレックス） 大規模の中央館に多いタイプ。単層や低層のブロックと多層ブロックを組み合わせる形が多い。	（平面）　（断面）　低層／多層

2　平面計画

1) 計画の策定条件
   ① 図書館は分館，中央館などの種類や規模によって，所要室などの範囲が異なり，ブロックプランの方針も違ってくる。
   ② 利用者と管理者（職員）の玄関および内部の動線は明確に分ける。さらに利用者は非公開部分に立ち入らないような動線の処理が必要である。

③　採用する出納システムを確認して，これにもっとも適合したプランにまとめる。

④　利用者の動線はできるだけ短く，わかりやすい計画としたい。

⑤　計画にあたって，増築など将来の条件の変化に対する対応を考えておくこと。

2) 図書館の出納システム

①　利用者が目的とする図書や資料を捜し出して，閲覧または貸出しを受けるまでの手続きの方式を出納システムとよんでおり，図書館の建築計画ではもっとも重要な要素である。

②　小規模の図書館（蔵書数2万冊前後）および分館型図書館では主要な機能が，利用者への閲覧および館外貸出しサービスにあると見られるので，この機能に適合している開架式を採用する。

③　中規模図書館では，開架式，安全開架式を主要部分に採用し，一部に閉架式を併用するなどの方法がとられる。

④　利用される頻度の高い図書や新刊書などは開架式や安全開架式を使用する。

表7.4　出納システムの種類

システムの種類	比較内容	
平面形と形式名	図書の選択と貸出の手続き他	図書の維持
①自由開架式 書架　閲覧	利用者が本を自分で書架から選び，そのまま閲覧もでき，貸出しも受けられる。閲覧室に書架をおいたワンルーム型。	本の配架順序はもっとも乱れやすく本の傷みや紛失事故も多い。
②安全開架式 書架　閲覧	利用者は本を自分で書架から選べるが，閲覧のためにはそのつど館員の検閲を受け，貸出し記録の提出が必要。	配架順序はすこし乱れ本の傷みもあるが，紛失事故は比較的少ない。
③半開架式 書架　閲覧	利用者は本の背表紙程度まで見ることができるが，取り出すのは館員による。貸出し記録の提出も必要。	本の配架順序が乱れにくく，紛失も少ない。
④閉架式 書架　閲覧	利用者は直接書架に対面できず目録などで本を選び，館員の手で取り出してもらう。貸出し記録の提出が必要。	本の配架順序が乱れにくく，本の紛失も少ない。

3) 各部門の計画条件

a．閲覧部門

①　この部門でもっとも高い静粛性やプライバシーが求められる一般開架貸出室やレファレンスルームは，玄関ホールから離れた奥の部分が望ましい。

②　玄関ホールに近くてよい部分は，ブラウジングルーム，児童開架貸出室など。

③　コントロールカウンターは，出納業務とともに，閲覧部分と管理部分との連絡拠点になるので，管理部分との連絡がよい位置と動線の確保が必要である。

b．BM部門

①　BM用整理室は作業室および事務室との連絡に有利な配置が必要である。

② 整理作業室はＢＭ用車庫あるいは車寄せに面して配置し，図書の積み降ろしが容易にできるようにする。

c．収蔵，管理部門
① 事務室はコントロールカウンターに隣接させるか，相互に連絡の取りやすい配置とし，利用者の動線と交差しない通路を確保する。

d．集会，共用部分
① 図書館の集会室は，分館レベルで20人前後，本館タイプでも50〜100人規模の部屋が加わる程度とみられる。いずれも主階の一般閲覧室の利用者の動線と交差しない配置が望ましい。
② 共用部分には三つの要素が含まれており，その一つは交通部分（玄関，玄関ホール，階段室，廊下ほか）であり，二つ目にサニタリー部分（便所，洗面室），三つ目がレスト部分（休憩室，食堂，喫茶ほか）である。

3 断面計画

図書館の天井高と階高
① 開架貸出室：図書館のなかでも，もっとも広がりのあるスペースが閲覧空間であるが，その天井高は3.5m以上の場合が多く，4.0m前後の設計例がよくみられる。なかには5.0mという事例もある。階高は4.0〜6.5m程度になる。
② 閉架書庫：採用する書庫の種類により天井高は2.5〜7.0m程度，積層式書庫を使う場合は天井を設けない設計が多く，階高は8.0mほどになる場合もある。
③ 玄関，ロビー回り：天井高3.5〜4.0m，階高4.0〜5.0m。
④ 集会室：教室程度で天井高3.0〜4.0m，映写，スライドスクリーンなどを使用する部屋で4.0m以上，階高は3.5〜5.0m。

4 構造，構法計画

1）図書館の構造方式

図書館という施設の内部機能から，平屋建てや2階建て程度が使いやすいので大規模な中央館でも，地上3〜4階建て程度が望まれる。したがって，構造は鉄筋コンクリート，ラーメン構造とするのが一般的である。

2）閉架書庫ブロックの有無
① 開架式を主とする中小の図書館や分館の場合は書庫と他の部分を分ける必要がないので，構造的にも同じ方式で全館をまとめる方針がとれる。
② 閉架書庫を主体にする大規模館では，書庫部分の効率や増築計画を高めるた

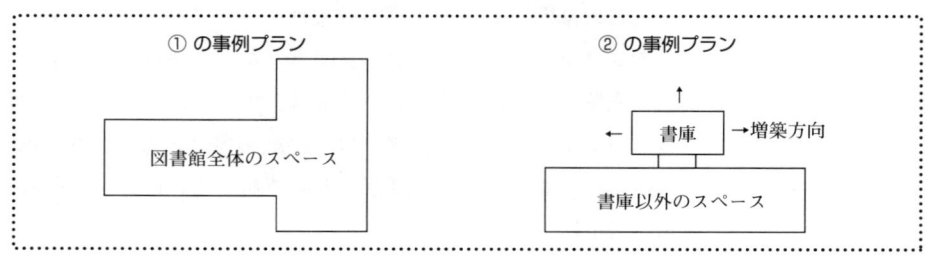

図7.8　図書館の構造タイプ

めに書庫部分と他の部分を構造的に切り離す方針を取る場合が多い。

5 設備計画

1) 電気設備

閲覧室回りの照明設備は，高窓や天窓による自然採光とともに細かい配慮が必要である。とくに光源の色，照度（300～750 lx程度），ガラス面への反射対策，そしてまぶしさを防ぐなどの照明の質の向上などが求められる。

2) 給排水衛生設備

衛生器具設備では，身障者用便所の設置が必要になるので，各種の障害者対応器具と壁つき手摺などのアクセサリー類の検討が必要である。「ハートビル法の確認」

3) 空調設備

図書館の空調方式は，単一のダクトで冷・温風を送風する単一ダクト方式やファンコイルユニットダクト併用式が使われる事例が多い。なお，保存を目的とした閉架書庫がある場合は，他室にくらべて空調の条件が厳しくなるので，方式なども他の部分と区分する必要がある。なお，室内での空調騒音を押さえる設計上の配慮も加えたい。

4) 防災設備

図書館をはじめとする公共施設は，つねに不特定多数の利用者に使われている。法令上も特殊建築物と指定されていて，その規模などにより耐火建築物とするなどの厳しい制約により，災害時の安全性の確保を求めている。設備の面でも，非常警報，避難，消火，排煙の各設備が必要とされる。

6 各部計画

1) 一般閲覧室関連

① 一般開架貸出室は，成人が図書の閲覧，貸出しを受けるスペースで，最近の設計事例では，児童開架貸出室，レファレンスルーム，ブラウジングルームなどと一緒にワンルームの形で配置される場合が多い。

② 天井高は開架書架高さの2倍程度とし，3.6～4.4m程度とする。

③ 児童開架貸出室は1階の玄関近くに配置する。

④ ブラウジングルーム（コーナー）は新聞雑誌閲覧室であるが，休息を兼ねた空間として扱う例が多い。

⑤ レファレンスルーム（コーナー）は，利用者のために，資料　情報の選択，調査，研究のための検索や支援などを行う場所で，現代の図書館の主要なサービス活動の一つとされている。分館の場合は貸出室との連続性を考慮してコーナーとするが，中央館の場合は館内の中央部に配置する例が多い。

2) 書庫

① 閉架書庫では，防湿，防塵のほか，防火上の配慮が必要である。消火設備は水の被害を避ける意味で炭酸ガス消火設備などを使用する。

② 閉架書庫の書架には，単独式，積層式，集密式などの書架形式があり，収蔵力や構造体との関連，階高などを検討して選択をする。

3) BM（ブックモビール）作業室
   ① BM整理・作業室はBM用車庫あるいは車寄せに面して配置して，図書の積み降ろしに支障がないようし，閲覧部分と事務室との連絡がよい配置にする。

D この施設のキーワード

① BDS（Book detection system・図書検知システムの略）：電波や磁気によって，貸出手続きのすんでいない図書の館外持ち出しを検知してこれを防ぐシステム

② 各種書庫の収蔵能力：ⓐ開架書庫 170冊/m^2，ⓑ閉架書庫 210〜250冊/m^2，ⓒ積層式・集密書架 400〜600冊/m^2

③ コントロールデスク・カウンター：出納カウンターのことで，図書の閲覧や貸出し，返却など，利用者に対するサービス窓口が主要な機能である。分館規模では参考窓口（レファレンス機能）も兼ねることになるのでこの配置は計画上の重要なポイントになる。

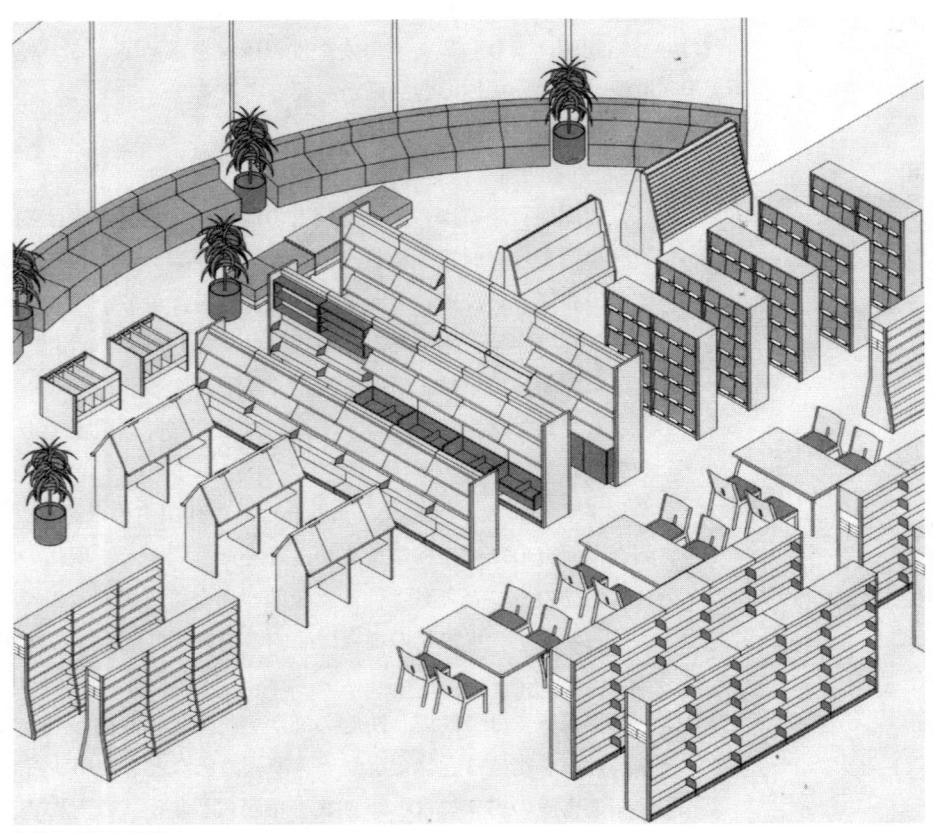

図書館家具配置例（イトーキカタログより）

3章　施設計画案内

実例　日野市立図書館

正面外観　　　　　　　　　　　　　　　　　　　　（撮影　新建築写真部）

設計：鬼頭梓建築設計事務所
施工：冨士工
構造：鉄筋コンクリート造
階数：地下1階，地上2階
敷地面積：2493.2m²
建築面積：　883　m²
延床面積：2220　m²
主な用途：図書館

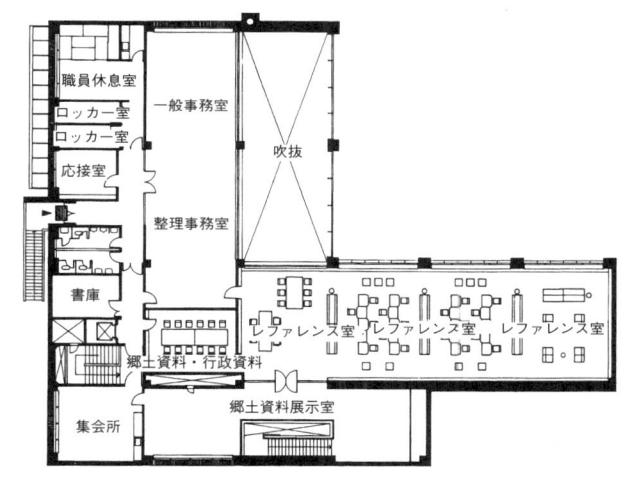

2階平面図

地階平面図

1階平面図（1/600）

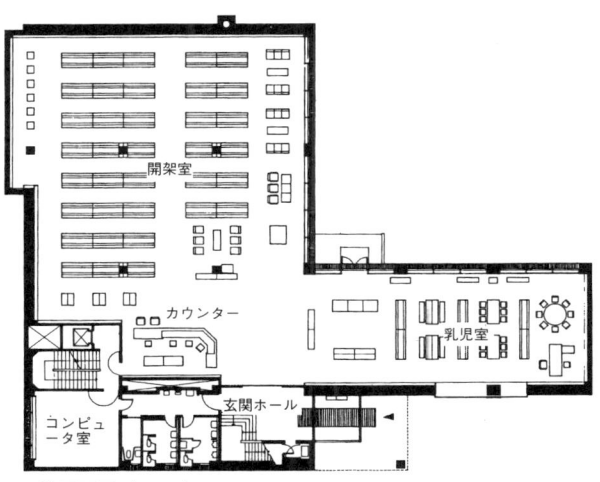

施設 4　社会教育施設
8　美術館

A　基本知識

1　美術館の定義

1) 美術館の定義

博物館法第2条に「博物館」とは，歴史，芸術，民族，産業，自然科学に関する資料を収集し，保管（育成を含む。以下同じ）し，展示して教育的配慮の下に一般公衆の利用に供し，その教養，調査研究，レクリェーション等に資するために必要な事業を行い，あわせてこれらの資料に関する調査研究をすることを目的とする機関（以下略）と規定されている。

2) 美術館の位置づけ

美術館は，一般に「博物館」とよばれる展示を主要な目的にする施設の一種という位置にある。

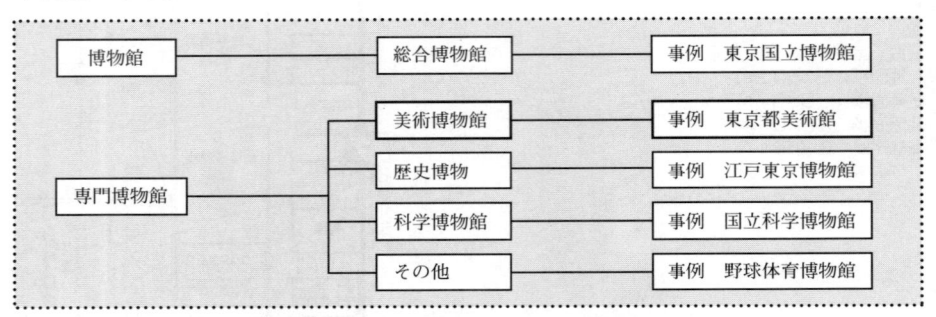

```
博物館 ─── 総合博物館 ─── 事例　東京国立博物館
         ┌─ 美術博物館 ─── 事例　東京都美術館
専門博物館 ┼─ 歴史博物 ─── 事例　江戸東京博物館
         ├─ 科学博物館 ─── 事例　国立科学博物館
         └─ その他 ─── 事例　野球体育博物館
```

図8.1　博物館（展示施設）のなかの美術館の位置

2　美術館の種類，分類

1) 展示活動による分類

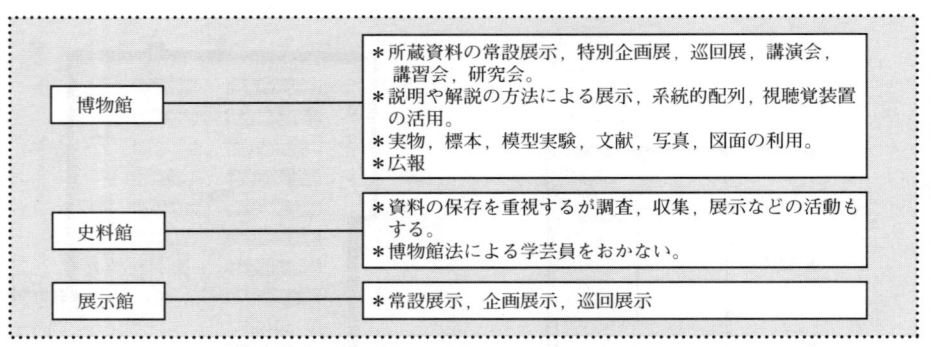

- 博物館
  - *所蔵資料の常設展示，特別企画展，巡回展，講演会，講習会，研究会。
  - *説明や解説の方法による展示，系統的配列，視聴覚装置の活用。
  - *実物，標本，模型実験，文献，写真，図面の利用。
  - *広報
- 史料館
  - *資料の保存を重視するが調査，収集，展示などの活動もする。
  - *博物館法による学芸員をおかない。
- 展示館
  - *常設展示，企画展示，巡回展示

図8.2　展示施設の展示活動による分類（博物館法）

2）展示資料による分類

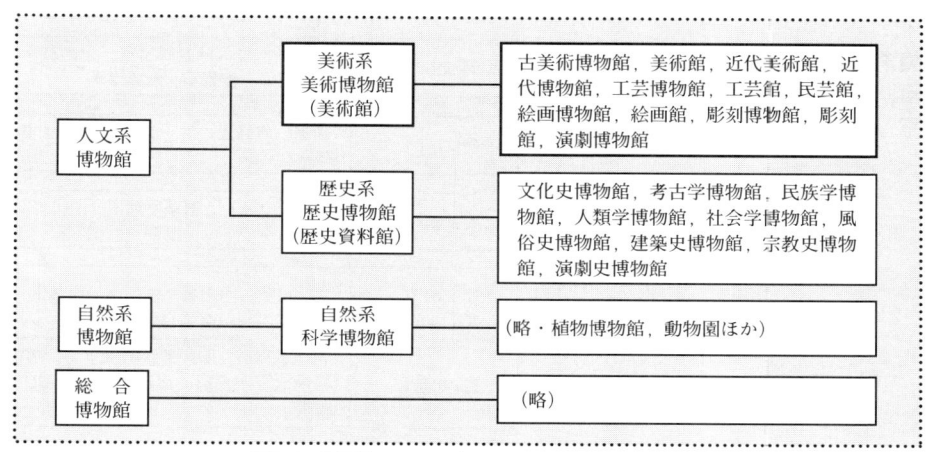

```
人文系        ┌─ 美術系          古美術博物館，美術館，近代美術館，近
博物館  ─────┤  美術博物館       代博物館，工芸博物館，工芸館，民芸館，
             │  (美術館)         絵画博物館，絵画館，彫刻博物館，彫刻
             │                  館，演劇博物館
             │
             └─ 歴史系          文化史博物館，考古学博物館，民族学博
                歴史博物館       物館，人類学博物館，社会学博物館，風
                (歴史資料館)     俗史博物館，建築史博物館，宗教史博物
                                館，演劇史博物館

自然系  ────── 自然系            (略・植物博物館，動物園ほか)
博物館         科学博物館

総合                             (略)
博物館
```

図8.3　展示施設の展示資料による分類（博物館法）

3　美術館の機能

表8.1　美術館の機能区分

①展示機能	美術品の展示，見やすい，わかりやすい順路などのほか，変化への対応が容易であること。
②研修機能	集会，講演，研修（実技を行う）など市民参加の活動。
③収蔵機能	美術品の整理，保存，修復等を行う。
④研究機能	美術品の学術的研究および関連の活動。
⑤管理機能	美術館の管理，運営を行う。

4　美術館の基本条件

1）立地条件

① 郊外の立地は収蔵物の保存，敷地規模の余裕などのためには有利であるが，一般公開のためには，利便性のうえで難点がある。

② 市街地の立地は来館者側からいえば便利であるが，美術品を観賞するための落ち着いた環境を確保することが相対的に難しくなる。

③ 現況では，在来の市街地にあった旧館の改築を機会に，郊外に計画された新しい文化中心（市民の森，県民芸術センターなど）にほかの公共施設と一緒に計画される事例が多い。

④ 既成市街地でも，公園の隣接地などは施設用地として望ましい条件を備えている。

⑤ 郊外の場合は公的な大量輸送機関が利用できること，将来の規模増設が可能なこと，環境が優れていることなどが条件になる。

2）敷地条件

① 敷地内動線の分離，とくに収蔵物の運搬経路と来館者の動線は確実にわけることが必要であるが，これを可能にする敷地規模と前面道路の接道条件が必要。

② 敷地内に適正な規模の前庭，広場などがとれ，災害時に有効な避難通路，避難所が確保できる敷地であること。

B 計画の基本

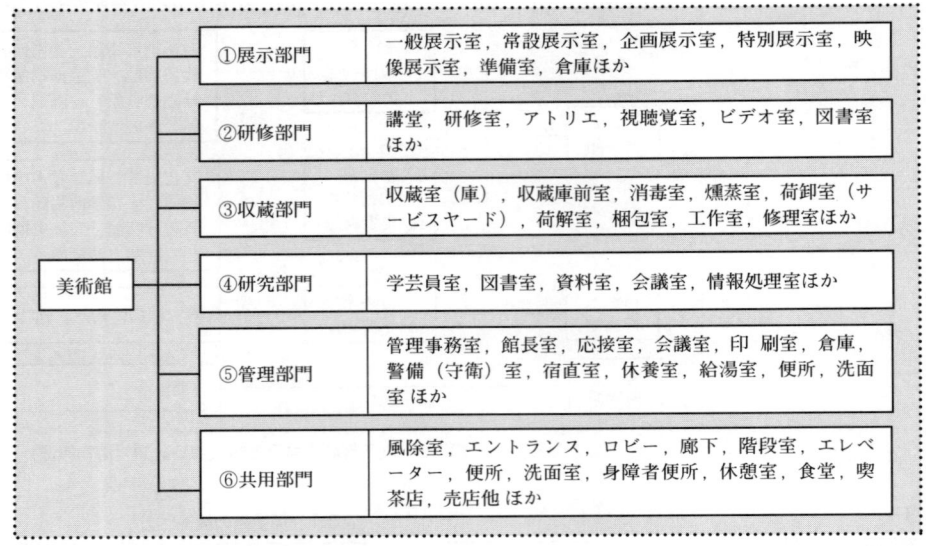

1 美術館の構成要素，部門，所要室

美術館	部門	所要室
	①展示部門	一般展示室，常設展示室，企画展示室，特別展示室，映像展示室，準備室，倉庫ほか
	②研修部門	講堂，研修室，アトリエ，視聴覚室，ビデオ室，図書室ほか
	③収蔵部門	収蔵室（庫），収蔵庫前室，消毒室，燻蒸室，荷卸室（サービスヤード），荷解室，梱包室，工作室，修理室ほか
	④研究部門	学芸員室，図書室，資料室，会議室，情報処理室ほか
	⑤管理部門	管理事務室，館長室，応接室，会議室，印刷室，倉庫，警備（守衛）室，宿直室，休養室，給湯室，便所，洗面室ほか
	⑥共用部門	風除室，エントランス，ロビー，廊下，階段室，エレベーター，便所，洗面室，身障者便所，休憩室，食堂，喫茶店，売店他ほか

注1）上表の共用部門を導入部門（または部分）とよぶ場合もある。
2）共用部門はその性格上，廊下，階段室のように各部門にまたがる形が多い。

図8.4　美術館の構成要素と部門区分および所要室事例

2 美術館の規模

種別	都道府県，指定都市立	市町村立
標準	延面積 6 000m²	延面積 2 000m²
各部規模	展示・教育活動部分 2 500m² ／ 保管・研究活動部分 2 500m²／管理・その他 1 000m²	展示・教育活動部分 850m² ／ 保管・研究活動部分 850m² ／ 管理・その他 300m²

図8.5　公立美術館の規模基準

（公立博物館の設置および運営に関する基準，昭和48年文部省告示第164号，第5条）

3 美術館のゾーニング

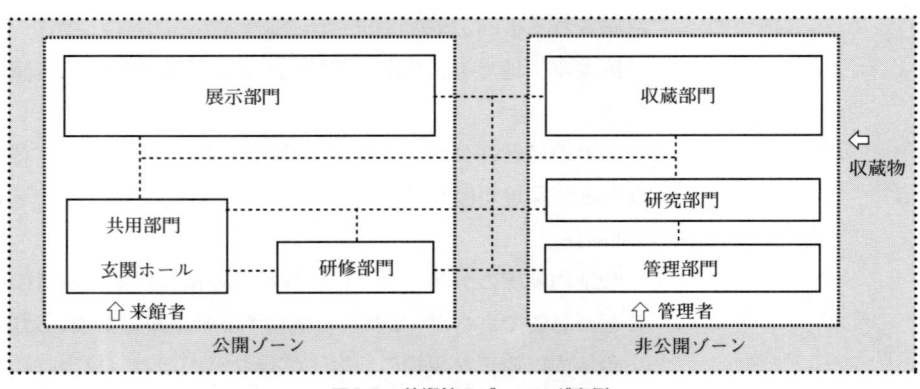

図8.6　美術館のゾーニング事例

公開ゾーン：展示部門，共用部門 玄関ホール（↑来館者），研修部門
非公開ゾーン：収蔵部門（⇐収蔵物），研究部門，管理部門（↑管理者）

美術館を構成する各部門には，来館者が自由に立入ることができる公開ゾーンと原則として職員だけが出入りできる非公開ゾーンとがある。入場券が必要な施設では，この条件は計画面でとくに重要な要素と考えられる。

4 美術館の動線計画

美術館の内部動線にはつぎの種類が考えられ，以下の条件が必要である。
① 人の動線・来館者：来館者が迷わない動線，非公開部分に立入らない動線
　　　　　　　管理者：来館者の出入口と別の出入口が必要
　　　　　　　学芸員：ほぼすべての来館者ゾーンに容易に出入りできる動線
② 物の動線・収蔵物：短く直線的で床に段差がなく，来館者と交差しない動線

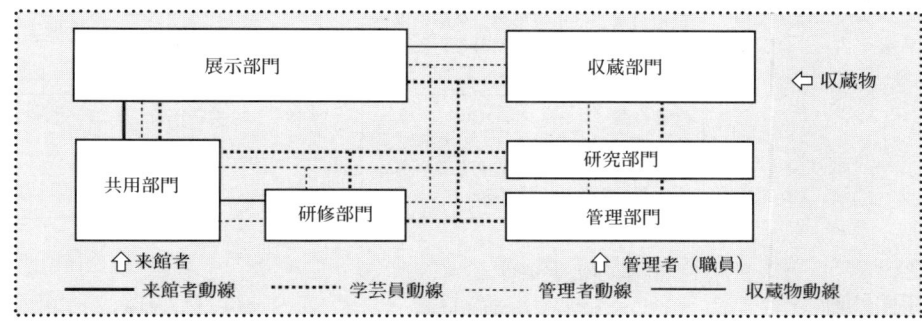

図8.7　美術館の動線図事例

5 美術館の機能構成，機能図

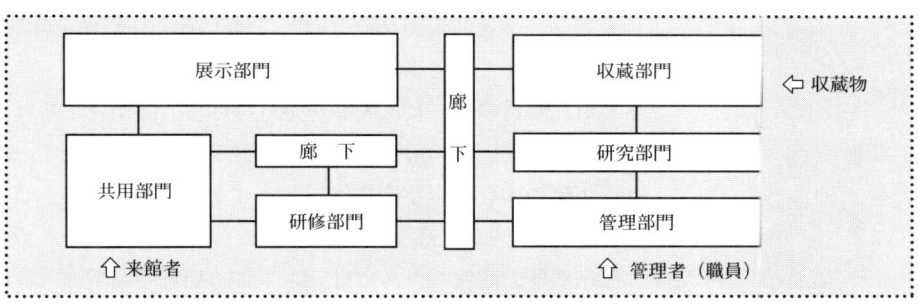

図8.8　美術館の機能図事例

C 計画×設計

1 配置計画（敷地利用計画）

1) 配置計画の基本方針
① 敷地内の異種動線の明確な分離をはかる。来館者と職員，車（収蔵物）と歩行者の経路を分離して安全を確保する。
② 施設の配置には視覚的なわかかりやすさが必要で，主前面道路やアプローチ道路から建物の全体，とくに来館者玄関回りの位置がだれにもわかる配置が望まれる。
③ 来館者玄関前の前庭は十分なスペースをとり，団体来館者の集合や一般客の待合せ，休憩，緊急時の混乱防止などに対応できる計画が必要である。

2) 美術館のブロックプラン

美術館のブロックプランには，三つのタイプがみられる。①の分館型はパビリオンタイプとかフィンガープランとよばれるもので，平面的な広がりを生かした構成で，いくつかのブロックが連なった形のプランが多い。以下に②一体型，③複合型とともにまとめておく。

表8.2　美術館のブロックプラン

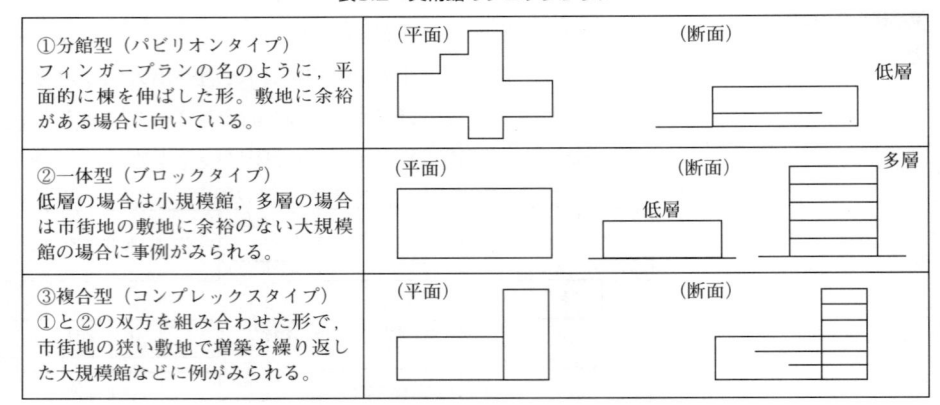

タイプ	平面	断面
①分館型（パビリオンタイプ） フィンガープランの名のように，平面的に棟を伸ばした形。敷地に余裕がある場合に向いている。	（平面）	（断面）　低層
②一体型（ブロックタイプ） 低層の場合は小規模館，多層の場合は市街地の敷地に余裕のない大規模館の場合に事例がみられる。	（平面）	（断面）　低層／多層
③複合型（コンプレックスタイプ） ①と②の双方を組み合わせた形で，市街地の狭い敷地で増築を繰り返した大規模館などに例がみられる。	（平面）	（断面）

2　平面計画

1) 計画の策定条件

① 来館者，管理者，学芸員などの主要な人の動線と収蔵物をはじめとする物の動線は，それぞれ交差を避け，必要な分離をはかりながら災害時の安全な避難経路を確保する。避難ルートは2方向への避難が可能な計画をする。

② 公開ゾーンと非公開ゾーンの区分は美術館の平面計画の基本を左右するポイントであるが，まず来館者の立入り可能な範囲を策定して，この部分に対する学芸員，職員のサービス動線を張り付ける方法が考えられる。

③ 美術館の最優先の設計目標は展示機能の確保ということになる。このためにはまず見やすい展示空間を実現することが必要である。このためには，展示室の形，採光，照明，壁面構成そのほかの検討が必要である。

④ 展示機能の確保のためには，さらに適切な展示壁面の計画が求められる。

⑤ 展示室が二つ以上ある場合は各展示室を巡回するための動線計画と展示室の配置計画が必要になる。これらすべてに共通の条件が，順路を明確にすることである。

2) 展示空間の計画

a. 展示壁面の配置（図8.9の説明）

① 連属した展示壁（片面のみ展示壁面）で，入口と出口の位置が別の場合。

② 分離された展示壁（両面が展示壁面）で，入口と出口の位置が別。

③ 連属した展示壁（両面とも展示壁面）で，入口と出口の位置が同じ。

④ 分離された展示壁（両面），入口と出口の位置が同じ。動線が交差する。

⑤ 分離された展示壁（両面），入口と出口の位置が同じ。動線途中で分岐する。

⑥ 分離された展示壁（両面），入口と出口の位置が同じ。動線は交差，分岐する。

⑦ らせん状の展示壁（両面），入口と出口の位置は同じ。

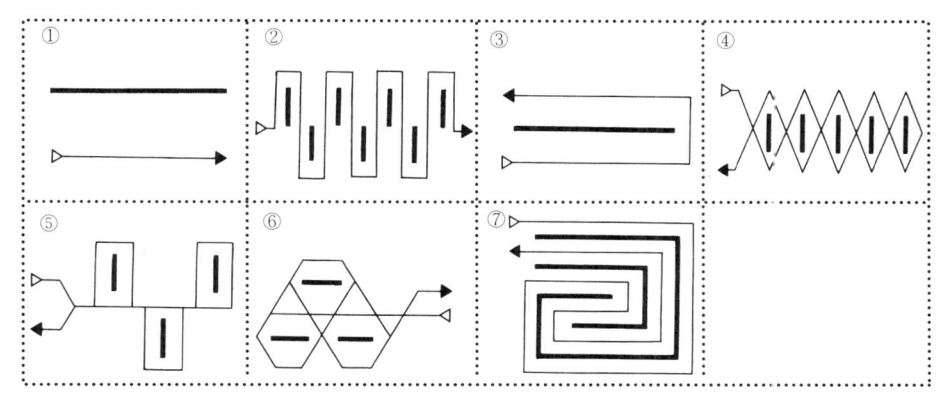

図8.9 展示壁面の基本配置パターン

b．展示物の展示方法と来館者の動線

① 壁面展示と動線

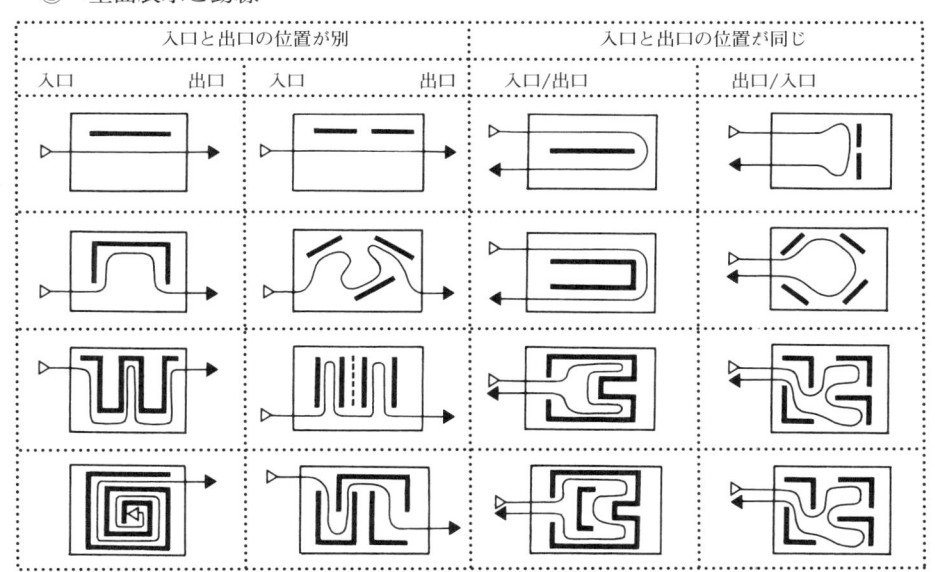

図8.10 壁面の配置と動線のパターン

　展示壁面の配置は順路を明確にし，観賞の順序は左から右への動きとなるようにする。展示空間のなかで，来館者の動線は，逆戻り，交差，見落としなどの起こらない動線，すなわち「一筆書き」の動線であることが必要である。また，彫刻作品のような独立展示の場合は，壁面展示とは異なる動線への予測と配慮が必要になってくる。

② 独立展示と動線

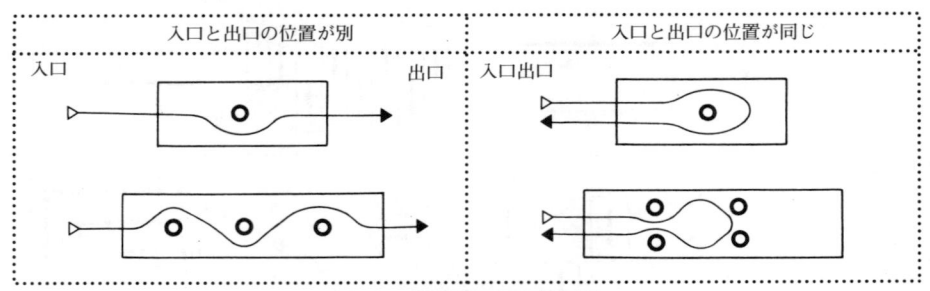

図8.11 独立展示の配置と動線

c. 展示室の巡回形式

複数の展示室がある場合は，それぞれが独立した形で運営できるとともに，連続して巡回できるような配置と動線計画も必要になる。このような場合の展示室の配置を巡回形式とよび，下図のような種類がある。

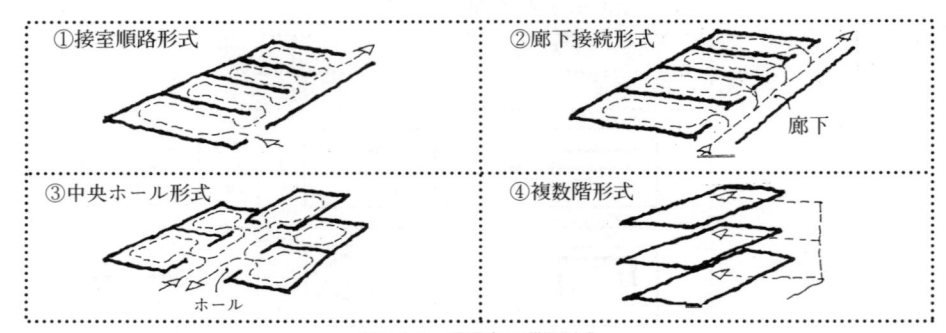

図8.12 展示室の巡回形式

① 接室順路形式：展示室同士を直接つないだ形で動線が短縮できるが，一つの部屋での混雑の影響が直ちに来館者全体の流れに影響するという欠点がある。
② 廊下接続形式：廊下によって各展示室を結ぶ形で，各展示室の独立性が高い。
③ 中央ホール形式：中央に展示を兼ねたホールを配置し，各展示室はこのホールにつながる配置。ホールに一定の広がりがないと混雑する場合がある。
④ 複数階形式：展示室が複数の階にまたがる形で，階段またはスロープで連絡される形になる。できるだけ上階から下階への動線による形にしたい。

3) 各部門の計画条件

a. 展示部門

① 来館者にとって展示物が見やすいことが基本目標である。そのためには順路を明確にし，多様な展示条件に対応できることが必要である。
② 展示室が2室以上になる場合は，相互に連絡をよくして，観賞の動線に連続性を確保できるようにしたい。

b. 研修部門

① 講堂を設ける場合は，専用の玄関，便所，洗面室などを設ける。
② 講堂の避難計画を検討し，避難に支障のない計画を立てる。

c. 収蔵部門
① 収蔵庫は学芸員室および管理事務室との連絡が容易な配置とする。
② 収蔵庫と展示室は同じ階に設けるか，他の階にまたがる場合は必要な箇所にエレベーターを設置する。
③ 収蔵物の搬送経路には床の段差をつけないようにする。

d. 研究部門
① 学芸員の行動範囲との関連で，展示，収蔵，管理の各部門との関連が重要。
② 学芸員室以外の各室は，いずれも学芸員室から利用しやすい配置にする。
③ 学芸員室と収蔵庫，展示室への動線はとくに留意する必要がある。

e. 管理部門
　管理部門は，研究，収蔵の各部分と同じく来館者が立ち入らない，いわば裏の部分である。ただ管理部分のみは，来館者のためのさまざまなサービスを行うので，来館者の表の動線と対面する部分も必要な場合が予想される。

f. 共用部門
　共用部門の三つの要素，交通，サニタリー，レストの各部分のうち，レスト部分の休憩スペースと展示室回りの組合せはとくに配慮を加えて，展示経路の長さに応じた配置などを心掛ける。

3　断面計画

1) 美術館の天井高と階高
① 展示室：展示室の天井高は室の大きさで異なるが，3.0 m 以上は必要で，4.0 m 前後の事例が多く，高い例で 6.0〜7.0 m くらい。階高は 4.0〜8.0 m，自然採光を使う場合は階高を 2〜3 m 高くする必要がある。
② 収蔵庫：天井高は 4.0 m 程度を確保，階高は 4.5〜5.0 m 前後になる。
③ 事務室ほか：一般の居室の天井高は 2.5 m 前後，階高は 3.0〜3.5 m 程度。

2) 採光と照明
① 展示室やホールなどに自然採光を取り入れる場合はその採光方法によって特別な断面型を考える必要がある。いずれの場合も人工照明との組合せにより展示物の観賞効果を高める計画が必要である。
② 自然採光の手法

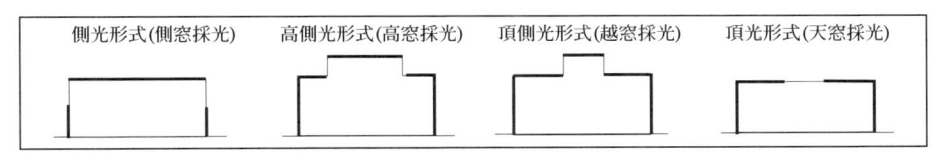

| 側光形式(側窓採光) | 高側光形式(高窓採光) | 頂側光形式(越窓採光) | 頂光形式(天窓採光) |

図8.13　自然採光の形式

4　構造，構法計画

1) 美術館の構造方式
　美術館は階数の少ない1〜3階建ての事例が多い。したがって，通常採用される構造方式は鉄筋コンクリート，ラーメン構造が多く，大スパンが混在する場合には，一部に鉄骨造，鉄骨鉄筋コンクリート造が使われる。小規模のものや設計条件によ

っては，木造などが使われる事例もみられる。

5 設備計画

1) 電気設備

照明設備は美術館の設備の重要なものの一つである。なかでもまぶしさの防護や展示ガラス面への反射など，展示効果を損なう原因の解消と質の高い照明計画が望まれる。

2) 給排水衛生設備

来館者便所の設置箇所には身障者用便所を設ける。このほかハートビル法関連の対応が必要である。

3) 空調設備

展示室や収蔵庫は特別の温湿度条件が必要になるので，他の部分と区分をしたゾーニングを行う。方式は，単一ダクト方式，ゾーン（各階）別ユニット方式などが考えられる。

4) 防災設備

美術館は建築基準法で耐火建築物とすることが要求されていて，災害の発生する危険性は少ない。ただ火災の発生で水や泡の消火では展示物が傷むので二酸化炭素消火設備などが適当とされる。

6 各部計画

1) 展示室

展示室内での展示物をみる視角で部屋の規模がきまるが，その根拠になる数値は視角を45度以内（27〜38度）に納めることである。

2) 収蔵庫

① 断熱材と湿度調節機能を確保する。年間を通じて温湿度を一定に保つため，空調は他室と別系統で計画する。

② 外気温との絶縁をはかるため，天井，壁，床ともに，構造体と縁を切った形の内壁を木造でつくり二重構造にする。

3) 食堂，喫茶室

長時間にわたる観賞のために，休憩室や食堂などのサービス施設を設ける。通常は玄関ロビーの近くに配置し，立地条件などによっては外部からの利用もできる形にしたほうがよい。

D この施設のキーワード

① 展示壁面の照度：室内全体 50〜100 lx，日本画 150〜200 lx，油絵300〜500 lx，彫刻・大理石 300〜1 000 lx，ブロンズ 2 000〜5 000 lx（JIS Z 9110-1979）

② 二酸化炭素消火設備：展示物，収蔵物に対してもっとも影響の少ない消火設備であり，美術館に適した消火設備とされている。

③ 展示室の輝度対比：展示室で，全般照明と展示物への局所照明を分離し，展示物と室内全体の輝度対比については，10：1程度とすると目の疲労が少ない。

実例 北海道立近代美術館

全景（写真提供　清水建設）

設計：太田実＋道立美術館設計監理JV
施工：佐藤組＋清水建設JV
構造：鉄筋コンクリート造
階数：地下1階，地上3階
敷地面積：19470m²
建築面積：　4876m²
延床面積：　8737m²
主な用途：美術館

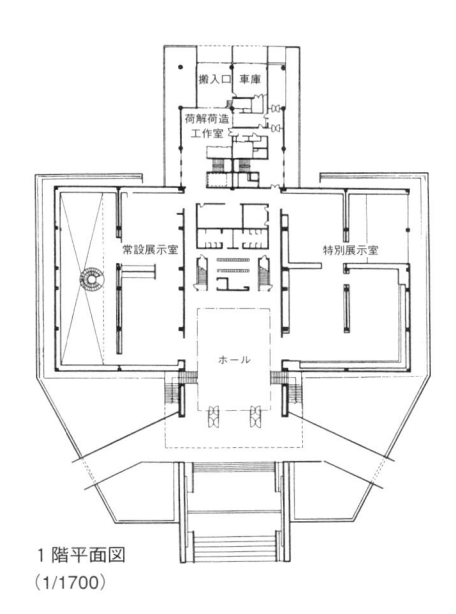

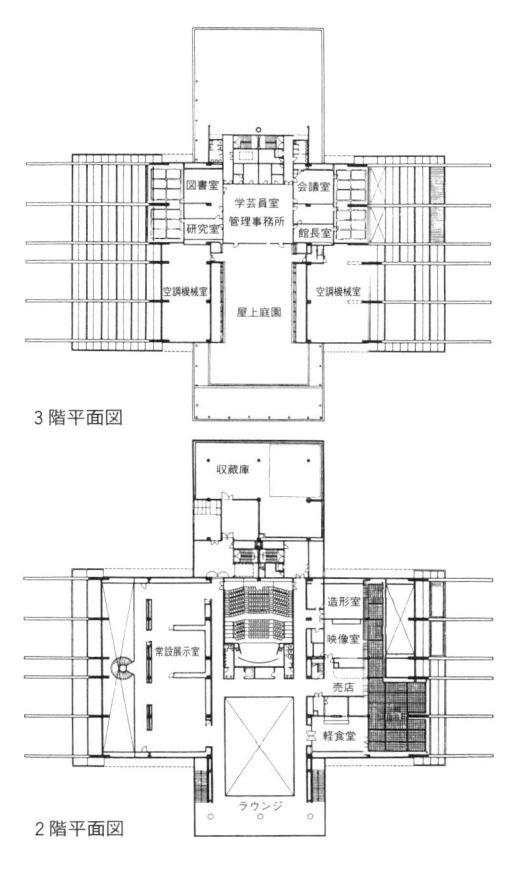

1階平面図
(1/1700)

2階平面図

3階平面図

施設5　商業施設（業務関連）
9 事務所

A 基本知識

1　事務所の定義

1) 主要な部分が事務室として使われる建物。
2) 生産・流通・サービスのための管理および渉外業務を事務といい，事務のための施設を事務室，事務所という。
3) 事務所は事務を目的とした人間のための生活空間である。

2　事務所の種類，分類

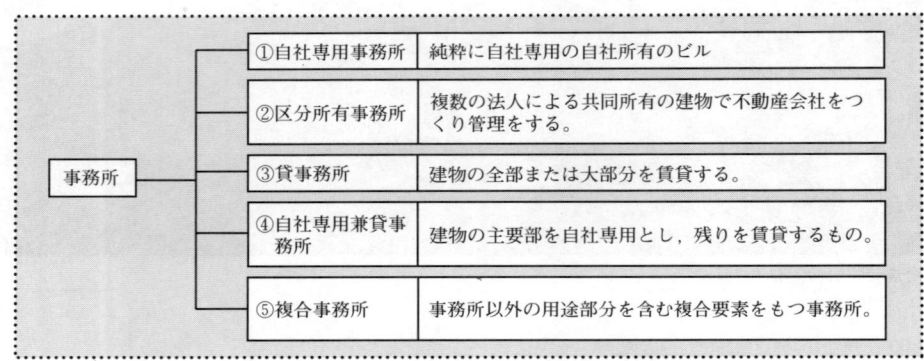

事務所	内容
①自社専用事務所	純粋に自社専用の自社所有のビル
②区分所有事務所	複数の法人による共同所有の建物で不動産会社をつくり管理をする。
③貸事務所	建物の全部または大部分を賃貸する。
④自社専用兼貸事務所	建物の主要部を自社専用とし，残りを賃貸するもの。
⑤複合事務所	事務所以外の用途部分を含む複合要素をもつ事務所。

図9.1　事務所の種類

3　事務所の機能と設計目標

1) 事務を目的とした人間のための生活空間としての機能
  ① 人間のための居住性：複合的な居住性，快適性が要求される。
  ② 安全性：地震，火災など災害時における安全性の確保が必要である。たとえば，わかりやすい動線，耐震構造，火災報知器，スプリンクラーの設置など。
  ③ アメニティの重視：従来は経済性や効率性のみが重視されがちだったが，OA化などによって絶えず緊張を強いられるオフィスのなかで，創造性やリフレッシュのための快適空間の確保などアメニティの追及が重要視されるようになってきた。
2) 経済性という機能
  ① レンタブル比：貸務所建築の経済性をはかる指標の一つで，貸室面積比，有効率などという。レンタブル比＝貸室面積（収益部分の面積）/延面積×100，また，基準階に限ってのレンタブル比＝貸室面積/基準階床面積×100で示される。
    一般的なレンタブル比はつぎのとおりである。
    ＊延床面積に対するレンタブル比――――――70〜80%
    ＊基準階延床面積に対するレンタブル比――――75〜85%
    これを追及し過ぎると，2方向避難が困難になるなど危険な設計につながる。

② 省エネルギー：たとえば断熱設計による冷暖房負荷の軽減など
③ 合理性，効率性の追及：効率のよい動線計画の策定など

3）企業イメージを建物を通して表現・CI（コーポレィト・アイデンティティ）機能あるいはPR機能
① 企業イメージにふさわしい建物にすることが，企業のPRやCIに結びつく。
② 整然とした美しい事務所空間そのものが企業にとっての最良の媒体になるという発想にこたえる機能。

4 事務所の基本条件

立地および敷地条件
① 業務中心（ビジネスセンター）など多数の同種施設が集積している地域は，業務上の利便性も高く有利な立地条件になる。
② 通勤のための大量輸送機関が利用しやすい場所が望ましい。とくに超高層ビルや大規模ビルの立地には，周辺の交通関連施設への影響が大きいので注意。
③ 前面道路の幅員が狭いと容積率の割引や道路斜線など不利な法規制を受けるほか，自動車の出入りなど計画上の問題も起こりやすい。
④ 電波障害，ビル風など周辺の環境に配慮が必要。
⑤ 敷地の形はなるべく整った形の方形がよい。

B 計画の基本

1 事務所の構成要素，部門，所要室（かっこ内は貸事務所の場合）

事務所（貸事務所）
- ①専用部門（収益部門）：事務室，応接室，会議室，集会室ほか　駐車場，車路，運転手控え室，食堂，喫茶室，売店，案内所ほか
- ②管理部門（非収益部門）：管理人緒室，守衛室，倉庫，熱源機械室，受変電室，自家発電機室，ポンプ室，空調機室ほか　洗面所，便所，給湯室
- ③共用部門（非収益部門）：風除室，玄関，玄関ホール，廊下，階段室，エレベーターホール，エスカレーター，洗面室，便所，給湯室

図9.2　事務所の構成要素，部門区分，所要室事例

2 事務所の規模

① 事務所の収容人数（N）とその貸室面積（R），延床面積（A）との間にはつぎの関係式がある。ただし，K：1人当たりの所要貸面積＝6.5～8 m^2
　　　H：延床面積と貸面積との比率＝0.7～0.8（レンタブル比70～80％）
　　　KおよびHの値は，事務所の性格，業務内容によって違いが生じる。なお1人当たり所要床面積＝8～11 m^{2}である。
　　　$R=NK$　　　$A=R/H=NK/H$

② 事務室の1人当たりの床面積：延面積…6～13 m^2/人，
　　　　　　　　　　　　　　　　事務室面積…5～7 m^2/人

3 事務所のゾーニング

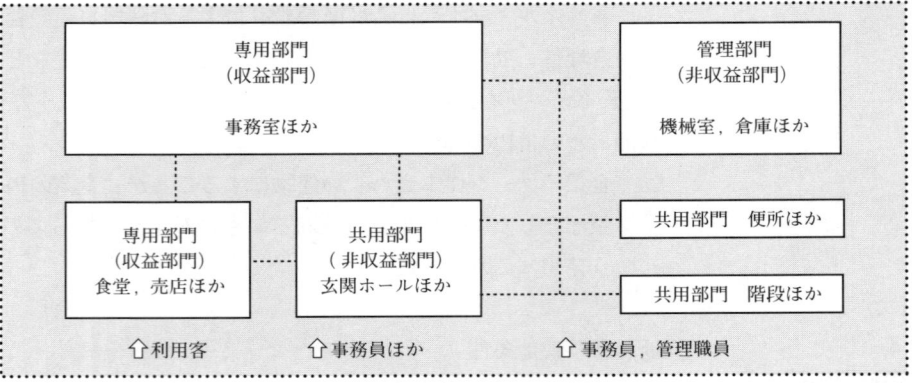

図9.3 事務所のゾーニング事例

4 事務所の動線計画

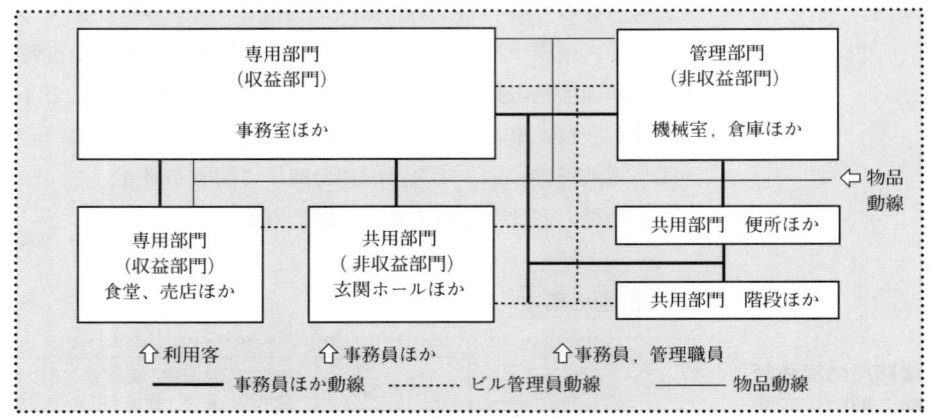

図9.4 事務所の動線図事例

図9.3，9.4ともに貸事務所の場合と自社専用事務所の場合を兼ねているのでわかりにくい部分があるかも知れない。動線図のなかで，事務員ほか動線とあるのは，事務所に勤務する事務員のことであるが，ここを訪問する外来客の動線も含まれるとしたい。

5 事務所の機能構成，機能図

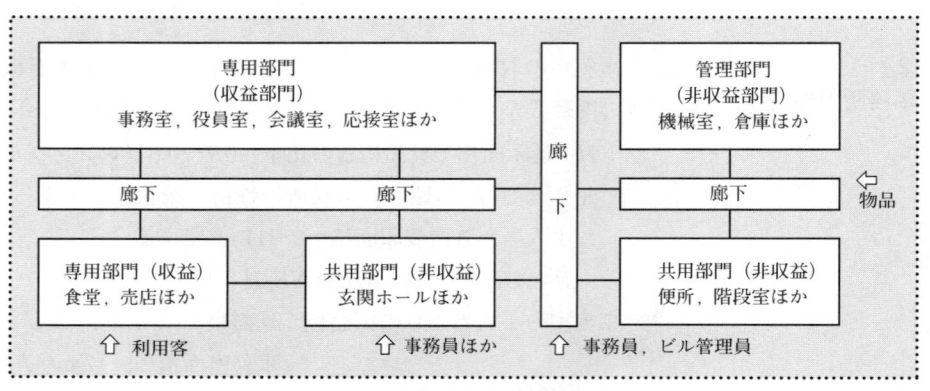

図9.5 事務所の機能図事例

C 計画×設計

1 配置計画（敷地利用計画）

1) 配置計画の基本方針

① 事務所建築は商業，防火など法令上もっとも大きな容積率で地価も高い敷地を利用する場合が多い。したがって，敷地を法令の限度一杯に利用することが求められる。

② 現行法令では道路斜線をはじめとする各種の高さ制限によって，法定の容積率を100％利用できない敷地条件もあり，道路幅員が十分でない敷地は要注意。

③ 商業地域内であれば日影規制の対象外であるが，計画建物の日影が隣接の日影規制対象地域内に落ちる場合は，制限の対象になる。

2) 事務所のブロックプラン（いずれも積層集約型で以下の型に分類できる）

表9.1 事務所のブロックプラン

	（平面）	（断面）
①板状型 事務室の奥行きを採光条件を主として決めた形で庁舎 建築に事例が多い。		
②一体型 基準階の効率を高めた形でブロックタイプとよばれ，民間のビルに事例が多い。		
③基壇型 建築面積を有効に利用した低層部分と上部の高層部分との組合せ（超高層など）		

2 平面計画

1) 計画の策定条件

a. 基準階の平面

　基準階の平面計画が最優先される必要がある。その根拠は，計画の主要な目標ができるだけ広い事務空間を確保することにあり，延床面積のなかで最大の面積を占める基準階で，事務室をいかに有効にとれるかで結果が決まるからである。

b. 基準階の事務室

　基準階での事務室の配置の決め手は，採光窓が確保できる位置であり，それも法令上の，採光に有効な窓の位置に限られる。結果として，基準階の四周に広大な開放空間がとれる超高層ビルの例を除くと，基準階での事務室はその敷地の前面道路に面した部分に限られる事例が多い（無窓の居室を避ける場合）。

c. 事務室の形

　事務室の形，大きさの検討には，その奥行きを検討する必要がある。片面採光の場合で 10～14 m 程度，両面採光で 25～30 m 程度

d. 基準階の共用部門

　共用部門は廊下，階段室，エレベーターなどの交通部分と便所，洗面室，給湯室などの設備部分の二つの要素に分けられる。双方ともに法令上の居室にあたらない

ため採光窓確保の規制がないので，窓なしの設計も可能である。そのためこの部分を壁で囲む形にして構造体に利用するなどのアイデアが生まれ，コアシステムなどが提案された。

e．特殊階（基準階以外の階）の平面
　① 1階（主出入口のある階）の平面では，人や車の動線の処理が計画の主要な条件になる。とくに建物内に駐車施設がある場合はその出入口と歩行者の動線の分離が課題の一つになる。
　② 地階には駐車場や設備関係の機械室などが計画される例が多い。いずれも必要な階高の確認と機械類の地上からの搬入経路の確保が必要になる。
　③ 屋階での塔屋は建築面積の 1/8 以内であれば 12 m までは建築物の高さに算入しない。

2）コアシステム

　事務室以外の部分，交通部分と設備部分を集約化して，配置をする方式をコアシステムとよんでいる。コアとは核，芯の意味である。階段，エレベーターなどの交通部分も便所などの設備部分も各階でその位置が同じになる場合が多く，そのためこのコア部分を構造体に利用しやすいうえ，設備部分の集約化をはかるうえでも有利であるし，事務室をまとめて広くとるという目的にも適うものであった。りんごの果肉の部分が事務室で種のある芯のところがコアということである。このコア部分をどこに配置するかでいくつかの基準階の平面の型が得られることがわかり，事務所建築の型として定着している。

　① 中央（センター）コア型：共用部分の集約化をはかりやすく，結果としてレンタブル比を大きくすることができる。構造体として利用しやすい位置にある。コアの形や配置によっては2方向避難が困難なプランになりやすい。
　② 片寄せ（サイド）コア型：規模が大きくなると2方向避難が難しくなり，コア以外に避難施設を加える必要が生じる。小規模ビルに事例が多い。
　③ 分離（外部）コア型：片寄せ型とほぼ同じ計画上の特徴がある。
　④ 外周コア（両端コア）型：レンタブル比はやや小さくなるが，2方向避難を確保しやすい。広大な事務空間をつくりやすい。
　⑤ 複合コア型：①から④までのタイプのコアを組み合わせた型。

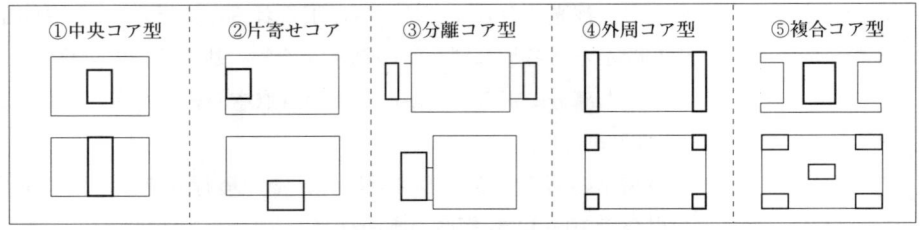

図9.6　コアシステムの型

3）各部門の計画

a．専用部門（収益部門）

① 事務室の平面形は，構造計画と採光条件，事務家具のレイアウトなどで決まる。とくに無柱空間は空間の利用効率を高めるなど多くの利点がある。
② 家具のレイアウトの方式には，対面式（事務員が対面する机配置），背面式（一方向に向かった机の配置で，スクール式ともよぶ），ランドスケープ式（ローパーティションや家具などを組み合わせて事務空間をつくる方式）がある。

b．共用部門（非収益部門）

① 交通部分（交通コア）

階段，廊下など，この部分のすべてが法令上の避難施設にあたるので，法令のチェックを確実に行うとともに，つねに2方向避難が可能なプランを計画する。

② 設備部分（設備コア）

便所，洗面室，給湯室他などは必要に応じて配置をする形が望ましく，交通コアのような集約的な配置にはなりにくく，むしろ分散配置を心掛ける必要がある。また，パイプシャフトを上下階に通すために，平面的に各階同じ位置に配置をする必要がある。

3 断面計画

① 事務室部分の天井高は，一般に 2.5～2.7 m 以上としたい。
② 上記寸法に，天井ふところ寸法を加えると，階高は 3.3～3.7 m 程度になる。
③ これからの事務所建築はOA（オフィスオートメーション）に対応できるインテリジェントビル化が不可欠であり，床にはフリーアクセスフロアを採用して床下を全面にわたって配線スペースに利用できる設計が求められる。
④ 地階など設備機械室のある階では，階高を必要に応じて 4.0～6.0 m 程度にする場合がある。

4 外装計画

① 平面との関連：平面形をそのまま外観に表す手法や，スキン＝表皮として外壁を扱う手法がある。
② 構造体との関連：ベアリングウォール＝柱，梁などの構造体を立面に見せる手法か，カーテンウォール＝キャンティレバー（片持梁）の先に配置される帳壁方式などの外壁をつくる手法がある。最近は外壁のさらに外側にガラススクリーンを設けるダブルスキンの手法の事例が増えてきた。ガラスルーバーなどの特定の機能をもたせた二重壁もみられる。
③ 壁面のパターン：垂直線の強調，水平線の強調，格子ほかのパターンの繰返し
④ 開口部の扱い方：バルコニー付き，パンチング窓，連窓，全面ガラス，開閉部分の目的，日照調整，ひさし，ルーバーほか
⑤ 内外からの見え方：外部からの見え方，室内からの見え方，眺望ほか
⑥ 外装材・カーテンウォール材：金属板＝耐侯性高張力度鋼，アルミニウムほか，プレキャストコンクリート版ほか。

5 構造，構法計画

事務所の構造方式

　鉄筋コンクリート造，ラーメン構造が基本的な構造方式と考えられ，高層化や大スパンなどの計画内容に伴って，鉄骨鉄筋コンクリート造や鉄骨造が増えてくる。またコアの配置による耐震壁の確保や長大スパンの採用など，構造計画の多様化によって，これまでの 6～7 m の経済スパンによる柱割りの事務室の設計から，無柱のユニバーサルな空間を追及するなど，構造計画によって事務空間の質の向上を目指す傾向が強くなっている。

6 設備計画

1) 電気設備
　① 照明，空調器機，給排水衛生設備機器，消火設備機器，エレベーター，電算機器などの電源供給。蓄電池設備，自家発電設備など。
　② 電気室の計画では階高に注意が必要。小規模ビルでは，屋上などにキュービクル（閉鎖型のキャビネットにトランスやブレーカーなどを内蔵したコンパクトな変圧機器）を設置して，電気室を設けない事例も多い。

2) 給排水衛生設備
　① 給水方式は受水槽経由の高架水槽方式が一般的である。
　② 消火設備は施設の規模により法令で設置義務が規定されており，屋内消火栓，スプリンクラーほか，関連設備として煙，熱感知火災報知設備がある。

3) 空調設備
　従来，単一ダクト方式による冷温風の供給方式が一般的であったが，ビル内の使用時間帯の違いなど，きめの細かい使用条件に対応させるために，各階，各部ユニット方式や空冷ヒートポンプエアコンによる方式も増えている。

4) 情報，通信設備
　① 通信設備には，電話，インターホンほかがあり，弱電設備とよばれている。OA化が進むインテリジェントビルで重視される分野である。
　② 輸送，搬送設備・ベルトコンベア，エアシューターほか。

5) 機械設備
　エレベーター，エスカレーター，ダムウエーター，リフト，機械式駐車場機器などがある。

7 各部計画

1) エントランスホール
　基準階のエレベーターホールなど交通コアの位置が主前面道路からもっとも奥になる例がきわめて多いが，結果として 1 階では玄関から奥のEVホールまでのすべてが広大なエントランスホールになる。しかし，この程度の余裕を取ったほうがよい結果を得ている例が多い。

2) 廊下，階段室
　廊下幅は法令では中廊下で 1.6 m 以上となっているが，実際は 2.4 m 程度が望ましい。階段はエレベーターの近くに配置し，2方向避難が確実に可能な配置を心掛

ける。

D この施設のキーワード

① インテリジェントビル：情報関連機能対応化ビル，OA対応化ビルのことで，照明，空調などの機器および調整機能の高品質化，最新の通信綟の利用，快適家具をはじめとする事務空間のアメニティなどさまざまな要素を取り入れた高品質な事務所。とくに床をフリーアクセスフロア採用の二重床にして，床全面を配管配線可能にしているのが特徴。そのぶん階高が大きくなり（50～150 mm程度）床荷重も増える。

② フリーアクセスフロア：インテリジェントビルで床を二重床にするために使用する。スラブの上に既製品化されたフロアを設置し，その下部を配線スペースに利用する仕組みで自重30～35 kg/m^2

③ オフィスランドスケープ：ランドスケープは景観のことで，都市計画や造園分野で使われる言葉。転じて，ここでは事務室空間のインテリアの意味に使われている。このタイプはローパーティションや家具，植物などを使って多様な形の事務空間を構成する手法のことである。

④ 事務室の照明水準：作業面の基準照度は 300～750 lx，室全体の照度は 500 lx以上（JIS Z 9110）

⑤ エレベーターの台数算定：朝の出勤ピーク時5分間の利用人数を基準にして計画をする方式が確立しているが，簡便な概算として，延床面積 3 000～4 000 m^{2}につき1基という数値が提案されている。

⑥ ドライエリア：地階に居室やこれに準じる部屋を設けた場合，その前面に設けた空堀のことで，ここから採光，換気などを確保する。

フリーアクセスフロア（ウチダカタログより）

9 事務所

実例 北海道中央食糧本社

設計：永森一夫建築設計事務所
施工：大成建設＋岩田建設JV
構造：鉄筋コンクリート造
階数：地上3階
敷地面積：1983.46m²
建築面積：　632.68m²
延床面積：1780.31m²
主な用途：事務所

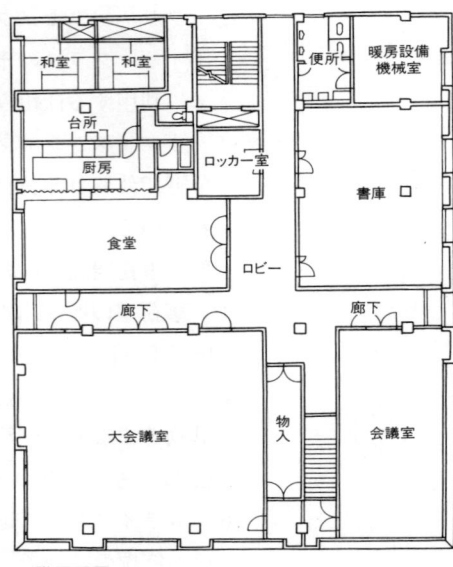

外観

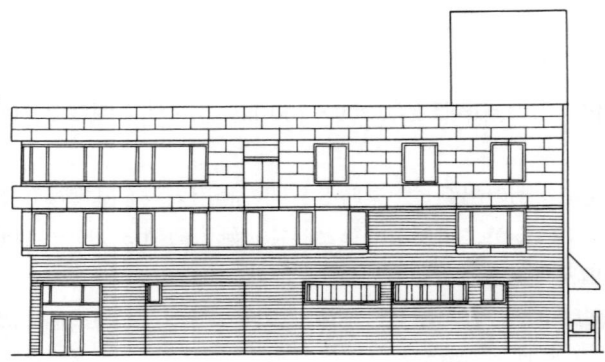

東側立面図

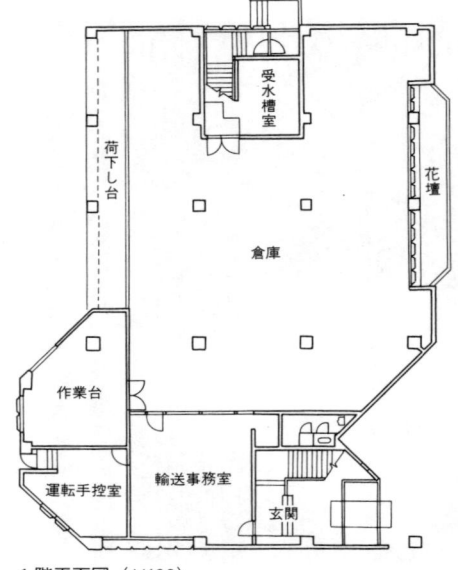

3階平面図

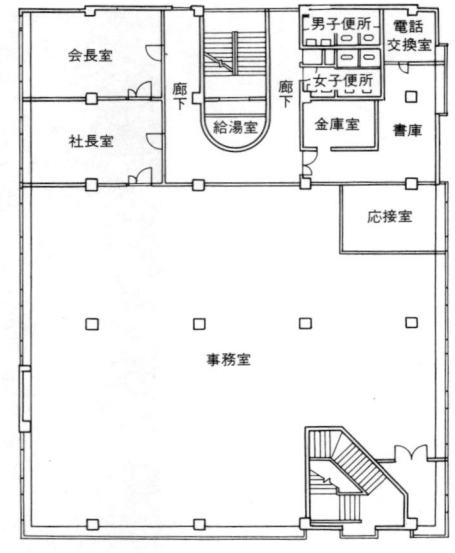

1階平面図（1/400）

2階平面図

施設5　商業施設（業務関連）
10 百貨店（スーパーマーケット，商店を含む）

A 基本知識

1 百貨店ほかの定義

1) 百貨店

1か所で必要な商品を購入できるように，衣食住に関する多種多様な商品を専門店形式をとって売る同一経営体の小売店舗。その基本は，①正札現金販売，②陳列販売，③低マージン，④返品自由であったが，現在は相当変化している。都心立地型が中心で一つのビルの各階に多業種の店舗を積層した立体店舗群の形をとっている。

2) スーパーマーケット

セルフサービスによる，低マージン，高回転のディスカウント量販店舗。量販の効果を上げるための手段として，チェーン経営による多店舗展開を取り入れる事例が多い。

3) 商　店

物品の販売や営業を専門にする店舗と，普通飲食店（風俗営業等の規制および業務の適正化に関する法律の適用を受けない飲食店，たとえばレストラン，喫茶店，そばやなど）およびこれらの店舗と住宅からなる併用住宅のことである。

2 百貨店ほかの種類，分類

1) 百貨店の分類

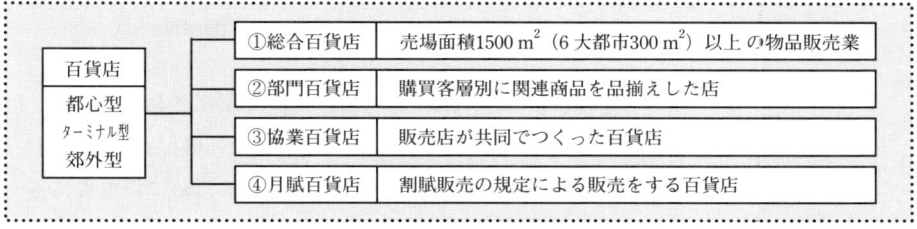

```
百貨店         ①総合百貨店   売場面積1500 m² (6大都市300 m²) 以上の物品販売業
都心型         ②部門百貨店   購買客層別に関連商品を品揃えした店
ターミナル型   ③協業百貨店   販売店が共同でつくった百貨店
郊外型         ④月賦百貨店   割賦販売の規定による販売をする百貨店
```

図10.1　百貨店の種類

2) スーパーマーケットの分類（セルフサービスの採用が共通事項）

表10.1　スーパーマーケットの種類

①スーパーマーケット	単独経営の食料品主体の量販店
②スーパーストア	非食料品主体の日用品量販店
③衣料スーパー	扱う商品の大半が衣料品である大型店
④バラエティストア	アメリカでいう10セントストア（均一雑貨店）
⑤ドラッグストア	薬局と雑貨を組み合わせた小売店舗
⑥ディスカウントストア	割引，値引き販売を主体にした量販店舗
⑦総合ストア	多品種を扱う大型総合小売店舗
⑧カフェテリアほか	セルフサービス形式の食堂

3) 商店（独立小売店）の分類

表10.2 独立小売店の種類

①専門店	特定種類の商品を専門的に扱う小売店。主として都市部の商店街に立地する。
②万屋（よろずや）	多種類の商品を扱う独立小売店舗。小都市や農村、大都市の場末などに立地。
③日用品店舗	日常生活必需品を広く扱う小売店舗。米などのように御用聞き販売が習慣のものもある。
④生鮮食料品	鮮魚、蔬菜、果実などの生鮮食料品を扱う小売店舗。

4) 商店（飲食店）の分類（経済産業省 商業統計）

表10.3 飲食店の種類

①食事を主とする店	レストラン、ランチルーム、ドライブインレストラン、カフェテリア、スナックバーほか
②軽い飲食をする店	喫茶店、ベーカリー、キャンデーストア、フルーツパーラー、ドラッグストアほか
③酒類を主とする店	バー、居酒屋、ビヤホール、パブほか
④社交を主とする店	キャバレー、ナイトクラブ、ダンスホール、待合

3 百貨店ほかの機能

百貨店ほかの機能（各種小売店舗に共通）

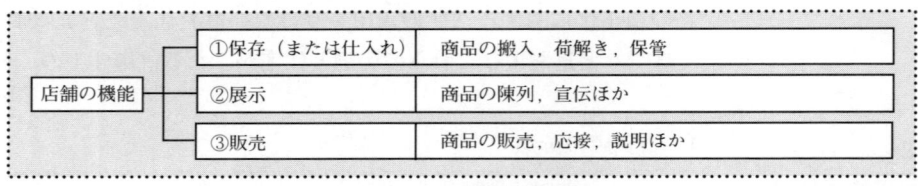

店舗の機能	①保存（または仕入れ）	商品の搬入、荷解き、保管
	②展示	商品の陳列、宣伝ほか
	③販売	商品の販売、応接、説明ほか

図10.2 店舗の機能

① 保存または仕入れ：保存とは店内で展示されている商品以外の在庫品の確保が主要な目的である。したがって仕入れ先の確保と輸送機関を有効に利用できれば、保存のためのスペース、すなわち倉庫のために貴重なスペースを使わずに、仕入れの機能を強化して、必要に応じて商品を補給する方法をとることができる。

② 展示：展示機能の内容は、商品の種類やその内容によって大きく変わってくるうえ、その重要性も影響を受ける。

4 百貨店ほかの基本条件

1) 立地条件

(i) 百貨店の立地条件

表10.4 百貨店のタイプ別立地条件

①都心型	都市の中心部商業地域にあるもの
②ターミナル型	郊外交通機関のターミナルのある商業地区に立地。ターミナルビルと合体する例も多い。
③郊外型	郊外住宅地の駅前など交通中心に立地。十分な駐車施設をもつ。

(ii) 量販店（スーパーマーケットなど）の立地条件

表10.5 量販店のタイプ別立地条件

①都心型	都市の中心部の商業地域にあるもの。市内交通機関の利用を考慮して駐車施設は少ない
②ターミナル型	郊外交通機関のターミナル地点の商業地区にあるもの。駅ビルと併存する例も多い。
③住宅地型	住宅地域の中心い立地。徒歩または自転車による利用圏のお客が利用。
④郊外型	郊外住宅地の交通中心地区に立地。広い駐車場が必要。

(iii) 商店の立地条件

ⓐ人の集まる場所，ⓑ後背人口があり将来性がある場所，ⓒ他の商業関連機関とつながりのよい場所など。

2) 敷地条件

(i) 百貨店の敷地条件

ⓐ十分な幅員の前面道路（歩道つき）に面しており，前面道路の数は多いほど有利，ⓑショッピングストリートであること，，ⓒ敷地の形は正方形に近い長方形，ⓓ駐車場施設用地が必要。

(ii) 量販店の敷地条件

ⓐ客用入口と出口は区別をする必要があるので，前面道路に面した間口と前面道路の箇所が重要な計画条件になる，ⓑ人通りの多いほうに入口を設ける，ⓒ量販店は低層で売場が広いほど効率がよいと言われているので，敷地の広さと形状，これに接する道路の位置，幅員は計画上の大きなポイントである。

(iii) 商店の敷地条件

ⓐお客となる歩行者の交通量が絶えず多い前面道路に面していること，ⓑ敷地の形は間口が大きいほど有利であるが一概には言えない，ⓒ敷地と道路との高低差，敷地の方位なども一概に言えない場合が多い。

B 計画の基本

1 百貨店ほかの構成要素，部門，所要室

1) 百貨店ほかの商業施設の部門構成

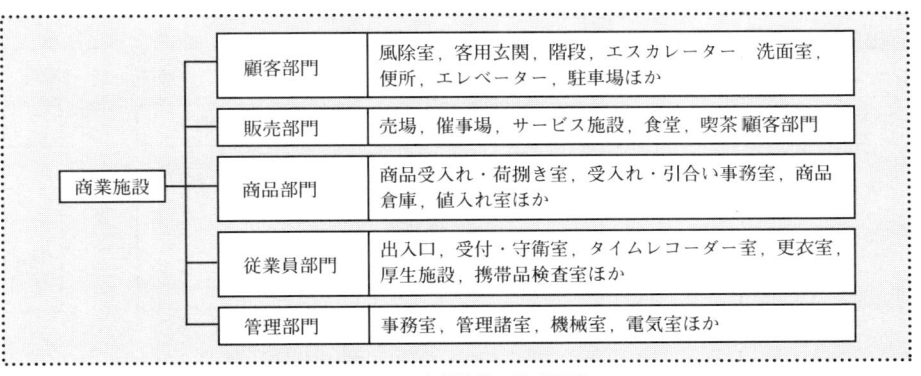

商業施設
- 顧客部門：風除室，客用玄関，階段，エスカレーター 洗面室，便所，エレベーター，駐車場ほか
- 販売部門：売場，催事場，サービス施設，食堂，喫茶 顧客部門
- 商品部門：商品受入れ・荷捌き室，受入れ・引合い事務室，商品倉庫，値入れ室ほか
- 従業員部門：出入口，受付・守衛室，タイムレコーダー室，更衣室，厚生施設，携帯品検査室ほか
- 管理部門：事務室，管理諸室，機械室，電気室ほか

図10.3 商業施設の構成要素

10 百貨店（スーパーマーケット，商店を含む）

2）レストラン（飲食業態施設）の部門構成

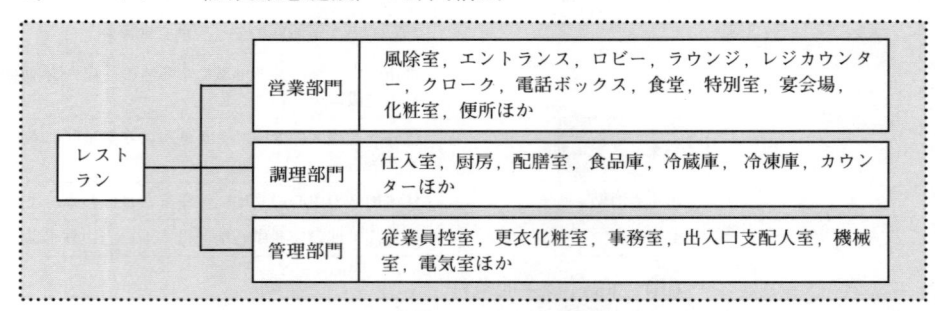

```
レストラン ─┬─ 営業部門 ── 風除室，エントランス，ロビー，ラウンジ，レジカウンター，クローク，電話ボックス，食堂，特別室，宴会場，化粧室，便所ほか
            ├─ 調理部門 ── 仕入室，厨房，配膳室，食品庫，冷蔵庫，冷凍庫，カウンターほか
            └─ 管理部門 ── 従業員控室，更衣化粧室，事務室，出入口支配人室，機械室，電気室ほか
```

図10.4　レストランの構成要素

2　百貨店ほかの規模

従来の百貨店法に代わって大店法（略称，後述）が制定されて，百貨店とその他の大規模な小売店舗についての規制をしている。このなかの規模についての基準を表10.6に示すが，表中の店舗面積とはつぎの範囲である。

1) 小売業を営むための店舗で，飲食店を除き，物品加工修理業を含む。
2) 店舗に含まれる部分①売場，②売場間の通路，③ショーウインド，ショールーム，モデルルーム，④サービス施設（手荷物一時預り所，買物相談所，店内案内所ほか），⑤承り所（写真現像，焼付けの承り所ほか），⑥物品加工修理場
3) 大店法（大規模小売店舗における小売業の事業活動の調整に関する法律）の適用対象規模

表10.6　大店法の適用規模

①第一種大規模小売店舗	店舗面積の合計が3000 m² 以上（都の特別区および指定都市にあっては6 000 m² 以上）の建築物（経済産業大臣の公示に係る建築物）
②第二種大規模小売店舗	店舗面積の合計が 500 m² 以上の建築物で第一種大規模小売店舗以外のもの（都道府県知事の公示に係る建築物）

4) 百貨店の延面積に対する売場面積の比率　40～60%（純売場面積）
　　　同上（階段など顧客部門含む）　60～70%（売場面積）

3　百貨店ほかのゾーニング

1) 百貨店のゾーニング

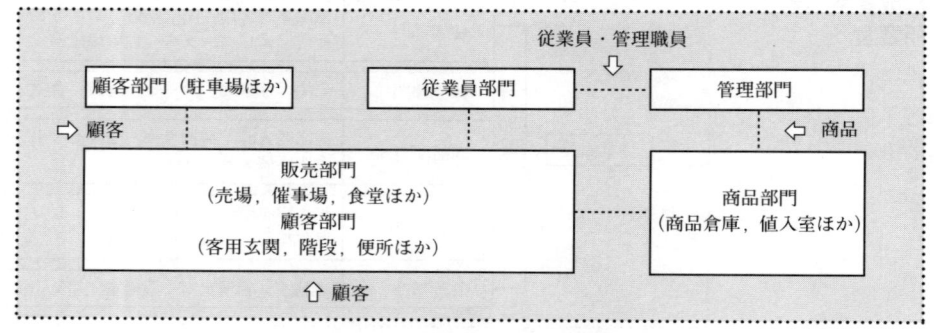

図10.5　百貨店のゾーニング事例

2) レストランのゾーニング

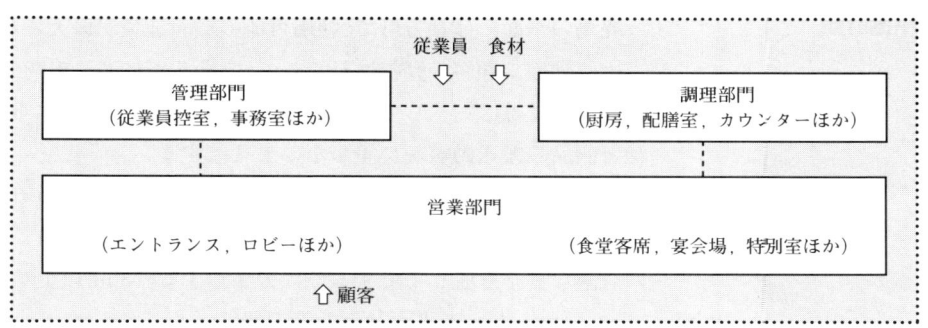

図10.6 レストランのゾーニング事例

4 百貨店ほかの動線計画

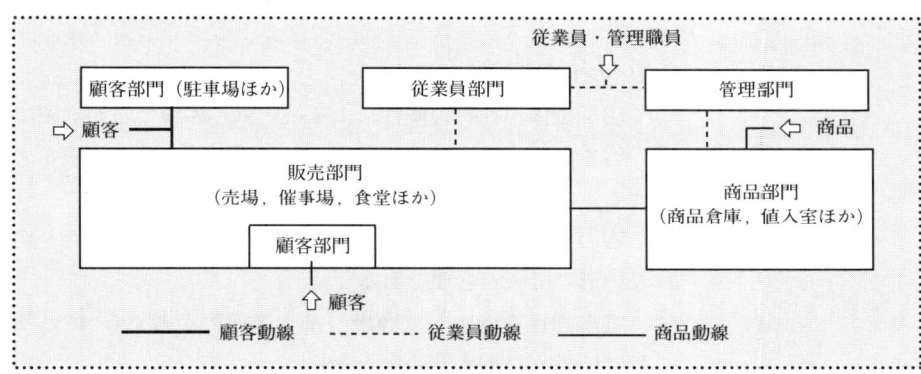

図10.7 百貨店の動線計画事例

5 百貨店の機能構成，機能図

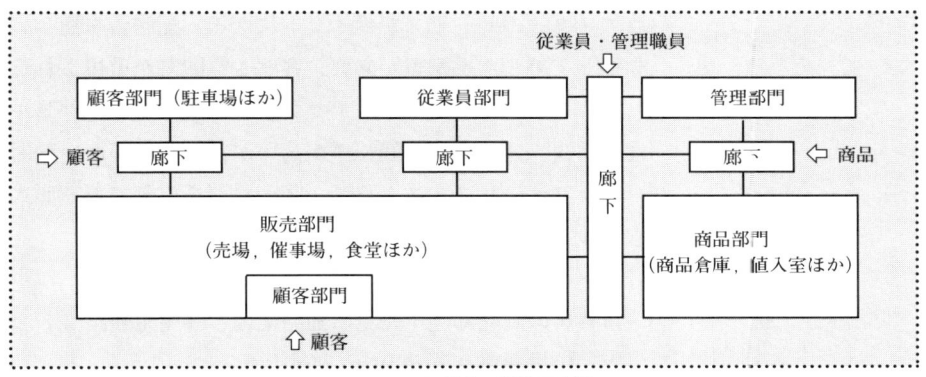

図10.8 百貨店の機能図事例

C 計画×設計

1 配置計画（敷地利用計画）

配置計画の基本条件
① 百貨店の客用出入口は顧客のアプローチルートに近い側に設ける。
② 客用出入口と店用出入口は相互に分離した配置にする。

2 平面計画

1) 百貨店平面計画の策定条件
   ① 売場の平面形は長方形で，利用可能の壁面延長が最大になる形が有利である。
   ② 内部動線：顧客の動線は長くして，できるだけ多くの商品を見せるようにし，従業員の動線は短くして効率を高め，疲労などを軽減する。あわせて顧客の動線と商品の搬送動線が交差しないようにする。
   ③ 避難通路の確保，防災面での安全性の確保が必要である。
   ④ 柱間（スパン）は売場の配置計画の制約を少なくすることやエスカレーターの設置などを考慮してできるだけ大きくする。8m以上が望ましい。

2) スーパーマーケット平面計画の策定条件
   客の主動線は一方通行の形を原則とし，直線的に長く取れるようにする。一般に道路歩行者量の多いほうに入口を設け，入口と出口は区別して設ける。出口に，キャッシュレジスターなどチェックアウト設備を設置する。

3) 商店の平面計画策定条件
   ① 店舗全体が独特の個性による統一感をもつことが必要である。
   ② 客を店内に導く動線と店内の客，店員，商品の動線をもっとも効果的に配置する。
   ③ 客の購買意欲をそそるような店内への視線計画と客と店員の視線が直接合わない形の計画が必要である。
   ④ 客の動線を考慮した商店の基本平面形が考えられる。S型，I型，L型，平型，U型，島型などの例がある。

4) レストランの平面計画策定条件
   ① テーブルサービスレストラン：定時刻に定食を提供するのが原則の業態で，ウエイターのサービスがポイントになる。配膳台を通して料理がでるので客の動線と交差しない配置が必要，客席も雰囲気が重視される。
   ② カウンターサービスレストラン：ランチルームやグリルなどの事例で，実用性を重視，速く，客の回転率が高いが落ち着きがない雰囲気になりやすい。
   ③ セルフサービスレストラン：客が料理を自分で運ぶ形式なので，明快な客動線を設定しておかないと危険である。

5) 各部門の計画
   ① 百貨店の販売部門：売場の通路幅は，客用主通路 2.7〜3.6 m，副通路 1.8 m 以上，店員通路 0.7〜0.9 m 前後とする。
   ② 百貨店の顧客部門：エレベーターは延べ面積 2 000〜3 000 m^2 に，15〜20人乗り1基の割合で設置する。

3 断面計画

1) 百貨店の断面計画
   ① 百貨店の階高の目安：1階で 4.5〜6.0 m，2階以上，3.5〜4.0 m 程度
   ② 百貨店の天井高の目安：1階で 4.0〜5.0 m，2階以上，3.0〜3.5 m 程度
   ③ 売場のスパンは大きいほど店内のレイアウトの際の制約が少なく，見通しも

よくなるので有利である。
2) 量販店の断面計画
① スーパーマーケットの断面：食品売場で天井高 3.0～3.5 m, 2 階以上では, 2.7～3.0 m 程度が一般的である。低層の建物の 1 階では天井高をさらに高くしている事例もみられる。

4 構造，構法計画

1) 百貨店の構造方式
① 百貨店は, 敷地を法定容積率いっぱいに使い, さらにまとまった売場面積を確保するために建ぺい率も限度いっぱいに使う形の敷地利用形態が多い。結果として, 9～15 階程度の建物になる事例が多くなるが, この程度の規模の構造方式は鉄骨鉄筋コンクリート造か鉄骨造が採用される可能性が高い。
② 百貨店の構造計画では, 売場のレイアウトやエスカレーター, エレベーターなどの配置に有利な大スパンの要望が強い。この点でも, RC 造にくらべて, 鉄骨系の構造方式は対応がしやすい。

2) 量販店の構造方式
スーパーマーケットなどの量販店の主流は低層建物で広大な売場面積をもつタイプである。構造規模からいえば RC 造ラーメン構造が一般的な構造方式になるが, 量販店は百貨店以上に大スパンが要求される場合が多いと予想される。
したがって, この場合も鉄骨系の構造方式の利用は十分に考えられる。

5 設備計画

1) 電気設備
① 百貨店の照明設備：売場の照明は売場全体の一般照明と商品などを際立たせるための局部照明の双方を利用する。このうち一般照明は蛍光灯と白熱灯を併用し, 1 階で 1 000 lx, 基準階で 800 lx 程度である。局部照明はスポットライトが多く採用され, 照度は一般照明の 2～3 倍以上が適当とされている。
② 量販店の照明設備：明るく清潔で, 気楽に入りやすい店造りが目標になる。照明方法は蛍光灯による直接照明が主体で, 照度は 1 000～1 500 lx 程度を確保する。このほか, 局部照明を白熱灯のスポットライトなどで加える。

2) 給排水衛生設備
各部便所, 化粧室, 給湯室, 厨房, そのほかに給排水・給湯設備が必要となるほか, 売場を主として, スプリンクラー, ドレンチャーほかの防災・消火設備が必要になる場合が多い。

3) 空調・換気設備
セントラル方式の場合は単一ダクト方式が一般的とされているが, 多くの建物でユニット方式の利用が増えてきていることもあり, 設備の高品質化に伴ってその比率が上がっていく可能性がある。

4) 防災設備
不特定多数の人々を解放面の少ない密室型建物のなかに収容するうえ, 可燃性の

10 百貨店（スーパーマーケット，商店を含む）

商品が豊富な店内では，火災などの災害には完璧の防災対策が成されていなければならない。何よりも重要なのは，建物の所要部分に防災効果上有効な避難バルコニーを設けることである。これに加えて各種の防災施設（非常進入口ほか），防災設備（排煙設備，スプリンクラー設備，消火栓設備，ドレンチャー設備，非常用照明設備，非常放送設備，自動火災報知設備，誘導灯設備ほか）とこれらを統括する防災センターなどが設置されていることである。

6 各部計画

1) エレベーター，エスカレーター

百貨店の売場でのエレベーター・エスカレーターの使用比率は20：80程度とされる。

2) 階段

百貨店の客用階段の寸法は，階段，踊場の有効寸法140 cm以上，蹴上げ18 cm以下（15 cm程度），踏面26 cm以上（30 cm程度），高さ3 m以内ごとに踊場設置。

D　この施設のキーワード

① パントリー：配膳室，料理を食器に盛りつけるための部屋で，厨房にに隣接して設ける例が多い。食器，飲料などを備えてもいる。
② ファサード：元の意味は建物の正面のことであるが，店舗の正面の店頭の意味にも使われる。
③ ショッピングセンター：ディベロッパーのもとに計画された小売業，飲食業，サービス業などの集団施設。

（三菱電機カタログより）

実例 玉川高島屋 S・C 新南館

外観　　　　　　　　　　　　　　　（撮影　新建築写真部）

設計：大江匡/プランテック総合計画事務所
施工：東急建設
階数：地下2階，地上11階
構造：鉄骨造・一部鉄骨鉄筋コンクリート造
敷地面積：　7 393.93m²
建築面積：　6 150.70m²
延床面積：51 307.98m²
主な用途：百貨店

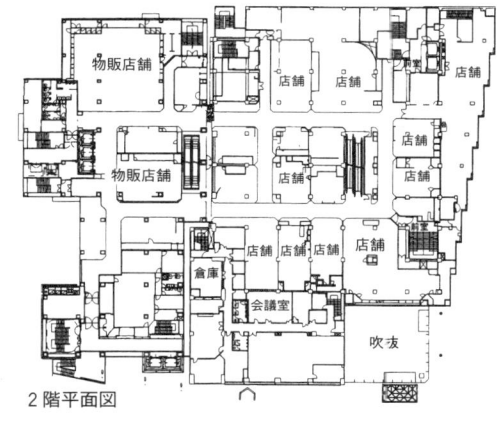

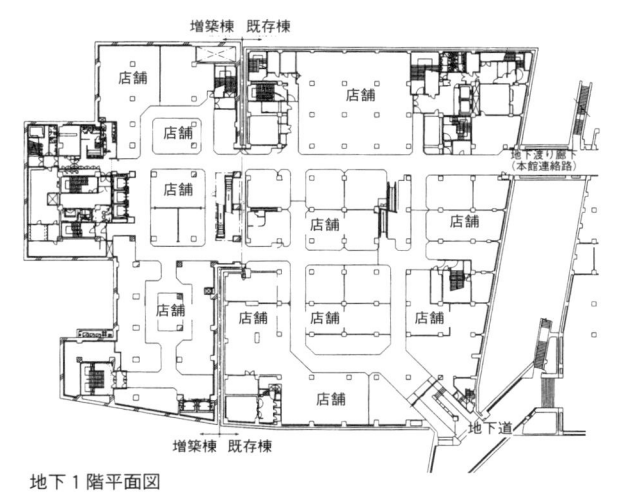

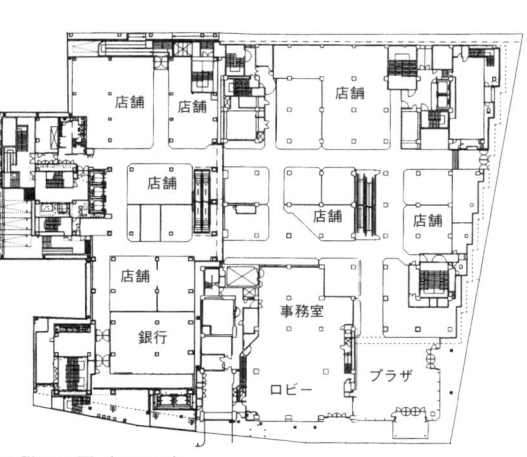

2階平面図

地下1階平面図

1階平面図 （1/1500）

11 ホテル（旅館を含む）

施設7　宿泊施設

A 基本知識

1 ホテル，旅館の定義

1) 旅館業法による定義
   ① ホテル営業：洋式の構造，および設備を主とする施設を設け，宿泊料を受けて，人を宿泊させる営業で，客室の数が10室以上。
   ② 旅館営業：和式の構造，および設備を主とする施設を設け，宿泊料を受けて，人を宿泊させる営業で，客室の数が5室以上。
   ③ 洋式の客室：1客室の面積≧9 m^2。寝具は洋式とする。出入口，窓は鍵をかけられるようにする。客室と他の客室，廊下との境は出入口，窓を除き壁とする。
   ④ 和式の客室：1客室の面積≧7 m^2（以下略）

2) 国際観光ホテル整備法による定義（ホテル基準）
   ① 施設構造設置基準：環境および建築が良好であること，洋式の構造および設備をもってつくられた客室[洋式客室]
   ② 基準客室数：東京23区その他の指定地域では30室以上，かつ総客室数の1/2以上，その他の地区においては15室以上，かつ総客室数の1/2以上であること。
   ③ 客室床面積：洋式客室の床面積は13 m^2以上，一人用客室は 9 m^2以上。

3) 国際観光ホテル整備法による定義（旅館基準）
   ① 基準客室数：東京23区その他の指定地域では20室以上，かつ客室総数の1/3以上，その他の地区においては10室以上，かつ客室総数の1/3以上。
   ② 客室床面積：畳敷きの部屋，9 m^2以上，一人用客室は7 m^2以上。

2 ホテルの種類，分類

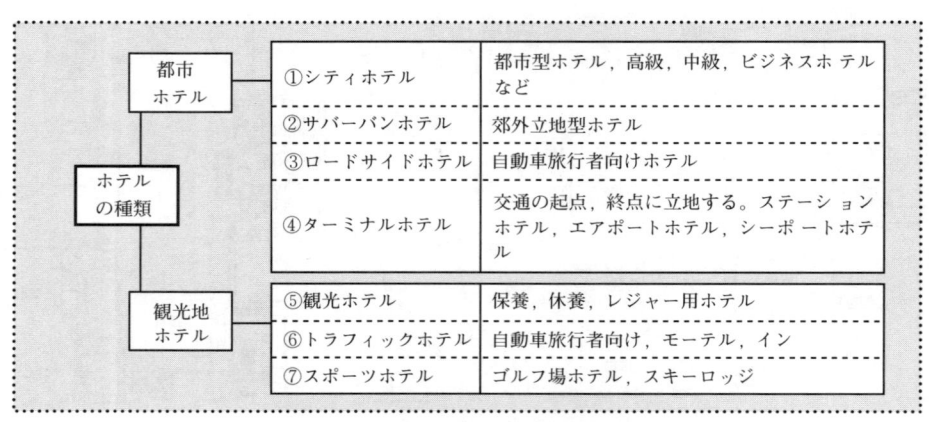

ホテルの種類		
都市ホテル	①シティホテル	都市型ホテル，高級，中級，ビジネスホテルなど
	②サバーバンホテル	郊外立地型ホテル
	③ロードサイドホテル	自動車旅行者向けホテル
	④ターミナルホテル	交通の起点，終点に立地する。ステーションホテル，エアポートホテル，シーポートホテル
観光地ホテル	⑤観光ホテル	保養，休養，レジャー用ホテル
	⑥トラフィックホテル	自動車旅行者向け，モーテル，イン
	⑦スポーツホテル	ゴルフ場ホテル，スキーロッジ

図11.1　ホテルの立地条件による分類

3 ホテルの機能

表11.1 ホテルの機能区分

①宿泊機能 （収益部分）	ホテル建築の規準階を構成する客室部分がこの機能を受け持つ。客室の施設程度が機能程度に反映する。
②飲食機能 （収益部分）	ホテルのパブリックな部分の一部を構成する食堂，宴会場，バー，コーヒーショップなどの部分が受け持つ。
③複合機能 （収益部分）	パブリック部分のもう一つの部分。飲食以外の営業部分で会議室，結婚式場，美容室，着付室，店舗ほか。

4 ホテルの基本条件

1）都市ホテルの立地条件および敷地条件
　① 交通の便がよく，駐車の便がよい場所。
　② 周辺の環境がよく，騒音その他の公害が少ない場所。
　③ 付近の類似の施設との営業上の支障が少ない場所。

2）観光地ホテルおよび旅館の立地条件および敷地条件
　① 魅力のある観光資源（景観，温泉ほか）が豊富な場所
　② スポーツが楽しめる場所。
　③ 良質で豊富な水源があり，衛生環境がよい場所
　④ 崖崩れなどの災害のおそれのない場所。
　⑤ 自動車道の利用に便利で，物品の仕入れなどに支障のない場所

3）敷地と法令条件
　旅館業法（計画敷地の周囲約100m以内の区域内に学校，児童福祉施設，社会教育施設などがある場合），自然公園法，風致地区などの規制により建築が許可されない場合があるので事前に注意が必要。

B　計画の基本

1 ホテルの構成要素，部門，所要室

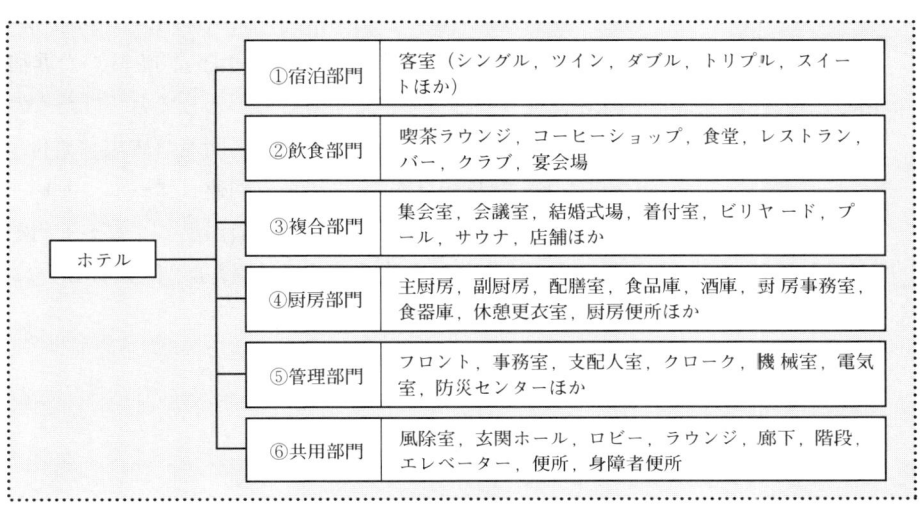

ホテル
- ①宿泊部門：客室（シングル，ツイン，ダブル，トリプル，スイートほか）
- ②飲食部門：喫茶ラウンジ，コーヒーショップ，食堂，レストラン，バー，クラブ，宴会場
- ③複合部門：集会室，会議室，結婚式場，着付室，ビリヤード，プール，サウナ，店舗ほか
- ④厨房部門：主厨房，副厨房，配膳室，食品庫，酒庫，厨房事務室，食器庫，休憩更衣室，厨房便所ほか
- ⑤管理部門：フロント，事務室，支配人室，クローク，機械室，電気室，防災センターほか
- ⑥共用部門：風除室，玄関ホール，ロビー，ラウンジ，廊下，階段，エレベーター，便所，身障者便所

図11.2　ホテルの構成要素と部門区分

2 ホテルの規模

客室1室当たりの延床面積

表11.2　ホテルの客室1室当たりの延床面積

ホテル種別	1客室当たり延床面積	実例算出値　m^2/室（事例記号）	
①シティホテル	$40\sim70\ m^2$/室	47.95（銀座N） 90.33（東京H）	61.97（銀座T） 97.98（HNO）
②ビジネスホテル	$30\ m^2$/室以下	16.98（福岡IP） 23.43（神戸HM）	19.92（東京NH） 31.74（DIH）
③観光ホテル	$80\sim100\ m^2$/室	123.95（滋賀PH）	139.60（神戸HO）

上表は延床面積を客室数で割った数字であり，左欄は平均的な数値，右欄はいくつかの実例を使って同じ方法で算出した数値である。ホテルの規模および設計の基礎が客室にあるところから，このような数値で計画建物の概略の規模を算出することができる。

3 ホテルのゾーニング

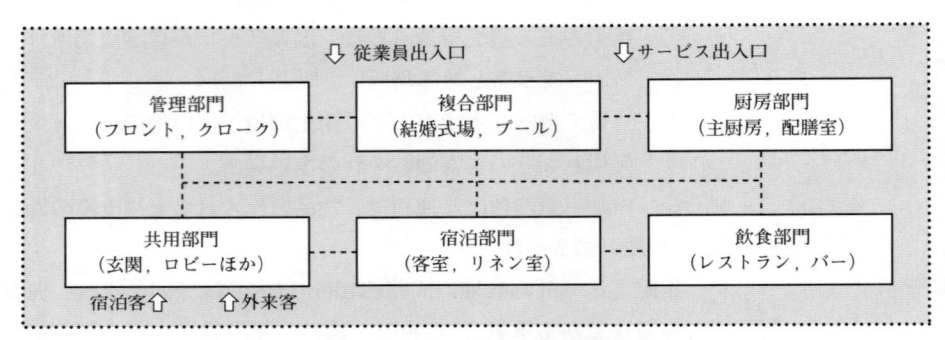

図11.3　ホテルのゾーニング事例

① ホテルのゾーニングでは，収益ゾーンと非収益ゾーンに区分をしてみることも必要になる。図のなかで，収益ゾーンは，宿泊部門，飲食部門，複合部門であり，非収益部分には，厨房部門，共用部門，管理部門が該当する。

② 複合部門とは，収益部分のなかの宿泊部門を除いた非宿泊部門から飲食部門を除いた残りの部分すべてを含むものとして名づけたものである。その内容は集会室関連（会議室ほか），結婚式場関連（式場，着付室ほか），娯楽室関連（ゲーム室，撞球場ほか），スポーツ関連（プール，トレーニング室ほか）などであるが，今後どのような新しい施設が出てくるか予測がつけにくい。このような事情から包括的な意味を込めて複合部門とよぶことにしている。

4 ホテルの動線計画

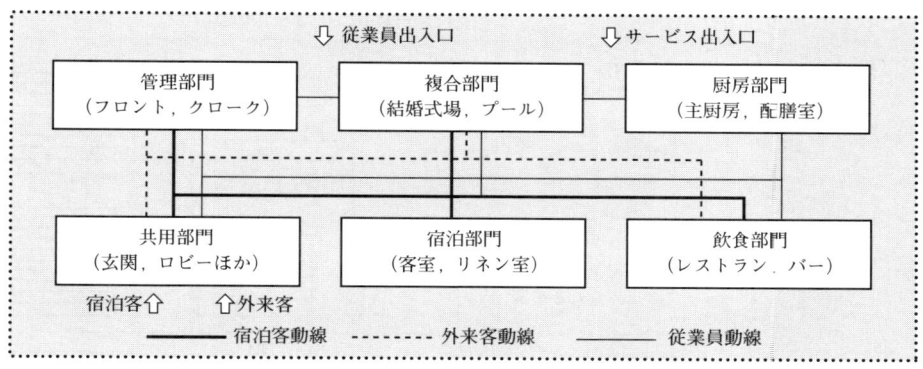

図11.4 ホテルの動線図事例

5 ホテルの機能構成，機能図

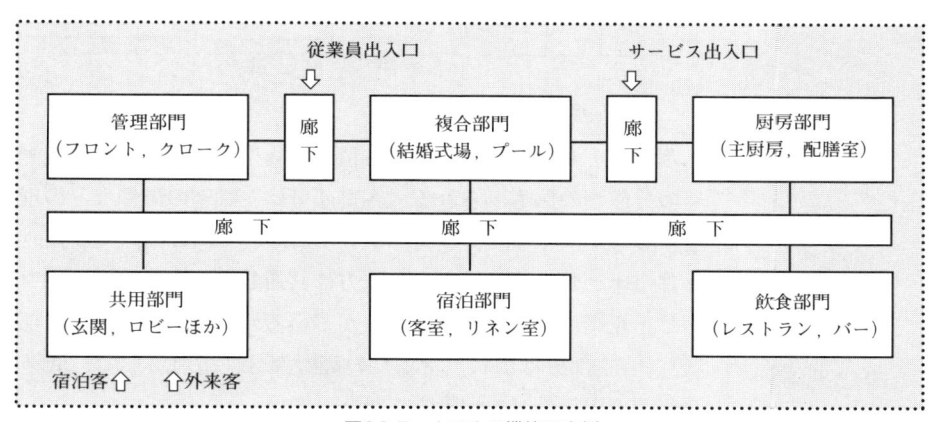

図11.5 ホテルの機能図事例

C 計画×設計

1 配置計画（敷地利用計画）

1) 配置計画の基本条件

a．都市ホテルの場合

① 地価の高い，限られた敷地を利用する場合が多いので，法令上の規制を十分に検討して効率のよい土地利用をはかる。

② 各種の敷地内動線を明瞭に分離して，安全性を確保するとともに，サービス動線のうちの非接客の従業員の動線は客の視線に入らないような形に配置をする。

③ 客室やロビーなどの採光や眺望を確保できるような配置を心掛ける。

④ 将来の増築計画を考慮しておく。

b．観光地ホテルの場合

① 客室をはじめとする各部の採光，通風，眺望を最大限に取り込めるような計画を考慮する。

② 建物とともに，外部空間の景観を考慮する。

③ 敷地内動線の分離により，歩行者の安全性を確保する。

表11.3 ホテルのブロックプラン

①板状型 客室部分の眺望を重視した積層タイプの一つで，観光地ホテル，とくに海や山のホテルに多い。	(平面)	(断面)
②一体型 ブロックタイプとよばれる規準階の効率を追及したプラン。都市ホテルに多くみられる事例。	(平面)	(断面)
③基壇型 建築面積（建ぺい率）を有効に利用した低層部分と客室を重ねた高層部分との組合せ（超高層の例）。	(平面)	(断面)

2) ホテルのブロックプラン

　都市ホテルの場合はいずれも積層集約型の事例が多く，観光地ホテルの場合は低層の分館型の例もみられる。客室部分は，眺望の確保などの理由で板状の平面を積層する形が多くなり，観光地ホテルにはとくにこの傾向が強い。

　都市ホテル，観光地ホテル双方に共通してみられるブロックプランに，基壇型がある。正確には基壇堂塔型とよんでいるが，平面的に大きな部分を低層で覆い（基壇），客室部分は塔状（堂塔）の高層部分に重ねる形で，低層部分は飲食部門や複合部門の店舗などを配置する場合が多い。

2 平面計画

1) 計画の策定条件
   ① 計画にあたって，客の動線と従業員（接客従業員と非接客従業員の双方について）の動線を考慮し，各室のサービスが十分に可能になる計画とする。
   ② 各動線は短く，わかりやすい形にするとともに，異種動線は交差しないようにする。
   ③ 宿泊客と非宿泊客の動線は分離する。
   ④ 避難通路の動線は必ず2方向以上の避難が可能な計画にする。
   ⑤ 客室の配置は片廊下式と中廊下式が一般的で，中廊下式は都市ホテルに多く，片廊下式は眺望を重視する観光地ホテルに採用される例が多い。

2) 各部門の計画条件

a. 宿泊部門
   ① 客室の大きさ：シングル（15～22 m^2），ダブル（18～25 m^2），ツイン（22～32 m^2），トリプル（26～36 m^2）
   ② 旅館の客室（和室）の大きさ：前室，主室，広縁，バスルームで構成される。主室の広さ，6畳（1～2人），8畳（2～4人），10畳（4～6人）

b. 飲食部門，複合部門
   ① 原則として下層階の玄関，ロビーなどに直結している場所に配置する。

② 宿泊客の動線としないようにするか宴会客用玄関を別に設ける。
　c. 管理部門
　　　① フロント（デスク）とフロント事務室は隣り合う配置が原則である。
　　　② フロントを含む事務部門は玄関ホールに近接して配置する。

3 断面計画

1) ホテル各部の天井高と階高
　① 客室（宿泊部分）：天井高事例は 2.3～2.7 m，階高 2.7～3.3 m 程度。
　② 宴会場（複合部分）：平面的な規模が大きくなると，これに応じて天井高も大きくする必要がある。一般に最小でも2.6～4.0 m の天井高の例が多く，階高は 3.3～4.6 m，規模によって 10.0 m 前後の天井高の例もある。
　③ 食堂ほか（飲食部門）：メインダイニングにあたる食堂は，もっともまとまった規模になる例が多い。天井高も 3.0～5.0 m，階高で 3.6～5.6 m 程度，さらに大きな天井高としては吹抜けを設けて2階分の天井高としたラウンジや食堂の事例がある。
　④ 玄関ホール，ロビーほか（共用部門）：ホテルのなかでパブリックスペースとよばれる共用部門の一般的な天井高は 2.7～4.0 m，階高で 3.3～4.6 m 程度であるが，この部分に吹抜けやアトリウムを設ける例が増えている。その場合は，2～3階分程度の天井高になることもめずらしくない。
　⑤ 集会室，会議室（複合部門），宴会場と同様の設計条件であるが，映写，スライドスクリーンなどの設備を使う部屋では，4.0m 以上の天井高を確保する。

4 構造，構法計画

　ホテルの主要構造部分は一般に，鉄筋コンクリート造あるいは鉄骨鉄筋コンクリート造，鉄骨造が採用される事例が多い。観光地ホテルの場合で規模などの条件によっては木造の使用も考えられる。都市ホテルでの複合部分の宴会場や大規模な会議場などでは，長大なスパンが必要となるので，高層部分とは別構造の鉄骨造を採用する例が多い。

5 設備計画

1) 電気設備
　① 客室の照明設備：天井灯，読書灯などの機能別照明を設けるとともに，スイッチを入口と枕元テーブルの2か所からの点滅が可能な設備にする。
　② 宴会場，食堂などの照明：いずれも，空間の雰囲気を盛り上げる効果的な照明とその効果を生かす工夫が望まれる場所である。
　③ 通信，放送など弱電設備：非常用放送設備のほか，常用の設備を客室，廊下，ロビー，ホール，食堂，宴会場，事務室，駐車場その他の所要箇所に設ける。
2) 防災，避難設備
　煙・熱感知器による自動火災報知設備やスプクリンクラー設備，炭酸ガス消火設備（駐車場など）などの自動消火設備を設けるとともに，排煙設備や避難経路を示す非常誘導灯などを設置し，さらにこれらの各設備が有機的に機能するような防災

センターを設けて総合的な管理が可能な形にする。

3）給排水衛生設備

① ホテルの給水量：ホテルは1日当たりの給水量が各施設のなかでももっとも多い部類に属するうえに，時間帯によって使用が集中するので，同時使用率を多くとるなどの配慮が必要である。

② 排水量も同じことがいえるが，さらに地域の公害関連の規制に適合した設計が必要になる。

4）空調設備

① ホテルは異種機能が混在する複合建築の典型であり，空調設備もゾーンによる区分をして，異なる対応が可能な方式を選ぶ必要がある。

② 客室は，各室独自の調節が可能なファンコイルユニット方式が一般的である。

③ 宴会場，食堂ほかの空間も独自のゾーンを構成しており，その使用時間帯や利用客数などの変動に応じた運転が可能な方式が必要である。この部分は単一ダクト方式やこのゾーン専用の空調機を設ける事例がみられる。

6 各部計画

① パブリックスペース：個人のためのプライバシーが要求される宿泊部分に対して，共用的，公共的な使われ方が求められる部分をまとめてこのようによんでいる。玄関ホール，食堂，宴会場，美容室などがこれにあたる。本書で区分した共用部門，飲食部門，複合部門の三つをまとめるとパブリックスペースになる。最近の話題にのぼるホテルの共通の特徴は，このスペースに十分の空間をとり，広大な吹抜けやアトリウムなどを設けて特別な雰囲気を加えている例が多い。

② 防音，遮音設計：ホテルの各部では防音，遮音の性能を確保しないと使用上のさまざまな不具合が生じることになる。客室の外部騒音，隣室音の遮音をはじめ，食堂，宴会場などでも同じ問題が起こりやすい。

D　この施設のキーワード

① レジデンシャルホテル：業務または観光目的の旅行者用ホテルで，比較的上級，やや長期にわたる滞在客を対象にした高級志向のホテル。

② アパートメントホテル：長期の滞在客のためのホテルで，寝室のほかに居間に相当する部屋のあるもの，小規模の台所やダイニングスペースを備えるものなどがある。

③ リゾートホテル：避暑，避寒地，観光地に立地する広大な敷地に，運動やレクリエーション施設などを備えたホテル。敷地の条件によって多様な種類に分かれる。

④ コマーシャルホテル：一般旅行者用の都市立地型のホテルである。ビジネス目的が主体になるので利便性がポイントになる。1，2階回りは店舗，飲食店，事務所など多様な使われ方がみられる。

⑤ リネン室：ホテルなどの宿泊施設で，客室部分の各フロアの中心に近い所に配置する。シーツ，枕カバー，タオルなどを置いておく室。隣接部分にトランクルーム，配膳室，メイド室などのサービス用諸室を配置する例もある。なお，病院の病室部分に置かれるリネン室も同じで用途である。

⑥ 旅館の種類：一般ビジネス客対象の普通旅館と内外に高級感を盛り込み，会席などにも使われる割烹旅館，観光地の温泉地旅館などがある。

ホテル用什器家具の例（イトーキカタログより）

● 6 ホテル

実例 シェラトン・グランデ・トーキョーベイ

外観（写真提供　大成建設）

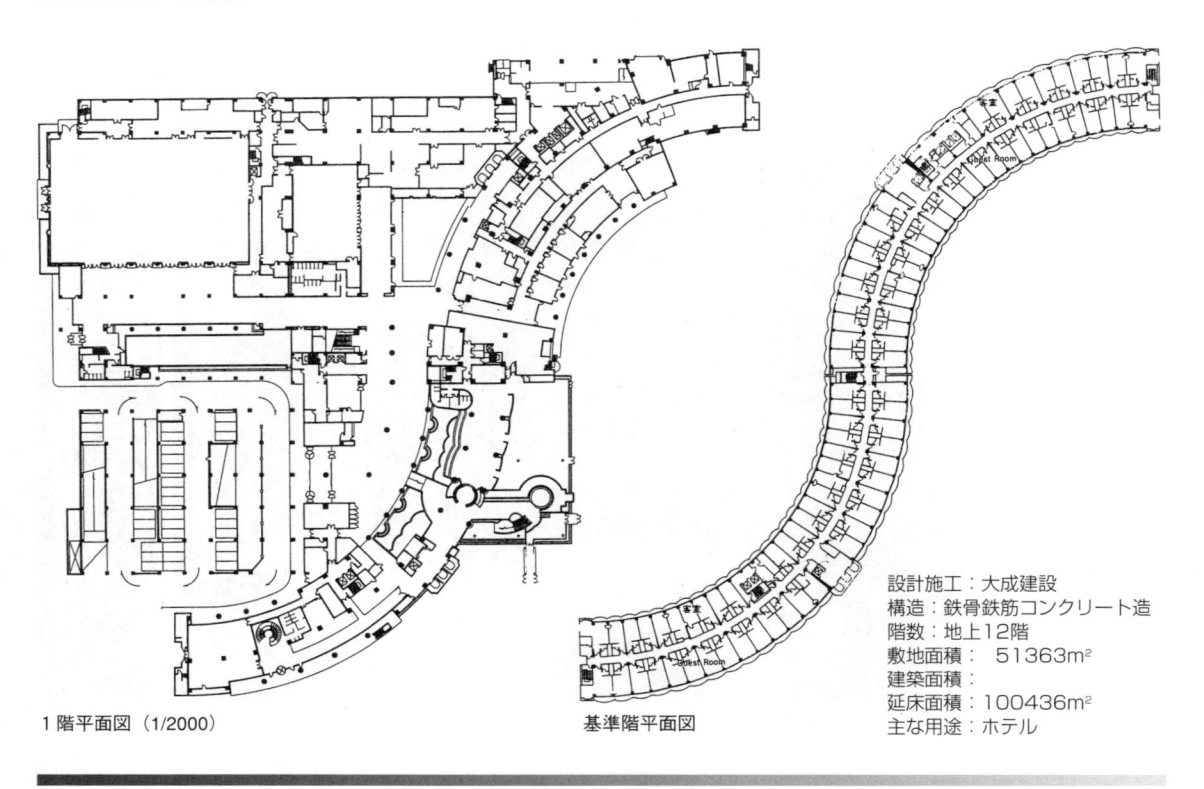

1階平面図（1/2000）　　基準階平面図

設計施工：大成建設
構造：鉄骨鉄筋コンクリート造
階数：地上12階
敷地面積：　51363m²
建築面積：
延床面積：100436m²
主な用途：ホテル

施設8　研修施設
12 研修所

A 基本知識

1 研修所の定義

1) 法令上の定義
   ① 建築基準法上の定義および用途別規定の対象となる建築種別のなかに研修所という用途は特定されていない。
   ② 特別法にあたる法令にも研修所という施設を規定する条文はない。

2) 現在の同種施設にもとづいた定義

　各種の団体（国，地方公共団体，民間企業など）が，一定の目的とプログラムによって，職員あるいは関連構成員のため，一定期間にわたる教育や訓練を行う施設である。

2 研修所の種類，分類

1) 設立主体による分類

```
公共施設 ─┬─ ①行政職員専用施設 ── 税務大学校，自治大学校
          └─ ②社会教育施設など ── 青年の家，青少年総合センター
民間施設 ─┬─ ③企業団体専用施設 ── 企業研修所，保養所，研修センター
          ├─ ④一般向け研修所 ──── 研修所，会員制倶楽部
          └─ ⑤利用可能施設 ───── ホテル，旅館，保養所
```
図12.1　研修所の種類（設立主体別分類）

2) 立地による分類

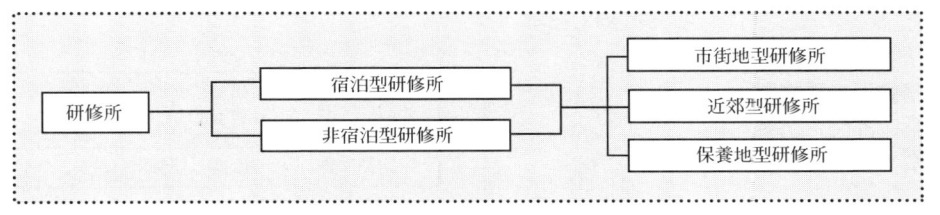

```
研修所 ─┬─ 宿泊型研修所 ─┬─ 市街地型研修所
        └─ 非宿泊型研修所 ├─ 近郊型研修所
                          └─ 保養地型研修所
```
図12.2　研修所の種類（立地別分類）

　立地による分類は，施設の内容に相応の違いをもたらすもので，とくに市街地型や近郊型と保養地型では建築基準法上の建物用途に違いがでるほどである。

3 研修所の機能

表12.1 研修所の機能区分

①	研修機能	研修は自己の職業上の役割，責務について研鑽に努め，その習熟をはかるもの。研修室などと事務管理の支援部門が必要
②	宿泊機能	研修所の宿泊機能は研修活動の一部として機能できるような計画が必要。研修者同志のコミュニケーションなどの例。
③	管理，運営機能	このなかには，建物全体の維持保全ほかを含む施設管理と研修所の運営，研修管理ともいえるものの双方が含まれる。
④	生活機能	研修時間以外に，施設内で有意義な時間を過ごすための食堂宴会場，飲酒の場などによる効果を生活機能とよんでいる。
⑤	複合機能	研修と直結しないまでも，そのプログラムの一部に利用できるスポーツ関連の施設などで効果をあげる部分。
⑥	その他	研修機能とあわせて，情報センター的な機能を兼ねる役割をもつ施設の例がある。

4 研修所の基本条件

1) 立地条件
① 研修所は規模，種類ともにさまざまなものがあり，とくに市街地型，近郊型，保養地型というタイプは立地条件でいえばまったく異なる種類の建物に近い。したがって研修所という施設の立地条件を一つの型にまとめることはできない。
② 企業専用の研修所の場合は，本社機能をはじめとする各種の社用施設との連絡がよいところが立地条件の一つにあげられる。

2) 敷地条件
① 市街地型の敷地条件：利便性の高い敷地が選択のポイントの条件になるとともに，市街地の場合は効率の高い土地利用が要求される。したがって，近隣への配慮と外部動線のレイアウトを含めた土地利用上の工夫が求められる。
② 近郊型の敷地条件：市街地型にくらべて，相対的に広い敷地を確保しやすいという利点を生かして　総合型の研修所の敷地に適した用地になる可能性が高い。
③ 保養地型の敷地条件：前述の型にくらべると，長期滞在型の研修施設として計画される事例が多く，研修にあわせて保養施設を兼ねる場合も少なくない。

B 計画の基本

1 研修所の構成要素，部門，所要室

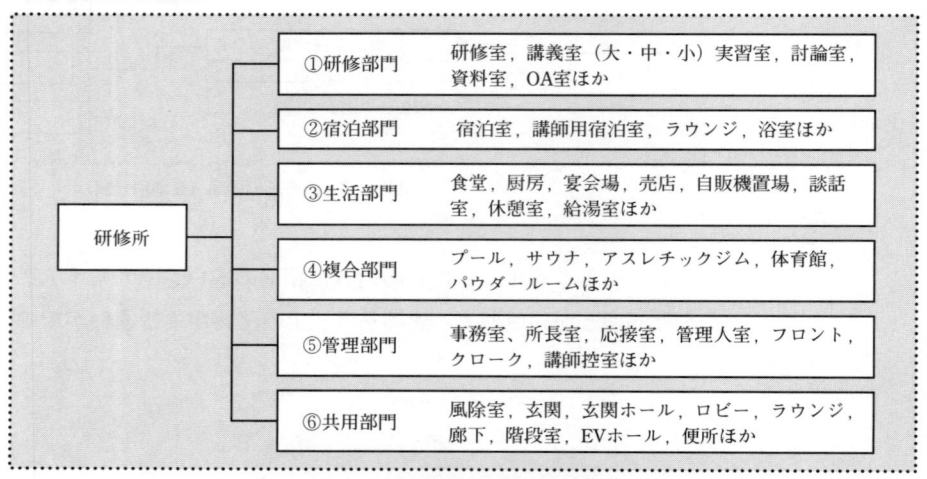

研修所
- ①研修部門　研修室，講義室（大・中・小）実習室，討論室，資料室，OA室ほか
- ②宿泊部門　宿泊室，講師用宿泊室，ラウンジ，浴室ほか
- ③生活部門　食堂，厨房，宴会場，売店，自販機置場，談話室，休憩室，給湯室ほか
- ④複合部門　プール，サウナ，アスレチックジム，体育館，パウダールームほか
- ⑤管理部門　事務室、所長室，応接室，管理人室，フロント，クローク，講師控室ほか
- ⑥共用部門　風除室，玄関，玄関ホール，ロビー，ラウンジ，廊下，階段室，EVホール，便所ほか

図12.3　研修所の構成要素と部門区分

2 研修所の規模

研修所の規模を策定するための資料はあまり発表されていないが，宿泊部門の規模（宿泊室数，宿泊人数）と研修部門（研修室数）はなかでももっとも有力な資料になると考えられる。下表は，事例をもとに宿泊人数当たりの延床面積を算出したものである。

1) 研修所の規模算定参考値 c （a 延床面積／b 宿泊人数）

表12.2　事例による宿泊人数当たり延床面積

a 延床面積（m²）	4 300～4 900	16 600～18 100	16 500～19 900	2 100～36 034
b 宿泊人数（人）	92～100	256～315	232～250	25～400
c	46.73m²/人	57.46m²/人	71.12m²/人	80.28m²/人
c	49.00m²/人	64.84m²/人	77.96m²/人	84.00m²/人
c			79.60m²/人	87.50m²/人
c				90.08m²/人
c				90.59m²/人

2) 宿泊人数1人当たりの床面積が大きなものの相当の例が，延床が30,000m²を超える大型の施設であり，併存の施設の充実を思わせる結果になっている。

3 研修所のゾーニング

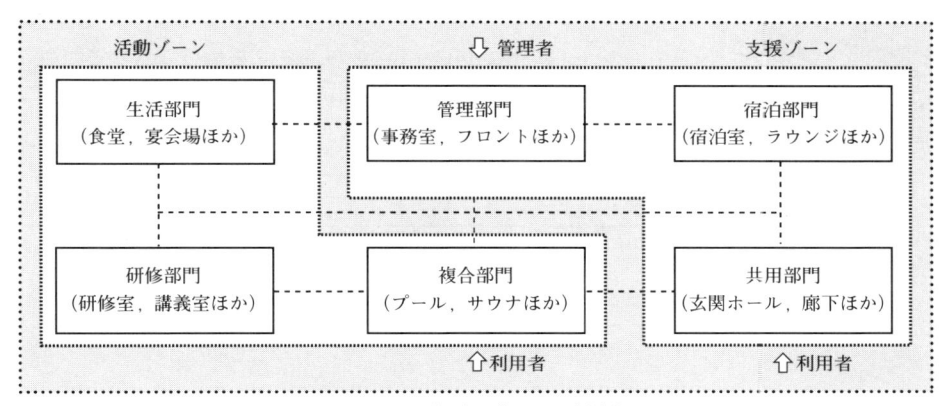

図12.4　研修所のゾーニング事例

[ゾーニング事例]　研修所はその内部機能からみて，六つの構成要素に分けることができるが，このうち，利用者が研修や関連の活動を進めるために使用する部分（活動ゾーン）が研修部門，生活部門，複合部門に属し，残りの管理部門，宿泊部門，共用部門は各種の活動を支える支援ゾーンに区分される。このうち，宿泊部分については研修プログラムによっては，研修活動に直接つながる場合もあり，その意味では活動ゾーンに加わる形になる。

4 研修所の動線計画

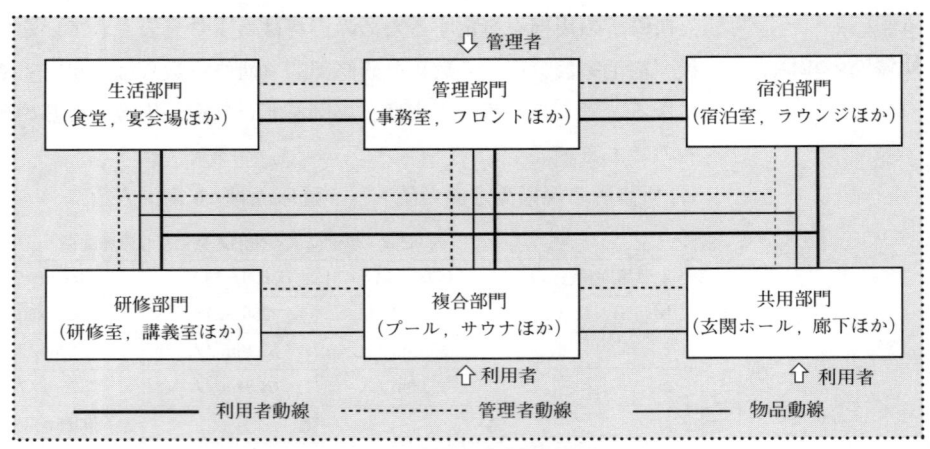

図12.5 研修所の動線図事例

[動線図事例] 研修所に発生するおもな動線は，利用者の動線と管理者の動線および物品の動線が考えられる。利用者および管理者の動線を分離するために，管理者用通用口を別に設ける必要がある。物品は生活部分に必要な食材と研修および管理部門で使用する消耗品や教材，さらに宅配便などがある。

5 研修所の機能構成，機能図

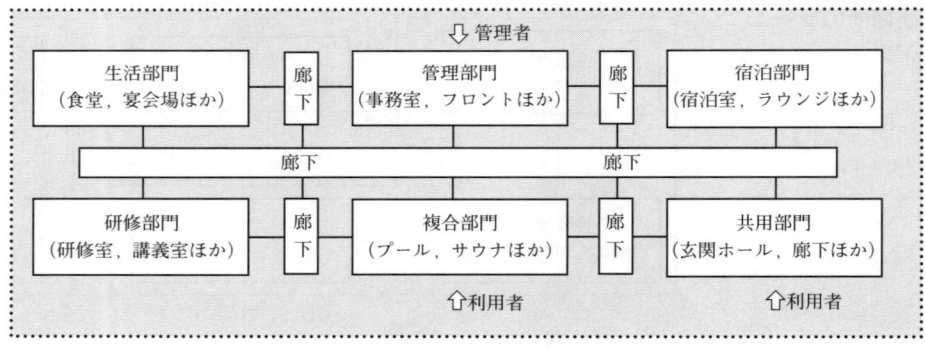

図12.6 研修所の機能図事例

C 計画×設計

1 配置計画（敷地利用計画）

1）配置計画の基本条件

a．市街地型研修所の場合

① 敷地に余裕のない事例が多く，結果として隣地境界，道路境界に発生する法的規制（道路斜線，日影規制，敷地内避難通路の確保など）の影響を受ける場合が多くなり，計画面での対応が必要な場合が多くなる。

② 異種動線の分離，避難経路の確保の問題などを余裕のない敷地条件のなかで解決に導くための方策が必要になる。

b．近郊型研修所の場合

たとえば，体育レクリエーション施設などの複合部門を充実させることで，研修施設の付加価値を高めるなどの計画の策定が必要となる。

c. 保養地型研修所の場合
① その土地独自の価値を生かした計画内容が求められる。
② 敷地の地形や自然条件を積極的に取り入れた計画の作成が求められる。

2) 研修所のブロックプラン

研修所のブロックプランは三つのタイプに分類できるが，この根拠の一つになっているのが，研修所の配置の基本といえるつぎの条件である。

① 研修部門と宿泊部門の両者を分離させる。これはホテルの客室部分を宴会場や食堂部分と切り離して静かな寝室空間を確保する必要があることと同じ事情である。研修部門は昼間の活動的な利用を前提とした空間でありホテルの客室にあたる宿泊部門とは別の空間とする必要がある。

② 研修部門と宿泊部門との分離を含めた相互の組合せの手法として，相互に別棟の扱いにする分館型（分棟）と両者を同じ棟の上下に重ねる一体型（積層）がある。

表12.3 研修所のブロックプラン

	（平面）	（断面）
①分館型 宿泊部門と研修部門その他とを棟を別にして平面的な分離をはかるタイプで余裕のある敷地が必要。		
②一体型（積層型） 双方の部門を上下に重ねて分離をはかるタイプで高層化に向いているから市街地型に事例が多い。		
③基壇型 生活部分や複合部分を充実して低層の基壇部に配置し，宿泊部門を高層部に配置するタイプ。		

2 平面計画

1) 計画の策定条件

a. 研修部分と宿泊部分の分離と動線

研修所の基本的な目標は，利用者が理想的な環境と条件のなかで研修活動に参加できるようにすることである。そのためにはまず，研修部分と宿泊部分の機能面での分離をはかり，宿泊部分が他の活動部分の影響を受けない配置と動線の処理が必要である。具体例としては，研修をはじめとする活動ゾーンを低層ゾーンに配置し，宿泊部分を積層タイプの部分にまとめるなどの事例がみられる。また宿泊部分は就寝時の避難を考慮する必要があるから，研修その他の動線の影響を受けない独立した避難動線を確立しておくべきである。

b. 避難計画と平面

研修所のような不特定多数の人が利用する建物の多くは，法例上特殊建築物の指定を受けて，その設計内容にはとくに厳しい制約が求められる。とくに建物の内外

には十分な避難通路を確保するとともに，建物内では2方向以上の避難経路を確保することが基本である。

c．各部門の柱間（スパン）

用途の異なる各部門の所用室は当然その規模も違ってくるので，研修室に望ましいスパンと宿泊室のそれは異なる場合が多い。分館型の場合はその点で計画上有利であるが，一体型のように両部門が上下に積層される場合は採用するスパンが双方の部門に支障なく使える寸法にするなどの対策が必要になる。

2）各部門の計画条件

a．研修部門

① 研修室の大きさ：収容人員規模，大研修室100人前後，中研修室50人前後，小討議室10人前後。中研修室規模の大きさ：12.0〜14.0m×8.0〜9.0m程度，小討議室：6.0m×6.0m程度。

② 管理部門との関連：研修部門の管理，運営を担当するのは事務室を中心とした管理部門であることが多いので，研修部門と管理部門は隣接しているか近い配置が望ましい。

③ 宿泊部門との関連：研修活動は基本的に昼間の時間帯に集団で行われるもので時間も性格も正反対の宿泊部門と共存できる要素はない。そこでこの部分は相互に分離した形が必要になり，別棟にしたり階数を別にする例が多い。

b．生活，複合部門

① 食堂，宴会場などをはじめとするこれらの部分は玄関ホール，ロビーなどがある1階の配置が望ましく，事例もこの形が多い。これは宿泊以外の部分を低層部の1，2階にまとめるプランが多いこともあるが，結果として研修部門からの移動などが容易で利便性も高いという効果がみられる。

② 複合部門は運営方法によっては，専用の玄関を設けて独自に使用可能にする例もみられる。

c．宿泊部門

宿泊部門の主要な部分である宿泊室は，研修所の宿泊以外の各部門と分離した形で配置する。その理由はすでに述べたとおりである。ただし研修所という特別の事情から，ラウンジなどの共用部分の一部を宿泊者同志の交流に必要な部分として取り込むことが必要とされている。

3 断面計画

1）研修所各部の天井高と階高

① 宿泊室（宿泊部門）の天井高：2.3〜2.5m，階高：2.8〜3.3m前後

② 研修室（研修部門）の天井高：2.5〜3.0m，階高：3.5〜4.0m前後
　大研修室，階段教室の天井高：3.0〜6.0m，階高：4.0〜6.5m前後

③ 食堂ほか（生活部門）の天井高：3.0〜5.0m，階高：4.0〜6.0m前後

④ 体育館その他（複合部門）の天井高：3.0〜4.0m，階高：4.0〜5.0m前後
　体育館などはその用途に適合させることが必要。また映写，スライドスクリー

ンなどを使用する規模の部屋では 4.0 m 以上の天井高が必要になる。
⑤　管理事務室（管理部門）の天井高：2.5～2.7 m，階高：3.3～3.7 m 前後

4　構造，構法計画

研修所に採用される構造方式は，低層で規模の小さいものは鉄筋コンクリート造が一般的であり，高層の部分や大スパンの要素が加わるに連れて，鉄骨鉄筋コンクリート造や鉄骨造が加わる。実例から比較的大きなスパンの例をみると，事務室の例で 6.0×13.0 m，大研修室で，12.0×14.8 m などがある。

5　設備計画

1）電気設備
　① 照明設備：必要照度や照明の条件は各部門を構成する所要室によって異なるがいずれもまぶしさなどの少ない高品質の照明を確保する必要がある。
　② 研修支援機器設備：研修の設備で重視されるのがAV設備などの研修を支援する設備である。たとえば画像関連，音響，特殊照明などの各装置があり，スクリーンなどの設備も必要になる。

2）防災，避難設備
　施設の安全性を確保するとともに，快適性や機能性を発揮できるような研修所の管理システムを構築して，これらの機能を含めた防災センターが望ましい設備ということになる。さらに宿泊部分の安全を保証する避難施設が必要である。

3）給排水衛生設備
　① 宿泊部門をもつ研修所の給水量は，給湯量とともに一時に大量の使用量が発生することを考慮しておく必要がある。
　② 保養地型研修所の場合は，公共下水道やガス供給事情など都市基幹施設の整備状況により，浄化装置などの設置が必要になる場合が少なくない。また規模の大きな敷地の場合の排水計画などを含めて所管自治体との事前協議が必要な事例も多くなってくる。

4）空調設備
　① 研修室（研修部門）の空調方式は中小規模の教室は個別制御が可能な方式が望ましくファンコイルユニットやヒートポンプエアコンの利用が考えられる。講堂や大研修室の規模になると天井高も大きく，負荷も大きくなるので，専用の空調機による方式が採用される。
　③ 宿泊室（宿泊部門）の空調方式はホテルの客室の場合とほぼ同じ内容になる。熱源のある場合はファンコイルユニット方式が一般的であり，これにダクトによる換気システムを併用する。
　④ 食堂，宴会場ほか（生活，複合部門）はいずれも使用の時間帯や利用者の人数などに変動があるのが常態なのでこれに対応しやすい計画とし，単独の空調設備が一般的な解決策である。
　⑤ 管理事務室ほか（管理部門）は建物全体の管理と研修の運営を受け持つ部門であるが，研修のない日も空調が必要になるので，この部分も単独の空調シス

テムとする必要がある。

6 各部計画

1）宿泊室
　① 研修所の宿泊部分は，研修の関連部分の一部とされる場合もあり，この点が通常のホテルの客室と異なるところである。
　② 宿泊室は，和室，洋室の別があり，事例をみると大部分は洋室で占められている。このうち，洋室はシングル，ツイン，その他（多人数用）の各タイプがある。多人数用は研修のなかで，共同生活体験などのプログラムが含まれている場合に，これを利用して，所要の研修効果を高めることができる。

2）宴会場
　食堂，厨房に隣接した位置に40〜60畳程度の和室を設け，多目的な用途に利用できる形にしている例が多い。

3）売店，自販機
　研修者，その他の利用者の活動，生活の必要品を確保してこの面での支援をする。管理側の運営を含む利便性も考慮する。

4）研修室
　① 研修の内容は現在のところ，講義，討論，実習の三つの手法が中心で，これらの活動の場が研修室である。研修室の種類は講義室と討論室，そして実習室に分けられる。
　② 講義室は100人規模の大講義室を可動間仕切りで二分割できる設計にしておき，中講義室を兼ねる事例もみられる。
　③ 小講義室は討論室を兼ねる形が多く，討論に適した10人前後の規模を想定した事例が多い。
　④ このほかにＡＶ室や図書室が設けられると，一定のプログラムによる研修を完結させる施設が整う形になる。

D　この施設のキーワード

研修施設の設備器材事例
　① 音響機器：マイク，ワイヤレスマイク，拡声用スピーカー，ステージスピーカー，カセットデッキほか
　② 映像機器：液晶ビデオプロジェクター，ビデオデッキ，ビデオカメラ，モニターテレビほか
　③ 光学機器：OHP，映写機，スライドプロジェクターほか
　④ 照明：特殊照明・ステージ用，昇降照明，調光装置ほか
　⑤ その他：電子黒板，昇降スクリーン，開閉式スクリーン付きボード，OHPスクリーン，コピー，ファクシミリほか

実例 中部研修センター

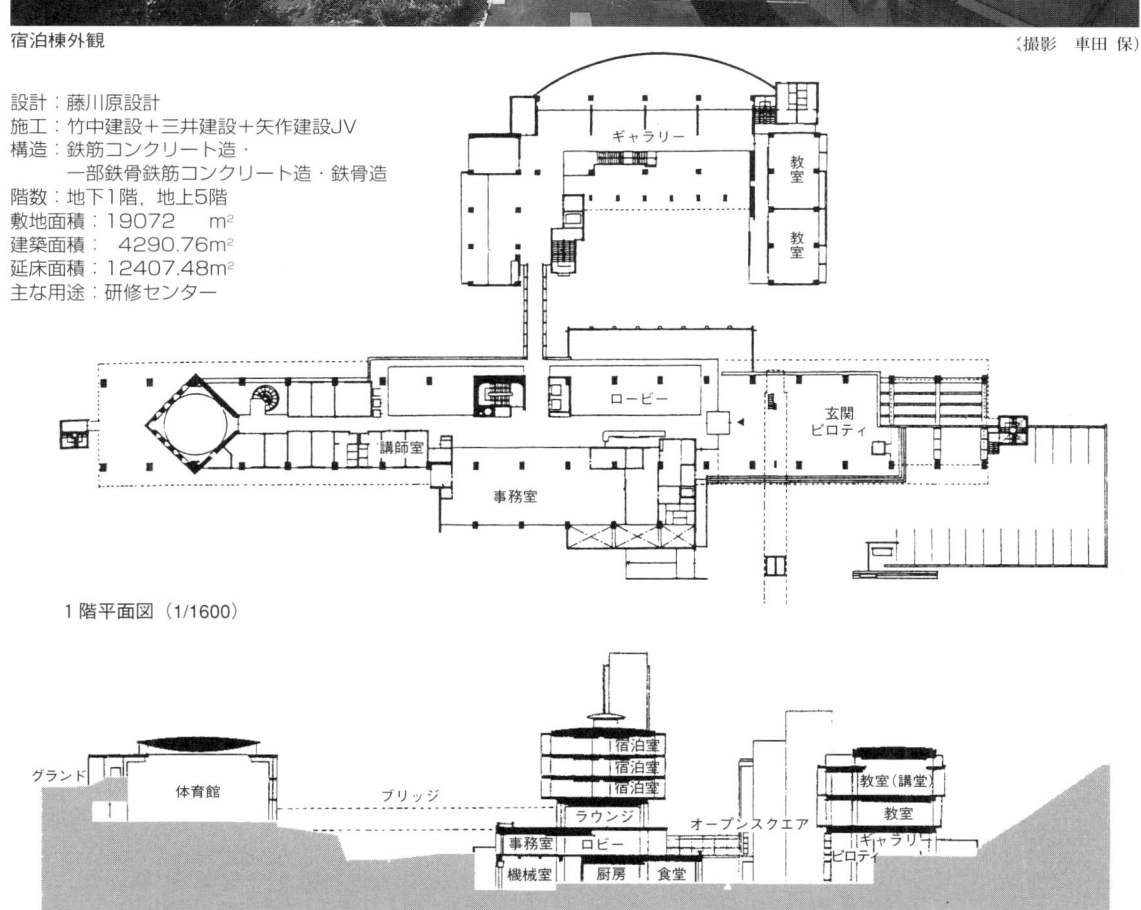

宿泊棟外観 〈撮影　車田　保〉

設計：藤川原設計
施工：竹中建設＋三井建設＋矢作建設JV
構造：鉄筋コンクリート造・
　　　一部鉄骨鉄筋コンクリート造・鉄骨造
階数：地下1階，地上5階
敷地面積：19072　　m²
建築面積：　4290.76m²
延床面積：12407.48m²
主な用途：研修センター

1階平面図（1/1600）

断面図（1/1600）

施設9　オーディトリアム

13 劇場　（映画館ほかを含む）

A　基本知識

1　劇場ほかの定義

1) オーディトリアム（auditorium）の定義

視聴覚芸術の観賞を目的とした多数の人を収容できる建物の総称。劇場，映画館，音楽ホール，公会堂，講堂などがある。

2) 興行場の定義（興行場法第1条第1項）

興行場とは，映画，演劇，音楽，スポーツ，演芸または観せ物を公衆に見せまたは聞かせる施設をいう。

3) 劇場とは，演劇を上演するための舞台と観客席をもつ建物の総称。

2　劇場ほかの種類，分類

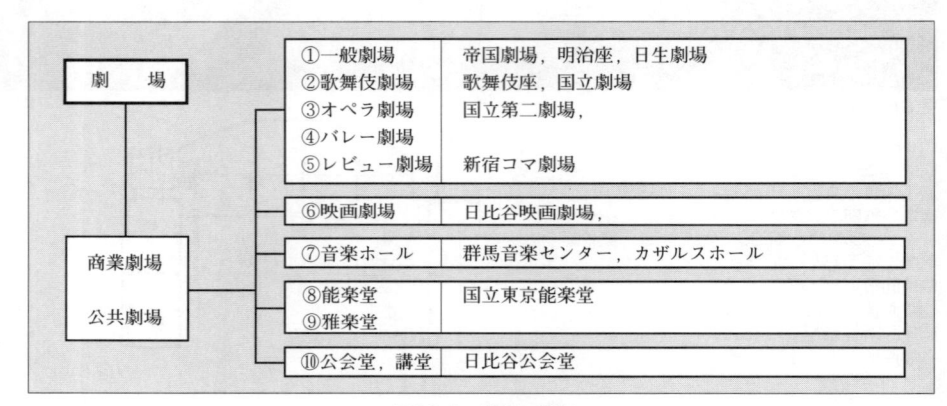

劇場	商業劇場 / 公共劇場	①一般劇場	帝国劇場，明治座，日生劇場
		②歌舞伎劇場	歌舞伎座，国立劇場
		③オペラ劇場	国立第二劇場，
		④バレー劇場	
		⑤レビュー劇場	新宿コマ劇場
		⑥映画劇場	日比谷映画劇場，
		⑦音楽ホール	群馬音楽センター，カザルスホール
		⑧能楽堂	国立東京能楽堂
		⑨雅楽堂	
		⑩公会堂，講堂	日比谷公会堂

図13.1　劇場の種類

上図でみるとおり，劇場の分類はきわめて難しい。ここにあげた以外にも寄席，演芸場あるいはレストランシアターなど他の種類の建物との区分も曖昧になってくる。そこでもっともわかりやすい分類を試みると，その一つは経営主体による分類で，商業劇場と公共劇場に分かれる。さらにその用途，目的を絞って専用化をはかるオペラ，バレー，能楽堂などと汎用性の高い多目的の劇場に分けることができる。

3　劇場ほかの機能

表13.1　劇場ほかの機能区分

① 観覧機能	観客に対するサービス機能といえるもので，アプローチから玄関を通じて観客席に座った観客が最良の条件で，演劇や映画，音楽を観賞できるとともに，観客の安全性を確保するために必要とされるすべての機能が含まれる。
② 演出機能	観客に提供される演劇や音楽の作品の制作にかかわるすべての施設と担当者がこの機能を受け持つ。施設のなかでは舞台部とよばれる舞台と楽屋関連の諸室が演出機能を受け持つ中枢の部分になっている。
③ 管理機能	劇場の管理運営を受け持つが，このほか企画，宣伝などの芸場の経営にかかわる機能，たとえば後に続く演出の種類を企画立案してこれの制作（脚本などの制作）を進めたり，宣伝などによる観客の動員をはかるなど広範な担当分野がある。

4 劇場ほかの基本条件

1) 立地条件
① 商業劇場の立地条件には，経営上の採算がとれるための十分な観客を動員できるだけの地の利が必要である。交通の便利な場所，人出の多い都心，商業地域，歓楽街などがあげられ，さらに駐車場が整備されていることも条件に加わる場合が多い。ただし立地条件とは別に，観客をひきつけるだけの上演，上映内容用が求められるのは当然である。
② 公共劇場の場合の立地条件も，基本的には商業劇場の場合と変わらないが，公共劇場の場合は採算の条件の代わりに公共性が加わり，他の公共施設との関係が立地条件のなかに取り入れられることが多くなる。たとえば，美術館，図書館などの公共施設とともに，一群の文化中心に仕上げるなどの事例である。
③ 法令条件（建築基準法による用途地域による規制その他と地方条例による規制に合致していること）

2) 敷地条件
① 建築基準法，興行場法の規定による敷地の条件（地盤高が道路面より高い，がけくずれに対する安全性など）に合致していること。
② 地方条例による敷地の接道条件ほかに合致していること。

B 計画の基本

1 劇場ほかの構成要素，部門，所要室

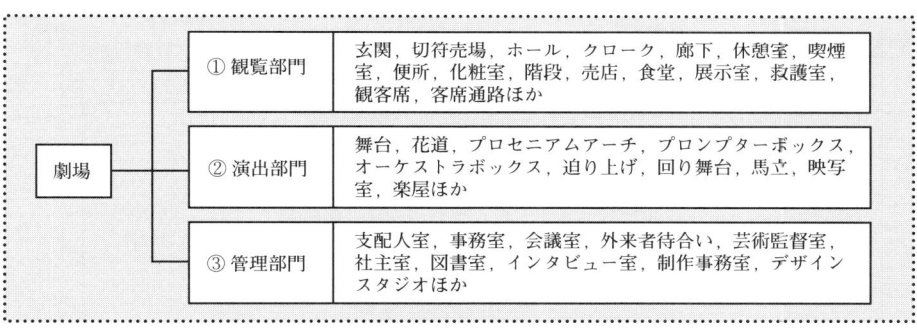

劇場	① 観覧部門	玄関，切符売場，ホール，クローク，廊下，休憩室，喫煙室，便所，化粧室，階段，売店，食堂，展示室，救護室，観客席，客席通路ほか
	② 演出部門	舞台，花道，プロセニアムアーチ，プロンプターボックス，オーケストラボックス，迫り上げ，回り舞台，馬立，映写室，楽屋ほか
	③ 管理部門	支配人室，事務室，会議室，外来者待合い，芸術監督室，社主室，図書室，インタビュー室，制作事務室，デザインスタジオほか

図13.2 劇場の構成要素と部門区分

大多数の施設には，廊下，階段室などの共用部門があるが，劇場の場合は，いずれも三つの部門の区分けが厳密であり，観覧部門の廊下，階段室などの普通なら共用部門にあたる各部分も，客席との関連が深い重要な役割をもつ付属室としての扱いが適当と考えられ，演出部門でも同様のことがいえる。

また，演出部門は楽屋に代表される上演部門と舞台装置製作関連の製作部門の機能部分に分けることができる。

2 劇場の規模

① 敷地面積 A と客席定員 B（$B/A=0.4\sim0.9$）
② 床面積と定員（延床面積は $2.0\sim2.5\,\mathrm{m^2}$/客1人当たり）
③ 客席定員 B/延床面積 C（$B/C=0.25\sim0.55$人/$\mathrm{m^2}$程度）
④ 客席部分の床面積（$0.5\sim0.8\,\mathrm{m^2}$/客1人当たり）

⑤ 客席の気積（劇場の場合，5～7 m³/席，映画館の場合，4～6 m³/席，コンサートホールの場合，7 m³/席程度）

⑥ 客席大きさ（椅子席の間隔と幅＝80～100×45～50 cm，法令限度80×40cm以上）

3 劇場のゾーニング

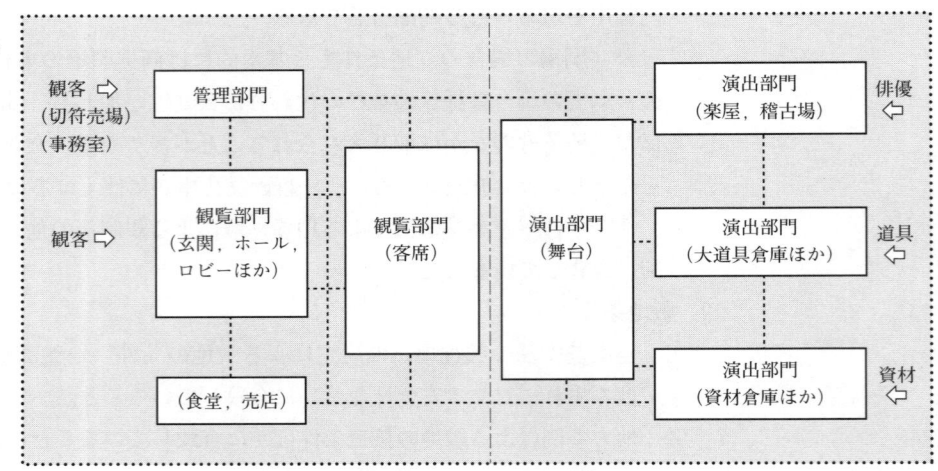

図13.3 劇場のゾーニング事例

4 劇場の動線計画

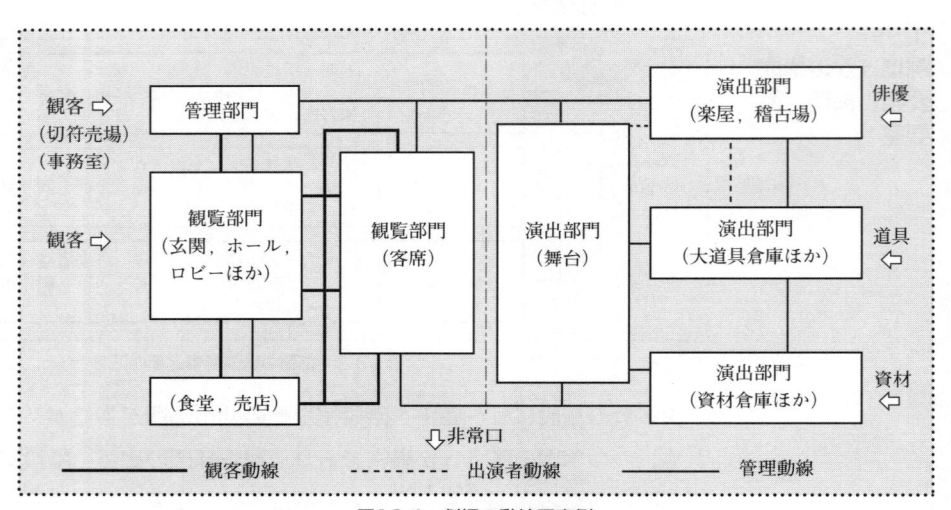

図13.4 劇場の動線図事例

5 劇場の機能構成，機能図

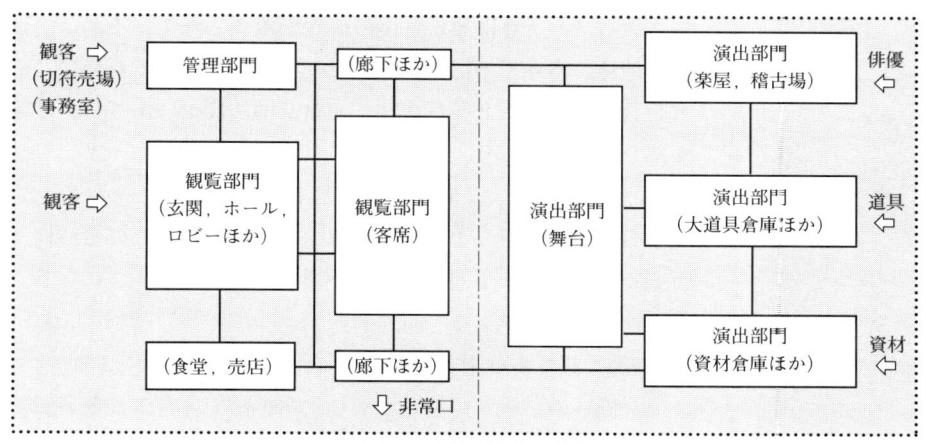

図13.5 劇場の機能図事例

C 計画×設計

1 配置計画（敷地利用計画）

1）配置計画の基本条件

法令による配置の制限

　劇場，映画館，集会場などは，各地方公共団体の建築条例によって，接道，前面空地の確保などの制限があり，配置計画上の基本的な条件になることが多い。

a．事例：東京都建築安全条例による劇場等の接道規定

表13.2　東京都の場合の劇場等の接道規定

	客席の定員数 N（人）	道路幅員	接道長さ
前面道路の幅員	$N \leq 300$	4 m 以上	敷地外周の1/6以上 （空地等周囲の状況によっては緩和もあり得る）
	$300 < N \leq 600$	6 m 以上	
	$600 < N \leq 1200$	8 m 以上	
	$1200 < N \leq 2400$	12 m 以上	
	$2400 < N$	16 m 以上	

b．事例：前面空地

表13.3　客席床面積と前面空地の幅および寄り付き高さとの関係

	客席の床面積	A　前面空地の幅	B　寄り付きの高さ
東京都建築安全条例第47条	300 m²以下	1.5 m 以上	4.5 m 以上
	300 m²をこえるもの	客席の床面積10 m²を増すごとに2.5 cmを加算	

　興業場などの主要な出入口の前面には，客席の定員の数×0.1 m²以上の面積をもつ空地を設けなければならない。ただし，①壁・柱をもたない，②高さが4.5 m以上の2条件を満たす寄り付きの部分は空地面積に算入してよい。

2 平面計画

1）計画の策定条件

a．避難計画と平面

　劇場は客席のように，単位面積当たりの不特定多数の収容人数が多い部分が建物の主要な部分を占めている。そこで，劇場の安全性は，構造や設備の安全性ととも

に，災害時の避難関連の性能の確保が重視されている。この点で，他の施設と異なり，地域の特性や事情を考慮した安全性を確保するために，この種の法規制は，地方公共団体の条例と興行場法，建築基準法ほかにより，その基本性能を確保するようにしている。

b．よく見える，よく聞こえる客席のための条件

すべての客席から上演あるいは上映される出し物の全体像がよく見え，よく聞こえることが劇場の平面計画上の重要な設計条件の一つになる。平面および断面計画上の検討が必要である。

c．劇場に発生する主要な動線

① 観客の動線：切符売場から玄関を経て客席に着き，演劇などを観賞する。
② 俳優の動線：演劇などに出演するためのすべての動線。楽屋部分が主体。
③ 劇場関係者の動線：観客のためのサービス動線，俳優のための支援動線。

これらの動線が，それぞれに必要とされる独立性を保ちながら，所要の機能を満足できる動線の配置が必要になる。

2）各部門の計画条件

a．観覧部門

(i) 玄関

劇場，映画館に出入りする観客の出入口で，切符売り場を経てのアプローチが必要になる。玄関前に入場前のお客が並び，前面道路の交通の障害にならないように十分な前面空地を設ける必要がある。

(ii) 観客用便所

客席部分（オーディトリアムという）の両側に設けることが望ましい。便器個数および広さなども休憩時間の同時使用が通常の使用条件であることを考慮しておく必要がある。便器個数は法令での規制がある。

表13.4　興行場法の構造設置基準による便器の数

便器の総数	観覧場床面積，合計 (S)	Sに対する便器の数
便器の数	$S \leq 300m^2$の部分	$S/15$（客席 $15m^2$に1個）
	$300m^2 < S \leq 600m^2$の部分	$S/20$（客席 $20m^2$に1個）
	$600m^2 < S \leq 900m^2$の部分	$S/30$（客席 $30m^2$に1個）
	$900m^2 < S$	$S/60$（客席 $60m^2$に1個）

男子用と女子用は，ほぼ同数とし，男子用小便器5以内ごとに男子用大便器1を設けること。ただし興行場の種類，規模または用途により，男子用便器数と女子用便器数との比率を変えることができる。

(ⅲ) 客席部分（オーディトリアム）の良く見える条件

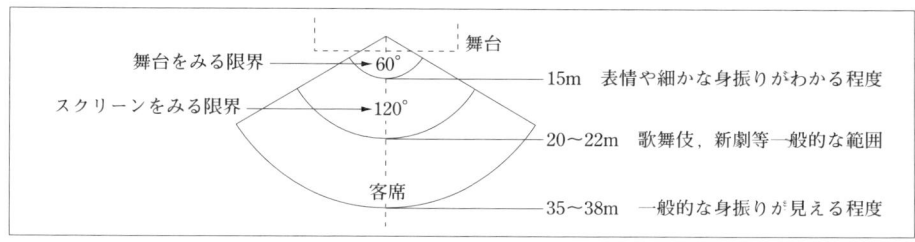

図13.6 客席の平面的な限界

(ⅳ) 客席の法的規制（屋外の場合は省略）

表13.5 東京都火災予防条例による劇場等の客席の構造規制

椅子席	椅子背の間隔　$a \geq 80$ cm 椅子の間隔　$b \geq 35$ cm 椅子の占用幅　$c \geq 42$ cm 椅子は床に固定する	$a \geq 30$ cm $b \geq 35$ cm $c \geq 42$ cm
立ち席	立見席の奥行 ≤ 2.4 m 待見席の奥行 ≤ 1.5 m	
手摺	立ち席の前面：主階以外の客席の前面および高さが50 cmをこえる段床に設ける客席の前面には，高さ ≥ 75 cmの手摺を設ける。ただし，客席の前面に，広い幅の手摺壁を設けるなど安全上支障ない場合はこの限りではない。	

(ⅴ) 客席内通路の法的規制（屋外の場合は省略）

表13.6 東京都建築安全条例・都火災予防条例による劇場等の客席内通路の規制

縦通路 （いす席）	[設置基準] ①椅子の間隔が35 cmの場合　8席以内ごとに両側に設ける。椅子の間隔が1 cm増えるごとに1席ずつ増やしてよいが20席を限度とする。 　たとえば　b：椅子の間隔　　36 cm $\leq b <$ 37 cmの場合 9席 　　　　　　　　　　　　　　37 cm $\leq b <$ 38 cmの場合10席 　　　　　　　　　　　　　　47 cm $\leq b$ 　　　　　の場合20席 ②基準の席数の半分（端数切捨て）以内の場合は，縦通路は片側だけでもよい。
	[通路幅] ①通路の両側に椅子席がある場合　　80 cm以上 ②通路の片側に椅子席がある場合　　60 cm以上 ③その通路のなかで，避難時の通過人数が最大となると思われる地点での人数×0.6 cm以上となるようにとる。（算定幅員）
	[勾配・段差] ①スロープ：勾配は1/10以下とする。 ②段差：長さ3 m以下かつ有効なすべり止めをつけたもので段をつける場合，蹴上げ $8 \leq h \leq 18$ cm，踏面 $d \geq 26$ cmとする。 ③客席の段床部では，縦通路の高低差3 m以内ごとに横通路を設ける。
横通路	設置基準：椅子席縦列20席以内ごと，最下階の客席の最前部 通路幅：算定幅員以上，かつ1.0 m以上 勾配：段差・縦通路にならう。
縦横通路 （ます席）	設置基準：2ます以下ごとに縦通路または横通路を設ける。 通路幅：40 cm以上
大入場	設置基準・客席の幅3 m以下ごとに縦通路を設ける
通路と出入口	①客席の縦通路，横通路ともに客席の出入口に直通させる。 ②客席内の通路は，互いに連絡するものとし，行き止まり状にしてはならない。

b．演出部門
（ⅰ）舞台の形式
① オープンステージ：舞台と客席との間に区切りがなくオープンな形の劇場。
② ピクチュアフレームステージ：額縁舞台ともよばれ，舞台部分と客席部分とがプロセニアムアーチによって区切られた形の舞台形式。一般の劇場の基本形。
（ⅱ）舞台の名称

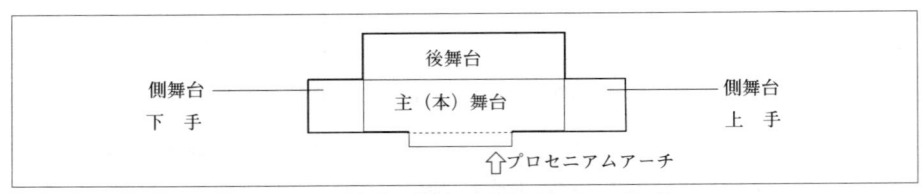

図13.7 舞台の平面各部名称（図中下部が客席）

（ⅲ）プロセニアムアーチ
　劇場の客席と舞台との境にある額縁状の開口部で，客席からはアーチ型の額縁に見えるものが多い。開口部の左右の壁に幕を引き込む形になるほか客席からの舞台周辺部の目隠しにもなる。映画館や音楽ホールでは機能上不要である。

c．管理部門
　劇場の事務関係諸室：庶務，会計，宣伝，企画，舞台，接客，建物維持管理などの諸係があり，このほかに重役室，会議室，応接室，来訪者待合室，暖冷房機械室，電気室などが必要になる。

3 断面計画

1）客席の断面（可視線による良く見える範囲）

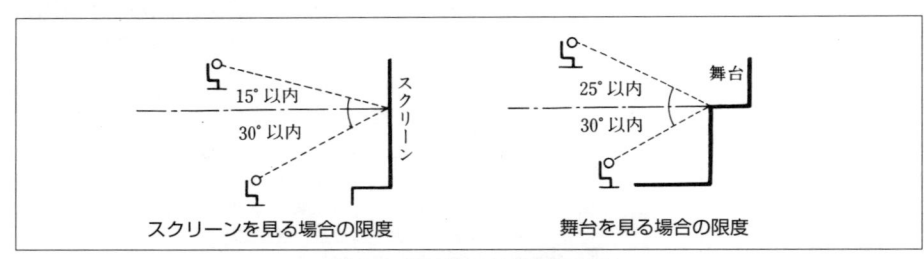

図13.8 可視線による客席の断面

2）舞台回りの断面

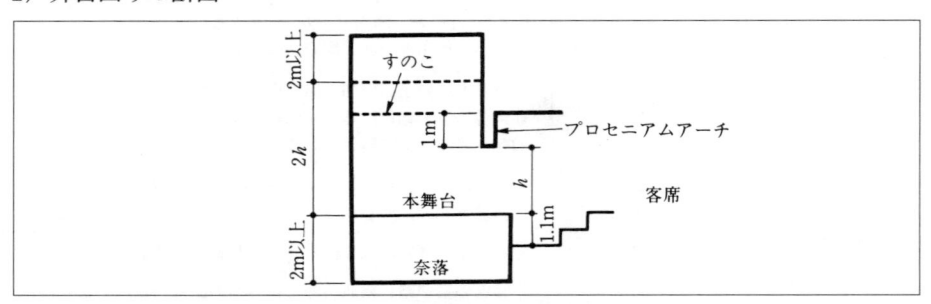

図13.9 舞台断面の基本寸法

3）客席の断面形式

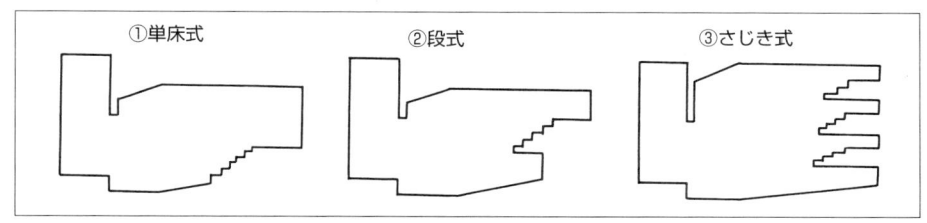

図13.10　客席の断面形式による分類

各断面形式の特徴
① 単床式：比較的規模が小さい場合に多く，前方の水平床と後方の勾配床との組合せから成っている。
② 2段式：2階のバルコニー席（桟敷席）を設けた断面で，この部分は可視線によって段床が必要になる。収容人員を増やすための手段の一つといえる。
③ 桟敷式：オペラ劇場などにみられる古典的な形式である。これも収容人員を増やすことができる。

4 構造，構法計画

① 建築基準法第27条，および施行令第115条の3により，劇場，映画館，演芸場で主階が1階以外，3階以上の階，その用途に供する部分の床面積の合計が200 m^2 以上のものは耐火建築物としなければならないと規定されている。
② 耐火建築物という条件を満たす構法，構造として鉄筋コンクリート造，鉄骨鉄筋コンクリート造，鉄骨造が採用されることが多いが，客席部分には柱のない大空間が必要とされるところからこの部分は鉄骨造が使われる事例が多い。

5 設備計画

1）電気設備
① 照明設備：舞台照明，楽屋照明，観覧席照明，玄関ホール回り照明などの屋内照明のほか，広告看板，ネオンサイン，投光器，庭園灯，門灯などの屋外照明がある。観覧場の照度などには興行場法の構造設備基準による規定がある。
② 弱電設備：放送中継設備，拡声機設備，電話，インターホン設備ほかがある。
③ 動力設備：緞帳（どんちょう）などのほか各部に動力が使われる。

2）給排水衛生設備
便所の同時使用が通常の使用条件になるので給排水容量への配慮が必要である。

3）空調設備
観覧席など室容量の大きな部分では単一ダクト方式の使用が一般的である。吹出口からの風切りによる騒音に注意が必要である。

4）換気設備（東京都興行場法の構造設備基準）
① 観覧場（客席）の床面積（以下 S）1 m^2 ごとに75m^2/h以上の新鮮な外気が供給され，外気取入口は，自動車などから排出された有害な物質により汚染された空気を取り入れることのない適当な位置とする。

② 換気方式は下記とする。

表13.7

地下または $S>400\,\text{m}^2$	第1種換気
$150\,\text{m}^2 \leqq S \leqq 400\,\text{m}^2$	第1種または第2種換気
$S<150\,\text{m}^2$	第1種，第2種または第3種換気

6 各部計画

1) 音響計画
   ① 客席の各部に音を明瞭に分布させるために平面，断面の形と壁，天井の材料の音響性能を有効に利用する。
   ② 客席後部では音の強さが不足がちになるので，舞台からの直接音のほかに，音源近くの天井や壁に反射材料を使い反射音を利用して補う。

2) 舞台の各部
   ① 奈落：舞台や花道の床下の空間で，ここに回り舞台や迫りなどの動力機械などが設置されている。
   ② 側舞台：中央の本舞台の側部分にある補助的な部分で，舞台装置の交換などに使われるスペース。プロセニアムの高さより高い空間が必要。
   ③ かみて（上手），しもて（下手）：舞台の上（かみ）のほうとは，観客席から舞台に向かって右手の方向であり，反対に左手は下手という。
   ④ プロセニアムアーチ：舞台の部分で，舞台と観客席とを明確に区切る額縁状の門型の開口をした構造物。この開口寸法は客席規模や上演種目によって異なり歌舞伎劇場では横長の開口であり，オペラ，バレー劇場では高さが高い。
   ⑤ フライズ（flies）またはフライロフト（fly loft）：舞台の上部空間の全体部分で，道具類や照明器具がつられているが通常はプロセニアムアーチで隠されて客席からは見えないようになっている。

D この施設のキーワード

1) 映画館のスクリーンへの映写角
   ① 水平角度はスクリーンの両端までの角度が90°以内にすることが望ましい。
   ② 垂直方向の角度は，映写室からの投射光の中心線の水平角度は20°以内であることが望ましい。

2) オーディトリアムのNC

NCは騒音の基準でその空間の静かさの程度を示す指標である。上演中の音楽ホールで$NC\,15$［25 dB（A）］，一般劇場で$NC\,25$［35 dB（A）］以下にする。

3章 施設計画案内

実例 周東町パストラルホール

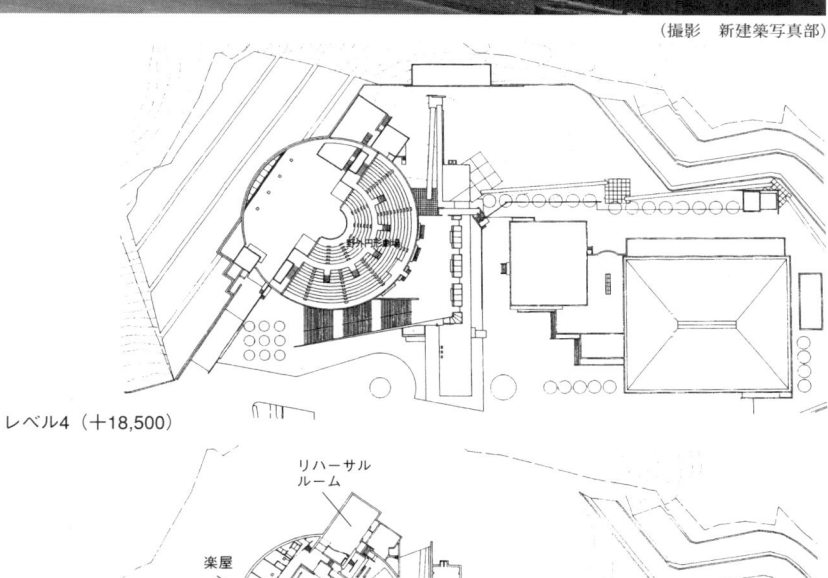

南側外観　　　　　　　　　　　　　　　　　　　　　（撮影　新建築写真部）

レベル4（＋18,500）

レベル1（＋18,500）平面図（1/1800）

設計：竹山聖＋アモルフ
施工：フジタ＋洋林建設JV
構造：鉄筋コンクリート造
階数：地上2階
敷地面積：19289.05m²
建築面積：　2422.45m²
延床面積：　3785.76m²
主な用途：コンサートホール

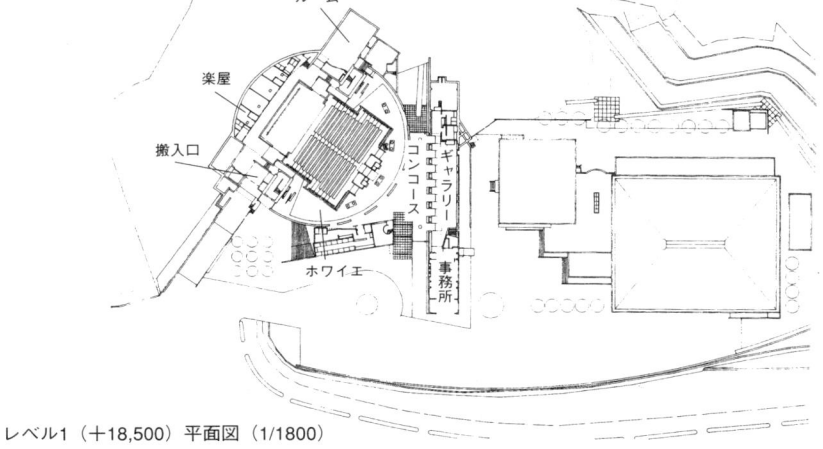

（図中ラベル：リハーサルルーム、楽屋、搬入口、ギャラリー、事務所、コンコース、ホワイエ）

14 集会施設（コミュニティセンターほか）

施設10　集会施設

A　基本知識

1 集会施設の定義

集会施設は「公民館」や「コミュニティセンター」の名称で知られている施設の総称とみることができるが，以下に所管の法令からその定義を紹介する。

1) 公民館の定義（社会教育法第20条）

公民館は，市町村その他一定区域内の住民のために，実際生活に即する教育，学術及び文化に関する各種の事業を行い，もって住民の教養の向上，健康の増進情操の純化を図り，生活文化の振興，社会福祉の増進に寄与することを目的とする。

2) 公民館の事業（社会教育法第22条）

公民館は，第20条の目的達成のために，おおむね，次の事業を行う。但し，この法律及び他の法令によって禁じられたものはこの限りでない。

① 青年学級を実施すること。
② 定期講座を開設すること。
③ 討論会，講習会，講演会，実習会，展示会等を開催すること。
④ 図書，記録，模型，資料等を備え，その利用を図ること。
⑤ 体育，レクリエーションに関する集会を開催すること。
⑥ 各種の団体，機関等の連絡を図ること。
⑦ その施設を住民の集会その他の公共的利用に供すること。

3) コミュニティセンターとは

コミュニティ（地域社会，地域共同体，生活共同体などとよばれる）を積極的に形成していくための拠点となる地域の共用施設の代表的な例で，地域の住民のさまざまな活動の場を提供する役割を果たしている。

2 集会施設の種類，分類

表14.1　集会施設の所管省庁別分類

厚生労働省	①児童館（市町村・社会福祉法人） ②老人福祉センター（都道府県市町村・社会福祉法人） ③老人憩いの家（市町村） ④勤労青少年ホーム（都道府県・市町村広域市町村圏） ⑤働く婦人の家（都道府県・市町村広域市町村圏） ⑥勤労婦人センター（都道府県・市町村広域市町村圏）
文部科学省	①児童文化センター（都道府県・市町村） ②青年の家（同上）　　　　　③公民館（市町村）
自治省	①コミュニティセンター（モデルコミュニティ市町村） 　　　　　　　　　　　　（一般市町村）
国土交通省	①コミュニティセンター（過疎地域・市町村）
農林水産省	①山村開発センター（市町村）　　④就業改善センター（市町村） ②基幹集落センター（市町村）　　⑤ふるさとセンター（市町村） ③農村環境改善センター（市町村）

3 集会施設の機能

公民館を主とした集会施設に必要とされる一般的な機能はつぎのとおりである。

表14.2 集会施設の機能区分

機能	内容
①集会機能	集会室などを使い，地域住民の意見の交換，討論，協議，会議などのほか講演，講義，展示レクリエーションなど多目的の形式と内容の集会に対応できる規模と設備が必。
②教養機能	講義室や学習室，視聴覚室等を使用して，地域住民のための教養の向上，生活面での実用知識，技術の取得を支援。
③実習機能	調理実習室，工作室，音楽室などを使用して，多様な技術や関連知識を実習を主とした学習でその習得を支援する。
④体育機能	体育館などを使用して各種の屋内競技やトレーニングを行う。実習機能と同じく騒音を出すゾーンとして扱う。
⑤図書機能	図書館としての機能，とくに郷土資料，記録などを備え，一般の利用に供する。開架閲覧室形式が望ましい。
⑥保健機能	住民の健康増進をはかり，保健指導などを行う。保健室，医務室，健康相談室のほか老人室，浴室，リハビリテーション室，保育室などを設ける場合がある。
⑦食堂機能	集会施設は近年複合化の傾向が強く，公民館，市民会館体育館などをまとめてコミュニティセンターとする例があり，いずれも郊外の立地例が多くこの機能が必要になる。
⑧管理機能	管理事務室，所長室ほかからなる管理部分が図書館部分と隣接していると図書の管理もできるので有利である。
⑨共用機能	導入部分ともよばれる玄関，ホール，廊下，階段室などのほか給湯室，洗面室，便所などが含まれる。

4 集会施設の基本条件

1) 立地条件
   ① その地域の中心部に近く，交通の便がよくだれもが気軽に利用できる場所が望ましい。利用圏の目安は徒歩10～20分で約1km程度以内が望ましいとされる。
   ② 施設の内部機能から静かな場所という条件も必要である。公園の一部などが望ましい事例になる。
   ③ 既存や近い将来に予定されている公共施設や類似施設と関連のある立地方針や運営方針を重視することが施設全体の利便性を大きくする有力な手段になる。

2) 敷地条件
   ① 安全な敷地：災害時に住民が安全に避難できる敷地，これを可能にする十分な幅員の前面道路や空地に接していること。
   ② 地盤高：敷地は周囲の土地よりもある程度高い地盤が望ましい。
   ③ 公共都市施設：上下水道，電気，ガスなどの公共施設の整備状況は工事費用の少なからぬ影響をもたらす。

14 集会施設（コミュニティセンターほか）

1 集会施設の構成要素，部門，所要室

B 計画の基本

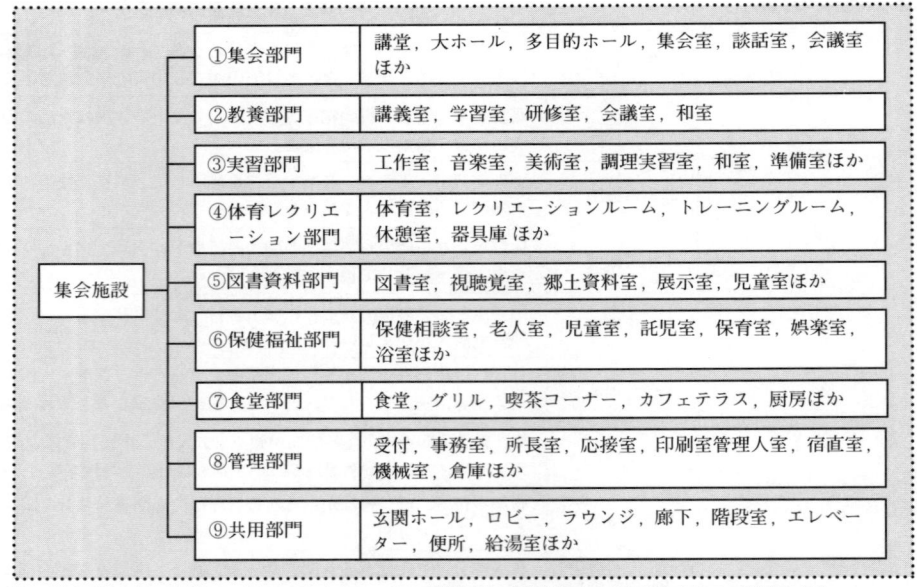

図14.1　集会施設の構成要素と部門区分

集会施設
- ①集会部門：講堂，大ホール，多目的ホール，集会室，談話室，会議室ほか
- ②教養部門：講義室，学習室，研修室，会議室，和室
- ③実習部門：工作室，音楽室，美術室，調理実習室，和室，準備室ほか
- ④体育レクリエーション部門：体育室，レクリエーションルーム，トレーニングルーム，休憩室，器具庫ほか
- ⑤図書資料部門：図書室，視聴覚室，郷土資料室，展示室，児童室ほか
- ⑥保健福祉部門：保健相談室，老人室，児童室，託児室，保育室，娯楽室，浴室ほか
- ⑦食堂部門：食堂，グリル，喫茶コーナー，カフェテラス，厨房ほか
- ⑧管理部門：受付，事務室，所長室，応接室，印刷室管理人室，宿直室，機械室，倉庫ほか
- ⑨共用部門：玄関ホール，ロビー，ラウンジ，廊下，階段室，エレベーター，便所，給湯室ほか

注）共用部門は導入部門とよばれることもあり，その配置は他の各部門にまたがる形になるのが普通である。

2 集会施設の規模

1) 公民館の規模計画関連資料（公民館の設置及び運営に関する基準）
  ① （施設）第3条・公民館の建物の面積は330 m² 以上とする。但し講堂を備える場合には，講堂以外の建物の面積は230 m² を下らないものとする。
  ② （連絡等にあたる公民館）第7条・2以上の公民館を設置する市町村は，その設置する公民館のうち一つの公民館を定めて，当該公民館の事業のほか，市町村の全地域にわたる事業，公民館相互の連絡調整に関する事業，その他個々の公民館で処理することが不適当と認められる事業を実施させることができる。
  ③ 前項に規定する公民館の講堂以外の建物の面積は，330 m² 以上とするように努めるものとする。

2) コミュニティセンターの規模については，いずれも公民館，体育施設，老人休憩施設，児童館など異種機能施設による複合施設になる例が多く，規模を特定する基準等はない。

3 集会施設のゾーニング

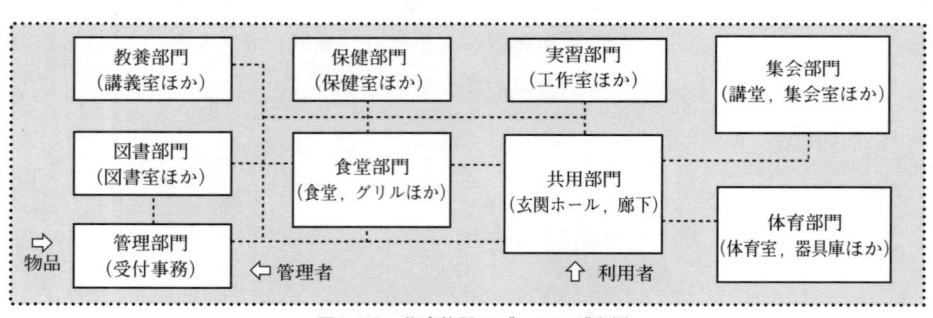

図14.2　集会施設のゾーニング事例

3章 施設計画案内

集会施設はその内部機能からみて，九つの構成要素に分けることができるが，これらの要素はその使われ方から，静粛なゾーン，騒音を出すゾーン，中間域とにわける必要があり，計画を進めるうえでの重要なポイントになる。

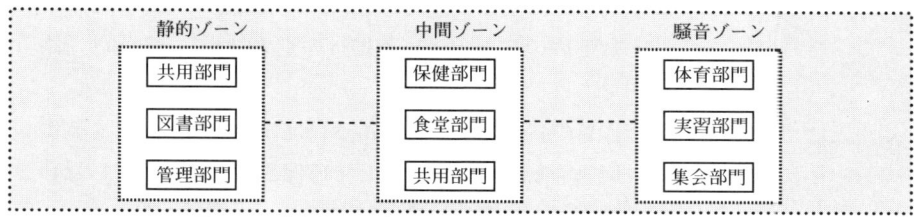

図14.3 集会施設のゾーニング（静的・中間・騒音ゾーン）

4 集会施設の動線計画

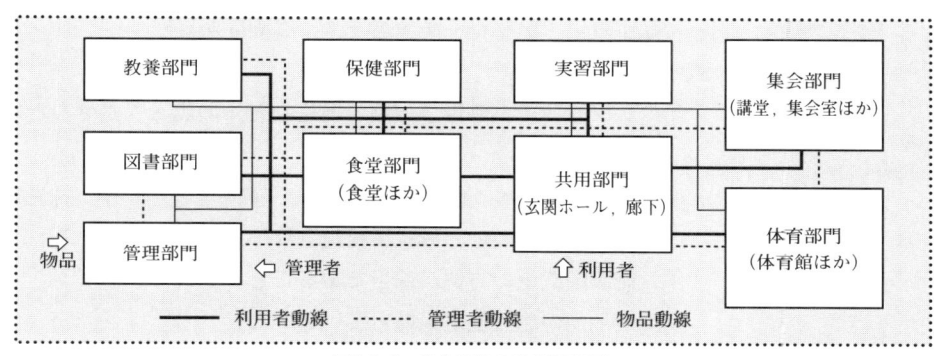

図14.4 集会施設の動線図事例

5 集会施設の機能構成，機能図

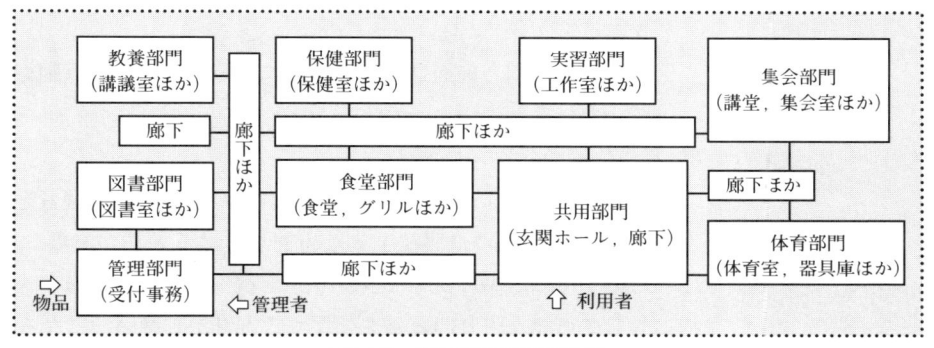

図14.5 集会施設の機能図事例

C 計画×設計

1 配置計画（敷地利用計画）

これまでの説明のまとめを兼ねて，各施設にも共通する配置計画のチェック項目をあげておく。他の施設にも同様の検討が必要である。

1) 配置計画の前提条件
　① 建築関連の法令に適合していること（例：敷地内避難通路の確保，幅員ほか）
　② ハートビル法規定に適合していること（駐車場，敷地内通路の確保，幅員ほか）
　③ 安全性（緊急車両の通行，人車分離，安全な人車共存，高齢者・障害者への

安全対策ほか)
2) 敷地利用計画関連
    ① 敷地内のゾーニングが適切に策定されていること。
    ② 配置計画全体が敷地の形状，特性と適合していること。
    ③ 敷地内のアクセス（敷地への進入地点），取付け道路（位置，ルート）が適切であること。
    ④ 人車の各動線が分離，あるいは安全な共存の形を確保していること。
    ⑤ 用途別動線が必要に応じて確保され，交差していないこと。
    ⑥ 駐車場の位置，規模，駐車方式が適切であること。
    ⑦ 外構計画が適切で，必要なものが確保されていること（ポーチ，駐車場，自転車置場，アプローチ，テラス，庭園ほか）
3) 施設配置関連
    ① アプローチ（寄付き道路，前庭など）の広さ，長さなど総体の規模が適正なこと。
    ② 施設が法規制に適合していること（高さ，建ぺい率，採光条件，避難施設など）
    ③ 配置計画が敷地の形状，接道条件に適合していること。
    ④ 施設配置上の方位が適当であること。
    ⑤ 敷地内の施設配置が偏っていないこと。
    ⑥ 施設1階の平面と敷地の利用計画が整合していること。
    ⑦ 敷地内，施設内の避難通路が確保されていること（とくに2方向避難が可能なこと）
    ⑧ 施設出入口と前面道路との関連に支障がないこと，動線計画上の問題が残っていないこと。
3) 集会施設のブロックプラン
　異種機能の併存する複合建物になる事例が多いこと，騒音を発生する施設と静粛な環境が必要な施設が混在するため棟を分ける手法が必要になることなどの理由で，分館型や基壇型のブロックプランが採用される例が多い。市街地では敷地の規模に対して可能な限りの容積を確保する方針から積層型になる事例が多い。

表14.3　集会施設のブロックプラン

	（平面）	（断面）
①分館型 静的な空間と体育館のような騒音を出すもの，中間のブロックに区分しやすい型。		
②一体型（積層型） 三つのブロックを上下に重ねた形で分離をはかる型で市街地立地の施設に例が多い。		
③基壇型 分館型と一体型の双方の利点を使い，低層部分に分離の必要な各ブロックを配置する。		

2 平面計画

1) 計画の策定条件

① 静的ゾーンと騒音ゾーンの分離：静的ゾーンは図書室や会議室に代表される空間で、騒音ゾーンは体育室、実習室など活動的に使われる空間である。両者の間に食堂のような中間的なゾーンを挟むことが、双方を別棟に扱うことと同様に効果的である。

② 親しみやすい、利用しやすい設計：アプローチや玄関回り、前庭を工夫してつい立ち寄りたくなるような設計や配置を心掛ける。

③ 地域の生活習慣になじみやすい設計を心掛ける（上足下足の範囲など）。

④ 利用者層の年齢差を検討して十分な対応のできる設備や施設を用意する。身障者への対策も同様の配慮が必要である。

⑤ 機能の類似する所要室は、できるだけ兼用ができるような計画を立て配置をして施設の利用率を高める工夫が必要である。

⑥ 管理者からみて能率のよい管理ができる施設構成と、利用者からみて親切な構成が施設全体に行きわたっていることが重要である。

2) 各部門の計画条件

（i）集会部門と教養部門

この部門の各室はいずれも集会、講演、演劇、音楽会、レクリエーションなど類似の内部機能をもっており、静かな空間と騒音を出す空間という違いはあるが、両者はよく似た機能をもっている。それぞれの部屋の利用率を高めるために機能程度の近い部屋を兼用できるようにすることが必要である。たとえば、集会室は、展示室、遊戯室などへの転用が考えられ、その方法として、必要に応じて各部に間仕切りができる設備を設けておくなどである。

（ii）実習部門と体育部門

双方の部門ともに騒音の発生を免れない部屋の集まりであることが配置の決め手になる。とくに体育レクリエーション部門は、この部分がかなり大きな空間の塊になる例が多いので、建物全体のなかの、いずれかの端部に配置される事例が多い。そしてこの方針は同時に体育部門ほかの内部騒音の影響を他室に及ぼさないための方策にもなっている。

（iii）図書部門と管理部門

図書資料部門は、静かな空間が望まれる部分である。さらに事務室と隣接できれば、図書の出納事務を事務職員が兼ねることができ、多目的の機能を併存する施設では有利である。一方、管理部門の管理事務室は1階の玄関ホールに近いところに配置したい部屋である。受付を通じての利用者への案内や来客への応対、届けられる物品の検収、受領など1階の配置を必要とする根拠が多い。

（iv）保健福祉部門と食堂部門

保健福祉部門は静かな空間の保健相談室や老人室がある一方、児童室や保育室などの静粛を保つことができない部屋もあり、結果として中間的なブロックという位置づけになり食堂部門と同じく静的空間と騒音空間の中間に配置される例が多く見

られる。

3 断面計画

集会施設各部の天井高と階高

① 集会室，講堂：その平面的な規模と設備による違いはあるが，天井高が 2.5 m 以上のものが多く，2.7〜4.0 m の事例が多い。映写，スライドスクリーンなどの設備を使う部屋は 4.0 m 以上の天井高を確保する。事例によると天井高 3.5 m で階高 4.3 m（多目的ホール），天井高 3.4 m で階高 4.5 m（展示ホール）などがある。

② 大ホール，オーディトリアム：舞台，固定客席つきになると天井高は 10〜15 m 程度になる。事例・天井高 9.6 m で階高 13.2 m（2 階大ホール）

③ 実習室，音楽室：天井高は 2.5〜3.5 m 程度が多い。事例・天井高 3.0 m で階高が 4.1 m（展示兼学習室）

④ 玄関ホール，ロビー：一般的な天井高は 2.7〜4.0 m 程度であるが，この部分には吹抜けやアトリウムを設ける例も増えており，その場合は天井高が 2 階から 3 階分になることもある。

⑤ 体育室，体育館：使用目的により数値は異なるが事例で，天井高が 9.15 m で階高が 9.7 m（1 階屋内水泳場）がある。

4 構造，構法計画

複合的な内部機能をもつ施設に共通の特徴であるが，建物全体を整然とした柱割りの構造計画でまとめ難い事例が多い。その対象になる部分が講堂，大ホール体育館などの広大な無柱空間を必要とする部分である。いずれも 10 m 以上の大スパンが必要になることが多く，鉄骨造や鉄骨鉄筋コンクリート造を使い，できるだけ別棟や最上階に配置するようにしたい。これを除いた部分は 6 m 前後の均等スパンや学校教室並のスパン割りが適当とされる。

事例によるスパン（RC，SRC，S造）

① 11.0×11.0 m×1 コマ（集会室兼多目的ホール）
② 8.25×5.5 m×1.5 コマ（婦人青年サークル室）
③ 16.5×12.5 m×1 コマ（大集会室）

5 設備計画

1) 電気設備

集会施設の設備のなかで，比較的重視されるのが，利用者の安全をはかる防災設備や避難設備である。自動火災報知設備や避難口誘導灯などの非常照明設備などの設置が必要である。

2) 給排水衛生設備

同じく防災関係では屋内，屋外消火栓，施設規模によってはスプリンクラーをはじめとする消火設備，排煙設備などが必要になる。衛生器具設備に関連して，この種の施設は必ずハートビル法に該当する結果になるので，この点での検討をして，内外のバリアフリー関連の設計条件に適合させることが必要になる。

3) 空調設備

　施設の利用状況にきめ細かく容易に対応できる設備と方式が必要である。各部分により内部機能の違いが大きいので，集会，体育，管理などの各部分別に空調の方式を変えるか，設計上のゾーンに分ける必要があり，ゾーン別に個別ユニット方式などの利用も考えられる。

6 各部計画

1) 共用部門

① たとえば玄関ホールのように，各機能部分との結びつき，あるいは分離をはかるための直接の手段になるから，その成果はこの共用部門各部の配置の適否にかかっている。もっとも望まれる要件はだれにもわかりやすい平面をつくることである。

② 玄関ホール，ロビーは施設の内外から人が集まりやすいところであり，ここに施設全体の共用施設的な役割をもつ食堂部門の各室が配置されると利用がしやすい。

③ 共用部門には三つの要素が含まれている。交通部分（玄関，玄関ホール，階段室，廊下ほか），サニタリー部分（便所，洗面室ほか），レスト部分（休憩室，ラウンジほか）で，いずれも集会施設の各要素を有機的につなぐための固有の役割を果たしている。

D　この施設のキーワード

　コミュニティセンター：地域住民のための生活，社会文化関連の活動の中心となるように計画された一連の公共施設で，集会所，公民館，体育施設をはじめとする多様な施設の集まりで構成されている。

ホール用家具の例（イトーキカタログより）

14 集合施設（コミュニティーセンターほか）

実例 アミュゼ柏

正面外観 （撮影 新建築写真部）

設計：日本設計
施工：東急建設＋長谷川建設＋斎藤建設JV
構造：鉄筋コンクリート造・
　　　鉄骨鉄筋コンクリート造・鉄骨造
階数：地下1階，地上5階
敷地面積：2014.54m²
建築面積：1418.43m²
延床面積：5569.11m²
主な用途：公民館・近隣センター・ホール

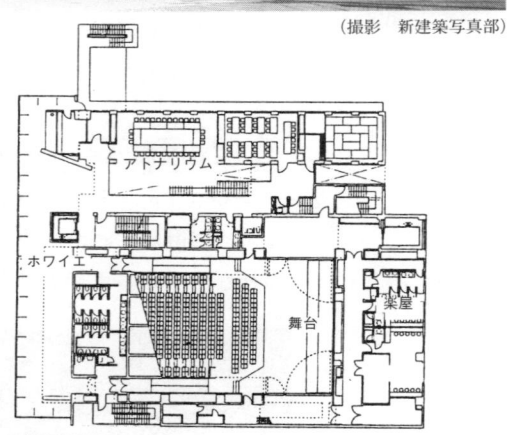

2階平面図

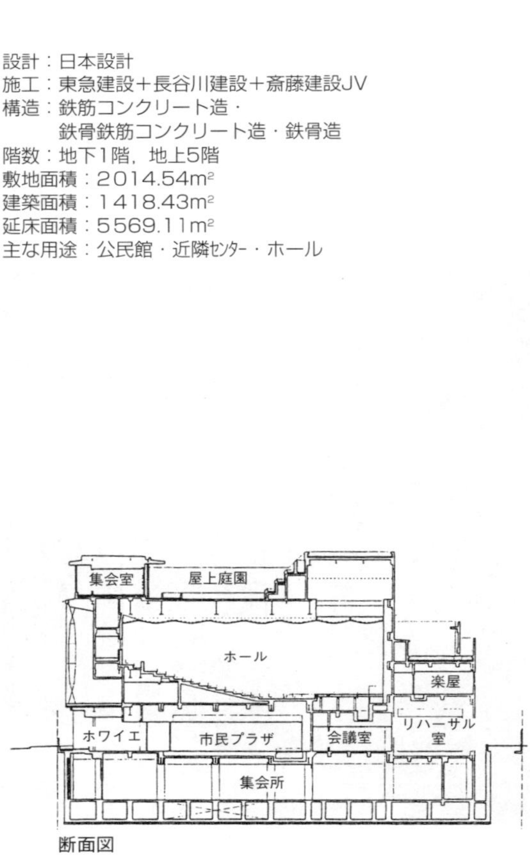

断面図

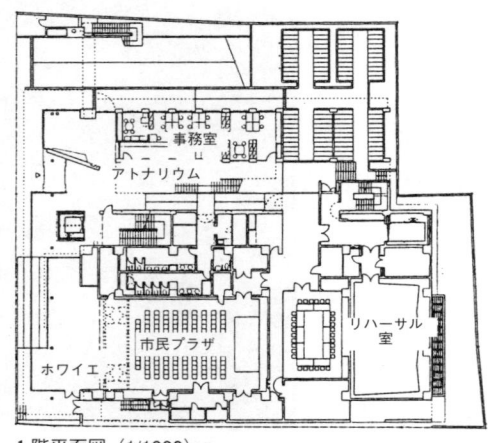

1階平面図 （1/1000）

施設 11　社会福祉施設
15 老人ホーム

A　基本知識

1　老人ホームの定義

1) 老人福祉法による老人福祉施設（老人ホーム）の定義

　この法律は，老人の福祉に関する原理を明らかにするとともに，老人に対し，その心身の健康の保持及び生活の安定のために必要な措置を講じて，老人の福祉を図ることを目的とする。（老人福祉法第1条）

2) この目的のために，国及び都道府県及びその他の有資格団体は，適法の老人ホームを設置することができるが，この施設は，入所者に対し，健全な環境のもとで，社会福祉事業に関する熱意及び能力を有する職員による適切な処遇を行うよう努めなければならない。（養護老人ホーム及び特別養護老人ホームの設備及び運営に関する基準第2条）

　注）有資格者団体：市町村は，あらかじめ省令で定める事項を都道府県知事に届け出て老人ホームを設置することができ，社会福祉法人は，都道府県知事の認可を受けて設置することができる。

2　老人ホームの種類，分類

1) 老人福祉法による老人福祉施設（入所型）

表15.1　法定老人ホーム（入所型）の種類

①特別養護老人ホーム（市町村，社会福祉法人が設置）	身体，精神上著しい欠陥があり，常時介護が必要で，居宅でこれを受けることが困難な65歳以上の者で，都道府県知事等から収容または収容の委託を受けた者を収容し，養護することを目的とする施設
②養護老人ホーム（市町村，社会福祉法人が設置）	身体，精神上または環境上の理由および経済的理由で，居宅で養護を受けることが困難な65歳以上の者で，都道府県知事などから収容または収容の委託を受けた者を収容し，養護することを目的とする施設。
③軽費老人ホーム（国および都道府県以外の者が設置）	一定の所得以下で60歳以上の家庭環境，住宅事情などにより居宅で生活することが困難な者に，給食など日常生活上必要な便宜を供与する。
A　型	生活相談，緊急時の対応，給食，介護などのサービスを提供する。
B　型	生活相談，緊急時の対応などのサービスを提供。食事は自炊を行う。
ケアハウス	生活相談，緊急時の対応，給食などのサービスを提供。住宅としての機能を重視。在宅福祉サービスの導入。

2) その他の施設

a. 法定の施設として，通所型施設がある。

　① 老人福祉センター（特A型，A型，B型，国および都道府県以外の者が設置）
　② 老人デイサービスセンター（A型〜E型，同前の者が都道府県知事に届け出て設置）
　③ 老人短期入所施設（同前の者が設置）

245

15 老人ホーム

　　　④　老人介護支援センター（同前の者が設置）
　b．その他法定外施設
　　　①有料老人ホーム
　　　②老人保健施設

3 老人ホームの機能

表15.2　老人ホームの機能区分

①居住機能	居室部分が主体，個室，個室に準ずる機能が必要。
②生活機能	食堂，集会室，娯楽室，浴室，売店などの日常の生活機能部分。共用機能とよぶ場合もある。
③医療介護機能	医務室，後退機能回復訓練室，介護室などの部分。リハビリテーションは屋外を利用できる配置も効果的。
④サービス機能	厨房関連，洗濯室，霊安室などがあり，病院のサービス機能と似通った機能および配置になる。
⑤管理機能	事務室，フロントなどの事務管理機能と防災センターや設備機械室，電気室などの施設管理機能がある。

4 老人ホームの基本条件

立地条件による施設分類
　①市街地型，②近郊型，③保養地型，④地方都市型

B　計画の基本

1 老人ホームの構成要素，部門，所要室

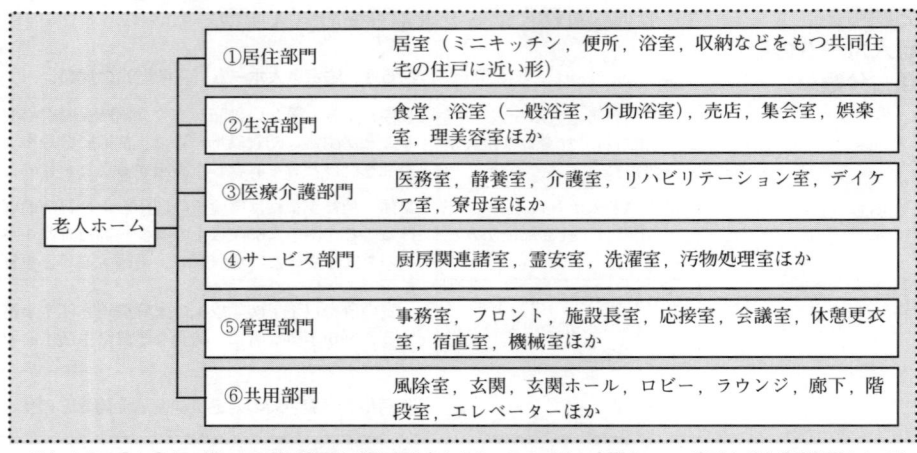

老人ホーム
- ①居住部門：居室（ミニキッチン，便所，浴室，収納などをもつ共同住宅の住戸に近い形）
- ②生活部門：食堂，浴室（一般浴室，介助浴室），売店，集会室，娯楽室，理美容室ほか
- ③医療介護部門：医務室，静養室，介護室，リハビリテーション室，デイケア室，寮母室ほか
- ④サービス部門：厨房関連諸室，霊安室，洗濯室，汚物処理室ほか
- ⑤管理部門：事務室，フロント，施設長室，応接室，会議室，休憩更衣室，宿直室，機械室ほか
- ⑥共用部門：風除室，玄関，玄関ホール，ロビー，ラウンジ，廊下，階段室，エレベーターほか

注）上表の②と③を一緒にして共用部門とする考え方もある。ここでは，玄関ホール，廊下などを共用部門としており，他の施設も共通の区分にしているので，上記の区分を採用している。

図15.1　老人ホームの構成要素と部門区分

2 老人ホームの規模

1）老人ホームの居室の規模基準（老人福祉法，老人ホーム設置基準）
　①　特別養護老人ホーム　　床面積≧4.95 m²/1人（収納設備等除く）
　②　養護老人ホーム　　　　床面積≧3.30 m²/1人（収納設備等除く）
　③　軽費老人ホームA型　　床面積≧6.60 m²/1人（収納設備等除く）
　　　　　　　　　　　　　　　　　　　　　　　　　（原則個室）

④ 軽費老人ホームB型 床面積≧16.5 m²／1人（収納設備等除く）
軽費老人ホームB型夫婦室　床面積≧24.8 m²／1人（収納設備等除く）
（調理設備，洗面所を設置）

3 老人ホームの組織

これまで各施設の構成について，ゾーニング，動線図，機能図の各手法を使ってその説明に代えてきたが，これ以降は各手法の一つを使って説明する。

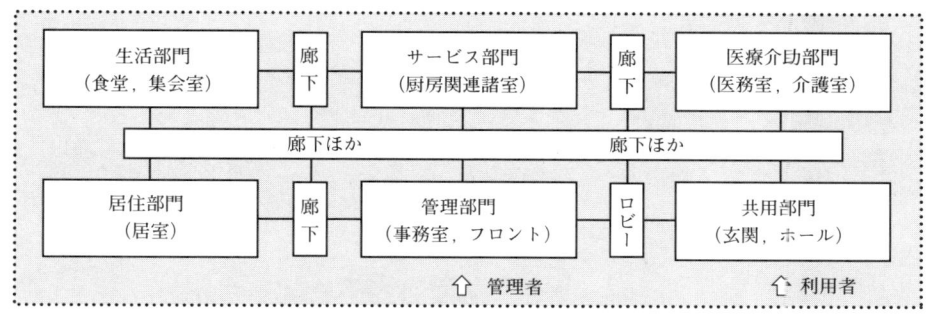

```
┌─────────────┬───┬─────────────┬───┬─────────────┐
│ 生活部門    │廊 │ サービス部門│廊 │ 医療介助部門│
│(食堂,集会室)│下 │(厨房関連諸室)│下 │(医務室,介護室)│
└─────────────┴───┴─────────────┴───┴─────────────┘
        │      廊下ほか      │      廊下ほか      │
┌─────────────┬───┬─────────────┬───┬─────────────┐
│ 居住部門    │廊 │ 管理部門    │ロ │ 共用部門    │
│ (居室)      │下 │(事務室,フロント)│ビー│ (玄関,ホール)│
└─────────────┴───┴─────────────┴───┴─────────────┘
                          ↑管理者           ↑利用者
```

図15.2　老人ホームの機能図事例

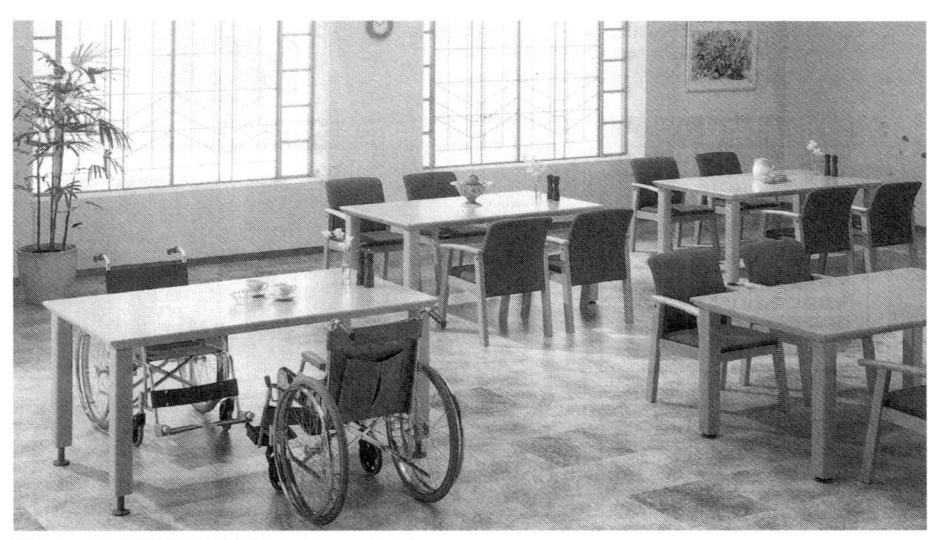

老人ホーム用什器家具の例（ウチダカタログより）

15 老人ホーム

実例 吉祥寺老人ホーム

外観　　　　　　　　　　　　　　　　　　　　　　（撮影　新建築写真部）

設計：鬼頭梓建築設計事務所
施工：鉄建建設＋巴組＋林建設JV
構造：鉄筋コンクリート造
階数：地下1階，地上2階
敷地面積：9440.99m²
建築面積：　426.8 m²
延床面積：8145.07m²
主な用途：老人ホーム

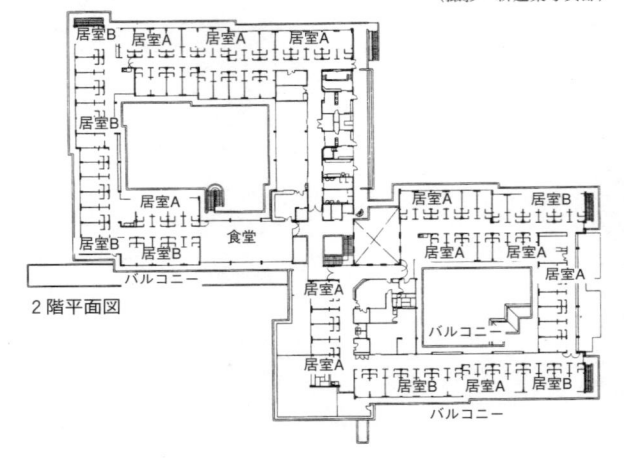

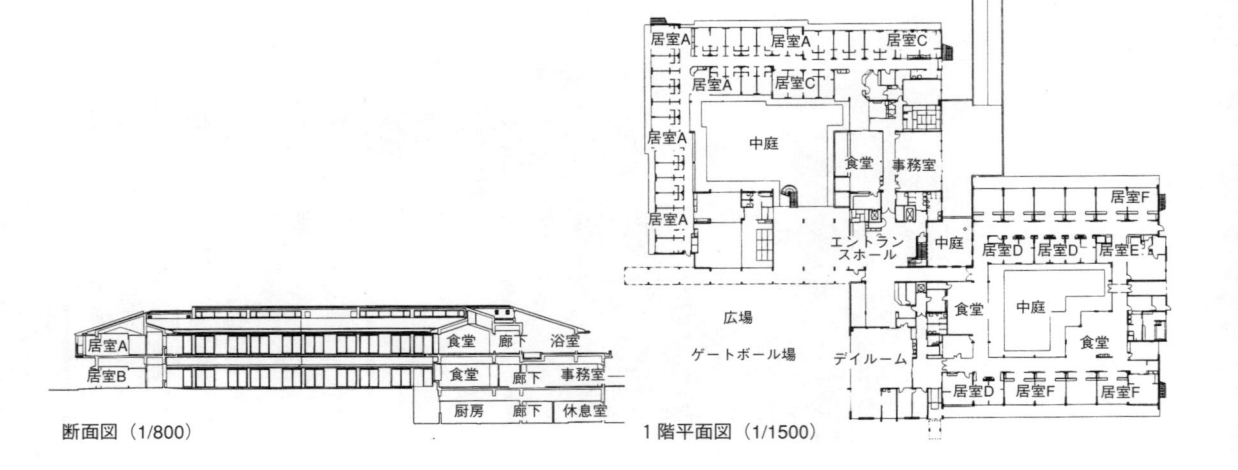

2階平面図

断面図（1/800）

1階平面図（1/1500）

施設 12　屋内体育施設
16 体育館

A　基本知識

1 体育館の定義

屋内体育施設は，屋外では競技の支障になる風雨を避けるための施設からスタートしたものとみられる。これが次第に競技の質を高めるための特別な機能を加える方向に進化をみせるようになった。施設の内容は単一あるいは複数の競技のためのアリーナ（arena・競技場）と，観覧席および付属の各所要室からなる。

2 体育館の種類，分類

1）体育施設および管理者による分類

表16.1　体育施設の種類

屋内体育施設	①スポーツセンター（公立，私立） ②体育館（公立，私立） ③学校体育館（公立，私立）

2）体育館の種類（目的による分類）

表16.2　体育館の種類

多目的型	①屋内体育館
専用型	①屋内陸上競技場，②屋内テニス場，③屋内スケート場 ④屋内水泳場，　　⑤柔剣道場，　　⑥屋内相撲場ほか

3 体育館の機能

表16.3　体育館の機能区分

①競技機能	体育室とよばれる広い無柱空間の，その中心となるアリーナ（競技場）での競技のすべてを可能にする機能
②観覧機能	体育室での競技の観覧に必要となるすべての関連機能が含まれる。学校体育館にはこの機能がない例が多い
③管理機能	競技選手，観覧のための外来者，運動器具や競技場の機能の維持という三つの要素の管理機能が要求される。

4 体育館の基本条件

1）立地条件
　①　交通の便がよいことは，多数の観客を集める施設に共通の立地条件である。
　②　スポーツセンターのような複合化された施設や規模が大きくなるほど，敷地の周囲に公園，緑地などのオープンスペースがあることが望まれる。

2）敷地条件
　①　体育館の前庭には，多数の人々の同時に発生する集散に備えて，適当な規模の広場を設けて，支障のない出入りを可能にする必要がある。
　②　競技者，観覧者，管理者の動線が交錯しない外部動線の配置が必要である。

16 体育館

B 計画の基本

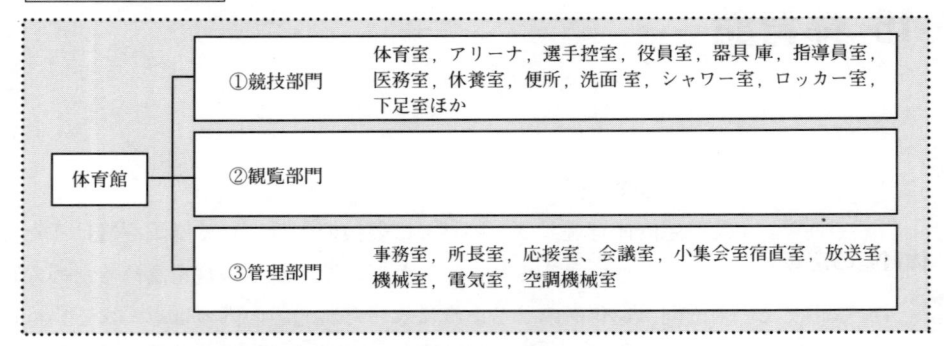

1 体育館の構成要素，部門，所要室

体育館
- ①競技部門：体育室，アリーナ，選手控室，役員室，器具庫，指導員室，医務室，休養室，便所，洗面室，シャワー室，ロッカー室，下足室ほか
- ②観覧部門
- ③管理部門：事務室，所長室，応接室、会議室，小集会室宿直室，放送室，機械室，電気室，空調機械室

注）医務室，指導員室は管理部門と体育室との中間に配置する形が望ましい。

図16.1 体育館の構成要素と部門区分

2 体育館の規模

① 体育館の規模は競技種目で異なるコートの寸法がもとになっている。わが国ではバスケットボールコートを備えるものが一般に要求されているが，屋内の一般競技種目のなかではこれが最大の大きさになるからである。

② 一般的な体育室の規模とされている寸法は，正式のバスケットボールコートが1面あり，これにバスケットボールの練習用コート2面を並列して設ける形にしたものである（組合せコート寸法・28.0×18.29 m）。

3 体育館の組織

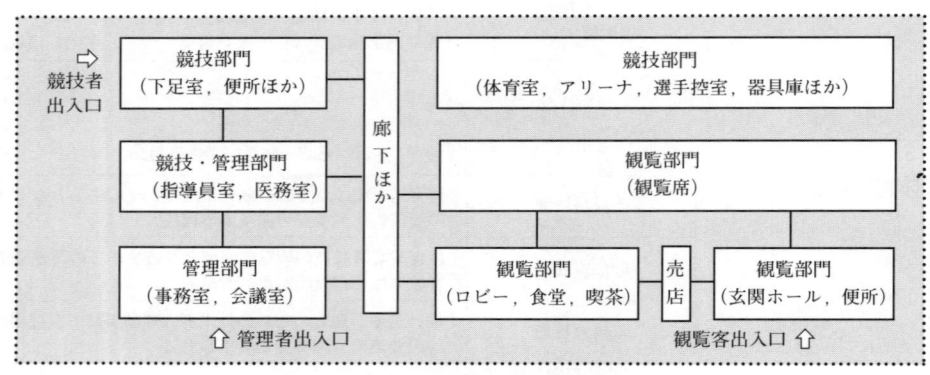

競技者出入口 →
- 競技部門（下足室，便所ほか）
- 競技・管理部門（指導員室，医務室）
- 管理部門（事務室，会議室）

廊下ほか

- 競技部門（体育室，アリーナ，選手控室，器具庫ほか）
- 観覧部門（観覧席）
- 観覧部門（ロビー，食堂，喫茶）
- 売店
- 観覧部門（玄関ホール，便所）

↑ 管理者出入口　　観覧客出入口 ↑

図16.2 体育館の機能図事例

スタジアムチェアの例（イトーキカタログより）

3章 施設計画案内

実例 国立屋内総合競技場・付属体育館

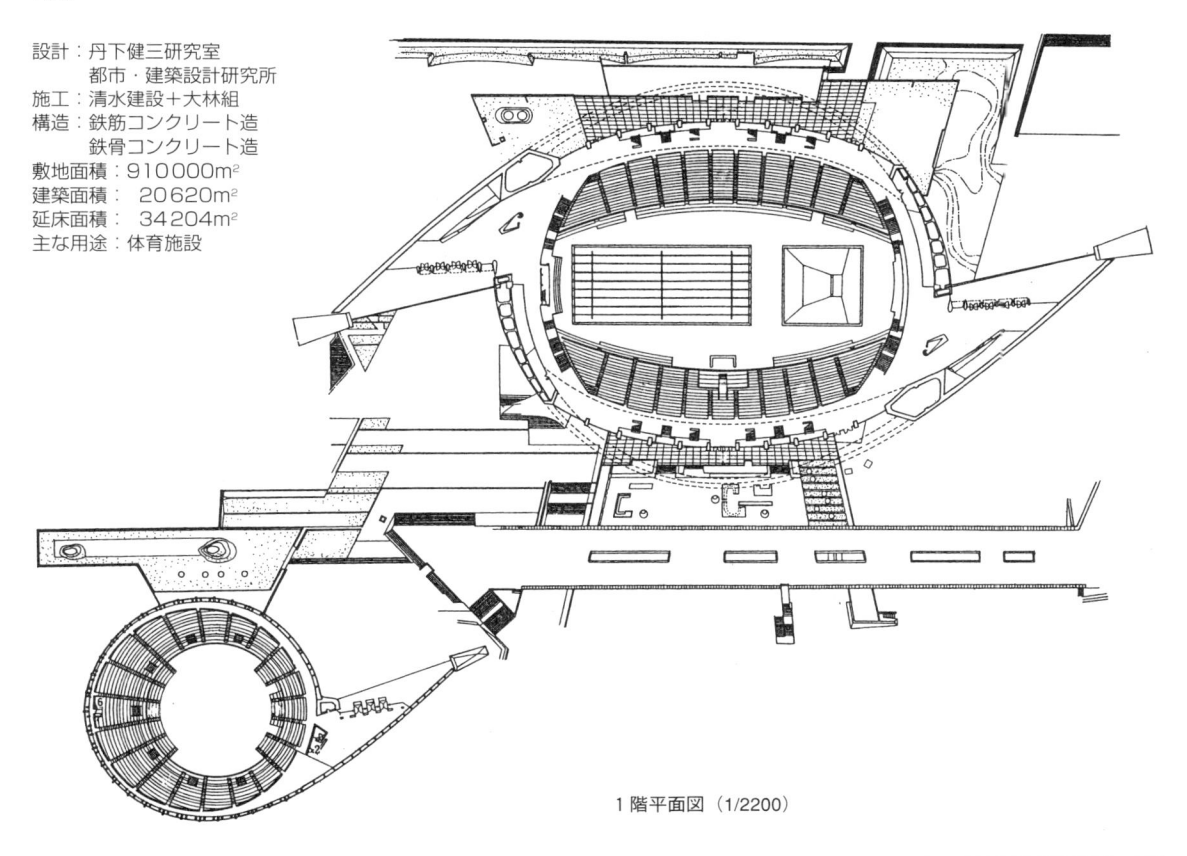

外観

設計：丹下健三研究室
　　　都市・建築設計研究所
施工：清水建設＋大林組
構造：鉄筋コンクリート造
　　　鉄骨コンクリート造
敷地面積：910000m²
建築面積：　20620m²
延床面積：　34204m²
主な用途：体育施設

1階平面図（1/2200）

施設 13　産業施設
17 工　場

A　基本知識

1　工場の定義

1) 一般的な定義
　一定の原料によって，製品の生産，加工，組立てなどの行為を継続的に行うために，必要な設備と動力，労働力を備えた施設

2) 工場立地法による生産施設の定義
　① 製造業における物品の製造工程（加工修理工程を含む）などを形成する機械または装置が設置される建築物
　② 製造工程などを形成する機械または装置で①の建築物の外に設置されるもの（屋外プラント類）
　　＊製造工程を形成する機械または装置とは，原材料に最初の加工を行う工程から出荷段階前の最終の製品ができあがるまでの工程のうち，直接製造，加工を行う工程を形成する機械または装置およびこれらに付帯する用役施設をいう（受変電施設および用水施設を除く）。
　③ 建築基準法の工場：原動機，作業場の床面積等で立地制限をしているもので，以下の「2 種類，分類」のなかで取り上げる。

2　工場の種類，分類

1) 用途地域内の建築制限（建築基準法第48条，別表第2ほか）

用途地域内建築制限での工場種別	区分	内容
	①工場A	原動機を使用する工場・作業場床面積及び業態による制限がある（法別表第2各項）
	②工場B	法別表第2（と）項三号の工場（後述，工場の規模参照，以下同じ）
	③工場C	法別表第2（り）項三号の工場
	④工場D	法別表第2（ぬ）項一号の工場

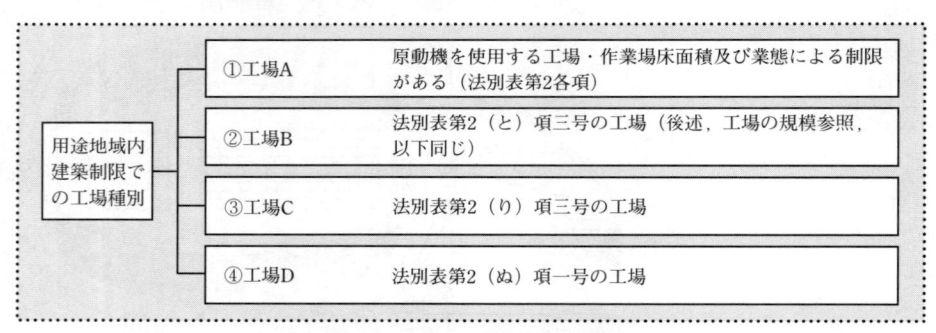

図17.1　工場の分類（建築基準法用途地域内建築制限による）

3　工場の機能

表17.1　工場の機能区分

①製造機能	製品についての計画，設計，製造，検査，保管・貯蔵，包装，発送などの機能。
②研究機能	研究対象製品についての実験，資料の作成，関連研究機関との技術的交流・情報の交換他の機能。
③営業機能	製品の販売促進にかかわる広報，渉外，販売，見積などの業務を進める機能。
④管理機能	業務全体の管理および工場施設の維持管理にかかわる事務，会計，出納などの機能。

3章 施設計画案内

4 工場の基本条件

1) 立地条件
　① 原料：産地に直結し，供給が豊富であること。
　② 市場：消費地の中心に近接していること。
　③ 輸送：海上，陸上ともに便利な地域。

2) 敷地条件
　① 地形が整形で，平坦地であること。良質の地盤で，湿潤でない土地。
　② 地価が低廉であり，将来の増築等の余地があること。
　③ 電気，ガス，水道などの都市基盤施設が利用できる土地。

B 計画の基本

1 工場の構成要素，部門，所要室

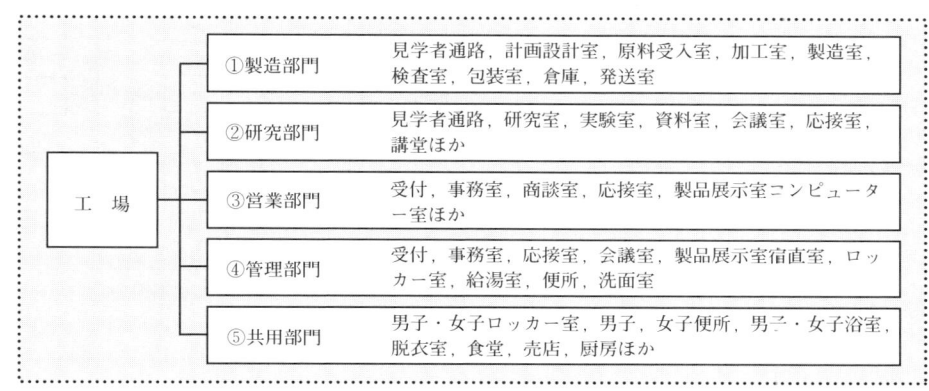

工場
- ①製造部門：見学者通路，計画設計室，原料受入室，加工室，製造室，検査室，包装室，倉庫，発送室
- ②研究部門：見学者通路，研究室，実験室，資料室，会議室，応接室，講堂ほか
- ③営業部門：受付，事務室，商談室，応接室，製品展示室コンピューター室ほか
- ④管理部門：受付，事務室，応接室，会議室，製品展示室宿直室，ロッカー室，給湯室，便所，洗面室
- ⑤共用部門：男子・女子ロッカー室，男子，女子便所，男子・女子浴室，脱衣室，食堂，売店，厨房ほか

図17.2　工場の構成要素，部門区分

2 工場の規模

建築基準法の用途地域内の建築制限（前出）を受ける工場は，その作業場の規模と使用する原動機の出力，さらにその業態によって規制が異なる例が多い。

① 作業場の床面積の合計が $50\ m^2$ 以内であり，出力の合計が $0.75\ kW$ 以下の原動機を使用して，自家販売のための食品製造業（食品加工業を含む）を営むパン屋，米屋，豆腐屋，菓子屋，その他これらに類するもの（前出工場Aの一事例）

② 容量 $10l$ 以上 $30l$ 以下のアセチレンガス発生器を用いる金属の工作ほか計15項目の工場（前出工場B，法別表第2（と）項三号に掲げる工場）

③ 伸線，伸管またはロールを用いる金属の圧延で出力の合計が $4\ kW$ 以下の原動機を使用するものほか19項目の工場（前出工場C，法別表第2（り）項三号に掲げる工場）

④ 火薬取締法の火薬類の製造。消防法第2条第7項に規定する危険物の製造ほか30項目の工場（前出工場D，法別表第2（ぬ）項一号に掲げる工場）

3 工場の組織，構成

1) 工場の構成には，各機能部門のそれぞれを立体的に配置する①「たて型方式」と各部門を平面的に配置する②「よこ型方式」とがある。

2) 使用機械設備の配列による方式
   ① 流れ作業方式：生産の工程に従って機械類を配置する方式。
   ② 機械集中方式：同種の工程や機能が同じものを1か所に集めて配置する方式。
   ③ 固定作業方式：製品の主材や主組立て部品を固定して，機械や人が移動して作業を進める方式。なお，これらの方式を組み合わせた複合方式もある。

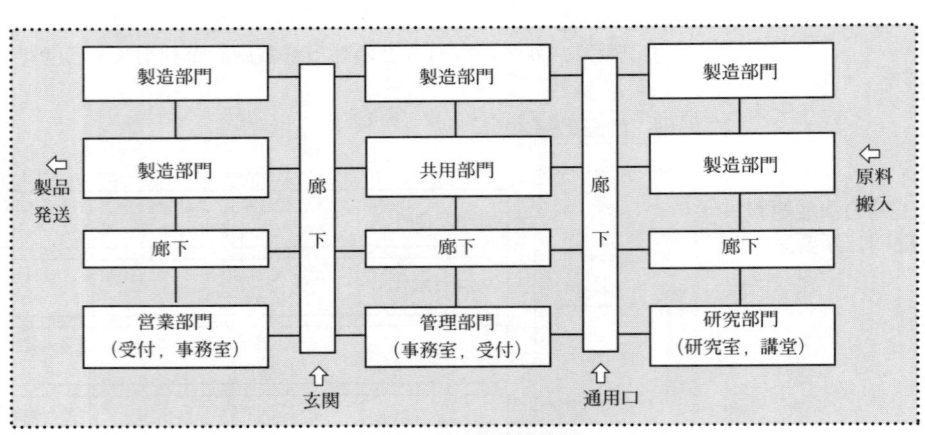

図17.3　工場の機能図事例

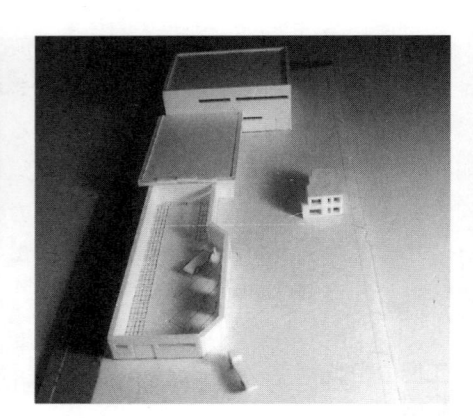

事例　北海道中央食糧第一精米工場

実例 北海道中央食糧第一精米工場

全景パース

設計：永森一夫建築設計事務所
施工：岩田建設＋
　　　イワクラ工業JV
構造：鉄骨造，
　　　一部鉄骨鉄筋コンクリート造
階数：地上2階
敷地面積：12562.84m²
建築面積：　2720.21m²
延床面積：　3976.17m²
主な用途：工場

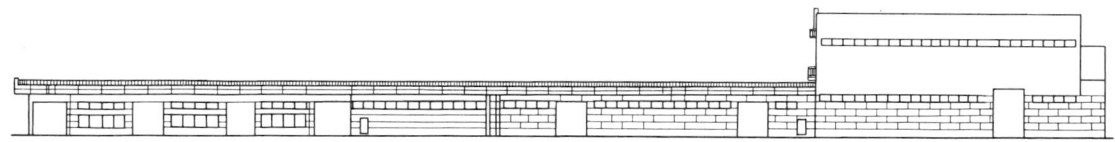

東側立面図

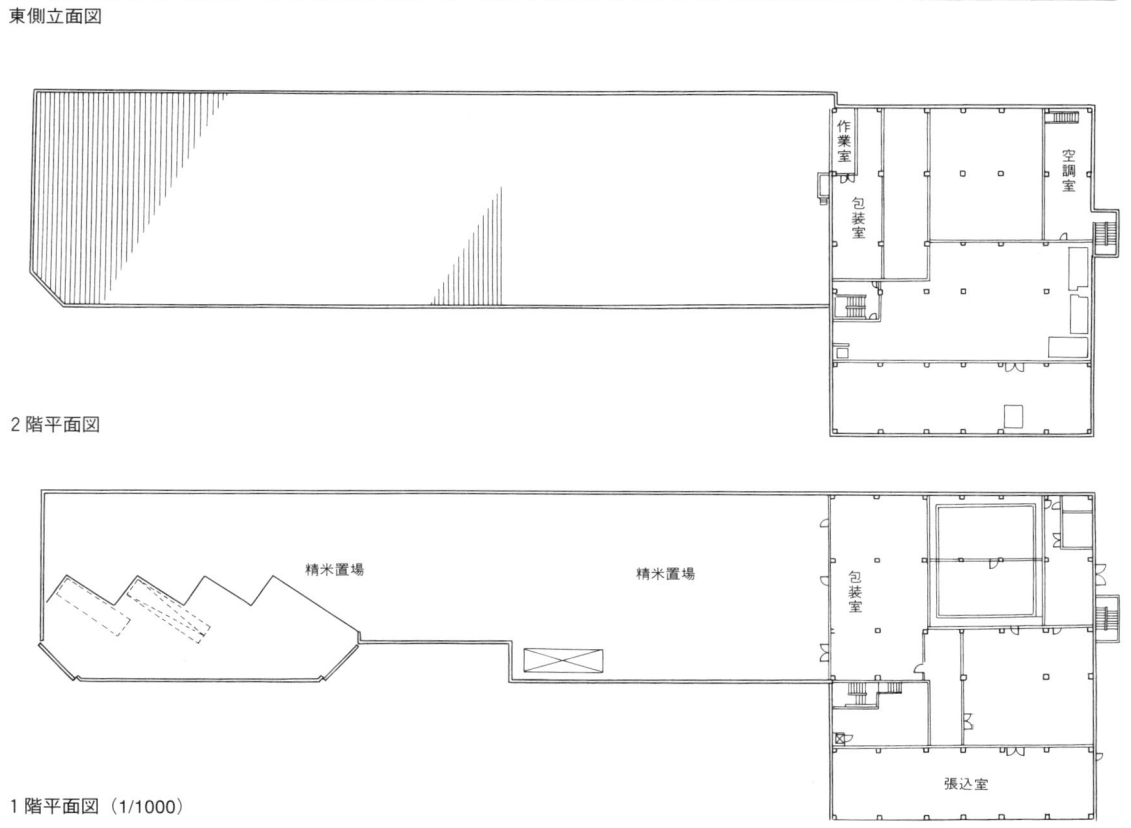

2階平面図

1階平面図（1/1000）

施設 13　産業施設
18　倉　庫

A　基本知識

1　倉庫の定義

1) 各種の商品を保管，貯蔵する目的で，これに必要な機能，設備を備えた施設を倉庫という。保管，貯蔵の目的には，商品の流通の中継機能，配給機能，流通サイクル支援機能，保存機能，品質管理機能ほかがある。
2) 建築基準法では，倉庫業を営む倉庫と自己使用の倉庫を区別しており，営業用の倉庫業を営む倉庫については，用途地域内の建築制限の対象にされている。

2　倉庫の種類，分類

1) 基本分類

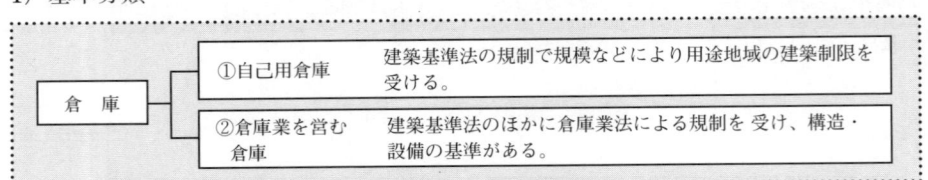

倉庫	①自己用倉庫	建築基準法の規制で規模などにより用途地域の建築制限を受ける。
	②倉庫業を営む倉庫	建築基準法のほかに倉庫業法による規制を受け，構造・設備の基準がある。

図18.1　倉庫の基本分類

2) 倉庫業法による倉庫の分類

倉庫業法による倉庫	①1類倉庫	別表の第1類物品，第2類物品，第3類物品第4類物品，第5類物品を保管する倉庫
	②2類倉庫	別表の第2類物品，第3類物品，第4類物品 第5類物品を保管する倉庫
	③3類倉庫	別表の第3類物品，第4類物品，第5類物品を保管する倉庫
	④貯蔵そう倉庫	別表の第6類物品ならびに第1類および第2類物品のうち，ばらばらの物品を保管する倉庫
	⑤危険品倉庫	別表の第7類物品を保管する倉庫
	⑥冷蔵倉庫	別表の第8物品を保管する倉庫

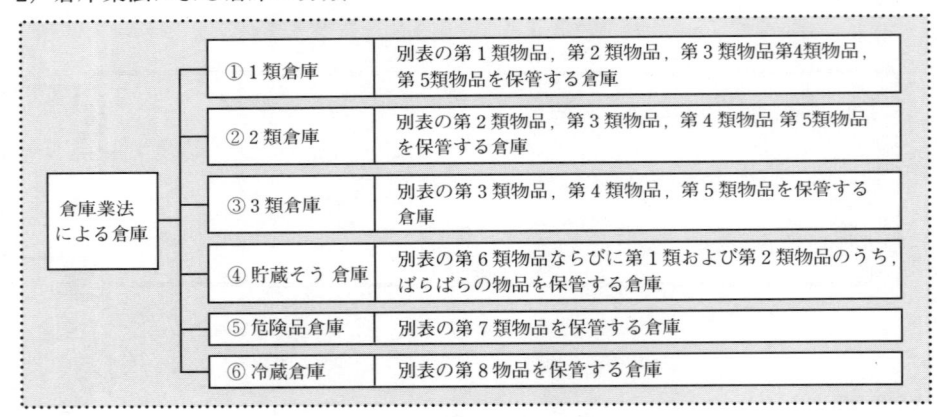

図18.2　倉庫業法による分類

表18.1　倉庫業法による類別物品

(第1類物品) 第2類物品，第3類物品，第4類物品，第5類物品，第6類物品，第7類物品および第8類物品以外の類物品
(第2類物品) 麦，でん粉，ふすま，飼料，塩，野菜類，果実類，水産物の乾品および塩蔵品，皮革，肥料，鉄製品，その他の金物製品，セメント，石こう，白墨，わら工品，石綿および石綿製品
(第3類物品) 板ガラス，ガラス管，ガラス器，陶磁器，タイル，ほうろう引容器，木炭，パテ，貝がら，海綿，農業用機械その他素材および用途がこれらに類する物品であって湿気または気温の変化により変質し難いもの
(第4類物品) 地金，銑鉄，鉄材，鉛管，銅版，ケーブル，セメント製品鉱物および土石，自動車および車両（構造上主要部分が被覆されているものに限る）大型機械その他の容大品（被覆した場

合に限る），木材（合板および化粧材を除く），ドラムかんに入れた物品，空コンテナ・空びん類，れんが，かわら類，がい子，がい管類，土管類，くず鉄・くずガラス，古タイヤ類等野積で保管することが可能な物品

（第5類物品）原木等水面において保管することが可能な物品

（第6類物品）容器に入れていない粉状または液状の物品

（第7類物品）消防法2条の危険物および高圧ガス取締法2条の高圧ガス

（第8類物品）農畜水産物の生鮮品および凍結品等の加工品のその他の10℃以下の温度で保管することが適当な物品

3 倉庫の機能

表18.2 倉庫の機能区分

①保管機能	保管室とよばれる貨物の保管部分で必要とされる各種の機能。保管室の規模，床，壁などの構造，設備などが関連する。
②荷役機能	保管室に隣接して設けられる荷役場で必要になる機能で，各種の荷役機械により貨物の搬出入，集積などを行う。
③営業機能	事業所単位で必要になる営業活動を行う。営業部門事務室が中心になり，現業部門と管理部門との連絡調整などの機能
④管理機能	管理部門事務室が中心になり，事業所全体の管理運営を行うとともに，施設に維持管理・警備などの機能が必要。

4 倉庫の基本条件

1) 立地条件
　① 輸送の便がよいこと。水路，陸路ともに貨物輸送の各条件を満たしていること。
　② 荷主関連，港湾施設，鉄道施設，高速道路施設など関連施設との関係が利便な位置が望ましい。
2) 敷地条件
　① 貨物の保管という条件から，強固な地盤で乾燥した敷地が望まれる。現実には地盤の軟弱な埋立地などが使われる事例が多く，設計施工面での対策が必要になる場合が多い。

B 計画の基本

1 倉庫の構成要素，部門，所要室

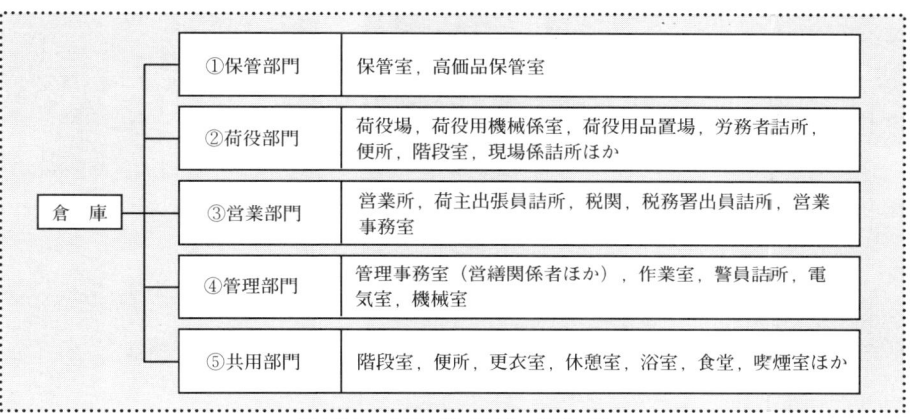

倉庫	①保管部門	保管室，高価品保管室
	②荷役部門	荷役場，荷役用機械係室，荷役用品置場，労務者詰所，便所，階段室，現場係詰所ほか
	③営業部門	営業所，荷主出張員詰所，税関，税務署出員詰所，営業事務室
	④管理部門	管理事務室（営繕関係者ほか），作業室，警員詰所，電気室，機械室
	⑤共用部門	階段室，便所，更衣室，休憩室，浴室，食堂，喫煙室ほか

図18.3 倉庫の構成要素，部門区分

2 倉庫の規模

保管室1室の面積基準（使用上適当とされている面積）
① 大量貨物向き：600 m²
② 小口貨物向き：150〜300 m²
③ 高価品室　　：15〜30 m²

3 倉庫の組織，構成

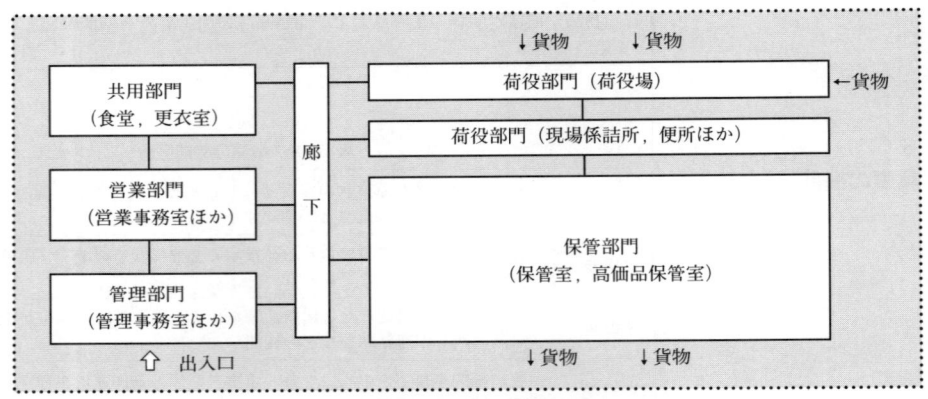

図18.4 倉庫の機能図事例

実例　北海道中央食糧第一精米工場倉庫棟

設計：永森一夫建築設計事務所
施工：岩田建設＋イワクラ工業JV
構造：鉄骨造
階数：地上1階
敷地面積：12562.84m²
建築面積：　2784.52m²
延床面積：　2463.39m²
主な用途：倉庫

トラックヤードを屋内に入れた設計（雪国向け）

施設 14　交通施設

19　車庫および駐車場

A　基本知識

1　車庫および駐車場の定義

1) 車庫の定義

　自動車を格納する目的の専用建物で，独立型と建物の一部を利用する付属型がある。さらに製品化，機械化されたタイプがある。

2) 駐車場の定義

　道路面上または道路外に設けられる自動車の駐車のための施設で，設置の形態により，立体式，空地利用式，地下式その他に分類される。

2　車庫および駐車場の種類，分類

　車庫，駐車場という用語の使い分けがあり，車庫は建築基準法等で，駐車場は駐車場法でそれぞれ規定が設けられているが，実際には両者の区分は明確とは言えない。

1) 駐車場法での分類（第2条）

　① 路上駐車場：駐車場整備地区内の道路の路面に一定の区画を限って設置される自動車の駐車のための施設であって一般公共の用に供されるものをいう。

　② 路外駐車場：道路の路面外に設置される自動車の駐車のための施設であって一般公共の用に供されるものをいう。

2) 車庫の分類

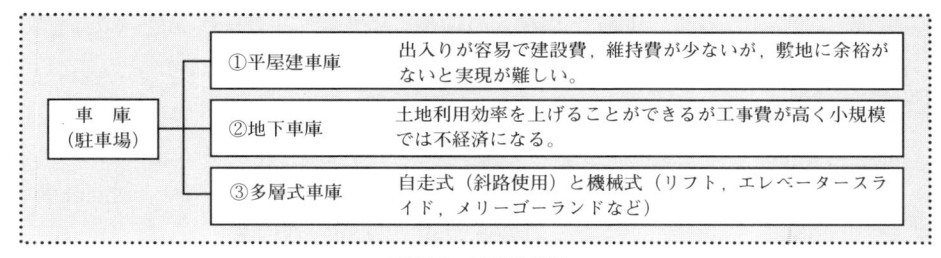

車庫 (駐車場)	①平屋建車庫	出入りが容易で建設費，維持費が少ないが，敷地に余裕がないと実現が難しい。
	②地下車庫	土地利用効率を上げることができるが工事費が高く小規模では不経済になる。
	③多層式車庫	自走式（斜路使用）と機械式（リフト，エレベータースライド，メリーゴーランドなど）

図19.1　車庫の分類

3　車庫および駐車場の機能

表19.1　車庫および駐車場の機能区分

①駐車機能	駐車室（車室），車路，斜路などの駐車の為の所要部分に必要な機能。各部の寸法と関連が強く法規制の対象が多い。
②営業機能	駐車券の発売，料金の収受，待合室や喫茶室などの営業関連の所要室により利用者に対するサービスを行う機能。
③管理機能	事務室，各種機械室などの所要室により，施設全体の管理運営と施設の維持管理を担当する機能。

4　車庫および駐車場の基本条件

1) 立地条件

　営業用車庫の場合は，劇場，盛り場などの自動車の多く集まるところの近くがよい。ただし，交通量が激しいところや雑踏の過ぎるところはかえって不利である。

2) 敷地条件
① 直接道路に接している必要があり，できれば2方向に接しているほうが有利である。
② 駐車場面積が500 m² 以上になると駐車場法の適用を受け，出入口の設置の禁止条件が適用される。
④ 上記の条件は地方条例（例，東京都建築安全条例）の規定もある場合が多い。

B 計画の基本

1 車庫および駐車場の構成要素，部門，所要室

車庫には個人用単独車庫や商店，業務施設の付属車庫などの比較的単純な構成のものと車庫専用の建物，さらにこの形で営業用の大規模なものまで数えられる。
下図は営業用車庫を主要な対象にした場合の事例である。

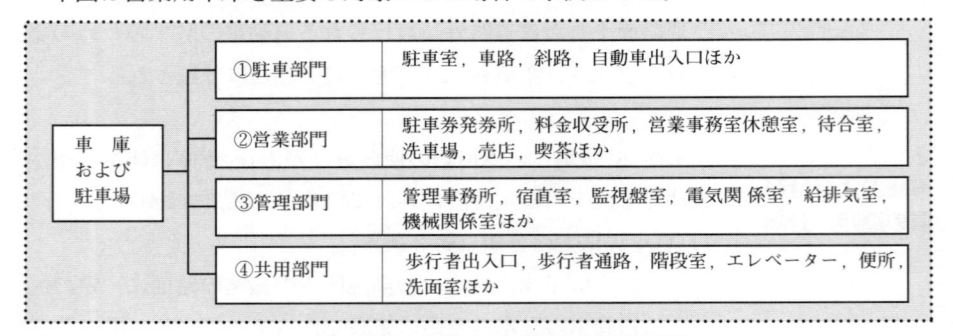

車庫および駐車場	①駐車部門	駐車室，車路，斜路，自動車出入口ほか
	②営業部門	駐車券発券所，料金収受所，営業事務室休憩室，待合室，洗車場，売店，喫茶ほか
	③管理部門	管理事務所，宿直室，監視盤室，電気関係室，給排気室，機械関係室ほか
	④共用部門	歩行者出入口，歩行者通路，階段室，エレベーター，便所，洗面室ほか

図19.2 車庫および駐車場の構成要素と部門区分

2 車庫および駐車場の規模

1) 駐車場の規模の目安
① 立体駐車場，自走式の車路を含む所要床面積：40～50m²/1台程度。
② 同上，機械式の場合，リフト1基当たり：20～30台を収容する。
2) 駐車方式による所要面積
① 平行駐車：駐車，出入りのための幅は最小だが延長が大きく駐車台数は少ない。
② 斜め駐車：45°駐車で32.2m²/台，交差駐車・対向駐車で28.4m²/台程度
  60°駐車で29.8m²/台程度
③ 直角駐車：27.2m²/台程度，駐車台数を最も多くする方式。

3 車庫および駐車場の組織，構成

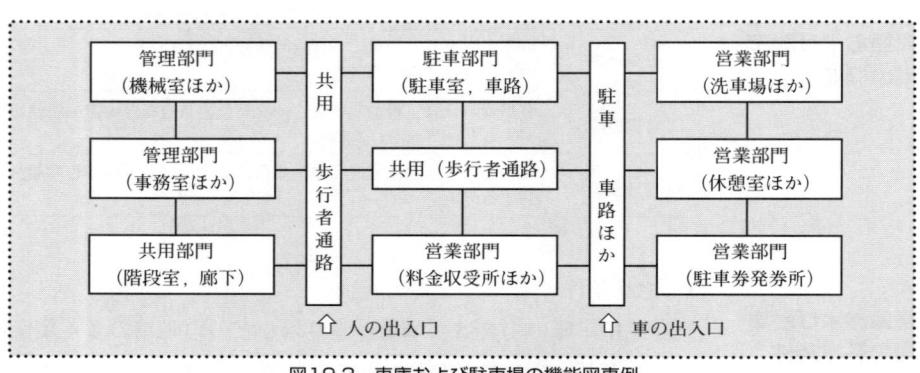

図19.3 車庫および駐車場の機能図事例

実例 つくば南駐車場

南側外観　　　　　　　　　　（撮影　新建築写真部）

設計：伊東豊雄建築設計事務所
施工：西松建設＋鴻池組＋常総建設JV
構造：鉄骨造
階数：地上6階
敷地面積：　6744.18 ㎡
建築面積：　4904.32 ㎡
延床面積：20433.2 ㎡
主な用途：駐車場

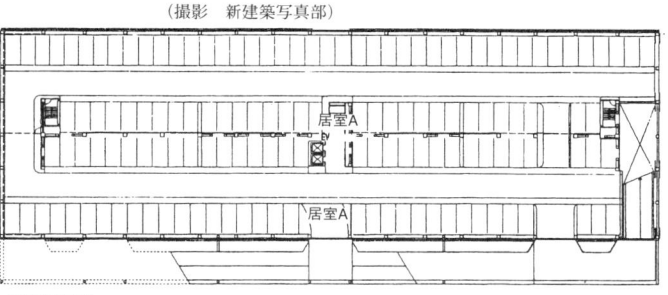

4階平面図

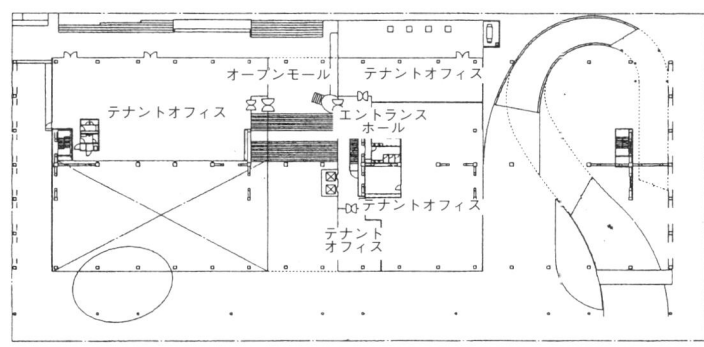

2階平面図

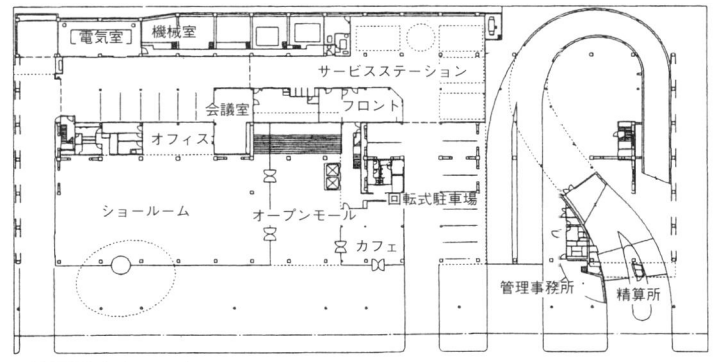

1階平面図 (1/1200)

施設 15 複合機能施設
20 複合施設

A 基本知識

1 複合施設の定義

① 複合施設と言う名称の根拠である複合機能とは，単一機能，たとえば病院，学校，ホテルなどに対して，これを区別する言葉である。
② 複合施設は，複数の用途の異なる建築が同一の建物に共存しており，その共存の仕方が相互に十分な意味をもち，全体としての機能を高める役割を果たしている形をとるものである。
③ 複合機能の共存の仕方によっては，複合施設といえない例もある。たとえば，建物全体が特定の一つの機能部分によってその大部分が占められている場合，あるいは特定の一つの機能部分をもっぱら支援するために，残りの機能部分が設けられている場合などは，いずれも特定の一つの機能部分がもつ単一機能の枠のなかに，残りの機能部分が含まれることになる。
④ たとえば，病院のなかに，飲食，娯楽，運動などの機能部分が併存する場合をみると，この全体は病院機能とみるべきであり，複合施設とはいえない。

2 複合施設の分類

1）設立主体による分類

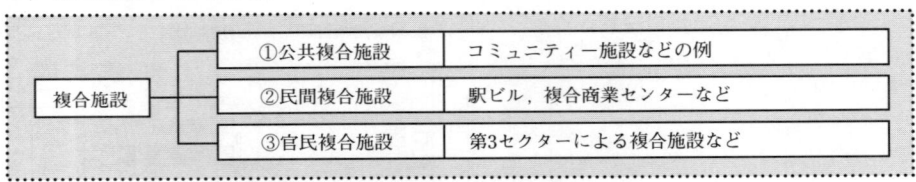

複合施設	①公共複合施設	コミュニティー施設などの例
	②民間複合施設	駅ビル，複合商業センターなど
	③官民複合施設	第3セクターによる複合施設など

図20.1 複合施設の分類（設立主体による）

2）複合施設を構成する単一機能施設

表20.1 複合施設の構成施設分類

①居住施設	住宅，集合住宅	⑨集会施設	集会施設，会議場
②教育施設	幼稚園，学校	⑩社会福祉施設	老人ホーム
③医療施設	診療所，病院	⑪屋内体育施設	体育館
④社会教育施設	図書館，美術館	⑫産業施設	工場，倉庫
⑤商業施設	事務所，商店	⑬交通施設	車庫，駐車場，駅
	百貨店，飲食店	⑭公共施設	官庁
⑥宿泊施設	ホテル，旅館	⑮娯楽施設	娯楽場，
⑦研修施設	研修所	⑯宗教施設	教会，社寺
⑧（オーディトリアム）	劇場，映画館	⑰その他	

3 複合施設の機能

表20.2 複合施設の機能区分

①異種機能 (　種類)	異種機能別の施設部分で n 種に分かれ，この内部ごとに専用機能，管理機能などの機能要素が含まれている。
②管理機能	施設全体の機構の維持運営と施設全体の維持管理保全などを担当する機能
③共用機能	各異種機能施設同士の空間の連絡および遮断，緊急時の安全確保，防災センター的な役割を果たす機能。

4 複合施設の基本条件

1）立地条件
① 複合施設が立地する第一の条件は必要に迫られている場所と施設であること，あるいは近い将来その条件が整うことが予想される場合である。
② 一般的には駅前などの交通至便の場所，同系の施設を集中配置することで利便性だけでなく地域としての特性を形づくる効果を期待する場合などがある。

2）敷地条件
① 複合化の主要な動機は用地の取得費用を節減することにあるともいえる。その効果を最大限に生かすためにも敷地利用計画は重視されなければならない。
② 複数の独自の機能をもつ施設が，一つの敷地で無理なくその機能を果たすためには敷地の規模はもちろん，その接道条件などが恵まれている必要がある。できれば四周ともに道路に接していて，アクセスを自由に配置できることが望ましい。

B　計画の基本

1 複合施設の構成要素，部門，所要室

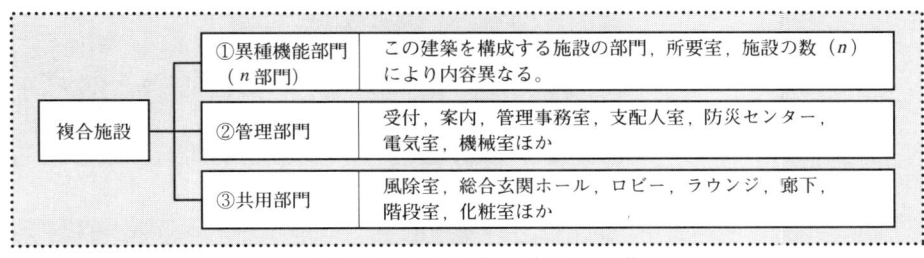

複合施設 ─┬─ ①異種機能部門（n部門）　この建築を構成する施設の部門，所要室，施設の数（n）により内容異なる。
　　　　　├─ ②管理部門　受付，案内，管理事務室，支配人室，防災センター，電気室，機械室ほか
　　　　　└─ ③共用部門　風除室，総合玄関ホール，ロビー，ラウンジ，廊下，階段室，化粧室ほか

図20.2　複合施設の構成要素と部門区分

2 複合施設の規模

複合施設の規模決定要素
① 法定条件（建ぺい率，容積率，前面道路幅員，各種高さ制限ほか）
② 構成施設の種類，規模，予算ほか

3 複合施設の組織, 構成

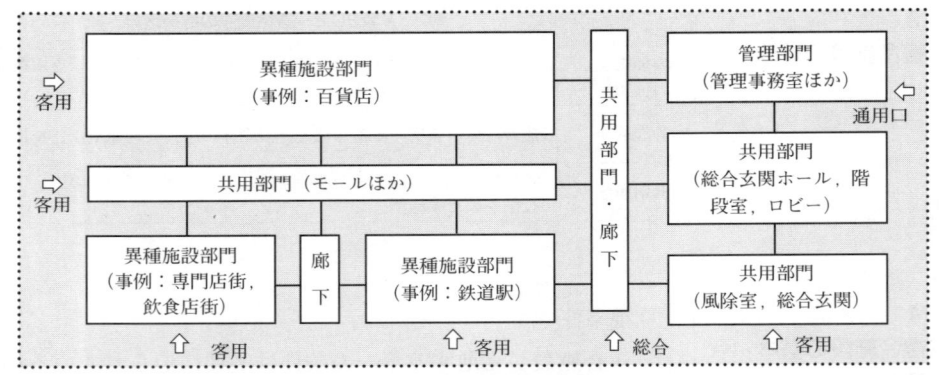

図20.3 複合施設の機能図事例

事例　東京国際フォーラム

実例 キャロットタワー

設計：石本建築事務所
施工：東急建設＋大成建設＋鴻池組＋協栄建設JV
構造：鉄骨造，鉄骨鉄筋コンクリート造，
　　　鉄筋コンクリート造
階数：地下5階以上，地上27階
敷地面積：　9149.66㎡
建築面積：　6242.85㎡
延床面積：76754.48㎡
主な用途：駅舎・店舗・駐車場・劇場・事務所他

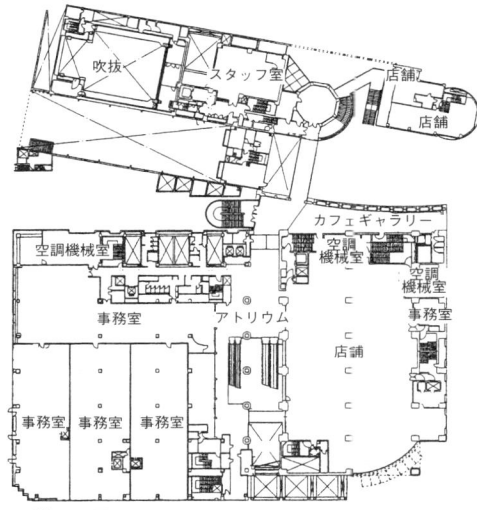

全景　　　　　　　　　　（撮影　新建築写真部）

2階平面図

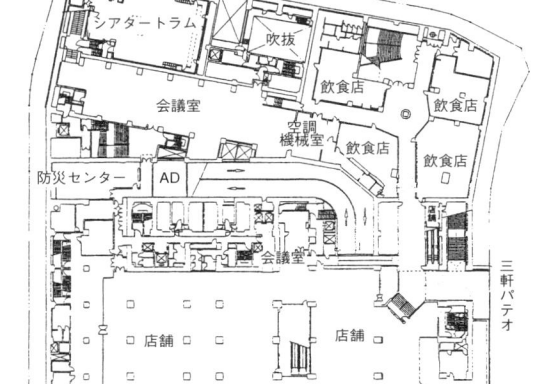

地下1階平面図

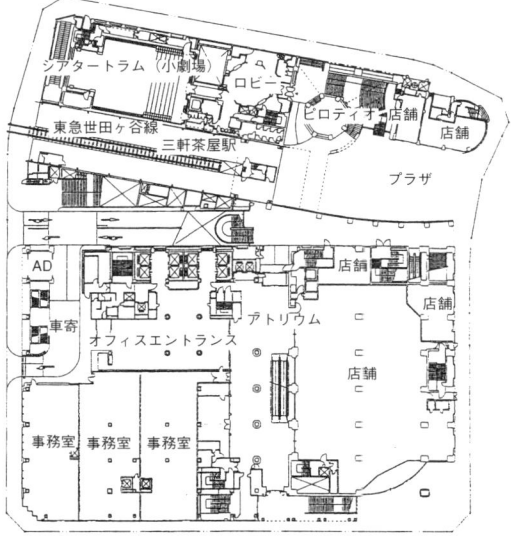

1階平面図（1/1500）

索 引

あ——お

アーキテクチャー	11
ICU（病院）	168
アクセス	72
アパートメントホテル	214
アプローチ	75
アリーナ	249
アルキテクトーラ	11
安全開架式（図書館）	175
池辺陽教授	38
一級建築士	23
一式請負	20
一体型	116
一品生産方式	19
居残り室（保育所）	150
衣料スーパー	199
インテリジェントビル	197
請負形式	20
内田祥哉博士	40
映画劇場（映画館）	226
映写角（スクリーン）	234
NC（オーディトリアム）	234
MRI（病院）	168
エルボーアクセス	58
太田敏彦博士	37
オーディトリアム	226, 230
オープンスクール	153
オープンステージ	232
オープンスペース	158, 159
音のプライバシー	120
オフィスランドスケープ	147
オペラ劇場	226
親子ドア	30
音楽ホール	226

か——こ

カーテンウォール	195
外構計画	75
外周（両端）コア型	194
階高	85
階段室型	130
外的条件	36
カウンターサービスレストラン	204
雅楽堂	226
確認	23
架構方式	90
片廊下型	130, 156
片寄せ（サイド）コア型	194
学校	152
学校教育法	152
学校の運営方式	153
歌舞伎劇場	226
壁式構造	137
上手（かみて）	234
側舞台（がわぶたい）	234
換気設備	95
観光地ホテル	208
観光ホテル	208
看護勤務室	168
看護単位	168
完成予想図	26
官民複合施設	262
監理技術者	23
管理部分	115
管理部門	55
機械集中方式（工場）	252
機械設備	95
聞き取り調査	37
基準階（事務所）	193
機能	54
機能図	37, 65, 81
機能組織図	66
規模計画	37, 46
基本設計図書	107
客観性	18
客席	229
逆梁方式	136
給排水衛生設備	93
教育基本法	152
教科教室型	153
共同住宅	129
共用部分	116
共用部門	56, 83
均一性	104
近郊型研修所	217, 220
均衡性	104
近隣住区	141
近隣住区制	40
近隣住区理論	141
近隣分区	141
空間の図式化	41
空間のモデル化	37
空気調和設備	94
クラスター型	157
クラスターシステム	158
クルドサック	144
ケアハウス	245
計画	44
計画ミス	30
軽費老人ホーム	245
契約図書	27
劇場	226
研修所	217
建設業法	23

建築化	41
建築家	22, 45
建築基準法	23
建築学会	11
建築空間	27
建築計画	30
建築計画学	34
建築士	45
建築士資格	23
建築士法	22
建築主事	23
建築投資	13
現場管理技術者	23
現場施工	19
建ぺい率	54
コアシステム	127, 194
公営住宅	12
公会堂	226
公共劇場	226
興業場	226
興業場法	226, 230
公共複合施設	262
講座制	41
工事請負金額	16
工事請負契約図書	16
工事監理	28
工事施工者	20
工場	252
工事用図面	28
構造計画	88
構造計算	88
構造方式	88
講堂	226
構法計画	40
構法、材料計画	96
工務店	20
公民館	236
コーポラティブハウス	134
国際観光ホテル整備法	208
国土交通省	12
戸数密度	142
コスト	98
コストダウン	20
コストの管理	20
戸建住宅	119
固定作業方式（工場）	254
コマーシャルホテル	214
コミュニティ	236
コミュニティセンター	236, 243
コントロールデスクカウンター	178
コンパクト型	117

さ——そ

材料設計	98
左官工	22
桟敷式（劇場）	233
サバーバンホテル	208
ＣＧ	26
市街地型研修所	217, 220
視覚芸術	11
敷地進入路	72
敷地内動線計画	73
敷地利用計画	71
自己用倉庫	256
施設	114
施設計画	114
施設計画各論	114
施設の構成要素	115
施設配置計画	73
施設別建築計画	39
事前調査	49, 50
視線のプライバシー	120
下請負	20
下請業者	20
下請システム	20
実施設計図書	107
実地調査	37
シティホテル	208
自転車置場	75
事務	190
事務所	190
下手（しもて）	234
史料館	180
車庫	259
シャルル・ガルニエ	13
自由開架式	175
集会施設	236
住戸	132
集合住宅	129
集合住宅地	141
収蔵庫	188
住宅行政	12
集中型	130
住棟	133
集約型	117
宿泊型研修所	217
主任技術者	23
準接地型	131
商業劇場	227
商店	199
ショッピングセンター	206
所要室	54
所要室の確認	33
新オペラ座	13
食寝分離	120, 139
人体寸法	40
診療圏	161
診療所	161
出納システム（図書館）	175
スーパーストア	199

項目	頁	項目	頁
スーパーマーケット	199	第一種大規模小売店舗	202
スーパーゼネコン	20	大工	22
スキップ型	130	対称性	104
スキップフロア	130	大店法	202
スクラップ・アンド・ビルド	14	第二種大規模小売店舗	202
スチールハウス	126	ダイニングキッチン	127
スポーツホテル	208	対比性	104
住み方調査研究	39	大量生産	19
墨出し	21	多層式車庫	259
墨つぼ	15	建物の高さ	85
図面の表示記号	111	ダブルスキン	195
寸法	37	多様性	117
生活空間	12	タワー型	117
製図規格	109	単床式（劇場）	233
製図台	109	団地計画	40
製図の縮尺	111	単独型	117
製図板	108	断面計画	84
製図用具	108	断面図	84
製図用紙	108	地下車庫	259
生鮮食料品店	200	中央（センター）コア型	194
性別就寝	120	中央図書館	171
施工	19	中央ホール形式（美術館）	186
施工図	21	駐車場	74, 259
設計	16	駐車場法	259
設計業務	45	駐車方式	260
設計条件	18, 33, 36, 47	注文者	16
設計図	16	庁舎	16
設計製図	106	直営方式	20
設計説明書	28	直角駐車	260
設計図書	106	ツイン片廊下型	130
設計方法	40	使われ方研究	46
設計方法論	123	築地ホテル館	11
設計マニュアル	114	T字路	144
接室順路形式（美術館）	186	ディスカウントストア	199
接地型	131	手板	15
設備計画	92	テーブルサービスレストラン	204
ゼネコン	20	デザイン	100
セルフサービスレストラン	204	電気設備	92
専門工事業者	20	展示館	180
専門店	200	展示室	188
専用部分	115	展示室の巡回形式	186
専用部門	55	展示壁面	184
造家学会	11	展示壁面の基本配置パターン	185
倉庫	256	天井高	85, 86
総合請負	20	天井ふところ部分	86
総合教室型	153	店舗機能	200
総合ストア	199	同種，同系の建物実例調査	52
総合病院	161	動線	60
倉庫業を営む倉庫	256	動線計画	60
ゾーニング	57, 79, 123	動線計画図	37, 61
ソーラーハウス	127	道路斜線	87

た――と

ターミナルホテル	208
体育館	249
ドキュメンテーション	52
特殊層（事務所建設）	194
特別養護老人ホーム	245
独立基礎	90

独立住宅	119
独立展示	186
独立展示の配置と動線	186
土工	22
都市ホテル	208
図書館	171
塗装工	22
従弟的習練	45
とび	22
土木工学	11
ドライエリア	197
ドラッグストア	199
トラフィックホテル	208

な――の

長屋	129
奈落	234
中廊下型	130, 157
斜め駐車	260
二級建築士	23
西山教授	34
二重天井	86
二段式	233
日用品店舗	200
人間尊重の計画学	34
能楽堂	226
軒高	86

は――ほ

パース	26
ハートビル法	239
配置計画	70
博物館	180
博物館法	180
柱間（スパン）	82, 89
柱割り	89
バッテリー型	157
パビリオン型	116
バラエティストア	199
パラペット高さ	85
パリオペラ座	13
バレー劇場	226
半開架式	175
反復性	104
ＢＤＳ	178
ピクチュアフレームステージ	232
非宿泊型研修所	217
美術館	180
非接地型	131
非対称性	104
必要条件	36, 50
百貨店	199
病院	161
病室	168
標準設計	46
平屋建車庫	259
ビルディングエレメント（ＢＥ）	40, 97
ビルディングコンポーネント	40
ビルディングタイプ	46
広瀬鎌二	40
品質管理	20
ファサード	206
フィンガープラン	116
フーチング基礎	90
複合型	116
複合コア型（事務所）	194
複合施設	262
複数階形式	186
藤井厚二	40
普通教室・特別教室型	153
部門	55
フライズ	234
プライバシー	120
フラット	129
プラトゥーン型	153
フリーアクセスフロア	197
brain work	18
プロセニアムアーチ	232, 234
ブロック型	116
ブロックプラン	116
プロトタイプ	46
分割請負方式	20
分館型	116
分館型図書館	171
文献調査	37
分散型	116
分離（外部）コア型	194
ベアリングウォール	195
閉架式	176
平行駐車	260
平面計画	78
平面図	78
壁面展示	185
壁面展示の配置と動線	185
べた基礎	90
保育所	146
防水工	22
ポストモダン	103
ホテル	208
ホテル営業	208
保養地型研修所	217, 221

ま――も

間取り	78
間取りのプライバシー	120
見積金額	16
民間複合施設	262
メゾネット	129
メディアセンター	159
木造建築士	23

模型	26
モジュール	38, 123
モジュラーコーディネーション	38
モダンデザイン	104
元請業者	20

や──よ

ユーティリティ	127
有料老人ホーム	246
床高	85
養護老人ホーム	245
洋式の客室	208
容積率	53
幼稚園	146
横山尊雄	40
吉武教授	34
吉武研究室	46, 114
与条件	18, 50
万（よろず）屋	200

ら──ろ

ラーメン構造	90, 137
ラドバーンシステム	144
リゾートホテル	214
リネン室	215
利用実態調査	34
旅館	208
旅館営業	208
旅館業法	208, 209
燐棟間隔	133
隣保区	141
ループ	114
ルーブル宮	14
レジデンシャルホテル	214
レビュー劇場	226
レンタブル比	190
レンタブル比（基準床面積に対する）	190
レンタブル比（延床面積に対する）	190
廊下接続形式	186
老人介護支援センター	246
老人短期入所施設	245
老人ディサービスセンター	245
老人福祉施設	245
老人福祉センター	245
老人福祉法	245
老人ホーム	245
老人保健施設	246
ロードサイドホテル	208
鹿鳴館	11
路外駐車場	259
路上駐車場	259

わ

| ワークスペース | 158 |

参考文献

日本建築学会：建築雑誌
日本都市計画学会：都市計画
前田尚美・佐藤平・高橋公子・服部岑生・川添智利：建築計画，朝倉書店
ケイ建設研究会：土木技術者のための建築術入門第1巻，山海堂
薬師寺厚：建築計画原論，東海大学出版会
彰国社：建築大辞典，彰国社
日本建築学会：建築設計資料集成，丸善
佐野暢紀・井上国博・山田信亮：建築計画，彰国社
織田誠一郎・佐野暢紀：図解建築計画，学芸出版社

●著作略歴

永森一夫（ながもり　かずお）

1935年	札幌市に生まれる
1958年	北海道大学工学部建築工学科卒業
	北海道庁建築部工営課勤務
1962年	㈱集団制作建築事務所勤務
	同社副所長
1971年	一級建築士事務所　永森一夫建築設計事務所設立
1986年	有限会社　永森総合研究所併設
著書	『住まいの図集　浴室・洗面・トイレ　設計マニュアル』　彰国社
	『住まいの図集　台所・食事室　設計マニュアル』　彰国社
	『かんたん　めいかい　住まいづくりの用語集』　経済調査会
	『建築企画の実際　建築主は知っておきたい95のポイント』　経済調査会
	『一級建築士設計製図講座　設計計画編　受験ガイド　第1教程〜第6教程』　中央工学校生涯学習センター
	『インテリアのレッスン3　快適な空間づくり』　千趣会（共著）

建築計画テキスト

2004年10月25日　第1版第1刷発行
2014年4月10日　第1版第3刷発行

著　者　　永森一夫Ⓒ
発行者　　関谷　勉
発行所　　株式会社　井上書院
　　　　　東京都文京区湯島2-17-15　斎藤ビル
　　　　　電話（03）5689-5481　FAX（03）5689-5483
　　　　　http://www.inoueshoin.co.jp/
　　　　　振替　00110-2-100535
装　幀　　藤本　宿
印刷所　　秋元印刷所

・本書の複製権・翻訳権・上映権・譲渡権・公衆送信権（送信可能化権を含む）は株式会社井上書院が保有します。
・ JCOPY 〈㈳出版社著作権管理機構　委託出版物〉
本書の無断複写は著作権法上での例外を除き禁じられています。複写される場合は、そのつど事前に㈳出版社著作権管理機構（電話03-3513-6969, FAX 03-3513-6979, e-mail：info@jcopy.or.jp）の許諾を得てください。

ISBN978-4-7530-1741-6　C3052　　　Printed in Japan

出版案内

建築・都市計画のための
空間学事典 [改訂版]

日本建築学会編

A5変形判・296頁・二色刷　本体3500円

空間研究とそこで用いられる用語の広がりをうけて，建築・都市計画に関する重要語246語を26テーマに分類し収録。最新の研究成果や活用事例に加え，豊富な図や写真を用いたわかりやすい解説で，巻末には研究や実務，学習に役立つよう，テーマごとの参考文献リストを掲載。

空間デザイン事典

日本建築学会編

A5変形判・228頁・オールカラー　本体3000円

立てる・囲う・積む・つなぐなど，空間を形づくるうえでの20の概念を軸に整理された98のデザイン手法について，多数のカラー写真によって例示した世界各地700に及ぶ建築・都市空間を手掛かりに解説。空間計画・設計の際に，また事例集としても活用できるデザイン事典。

最新 建築設計製図

神代武彦著

A3判・240頁・カラー　本体3800円

学生のための基礎テキストとして，木造住宅，RC造，集合住宅を例にあげ，28の課題図面を描くことを目的としてまとめた。完成図面では使用する線の太さをカラーで区別するほか，「描法をサポートするページ」では課題を描くプロセスを何段階にも分解してわかりやすく解説。

図解・建築の構造と構法

鈴木秀三編，岩下陽市・古本勝則・奥屋和彦・磯野重浩著

A4判・164頁・二色刷　本体3200円

建築構造全般の概要を建築生産工程の流れを通して無理なく学習できるよう徹底図解したテキスト。木造，S造，RC造ごとに材料，構法，施工，ディテール，法規等の基礎知識が整理しやすいよう一工程を見開きで構成し，各構法について共通プランを用いて丁寧に解説。

最新 建築環境工学 [改訂4版]

田中俊六・武田仁・土屋喬雄・岩田利枝・寺尾道仁・秋元孝之著

A5判・330頁　本体3000円

建物と音，熱，光，空気，水など環境とのかかわりや，広範な取扱い分野をもつ建築の環境工学の基礎を体系的にわかりやすく解説。平成25年の改正省エネ基準に対応するとともに，快適な室内環境の確保に必要な知識を最新情報とあわせてまとめ，章末には演習問題を収録した。

最新 建築設備工学 [改訂版]

田中俊六監修，宇田川光弘・斎藤忠義・大塚雅之・秋元孝之・田尻陸夫著

B5判・332頁　本体3200円

建築設備工学の教科書として，基礎から応用までを体系的に扱うとともに，授業に沿った単元ごとに図表や例題をまじえて無理なく学べるよう平易にまとめた。都市・地球環境問題や省エネ化に関する知識，最新の政策や技術の動向，研究成果を踏まえて改訂した最新テキスト。

建築系学生のための
卒業設計の進め方

日本建築学会編

B5判・192頁　本体2600円

卒業設計に着手する建築系学生を対象に，計画案作成，準備，進め方について基本的事項やノウハウを体系的に整理した。課題設定の手掛かりとなる36テーマを示すとともに，設計情報の収集と分析手順，設計の進め方，建築模型と撮影方法，プレゼン等を作品事例を交えて詳解。

建築模型をつくろう

遠藤義則著

A5変形判・270頁・カラー　本体3200円

建築模型の材料と道具，模型の種類とその利用効果，材料・構造別の模型製作のプロセスと基本テクニック，仕上げの表現方法など，模型製作に必要なノウハウを豊富なカラー写真とイラストをまじえて丁寧に解説した入門書。卒業製作を控えた学生や若手設計者にも役立つ一冊。

＊上記の本体価格に，別途消費税が加算されます。